SUCCESSFUL LEADER OF THE SELF-CULTIVATION

其身正,不令而行;其身不正,虽令不从。——春秋·孔子

三分管人 七分做人

精华版

成功领导者的自我修养

李伟 ◎ 著

当代世界出版社

图书在版编目（CIP）数据

三分管人 七分做人：精华版／李伟著.—北京：当代世界出版社，2012.8
ISBN 978-7-5090-0845-4

Ⅰ.三… Ⅱ.李… Ⅲ.领导学—通俗读物 Ⅳ.C933-49

中国版本图书馆 CIP 数据核字（2012）第 160036 号

书　　名：	三分管人 七分做人：精华版
出版发行：	当代世界出版社
地　　址：	北京市复兴路 4 号（100860）
网　　址：	www.worldpress.com.cn
编务电话：	（010）83907528
发行电话：	（010）83908410（传真）
	（010）83908408
	（010）83908409
	（010）83908423（邮购）
经　　销：	新华书店
印　　刷：	三河市冀华印务有限公司
开　　本：	787 毫米×1092 毫米　1/16
印　　张：	29
字　　数：	450 千字
版　　次：	2012 年 10 月第 1 版
印　　次：	2017 年 1 月第 3 次印刷
书　　号：	ISBN 978-7-5090-0845-4
定　　价：	58.00 元

如发现印装质量问题，请与承印厂联系调换。
版权所有，翻印必究，未经许可，不得转载！

前 言

带兵如带虎
——领导者要有狮子的勇气与狐狸的智慧

在军队管理中,如何处理官兵关系一直是一个难题。因为军队是武装集团,讲求集中和秩序,强调命令与服从;军队管理是全时段、全方位的,官兵成天生活在一起,而且大都是年轻的小伙子,性情急躁,容易冲动,出现矛盾的概率比较高。

地方单位中,管理者与被管理者之间发生矛盾,顶多就是拌拌嘴、吵吵架,大不了后者一走了之,或被"炒了鱿鱼",很少发展到动手的程度。即使双方真动起手来,也没什么大不了的,一个警察就可以搞定。可军队却不同,士兵手中常握有武器,一旦矛盾激化,情绪失控,很容易酿成大祸。

在这一点上,古今中外的军队概莫能外。三国时期蜀汉有名的大将张飞,就是因为虐待部属,被手下的士兵刺死的。越南战争中,美军共阵亡了5600多名军官,其中1013人是被自己的部属打了黑枪,占了近18%。伊拉克战争开战当天,便有士兵往自己人住的帐篷里扔手榴弹。这些都是很有说服力的事例,所以,自古以来一直有"带兵如带虎"之说。

与之形成鲜明对照的是,中国共产党领导下的人民军队在官兵关系方面却处理得非常成功。无论战争年代,还是和平时期,我军的官兵关系和上下级关系都十分融洽。官兵一致、以身作则是我军克敌制胜的力量源泉。正如毛泽东所说,我军"历来依靠官兵一致,获得了光荣的胜利"。

美国前国务卿基辛格,在第一次见到毛泽东的时候,完全被毛泽东的威严所震慑。他在回忆录中写道:"……他身上散发出一种力量,那是一种几乎可以感觉得到的、压倒一切的魅力。"这就是我们常听说的"龙虎之气"

或"王者之仪"。

在今天,"领导"一词被赋予的内涵从来没有如此丰富过,它已不再是人们心目中强硬的铁腕象征。布兰查德说:"今日,真正的领导权来自影响力。"一个出色的领导者,必然是权力与魅力的综合体。个人的品质与道德,就像领导者身上的光环,吸引着属下永远追随。

在《领导艺术学》中,作者威廉·柯翰说:"除非激发了一个人的工作动机,否则,你很难令人愿意追随你。"同时,他还毫不留情地指出:"90%的领导者将工作保障、高薪和盈利视为激励员工努力工作的最重要因素,这是值得怀疑的。"

孔子说:"其身正,不令而行;其身不正,虽令不从。"一个有魅力的领导,他本身就是一道无声的命令。

一个领导者,如果能做到让下属甘心情愿为你赴汤蹈火,那就不只是管理技巧上的问题了,那要靠情感、靠领导者领袖的魅力。必须要先从自我的修炼与提高开始,在做人方面取得成功的领导者,自然会得到下属的认可与追随。所以说,一名成功的领导者,在紧握权杖的同时,还要具有足够的做人处世智慧,令下属畏惧你、仰慕你,从而许多管理上的问题就会迎刃而解。

李伟

2012年9月于北京

CONTENTS 目录

1. 无私者无畏/1
2. 要平等，但不要平起平坐/2
3. 把自己隐藏于制度之后/3
4. 小心过于谦恭者/4
5. 要盘马弯弓，引而不发/5
6. 要"王道"，不要"霸道"/6
7. 将军不敢骑白马，亡者不敢夜秉烛/7
8. 别将工作掺入过多的友谊/8
9. 要下属明白"军令如山倒"/9
10. 别让一条鱼腥了一锅汤/10
11. 保持适当的神秘感/11
12. 忠诚胜于能力/12
13. 掩藏起自己的行迹/13
14. 不与小人决斗/14
15. 左手"严刑重罚"，右手"法外施恩"/15
16. 越有实力的人，越是坦诚/16
17. 今天忠诚，不代表永远忠诚/17
18. 不要急于搞"一朝天子一朝臣"/18
19. 适当地有点"架子"，本无可非议/19
20. 不妨来点喜怒无常/20
21. 不要一屁股坐在某种"势力"的板凳上/21
22. 要看起来就像个领导者/22
23. 中庸之人是天下最厉害的角色/23
24. 不做权力的奴隶/24
25. 手别伸得太长/25
26. 真正的聪明是大智若愚/26
27. 避免雇佣消极或悲观的人/27
28. 说话简洁，才能语惊四座/28
29. 一人向隅，举座不欢/29
30. 做一个帅才/30
31. 背后称赞别人的优点/31
32. 警惕成功带来的焦虑/32
33. 摒弃"地主情结"/33
34. 适当的孤独是人生的一种修炼/34
35. 知威才能感恩/35
36. 靠天靠地不如靠自己/36
37. 艺高人胆大，才高脾气大/37
38. 赏要从严，罚要从宽/38
39. 操劳过度容易做出错误的决策/39
40. 不要被流言蜚语所左右/39
41. 使功不如使过/40
42. 制定一套让下属"不想不敢不能"的监督制度/41
43. 情绪稳定是担当大任的标志/42

44. 木秀于林，风必摧之/43
45. 功劳再大也要低调/44
46. 抑制住狂妄之心/45
47. 传贤不传子/47
48. 从来没有人会踢一只死狗/47
49. 责任胜于一切/48
50. 与不走运的人保持距离/49
51. 不在其位，不谋其政/50
52. 任何时候都不要孤军奋战/51
53. 君子报仇，十年不晚/52
54. 不以一时之成败论英雄/53
55. 先进圈子后成功/54
56. 不要独占功劳/55
57. 穿着打扮，都要像一个成功者/56
58. 不做"暴发户"/57
59. 说得越多，越显平庸/58
60. 从别人的观点来看问题/60
61. 先别忙于收获/61
62. 孤军奋战，只能昙花一现/62
63. 与其开场时风光，不如收场时成功/63
64. 只用七十分人才/64
65. 重视"防火者"/65
66. 亲近多谋善断之人/66
67. 贵人语迟/67
68. 有"龙虎之气"/68
69. 给能干的下属配备值得炫耀的条件/69
70. 做事情一定要按规矩来/70
71. 打造自己的"嫡系部队"/72
72. 有钱大家赚/73
73. 基层单位不需要"政治家"/74
74. 入乡随俗，不做另类/75
75. 练就你的双重性格/76
76. 只管两头，不管中间/77
77. 治大国，若烹小鲜/78
78. 不与下属谈个人隐私问题/79
79. 面对掌声点头微笑/80
80. 有分寸地表态/81
81. 不做和事佬/82
82. 官做得越大，越是需要包装/83
83. 慎做"性情中人"/84
84. 让员工只为自己的责任"埋单"/85
85. 你可以身无分文，但要温文尔雅/86
86. 威而不猛/87
87. 成大事者不谋于众/88
88. 自己的秘密决不轻易示于人/89
89. 剪除悍将骄兵/90

CONTENTS 目录

CONTENTS 目录

90. 愤怒之下不做决定/91
91. 杜绝"拍脑袋决策"/92
92. 适度冷漠/93
93. 多言不如多知/94
94. 踢皮球到此为止/95
95. 关注身处逆境者/96
96. 因为怕死,所以死得更快/97
97. 不要让人感到无以为报/98
98. 将底牌紧紧地攥在自己手中/99
99. 只要超群出众,就一定会受到猜忌/100
100. 没有必要憎恨自己的对手/101
101. 不要毁了他人的进取心/102
102. 真正的天才,往往是有些"傻气"的人/103
103. 距离产生威严/104
104. 官场不相信眼泪/105
105. 制造宽松的工作氛围/106
106. 要管头管脚,但不要从头管到脚/106
107. 既允许报喜,更鼓励报忧/107
108. 无论什么时候,都不要显得比别人聪明/108
109. 少说多听常点头/109
110. 先入易为主,后来难居上/110
111. 当断不断,必留后患/111
112. 识才于未遇之时/113
113. 强大是一切取胜者的法则/114
114. "没有任何借口"要缓行/115
115. 不当奖励的三方面缺点/117
116. 审时度势,急流勇退/118
117. 没必要征求每个人的意见/119
118. 不要让亲朋频繁地出入你的办公室/120
119. 单打独斗,永远也成不了气候/121
120. 阎王爷不和小鬼称兄弟/122
121. 广泛结交社会名流/123
122. 不可冷落任何人/124
123. 最后的杀招不要轻易使出来/125
124. 警惕那些时刻想引起你注意的女性/126
125. 不要担心别人超过你/127
126. 人人都长着一双"势利眼"/128
127. 软中有硬,软硬兼施/129
128. 时刻让人知道你是"有身份"的人/130
129. 杀鸡不能儆猴/131
130. 先开枪,再瞄准/132

131. 勿轻易涉足别人的地盘/133	152. 凡事切勿盲目下定论/153
132. 并不是所有的山头都一定要铲平/134	153. 只有先摆平自己，才能摆平他人/154
133. 任期过长也是弊病/135	154. 守信是领导者第一要义/155
134. 为继任者着想/136	155. 来说是非者，便是是非人/156
135. 不要轻易将自己推在最前面/137	156. 圆而不方，难成大事/157
136. 疏于琐事，必勤于思考/138	157. 只有权杖在手，你才是国王/158
137. 轻易道歉，不见得是好事/139	158. 不做暴君/158
138. 无原则的官兵平等是危险的/140	159. 与狗争路，不如让它先走/159
139. 向你的对手敬杯酒/141	160. 赏得太滥就失去了诱惑力/160
140. 让被解雇者体面地离开/142	161. 众人皆醉，你应独醒/161
141. 不要让其他人随便指挥你的下属/143	162. 不要给人以"心机很深"的印象/162
142. 绝对不可卷入桃色新闻/144	163. 留一半路给人走/163
143. 不要让酒色误了你的事业/144	164. 及早拆散小圈子/164
144. 要看清大势所趋，人心所向/145	165. 避开亡命之徒/165
145. 做大事不能靠哥们义气/146	166. 信任要有一个必要的过程/166
146. 宁落一群，不落一人/147	167. 打狗要看主人/166
147. 不做"老好人"/149	168. 荣誉就像玩具，只能玩玩而已/167
148. 要忍就忍得悄无声息/149	169. 帮助别人得到他想要的/168
149. "不念旧恶"是成大事者的一个特征/150	170. 识时务者为俊杰/169
	171. 用切身利益拴住合作者/170
150. 如果你还没有成功，请先保留你的个性/151	172. 不要给对手反咬一口的机会/171
	173. 有大勇者，猝然临之而不惊/172
151. 不在其位，不谋其职/152	174. 树立一个不好惹的形象/173

CONTENTS　　目录

CONTENTS 目录

- 175. 慈不掌兵/174
- 176. 好汉不提当年勇/175
- 177. 重用有情有义的人/176
- 178. 不以出身论英雄/176
- 179. 不施霹雳手段，难显菩萨心肠/177
- 180. 妇人之仁要不得/178
- 181. 以德报怨，应该缓行/179
- 182. 远离诚信危机/180
- 183. 许多伟大的领导者都是"独行侠"/182
- 184. 战胜"成为领头者"的压力/183
- 185. 不患寡而患不均/185
- 186. 有人说讨厌恭维、愿听批评，别信以为真/186
- 187. 算得太精明了，反而赚不到钱/187
- 188. 不要过早地决定接班人/188
- 189. 树立一个"虽然脾气不好，但心肠很热"的形象/189
- 190. 退让而不退步，失位而不失势/191
- 191. 不可预测是令人畏惧的武器/192
- 192. 你的隐私可能成为他人攻击你的武器/193
- 193. 慎搞"一朝天子一朝臣"/194
- 194. 做大事，须统观全局/195
- 195. 让自己站在竞争者中间/196
- 196. 解聘一旦决定，就要当机立断/197
- 197. 讲话要因人而异/199
- 198. 切勿站错队、上错车/200
- 199. "孺子可教"胜过"老马识途"/201
- 200. 切勿过于耿直/202
- 201. 结交一流的人物/203
- 202. 使对方陷入与你一样无法全身而退的困境/204
- 203. 胡萝卜加鞭子/205
- 204. 成大事者，自制第一/206
- 205. 大事明白，小事糊涂/207
- 206. 良好的气质本身就是一种力量/208
- 207. 裁员不是最好的办法/209
- 208. 不可在下属背后说三道四/210
- 209. 让部属安安静静地做事情/211
- 210. 不要把弦绷得太紧/212
- 211. 不要偏袒女下属/213
- 212. 做到大权独揽，小权分散/213
- 213. 让3个人做5个人的事，领4个人的薪水/214
- 214. 不要往自己的井里吐痰/215

215. 不要在下属面前流露悲观的情绪/216
216. 不要总提及自己曾经给人的恩惠/217
217. 对下属具体、区别地对待/219
218. "暗示"是一种良好的管理方法/220
219. 临事而惧，好谋而成/221
220. 巧妙地对上司施加影响/222
221. 给别人一个成为"大人物"的机会/224
222. 对杰出人才要做出适当让步/225
223. 金钱不是万能的，没有金钱是万万不能的/227
224. 尽量避免在同志关系上，夹杂过于浓厚的个人感情/228
225. 劝过于暗室，扬善于公堂/229
226. 公司不是交友俱乐部/230
227. 打掉门牙和血吞/231
228. 让别人对你产生依赖/232
229. 聆听越多，你就会变得越聪明/233
230. 男性领导不要轻易地去女性下属家里/234
231. 非零和博弈/235
232. 把对方当做重要人物/237
233. 警惕有能力而又奉承你的人/238
234. 不要穿得过于名贵/238
235. 有十分的把握，说七分的话/239
236. 感化恃才傲物者/240
237. 雇用完整的人/241
238. 不合理的晋升，对于双方都是一种折磨/242
239. 对付小人的秘诀：敬而远之/243
240. 平易近人者，人皆近之/244
241. 不要把失误暴露于外，给别有用心的人抓住把柄/245
242. 随波逐流者已经不再安全/246
243. 赋予下属更大的权力/247
244. 留个缝儿，不要把事情做得太满了/248
245. 给别人留个余地，给自己留条后路/249
246. 留意下一个当权者/250
247. 不要重用告密者/251
248. 不要让人知道你是在笼络人心/252
249. 不做超人，也不做傻瓜/253
250. 不要过分相信第一印象/254
251. 不乱开空头支票/254
252. 让拒绝执行命令的下属适当地"靠边站"一下/255

CONTENTS　　目录

CONTENTS 目录

253. 用人不可凭个人一时之喜恶/256
254. 一升米养一个恩人，一斗米养一个仇人/257
255. 暴躁不是权力，而是一种无能为力/258
256. 远离心机和计谋/259
257. 不要将猜疑表现于外/260
258. 使当事者体面地"下台阶"/261
259. 不要给新人安排重要工作/262
260. 别让人看到你枯槁的面容/263
261. 要有狮子的勇气、狐狸的智慧/264
262. 重视任何一个挑战者/265
263. 凡做人坚忍者，必成大事/267
264. 三思而后行，谋定而后动/268
265. 不要简单地追求利益最大化/269
266. 江山易改，本性难移/270
267. 如果你的水不够深，就不要去养大鱼/271
268. 切勿口无遮拦/272
269. 不要与有"裙带关系"者竞争/273
270. 规矩越多，管理成本也就越高/274
271. 左右摇摆，难成大事/275
272. 原则是绝对不可以逾越的/276
273. 考试是选拔人才最好的办法/277
274. 勿临渴掘井/279
275. 善治人者能自治/280
276. 权威不是"上帝"/281
277. 财散则人聚，财聚则人散/283
278. 借别人的势，成自己的事/284
279. 君子一言，驷马难追/286
280. 一山难容二虎/287
281. 没事不找事，有事不怕事/288
282. 给好处要"不轻给、不滥给、不吝给"/289
283. 阴晴不定者，人皆避之/290
284. 建立严格的接班人制度/291
285. 时来运转，莫忘"难兄难弟"/293
286. 不怕黑李逵，就怕笑刘备/294
287. 惩罚不当会令人记恨/295
288. 到位而不越位/296
289. 提防突然客气起来的人/297
290. 胸襟广大，宜从"平淡"二字用功/298
291. 适时地崇拜一位英雄/300
292. 伟大的事业产生于伟大的信仰/301
293. 别让自己过分情绪化/302

294. 胆小的人绝不会成为领袖/303
295. 不做阴谋家/304
296. 急则有失，怒则无智/306
297. 成功首先是心胸大，才与德尚在其次/307
298. 见可而进，知难而退/309
299. 言语要坚决，但胸怀要大度/310
300. 改变自己惯用的方式/311
301. 偏爱"不正常"的人/312
302. 领导者要有强健的体魄/313
303. 与其喊破嗓子，不如做出样子/314
304. 远离薄情寡义者/315
305. 严师出高徒/316
306. "尽力而为"还远远不够/318
307. 交谈时，看着对方的眼睛/319
308. 要耐得住寂寞/320
309. 唯有执行才会出成果/321
310. 给人以硬汉的形象/322
311. 兵无常势，水无常形/324
312. 镇静自若是成功者的必修课/326
313. 高高举起，轻轻放下/327
314. 好口才就是资本/328
315. 不做李自成/329
316. 对身边的工作人员要慎重选择/331
317. 善待性格耿直的下属/332
318. 搞好生意，而不是搞垮对手/333
319. 勿过分当众表扬/334
320. 过问不揽权，支持不包办/335
321. 思圆行方，柔中带刚/335
322. 让下属感觉到自己很重要/336
323. 做一个行动的巨人/337
324. 愤怒只会遮蔽了人的视线，让人产生偏见/338
325. 关照别人就是关照自己/339
326. 让别人有赚头，自己才会有赚头/340
327. 不做迂腐之人/342
328. 以防为主，以救为辅/343
329. 可以没有一切，但不能没有卓越的品格/344
330. 斤斤计较，难成大事/345
331. 避免使用令人不快的手势/346
332. 寻找德才兼备的人/347
333. 先"处其位"，而后才可"谋其政"/348
334. 未出手的武器是最厉害的武器/349
335. 地位越高，脾气越大/350

CONTENTS 目录

CONTENTS 目录

336. 不要既想当裁判，又想当进球的那个人/351
337. 马上做出决定，就在现在/352
338. 消除下属闲言碎语最简单的方法，就是别让他们闲着/353
339. 礼贤下士/354
340. 宜将剩勇追穷寇/356
341. 在人们厌烦你之前先行引退/357
342. 让试图偷懒的人没有好结局/358
343. 不要一边点头称是，一边东张西望/360
344. 做公司就是做人/361
345. 知耻者近乎勇/362
346. 慎对上访者/363
347. 记住下属的姓名/365
348. 成大事者多喜怒不形于色/366
349. 不要自己"整"自己/367
350. 不可过分依赖权谋/368
351. 对调走的下属充满惜别之情/370
352. 没有选择的选择，将失去存在的意义/371
353. 温和的指责/372
354. 痒要自己抓，好要别人夸/374

355. 了解下属的痛处，然后机智地避开它/374
356. 要适当地有些"官架子"/375
357. 适当保护你的下属/376
358. 要对人"狠"一点/377
359. 性格决定成败/378
360. 不要指望感恩/379
361. 同下属共享荣誉/380
362. 当错误无法隐藏时，唯一的明智做法就是爽快地承认/381
363. 事成于密，败于疏/382
364. 只提供看法，不做出结论/382
365. 既不能权力旁落，也不可大权独揽/383
366. 你怎么样对人，人就怎么样对你/384
367. 笼络人心不在钱/385
368. 奖赏不能搞一步到位/386
369. 不可过分仰仗权力/387
370. 越经常露面，身价就越低/388
371. 不要在情绪低落时做任何决定/389
372. 有儒商风范/390
373. 小心过分尊重你的人/391
374. 远离因为你的地位而与你结交的

人/392
375. 不能有"离不开的人"/393
376. 在争吵和战斗中前进/394
377. 与志向远大者为伍/395
378. 看似精明的人，却不易成功/396
379. 错误的奖励/397
380. 做个手不释卷的读书人/398
381. 物以类聚，人以群分/399
382. 用人不疑已不合时宜/400
383. 尽量不欠人情债/401
384. 不知自重，将一事无成/402
385. 仅仅有钱不够，还要让人知道你有钱/403
386. 一个坑一个萝卜，而不是一个萝卜一个坑/404
387. 不要给人以"坏脾气"的形象/405
388. 成大事者不谋于众/406
389. 等距离交往，是与女下属相处的唯一准则/407
390. 注意那些口碑极好的普通人/408
391. 要知难而退，见好就收/409
392. 狭路相逢勇者胜/410
393. 时刻保持"领袖姿势"/410

394. 培养下属服从命令的习惯/411
395. 莫为小恩小惠/412
396. 不要试图让所有人都喜欢你/413
397. 不要情迷双眼/414
398. 当心熟面孔/415
399. 不要刻意模仿别人的领导方式/416
400. 不搞"秋后算账"/417
401. 不轻易将朋友委以重任/418
402. 不要把决定权交给他人/419
403. 不要助长告密的风气/419
404. "跟我冲"而不是"给我冲"/420
405. 不求有功，但求无过/421
406. 给对方以特殊的声誉/422
407. 警惕自信心的膨胀/423
408. 骨干是"折腾"出来的/424
409. 先"齐家"，后"治国"/425
410. 别轻易被人激怒/426
411. 多听多看，少言慢语/427
412. 喜怒不形于色/428
413. 精神状况不佳时，判断力便会减弱/429
414. 你可以批评，但不要贬损/430
415. 切忌打击报复而不择手段/431

CONTENTS 目录

CONTENTS 目录

416. 不能大搞"扶上马，不撒缰"/432
417. 可以看破，不能说破/433
418. 不批评多数人/434
419. 物不得其平则鸣/435
420. 只有认真倾听，对方才会向你坦露心迹/436
421. 要高瞻远瞩，又要明察秋毫/437
422. 不可追求过分完美/438
423. 成功的领导者绝无捷径可行/439
424. 不让部下背黑锅/440
425. 不要显得比上司更聪明/441
426. 告诉受罚下属，没有人故意难为他/442
427. 急躁之火会烧毁一切有价值的东西/443
428. "又想马儿跑，又想马儿不吃草"很危险/444
429. 给别人面子，也是给自己面子/444

1. 无私者无畏

领导者要无私，无私才能无畏，无畏才能有威。只有一心为公的人才可能受到下属的尊重，才能在处理问题时无所畏惧，在下属心目中建立威信。

领导要说话算数，言必行，行必果。言行不一致，说一套，做一套的领导是不可能有威信的。毫无疑问，任何一项新的决策在执行过程中肯定会有阻力和压力，而作为领导者不能轻易放弃，要把自己的决心和意志表现出来。

一个好的领导要想使自己的"政令"畅通无阻，得到正确贯彻执行，就不能仅仅依赖于手中的权杖，而是要亲手编织一件威信的"外衣"把它包装好，这样的权杖用起来才更有威力。否则，光拿着权力这根大棒乱舞，既容易伤害下属，也容易伤害自己。

不明就理就挥舞权杖，也许会赢得一时风光，使人臣服，但不久你就会发现，权力之剑的锐气正一点点地钝化。原因很简单，因为你还没有行使权力的肥沃土壤，没有服人的威望。你不分青红皂白地使用权力，势必会损害某些人的既得利益，你的权力之剑受到磨损也是必然的。

在美国，有一家企业的经理出国和外国的公司签订某项重大合同时，即便这项合同的签订在这个经理的权限范围内，他一般也不会满口答应，而只是做一般性答复："等我回国研究后再决定吧！"那么，他为什么要这样做呢？

这是因为，他首先想到公司的各级部门和领导是否对这个合同有异议，如何吸收他们的意见，以协调公司内部的人心和步调。如果他在关系企业发展的重大问题上，不事先听取下级的意见，毫无疑问会使下级失去责任感和热情。当然，这种决定以不耽误事为前提。这个例子重在说明，领导要注意在下属中建立威信，在该拍板时还是要果断做出决定，不能因为考虑过多失去大好机会。

领导者做人智慧：

不明就理就挥舞权杖，也许会赢得一时风光，使人臣服，但不久你就会发现，权力之剑的锐气正一点点地钝化。

2. 要平等，但不要平起平坐

"人与人是平等的"，这是人们在谈到人际关系时的一种普遍观念。客观上人与人应该是平等的，然而，当人们扮演着一定的社会角色来进行交往时，却并不总是能够平起平坐的。人在社会中扮演的角色不同，就需要树立起不同的社会形象，为了维护这种社会形象，就不可能平起平坐。

试问，在饭店里服务人员能够与客人平起平坐吗？显然不能。在饭店服务人员当中，早就流传着这样的顺口溜："客人坐着你站着，客人吃着你看着，客人玩着你干着。"不管这种说法带有怎样的情绪色彩，你都不能不承认，它的确反映了一个事实：服务人员不可能与客人平起平坐。

在单位内部，在上级与下级之间呢？从下级服从上级这个意义上来说，他们也是不能平起平坐的。一个上级的"上"，一个下级的"下"，这两个字，已经把不能平起平坐的意思，说得再清楚不过了。

总之，无论在服务人员与客人的关系中，还是在上级与下级的关系中，如果大家都平起平坐，那就不存在谁为谁服务和谁管谁的问题了，各人的社会形象也就难以区分了。

必须清楚的是，人们由于扮演着特定的社会角色，而不能平起平坐，这和人与人之间是不是平等，是两个不同性质的问题。能不能平起平坐，这是角色与角色之间的问题，而是不是平等，这是人与人之间的问题。

在社会生活的许多场合，我们只要弄清楚，一个人所扮演的是什么样的社会角色，就知道该如何去跟他打交道。人们扮演着不同的社会角色，就有了不同的权利和义务。因此，人们一旦进入角色，就往往不能平起平坐。

领导者做人智慧：

我们只要弄清楚，一个人所扮演的是什么样的社会角色，就知道该如何去跟他打交道。

3. 把自己隐藏于制度之后

作为管理者，你不能因为自己是"领导"就对别人颐指气使，也不能对下属"平易近人"到他们瞧不起你，不把你当回事的程度；你不能玩弄权术，让别人觉得你太阴险，也不能诚实到你心里有什么事别人马上就能看出来；既不能冷酷到不近人情，又不能心肠太软；你既要做到和蔼可亲、平易近人，又必须令出禁止、威严有度……可见，管人是一门艺术，更是一套高深的谋略。

老子就曾教导领导者要无为而治。而这种无为，实际上是有为，不仅是有为，而且是有大为。

有一次阳子臣问："假如有一个人，同时具有果断敏捷的行动与深入透彻的洞察力，并且勤于学道，这样就可以称为理想的官吏了吧？"

老子摇头回答说："这样的人只不过适合做个小官吏罢了！只有有限的才能却反被才能所累，结果使自己身心俱乏。如同虎豹因为身上美丽的斑纹才招致猎人的捕杀一样，有了优点反而招致灾祸，这样的人能说是理想的官吏吗？"

阳子臣又问："那么，请问理想的官吏是怎样的呢？"

老子回答说："一个理想的官员功德普及众人，但在众人眼里一切功德都与他无关；其教化惠及周围事物，但人们却丝毫感觉不到他的智慧。当他治理天下时不会留下任何施政的痕迹，但对万物却具有潜移默化的影响力。"

"无为而治"的意思是管理者尽量少干预具体事务，主要靠所制定的制度发挥作用，最大限度地调动和发挥下属的积极性。只要严明法纪，完善制度，下属的注意力就转移到这些形式上的条文中，而不是管理者身上。管理者隐藏于制度之身后，以制度管理员工，这才是真正聪明的管理之道。

领导者做人智慧：

只要严明法纪，完善制度，下属的注意力就转移到这些形式上的条文中，而不是管理者身上。

4. 小心过于谦恭者

作为领导者，你的下属中也许存在这样一些人：在你成为他们领导的那一天起，就对你不太服气，他们认为你的能力并不比他们强。对于这样的下属，不能硬碰硬。你应当以平等，甚至尊敬的语气和态度，多与他们进行沟通和交谈。对一些有嫉妒心理的人，你可以把他摆在一个比较高的位置上，自己以低姿态，谦恭地对待他，他也许会在心理上得到一种平衡和满足，消除对你的隔阂。

当然还有这样一种人，你必须时刻防备，他们不会满足于你对他的谦恭态度以及种种称赞，他只是想让你早一天从自己的职位上摔下来，自己取而代之。因此，在与他们交谈中，要掌握分寸，留有一定余地，小心被对方抓住把柄。这种下属通常不动声色，却暗藏杀机，笑里藏刀，且在平时工作中，该干什么就干什么，该说什么话就说什么话，还可能会同你关系打得火热，但这一切只不过是掩盖其不可告人的目的而已。

所以，与这样的下属在一起时，你办什么事都要小心，小心，再小心。如果你觉得实在惹不起这种人，可以通过适当方法，寻找一个合适的理由，把他调到其他的部门或单位去。

领导者做人智慧:

与过于谦恭的下属在一起时,你办什么事都要小心,小心,再小心。

5. 要盘马弯弓,引而不发

下属犯了错误,或造成公司重大损失,当然要追究责任,要批评、处分甚至撤职、开除。但在事情和责任没有搞清楚之前,千万不要急于处理。如果处理错了或重了,伤了感情,事情就很难挽回了。

你如果还没有处理,那么主动权就掌握在自己手里,想什么时候处理就什么时候处理,而且如果你处理得好,不仅不会伤害到部下的感情,反而会赢得部下的心,使其成为自己忠实的拥护者、跟随者。

某公司的销售部主管因在签订合同时出现失误,造成了公司的重大损失。对于这种严重的错误,总经理完全可以将这位主管撤职。

但是他并没有急于做出处理。他分析了两种可能:一是这位主管本身不称职,不宜于再继续担任这个职务;而另一种可能是"好马失蹄",由于一时大意而出现失误。如果是后者,那么将他撤职就会毁掉一个人才。总经理进一步考虑到,目前还找不到一个更合适的人顶替这一职务,一旦将他撤职,将会影响公司的其他工作。

于是他把这位主管找来,告诉他自己将要对这件事做出处理,但具体如何处理并没有明确告之,事情就这样拖了下来。

在这段时间里,这位主管为了挽回上次的损失,一直兢兢业业地工作,为公司的发展做出了自己的贡献,同时用事实证明他做这项工作是称职的,上次的失误是意外情况。

不久,总经理再次把他叫去,对他说,鉴于他近期的业绩,本来准备给予嘉奖,但因为上次的失误还未处理,故功过抵销,将功抵过,既不嘉奖,

也不处分。这种处理方法的效果无疑是好的。既没有影响整个公司的运作,同时又令这位主管以及其他员工心服口服。

在处理这件事的过程中,总经理盘马弯弓,引而不发,处处主动。箭在弦上,则随时可发,若箭出弦则一发不可收。所以,"引而不发"不失为一种灵活的处事之道,把握主动权,争取最有利的局面。

领导者做人智慧:

箭在弦上,则随时可发,若箭出弦则一发不可收。所以,"引而不发"不失为一种灵活的处事之道。

6. 要"王道",不要"霸道"

对于国家的管理,中国古代存在"王道"与"霸道"二学说。王道是协调,是仁爱,是内展,是合理地利用他人的智慧和力量为自己服务。王道是懂得尊敬他人、信赖他人,设身处地为他人着想。

而霸道则是与王道正好相反,它是竞争,是残酷,是外张,是企图让自己变成炸弹,哪里有反对的声音,它就在哪里引爆。

从管理的角度看,霸道就是决策者头脑发热、自信心异常膨胀甚至狂妄。他无法意识到自己的能力及精力不足,无法意识到一个人的力量不足以处理或解决所有的问题,反而为了加强自己的权威而加紧集权控制,扫除异己。这样做的结果,最终会导致自己压力更大、管理效率更低、企业效益更差。尽管如此,很多企业的领导者却都在固守着霸道,惟恐别人"威高镇主",这使得众多优秀的企业走向了失败,我们不能不为之扼腕叹息。

被誉为"美国汽车大王"的亨利·福特,在其事业发展到顶峰时,便以为自己没有什么做不了的,没有什么解决不了的问题,于是变得刚愎自用、嫉贤妒能,他决不允许下属的势头强过自己,不敢更不愿把权力授给任何人，甚至还不顾一切地将立下汗马功劳的员工解职。部属们心寒至极，人心涣散。其结果是导致事业的大滑坡——福特汽车公司丧失了昔日的威风，福特三世也于63岁时，被迫忍痛割爱，辞去了福特公司的董事会主席的职务，彻底宣告了"万年福特王朝"的结束。

相反，美国钢铁大王卡内基本人对钢铁制造、钢铁生产的工艺流程可谓知之甚少，但他却能够使手下的300名精兵强将，爆发出工作的激情，最后，"众星捧月"地将自己捧上了钢铁大王的宝座。

领导者做人智慧：

从管理的角度看，霸道就是决策者头脑发热、自信心异常膨胀甚至狂妄。

7. 将军不敢骑白马，亡者不敢夜秉烛

《庄子》中有一句话叫"直木先伐，甘井先竭"。其意是：挺直的树木先遭砍伐，甘甜的井水先被汲尽。比喻有才能的人容易受到迫害。事实也的确如此。有一些才华横溢、锋芒太露的人，虽然容易受到重用提拔，但也容易遭人暗算。

南朝王僧虔，是东晋王导的孙子。宋文帝时官为太子中庶子，武帝时为尚书令。年纪很轻的时候，僧虔就以善写隶书闻名。宋文帝看到他写在白扇子上面的字，赞叹道："不仅是字超过了王献之，风度气质也超过了他。"当时，宋孝武帝也想以书法名闻天下，僧虔便不敢露出自己的真迹，常常把字写得很差，因而平安无事。

《淮南子·说山训》有两句话："将军不敢骑白马，亡者不敢夜秉烛。"它的主旨是：不要过于引人注目，否则很容易成为众矢之的。所以越是有才华的人，如果不会自我保护，就会因才华而过早地陨落。

唐代的顺宗在做太子时，亦好做壮语，慨然以天下为己任。太子有能名，服人心，自然也是使自己顺利当上皇帝的一个先决条件。但太子能过父皇，又往往有逼父退位的嫌疑，所以又会因遭父皇的猜忌而被废黜。因此聪明的太子不能表现出太强的才干，造成太响的名气。

有一次，他曾对东宫僚属说："我要竭尽全力，向父皇进言革除弊政的计划！"他的幕僚王叔文告诫他："作为太子，首先要尽孝道，多向父皇请安、问起居饮食冷暖之事，不宜多言国事。况且改革一事又属当前敏感问题，你若过分热心，别人会以为你邀名邀利，招揽人心。如果陛下因此而疑忌于你，你将何以自明？"太子听后恍然大悟，于是立刻闭嘴不言。德宗晚年荒淫而又专制，太子始终不声不响，直至熬到继位，方有了唐朝后期著名的顺宗改革。

领导者做人智慧：

越是有才华的人，如果不会自我保护，就会因才华而过早地陨落。

8. 别将工作掺入过多的友谊

任何事情都不能过度，和顶头上司走得过近，会给自己招来很多麻烦。

首先，和上司走得太近，可以让上司了解你的优势，同样也可以暴露你的缺点。我们并不是说要特别隐瞒什么缺点，但人的心理很微妙，"距离产生美"，当你和别人保持一定距离的时候，别人往往更易看到你的优点；而走得很近时，则"审美疲劳"，更易发现你的缺点——"老婆总是别人的好"就是这个道理。职场终究是个做事的地方，如果你在工作上颇有能力，何必多事，让自己其他的缺点冲淡这些优势呢？

其次，和上司走得太近，容易招致他人嫉妒。要求身边的同事，尤其是与你有竞争关系的，在评价你时完全做到客观是不现实的。你很有能力，很勤奋，业绩出色，但如果你与上司太近，其他同事定会觉得你的成绩，多半是靠拍马屁、与上司搞关系得来的。人都有自我保护心理，面对他人表现好过自己时，更容易将他人的成绩解释为外因（老板帮忙），而非其个人的实力——人们大都会不自觉地逃避"别人比我更好"这种损害自我价值感的现实。

再次，有些中层领导者常常只从个人角度出发，一厢情愿地认为，上司和我关系铁，以后定会关照我。如果做换位思考，站在上司的角度考虑，你们的铁关系，有可能是种拖累。当他要提拔人的时候，即使你能力很强，他也很可能因为你们那众所周知的很铁的关系，"大义灭亲"把你Pass掉，因为这样才不会被指责为"任人唯亲"。

此外，如果你和上司的关系中掺入过多友谊的成分，你往往在工作的时候也会不自觉地表现得很随意，无形中对领导的权威构成威胁。当你的上司感受到这一点的时候，他就会开始刻意地疏远你了。

最后，别忘记一朝天子一朝臣的道理。管理层发生变动是常有的事，新领导往往更愿意使用他信得过的人，如果你被当成过去领导的人，也许你该做好被打入冷宫或者走人的准备了。

领导者做人智慧：

站在上司的角度考虑，你们的铁关系，有可能是种拖累。当他要提拔人的时候，即使你能力很强，他也很可能因为你们那众所周知的很铁的关系，"大义灭亲"把你Pass掉。

9. 要下属明白"军令如山倒"

若部属能够依照你的意愿完成所交给的任务，是很好的事。但是在现实生活中，并非一切皆如此顺利，相信你一定有过因遇到阻力而无法达成工作

目标的经历。

无法达到预期的营业额、经费超出预算、拿不到预约的原材料、无法在约定期限内交货、无法收回成本……诸如此类的情况，相信你经常碰到。或许你也可能经常听到下属的申辩"这很难办呢"、"请再多宽限几天"、"我已经尽力了"等等。遇到这种情况，你应该如何处理呢？

基本的原则是，不可轻易地向部属妥协。虽然达成目标并非易事，既然目标已定，就应该照着去做，并按时间要求去完成。如果每次都因下属的抱怨而重新修正原来的计划，任务的内容就会变得含糊不清，计划也就失去了权威性。

即使部属有些不情愿，你仍然坚定地重复你的命令。你需要明确地告诉对方："不要净说些丧气的话，努力去做！"不能纵容下属养成讨价还价的毛病。对下属来说，上司的命令不容辩解，这就是军令如山倒。

领导者做人智慧：

如果每次都因下属的抱怨而重新修正原来的计划，任务的内容就会变得含糊不清，计划也就失去了权威性。

10. 别让一条鱼腥了一锅汤

把一匙酒倒进一桶污水里，得到的是一桶污水；如果把一匙污水倒进一桶酒里，得到的还是一桶污水。在任何组织里，几乎都存在几个难以管理的人物，他们存在的目的似乎就是为了把事情搞糟。最糟糕的是，他们像果箱里的烂苹果，如果不及时处理，它会迅速传染，把果箱里其它苹果也弄烂。"烂苹果"的可怕之处，在于它那惊人的破坏力。一个正直能干的人进入一个混乱的部门可能会被吞没，而一个无德无才者能很快将一个高效的部门变成一盘散沙。

组织系统往往是脆弱的，是建立在相互理解、妥协和容忍的基础上的，它很容易被侵害、被毒化。破坏者能力非凡的另一个重要原因在于，破坏总比建设容易。一个能工巧匠花费时日精心制作的瓷器，一头驴子一秒钟就能毁坏掉。如果一个组织里有这样一头驴子，即使它拥有再多的能工巧匠，也不会有多少像样的工作成果。如果你的组织里有这样一头驴子，你应该马上把它清除掉；如果你无力这样做，那就应该把它拴起来。

这个定律与我国的一句民间谚语——"一粒老鼠屎坏了一锅粥"说的是一个道理。

企业中的人往往是鱼龙混杂、良莠不齐的，这种现象几乎没有一个组织能够幸免。如果你的企业中存在这样一个烂苹果，你应该马上采取行动将其清除，否则的话，后果将不堪设想。

在企业中，常常有一些自称是文武全才的人，他们自视本领高强，老认为自己大材小用，没有施展才华的舞台，但当企业起用他们的时候却不能担当大任，破坏了整体计划。这些人的存在会大大阻碍企业的发展进程，他们就像箱子中的烂苹果一样会慢慢腐蚀企业的组织机构，降低企业的整体运作效率。对于这些人，管理者要在合适的时机让他们下课。

领导者做人智慧：

一个正直能干的人进入一个混乱的部门可能会被吞没，而一个无德无才者能很快将一个高效的部门变成一盘散沙。

11. 保持适当的神秘感

早在奴隶制时代，统治者利用人们对"神"的崇拜与畏惧，将君权同神权紧密结合在一起。神具有至高无上的绝对权威，君权就是由神权授予的。整个封建时代，"君权神授"论继续得到统治者的广泛宣扬。

在中国古代的史藏中，几乎每一个君主都有一段关于自己血统来源的神异记载。汉高祖刘邦的母亲"尝息大泽之陂，梦与神遇"，"蛟龙于上，已而有娠"；前赵君主刘聪之母"梦日入怀"乃生刘聪；北齐后主高纬之母"梦于海上坐玉盆，日入裙下，遂有娠"；南朝梁武帝萧衍，"母尝梦抱日，已而有娠"。

神秘感往往来源于无知，无知又须借助于保持一定的距离。为了维持君主在臣民心目中的神秘形象，君主与臣民之间隔离着深不可越的鸿沟。深宫如海，成为君主隔绝臣民的屏障。这种深居简出、与世隔绝的状况，不仅是为了保护君主的人身安全，更重要的则是为了掩饰君主凡身肉胎的事实真相，人为地制造和增添神秘的气氛。

在现代社会再使用"神化"的手段，已经没有用了。可是作为上司，设法在下属面前保持一种神秘感，让他们感到"天威难测"，使其养成诚惶诚恐、敬畏卑顺的习惯心理，对于自己的管理是大有好处的，对于推行自己的想法亦大有好处。

领导者做人智慧：

作为上司，设法在下属面前保持一种神秘感，让他们感到"天威难测"，使其养成诚惶诚恐、敬畏卑顺的习惯心理，对于自己的管理是大有好处的。

12. 忠诚胜于能力

中国人自古以来就看重品德，讲究对上级的一个"忠"字，对人对事则要"诚"。所以，"忠诚"被认为是德行的最高境界。直到今天，人们对"忠诚"还是十分推崇的。只不过，现在的"忠诚"又有了新的含义，它摈弃了过去"愚忠"的成分，更提倡人要忠于正确的原则，忠于自己的信念。具体到工作上来，就是忠于自己的公司和单位，忠于自己的工作。

今天的管理者在选拔人才的时候，依然是首先看他是否忠诚，其次是看他的才能。他们认为，能力平庸的员工虽然不能委以重任，但如果他们对公司对工作都很忠诚，就有其可用之处。这样的员工往往能够勤勤恳恳地工作，尽心尽力，把公司的利益当作自己的利益来维护，既不会干不了几天就跳槽，也不会做出危害公司的行为。

管理者最害怕的员工，大概是那些才华横溢，却对自己的公司和工作都不忠诚的人。这种员工虽然能够出色地完成工作任务，帮助管理者减轻负担，替公司创造业绩，但他们身上同时也潜藏着很大的破坏力。

一代文学巨匠意大利文艺复兴的先驱但丁曾说："道德常常能填补智慧的缺陷，而智慧却永远填补不了道德的缺陷。"这句话深刻有力地揭示出"德"与"才"两者之间的不可替代性，它可以作为现代管理者在选用人才时的一个警示。对于忠诚但能力不足的员工，管理者可以逐渐培养，虽然他可能挑不了大梁，但他可以成为一个合格的、称职的好员工。对于能力出色但不忠诚的员工，则永远要提防他，有才也不能重用。

领导者做人智慧：

道德常常能填补智慧的缺陷，而智慧却永远填补不了道德的缺陷。

13. 掩藏起自己的行迹

韩非子认为，帝王要掩藏起自己的行迹，不暴露自己的观点，使得臣下无从探测；要运用智慧于无形之中，摒弃显山露水的才能，使得臣下无从揣度。

在韩非子看来，帝王将喜怒表现在外，臣子就会巧言逢迎；帝王将好恶表现在外，臣子就会粉饰伪装。因为，在权力的风口浪尖打拼的人都不会是白给的，窥视上司权力的人，自然清楚他的野心会给他带来极大的危险，善

于伪装就成了他们的必备素质。对付这种人只有依靠"心藏不露",正如韩非子所说:"帝王隐藏起自己的感情,大臣才会现出本性。"

凡是奸佞小人都会想借顺从领导者的心意,来取得信任与宠爱,领导者喜欢的,他们就会吹捧;领导者讨厌的,他们就会毁谤。

所以,做领导者要留意的就是,尽量不在工作场合上表现出喜好与厌恶。若是表现公正客观,就算善于逢迎之人也不敢贸然行动。

领导者如果在工作的场合中表露出喜恶时,一定会被下属所察觉。有些想巴结领导的下属们,就一定会投其所好,可能陪着打球,也可能利用节日送礼,等等,而通常若是遇上喜欢的东西是难以拒绝的。久而久之,领导者的喜好或厌恶,就会被这些别有用心之人所摸清,他们就更能表面上顺着领导者的心意,而背地里从事自己的阴谋。

领导者做人智慧:

凡是奸佞小人都会想借顺从领导者的心意,来取得信任与宠爱,领导者喜欢的,他们就会吹捧;领导者讨厌的,他们就会毁谤。

14. 不与小人决斗

生活中最聪明的人,往往是那些对无足轻重的事情无动于衷的人,他们很清楚该理睬什么,不该理睬什么,知道什么事情可以改变命运,也知道什么事情只会消耗青春。这样的人对那些较重要的事务无一例外会感到兴奋,同时也善于把无关紧要的事情搁置在一边。

有一次,一只鼬鼠向狮子挑战,要同他一决雌雄。狮子果断地拒绝了。"怎么,"鼬鼠说,"你害怕了吗?"

"非常害怕,"狮子说,"如果答应你,你就可以得到曾与狮子比武的殊荣;而我呢,以后所有的动物都会耻笑我竟和鼬鼠打架。"

这只狮子无疑是明智的，因为它非常清楚，与鼬鼠比赛的麻烦在于：即使赢了，所战胜的仍然是一只"老鼠"。一般情况下，对于低层次的交往和较量，大人物是不屑一顾的，就像一个优秀的武士，是不会与一个毛贼公开决斗的。

同样的，一个人对琐事的兴趣越大，对大事的兴趣就会越小，而非做不可的事就越少，越少遭遇到真正的问题，人们就越关心琐事。这就如同下棋一样，和不如自己的人下棋会很轻松，你也很容易获胜，但永远也长进不了，而且这样的棋下多了，棋艺会越来越差，所以好棋手宁可少下棋，也尽量不与不如自己的人较量。

美国哲学家威廉·詹姆士曾说："明智的艺术就是清醒地知道该忽略什么的艺术。"他的言下之意就是，不要被不重要的人和事过多打搅，因为成功的秘诀就是抓住目标不放。很多人都想成为一流的人，有一流的事业、一流的思想、一流的生活，但遗憾的是，很少有人能像一流的人那样做事。

不值得做的，千万别做。因为不值得做的事，会让你误以为自己完成了某些事情。你消耗了大量时间与精力，得到的可能仅仅是一丝自我安慰和虚幻的满足感。当梦醒后，你会发现该做的事一件都没有做，而自己却已经疲惫不堪了。

领导者做人智慧：

不值得做的，千万别做。因为不值得做的事，会让你误以为自己完成了某些事情。你消耗了大量时间与精力，得到的可能仅仅是一丝自我安慰和虚幻的满足感。

15. 左手"严刑重罚"，右手"法外施恩"

领导者既应懂得运用"严刑重罚"的威吓手段，也应懂得"法外施恩"

的笼络方法。也就是在某些情况下,领导者以豁达宽宏的姿态出现,网开一面,当罚而不罚,本应受到惩罚的下属得到了宽恕,必然会产生强烈的负疚感和报恩心理,死心塌地地为上司效力。

春秋时代的秦穆公曾走失一匹钟爱的宝马,被歧下300余山民将马杀后给吃掉了。承办此案的官员准备将这300多人全都杀掉,穆公却想马既然已经被吃掉了,处罚吃马的人也不能令其生还,还不如索性人情做到底。于是对那些山民说:"吾闻食善马肉不饮酒伤人……"皆赐酒而赦之。几年后,秦国与晋国发生战争,秦穆公受伤被围。当年吃马肉的人"皆推锋争死,以报食马之德",解救了秦穆公的危难,并生俘了晋国国君。

在下属犯错误时,领导者先给下属冠之以严重的罪名,使他们自知问题的严重性。可是,当下属陷入绝望的境地之后,领导者又略施薄恩,在一定程度上减轻处罚。不难看出,领导者的这种"法外施恩",在一定条件下非但不会松弛对下属的控制,反而会增加领导者人格上的感召力,促使下属更加自觉自愿地为上司效力。

领导者做人智慧:

领导者以豁达宽宏的姿态出现,网开一面,当罚而不罚,本应受到惩罚的下属得到了宽恕,必然会产生强烈的负疚感和报恩心理,死心塌地地为上司效力。

16. 越有实力的人,越是坦诚

英国作家哈尔顿为了编写《英国科学家的性格和修养》而去采访达尔文。达尔文的坦诚是尽人皆知的,为此,哈尔顿不客气地直接问:"你主要缺点是什么?"达尔文回答:"不懂数学和新的语言,缺乏理解力,不善于合乎逻辑地思维。"哈尔顿又问:"你的治学态度是什么?"达尔文回答说:"很用功，但没有掌握学习方法。"听过这些话的人，无不为达尔文的坦率和诚实而鼓掌。

一般说来，像达尔文这样蜚声全球的大科学家，在回答问题时说几句不痛不痒的话，甚至为自己的声望再添几圈光环，没有人会产生异议。但达尔文没有这样做，他是诚实的，一是一，二是二，甚至把自己的缺点也毫不掩饰地坦露在别人面前。别人都为他的诚实所感动，从心底深处喜欢他，敬佩他，因为只有人品高尚的人才能做得到这一点。

事业成功的人大都比较诚实，因为他们不仅希望诚实地对待别人，更希望别人诚实地对待自己。

在电视访谈节目中，面对媒体，越是身价大、真正有实力的人，越是容易直言以对，越是坦诚。反而是那些不太有实力的人，越爱不痛不痒地说些套话。

领导者做人智慧：

事业成功的人大都比较诚实，因为他们不仅希望诚实地对待别人，更希望别人诚实地对待自己。

17. 今天忠诚，不代表永远忠诚

一个人捡到一只幼狮，便抱回家喂养，并对它无微不至的关心，给它喂食，给它梳毛，给它洗澡。

狮子在他的怀抱中渐渐长大，长成了一只威猛的雄狮，但对他还是温顺得如一条小狗。

有一天他突发奇想：骑着狮子旅游。他和狮子一起踏上了旅程，一路上狮子很听话，平稳地驮着他，所到之处人们对他夹道喝彩，他显得神气活现。

路上有人问他:"狮子会不会吃你?"

他说:"怎么可能呢!我把它从小养大,知道它的性情。"

路上有条狗问狮子:"你怎么不吃他?"

狮子说:"那怎么可能呢!他是我的恩人。"

他们在穿过一片沙漠时,不幸遇到了狂风,水和食物都被卷走了。他在痛心之时还不忘去安慰狮子:"忍着点儿,小家伙,等过了沙漠,我让你饱餐一顿。"担心狮子受累,他甚至跳下来步行。

一天过去了,狮子饿得围着他打转;两天过去了,狮子饿得舔他的手脚;三天过去了,狮子对他开始轻轻地撕咬;四天过去了,狮子向他龇起了牙齿;第五天,饥饿的狮子向他瞪起了血红的眼睛……在他正要上前抚摸它时,狮子奋力一纵将他扑倒,瞬间把他撕成了碎片。

至死他都不明白,狮子怎么会吃了他呢?

狮子现在不吃人,并不能保证它永远不吃人——因为凶残是它的本性。

有的人现在对你忠诚,但不表明他永远对你忠诚——如果他本来就不是一个忠诚的人,总有一天他会背叛你的。

狮子的温顺和奸佞之徒的忠诚都是有限度的,饥饿和危险会使他们露出本来的面目。

领导者做人智慧:

有的人现在对你忠诚,但不表明他永远对你忠诚——如果他本来就不是一个忠诚的人,总有一天他会背叛你的。

18. 不要急于搞"一朝天子一朝臣"

在上任不久,立足未稳,对原有干部还不了解的情况下,新领导应当处理好与原班子的关系。对原所有干部仍应持信任态度,这样有利于稳定干部队伍情绪，便于有条不紊地进行新老交替，也有利于自己站稳脚跟，打开局面。待到局势基本稳定之后，再有计划有步骤地整顿干部队伍。

如果一到任就搞"一朝天子一朝臣"，急于大换班，就容易使局势动荡，决策失误。用错一个人，影响一批人。人事上出现较大失误之后，那些受到伤害和冷落的人及其追随者的不满情绪就会迅速蔓延，这将是你今后长期工作的"不安定因素"。

如果恰恰在这时，上级对你支持的"热度"下降，内部又发生危机，便很容易形成"内外交困"的局面，使你没法再工作下去。这方面的教训是很多的，领导者要认真汲取。

领导者做人智慧：

在上任不久，立足未稳，对原所有干部仍应持信任态度，这样有利于稳定干部队伍情绪，便于有条不紊地进行新老交替，也有利于自己站稳脚跟，打开局面。

19. 适当地有点"架子"，本无可非议

提起领导，多数人的感觉是"架子大"、"官气十足"。而且人们总是习惯用"架子大"来形容某些领导者脱离群众，目中无人。但是我们要说，"架子"绝不仅仅是一个消极、负面的东西，而有着它积极且微妙的意义，成为许多领导者管理下属的一种十分有效的艺术性方法。

"架子"其实可以理解为一种"距离感"。许多领导正是通过有意识地保持与下属的距离，使下属认识到权力等级的存在，感受到上司的支配力和权威。而这种权威对于领导巩固自己的地位、推行自己的政策和主张是绝对必须的。如果领导过分随和，不注意树立对下属的权威，下属很可能就会因为轻慢上司的权威而怠惰、拖延甚至是故意进行破坏。所以，领导通过"架

子"来显示自己的权力，进而对下属有效地行使权力是无可非议的，对于上司很好地履行自己的职责也是十分必要的。

许多领导还喜欢通过"端架子"，从而使自己显得比较神秘。因为领导处于各种利益、各种矛盾的焦点上，他若想实现自己的目的，就必须懂得掩藏自己，使自己的心机不被窥破。如果下属很容易就揣摩到上司的心理，他就很可能利用这点来达到自己的某种目的，从而危及或破坏领导者计划的执行。而不暴露自己的最好办法莫过于与下属保持一定的距离，使自己增加一点神秘感。

曾有政治学家论证说，一般人都有服从权威的倾向。而领导者通过得体的"架子"而表现出来的自信心、意志力、傲视群雄的态度以及凌驾于众人之上的气势则有助于增加自己的权威，使自己显得更有魅力，显得更像领导者，更能从形象上唤起别人的敬佩和好感。

可见，领导者的"架子"绝不仅仅为了炫耀，还是一种为了有效驾驭下属而采取的防范性措施。

所以，领导的"架子"绝非是一个简单的道德问题，它还包含着一定的领导艺术，更有着心理学上的微妙含意。

领导者做人智慧：

如果领导过分随和，不注意树立对下属的权威，下属很可能就会因为轻慢上司的权威而怠惰、拖延甚至是故意进行破坏。

20. 不妨来点喜怒无常

喜怒无常常被人们形容为无道昏君的典型性格。事实上，这正是君主高明之处。他们有时把刺杀过他们的仇人任为高官；有时把自己最亲密的朋友残酷杀害；有时你吹捧他他会很高兴；有时赞美他却可能被杀头。君主这种

"神秘莫测"的特性，源于对皇权垄断的特别占有欲，及对这种极端权力所产生的高度恐惧感。在封建社会君臣关系已完全为利害、血泪、仇杀关系所笼罩时，制度化的力量，道德伦理的制约作用，已变得微乎其微，只有依赖这种残酷、无常的皇权来控制了。

对于做大事的人来讲，宁让人憎恶而恐惧，也不让人夸奖而轻视。他们将臣属视为草芥，顺我者昌，逆我者亡，难以容忍臣属拥有自己的独立人格和个人主见。对于喜怒无常的君主来说，臣属更是他们滥施淫威、肆意凌辱的对象，臣属动辄得咎，战战兢兢，如履薄冰。

他这看似无理的行径，其实自有更深层的考虑：他宁肯让人们认为他喜怒无常而惧怕他，也不让人们揣摩透他的心思而为所欲为。

对于做大事的人来讲，宁让人憎恶而恐惧，也不让人夸奖而轻视。

21. 不要一屁股坐在某种"势力"的板凳上

任何单位都存在处理与各种"势力"之间关系的问题，领导要处理好同各种"势力"之间的关系，关键是要掌握虚实相间的艺术。

在重大问题上，要一视同仁，这一点就是要"实"。领导同各种"势力"之间的关系，应该是居高临下，处于支配地位。对各种"势力"起到领导、协调、引导、监督、制约的作用。

为了做到这一点，就必须遵循在重大问题上"不偏不倚，一视同仁"的原则，使各种"势力"都感到你没有倾向性，是他们可以信赖的领导。尽管有时出于领导工作的需要，在这一时期可能较多地听取和采纳这种"势力"的意见，但这仅仅属于组织管理活动中的一种协调动作，而绝不是反映了领导的某种倾向性立场。

倘若领导真的一屁股坐在某一种"势力"的板凳上,那么,他会立即招致一系列意想不到的恶果:使自己从一个各种"势力"的合法领导,沦为某一种"势力"的袒护者,无法再对各种"势力"发挥协调平衡作用,只能对某一种"势力"发挥有限的影响作用。况且,自己还将受到这一种"势力"的强大影响和制约,人为地在自己面前树立众多的对立面,激化各种势力之间的矛盾,严重破坏整个管理机器的正常运转。

领导者做人智慧:

绝不要只做一支小分队的队长,你要做陆海空的总司令。

22. 要看起来就像个领导者

在西方政治家竞选时,竞选人的幕后策划班子里,4个最不能够缺少的专业人才之一就是形象设计师。他们的目的就是要让竞选人看起来像是个能够胜任领袖职位的人。如果看起来不像个有影响力的领袖,无论你的政治观点多么深入人心,也会失去很多追求"魅力领导人"的选民,这样的例子在西方的商业界也数不胜数。因为他们深刻理解"看起来像个领导者"的形象对事业的促进作用。

领导者如果忽略了对自己外在形象的维护,看起来不像个当领导的人,是难以得到别人的尊重的。在这一点上,深受英国人影响的香港人深深地知道,越是有影响力的人,越注意自己的社会形象。李嘉诚之子李泽楷的公司里有4个副总裁专门负责公司的形象和他的个人形象。什么场合穿什么服装,表现什么样的风格,都有专门的班子为其策划。

"看起来就像个领导者"对于追求成功的人而言更加重要,在外形上接近有影响力者是自己在思想和行动上走向成功的关键一步。因为在人们的意识中,具备这种成功形象的人大都是已经有影响力的人。

西方有句名言："你可以先装扮成'那个样子',直到你成为'那个样子'。""看起来像个有影响力的人"在你的事业中会为你敞开幸运的大门,让你脱颖而出。民主选举时,由于你"像个领袖",人们会投你一票;提拔领导时,由于你"像个领导",你会被领导和群众接受;对外进行商务交往时,由于你"像个有影响力的人",人们愿意相信你的公司也是有影响力的,因而愿意与你的公司进行交易。

 领导者做人智慧:

领导者如果忽略了对自己外在形象的维护,看起来不像个当领导的人,是难以得到别人的尊重的。

23. 中庸之人是天下最厉害的角色

对于理想的性格,我们常听到的赞美词语有这些:勤劳勇敢、刚直不阿、疾恶如仇、严于律己、胸怀宽广、处变不惊、高瞻远瞩等。三国时的刘邵是这样评论的:"咸而不碱、质而不缦、文而不缋、能威能怀、能辩能讷,变化无方,以达为节。"翻译成现代文的意思是:像含盐的海水虽咸没有苦涩,虽淡却非索然无味,质地朴素的丝织品并非了无纹饰,而是颜色斐彩又不炫耀过度,这种人望之俨然即之而温,既能辩说无碍,也能缄默不语,变化无穷,唯以通达为标准。刘邵分析的理想性格,实际上是指要具有中庸之德。

"中庸"二字,给大多数人的感觉是胆小怯懦,唯唯诺诺,是谁都可以欺负他而他谁也不敢得罪的老好人,这种看法是错误的。真正的中庸是:道德高尚、品行端正、不偏不倚,性情柔和而刚正,如水虽为天下至柔之物,但又有滴水穿石之功,破坏力强大,无坚不摧。德行崇高而厚,如天地一样广远辽阔,又不脱于众人的目光。这样的人,佩天地之德,怀人和之功,是

天下纯德纯美的人，可做圣人明君。

中庸至德的人，阴阳调和，水火既济，柔中带刚，刚而不脆，脆中含韧，韧而有力，是天下最没脾气又最为厉害的角色。平时的行为举止无声无息、无形无色，一旦动事，疾如江堤决口，迅若长空奔雷，无往不利，无坚不摧。一旦事成，又静若处子，举若虚空，精精华妙，几不着物。在生活中，能威严，能温和，能强辩，能沉默，能开疆拓土，奋力进取，又能四平八稳，坐守功业。

领导者做人智慧：

中庸至德的人，阴阳调和，水火既济，柔中带刚，刚而不脆，脆中含韧，韧而有力，是天下最没脾气又最为厉害的角色。

24. 不做权力的奴隶

有人觉得只要获得了权力就能高高在上地发号施令，从此便可以高枕无忧了。其实权力这种东西，得到了反而会给你带来更多的麻烦。一旦你有了权力，就必须设法巩固，因为太多的人对你所拥有的权力虎视眈眈。

不仅仅是政治领域内的权力不稳定，在任何领域都是如此。在这些领域中，人们往往以为有了权力就可以为所欲为，尽情享受权力带来的一切。人们想像中的大金融家，都住在华丽的别墅里，在豪华的游艇上度长假，拥有数名年轻貌美的情人，只需向忠实的秘书下简单的命令就完事。人们往往将电影明星的生活想像为应接不暇的宴会，接二连三的风流韵事，并对此深信不疑。

但是不要忘记，一旦你拥有了权力，你就要花费大量的时间去经营，不断地巩固它，防备别人从你手上把它夺走。你根本没时间去做自己想做的事。无论是大金融家或大企业家，天天都要忙着工作，大多没有时间度长

假，因为他们不能放心地将风险大的问题交给别人处理。著名的电影明星也必须不断克服各种障碍，力求在表演上突破自己，还要经常参加一些无意义的应酬，以保持自己的曝光率。作家则必须埋首于自己的创作，他们往往饱受灵感枯竭的折磨。所有这些工作没有尽头，并不会在傍晚或周末就结束。

不要对权力过度狂热，更大的权力意味着更大的责任，如果处理不好，很可能给你带来更大的麻烦。

领导者做人智慧：

有人觉得只要获得了权力就能高高在上地发号施令，从此便可以高枕无忧了。其实权力这种东西，得到了反而会给你带来更多的麻烦。

25. 手别伸得太长

每个人都有自己的既得利益，这些利益大多是由职权或地位而来。即使你是出于公心，只要是你的所言所行超出了自己的权限，必然要招来别人的猜忌。

唐朝的王叔文经常陪太子下棋。有一次下棋时，太子和人议论政事，谈到了宫市的弊端。所谓"宫市"，就是宦官在民间以低价强行购物。太子说："我正打算向圣上反映此事。"在场的人都称赞太子贤明，只有王叔文没有说话。众人走后，太子留下王叔文，问他为什么不说话。王叔文说："太子的职责就是侍奉皇上的饮食起居，早晚问安，不宜议论宫外的事。皇上如果疑心太子是在收买人心，如何辩解呢？"太子听了这话后大吃一惊，说："不是先生指点，我哪能明白这个道理！"

俗话说"不在其位不谋其政"，这是古代人们在凶险的仕途中用以自保的韬略。虽然消极的成分有不少，但也不是没有一定的道理。处高位的人往往喜欢参与，显示自己的权威和才能，似乎自己无所不能。他不知道自己做

得多，他人就做得少了；自己的才能太显露了，他人的才能就得不到发挥。做领导的不是要和他人比试才能，而是要让他人发挥才能。所以《尚书》说，对司法方面的事，不要越俎代庖，要让有关的官员去治理。太子与皇上本为父子，王叔文还非常郑重地提醒太子要避嫌，更何况其他的人了？这一招"不谋其政术"，高就高在尊人之位、尊人之言，既留有余地，又守住了自己的本分。

领导者做人智慧：

即使你是出于公心，只要是你的所言所行超出了自己的权限，必然要招来别人的猜忌。

26. 真正的聪明是大智若愚

在《论语·公冶长篇》里，孔子谈到了一个人，就是春秋时期卫国的一个大夫，姓宁名俞，谥号武，尊称为宁武子。宁武子历经卫文公、卫成公两朝，两个朝代一个政治清明，一个政治混乱，而宁武子都能安然地做卫国大臣。孔子说宁武子在国家太平时节，显得很聪明；在国家昏暗时节，便表现得很愚笨。孔子叹道："其知可及也，其愚不可及也。"就是说，宁武子的聪明，别人赶得上；宁武子的愚笨，别人就赶不上了。

我们常用"愚不可及"来批评、挖苦蠢人蠢事。可读了《论语》这段话，才知"愚不可及"其实是语带褒义的。孔子这里说的宁武子的"愚"，其实是一种真正的聪明，是大智若愚。一个人聪明能干，在环境好的情况下，可以尽情发挥。可在环境恶劣时，如果聪明过分显露，就可能招来嫉恨、打击。这时把聪明掩藏起来，表现得碌碌无为，甚至傻子一般，就能有效地保护自己，从而减少外界的阻力，不动声色地做些踏踏实实的事。

杨修是曹操手下的一位主簿，就是秘书一类的官。杨修这个人非常聪明，但不懂得该收敛时需收敛，特别是在曹操这样一个嫉妒心、猜疑心极强的上司手下做事，更需要"守之以愚"。而杨修却恃才放旷，"数犯曹操之忌"。

杨修实在是太不聪明了，他不可能不了解曹操的为人。曹操爱玩弄小聪明，你就让他自鸣得意去好了，何必一次一次去点破呢？又不是什么原则问题，杨修完全可以装的愚一些，心中暗笑就是了。可他不，非要在妒忌心极强的曹操面前显示自己的高明，结果把命也送了。

现实生活中，大的政治环境、社会环境是正常的，宽松的，清明的，但也难免遇到小环境不好的情况。比如，有的单位人际关系很复杂。在这种情况下，你不妨"愚"一些，不去说三道四，不锋芒毕露，不四处树敌，不卷入人际是非中。

如果真发现了坏人坏事，也不要硬碰硬，不要打草惊蛇，可以通过有利于保护自己的渠道举报。借用台湾作家刘墉的一句话"我不是教你诈"，而是教你在恶劣的环境里既坚守正义，又保护自己。

做人处世，难得糊涂。人的弱点，就是在为个人的谋划上太聪明，结果常常是"聪明反被聪明误"。

领导者做人智慧：

借用台湾作家刘墉的一句话"我不是教你诈"，而是教你在恶劣的环境里既坚守正义，又保护自己。

27. 避免雇佣消极或悲观的人

在一个组织或家庭中，个性积极的人会做出好事，个性消极的人能造成许多的破坏。就这两种个性的影响程度而言，消极的个性往往会更强。我们都知道，生活在粗鲁人中间的人，身上会发生什么——有时候他也会变得粗

鲁。在美国边远地区的部落里，受聘为种植园或矿井经营者的英国人，通过每晚剃须和精心打扮参加晚宴来抵御粗鲁的人对他们的影响。

要想让一个组织运行平稳，成员必须与领导的想法协调一致。因此，一个非常紧张的人处在领导的位置上，会把每一个员工带入紧张的状态。任何办公室或商店中，当领导处于紧张状态时，你会发现员工也是如此。有时候这种情感模式会扩散到整个组织。一个具有消极性格且不服从指挥的人，会把他的消极传染给同一个组织的其他人，并造成巨大破坏——就像一个烂苹果放在箱子里，会让其它的苹果也迅速腐烂一样。

同样，一个女人哭泣会引起同屋的人的伤感，一个人笑会带动其他人一起笑，一个人打哈欠会引发传染性的哈欠。如果你是一个积极的人，要避免结交消极或悲观的人。许多牧师和人事顾问，往往会成为带着问题找他们的人所带来的消极思想的牺牲品——不断听到悲哀和悲伤的故事，最终推翻了他们积极的一面，把他们带进了消极状态。

领导者做人智慧：

一个具有消极性格且不服从指挥的人，会把他的消极传染给同一个组织的其他人，并造成巨大损害。

28. 说话简洁，才能语惊四座

凡事简洁明了，切中要害，既是一种机敏，也是一种智慧。

美国联邦最高法院的一位法官说，一件案子胜负的关键往往是对于案件中核心问题的辩论。有些律师出庭时，往往考虑到案子的重要性，就不得不把他的辩护词拉拉扯扯地讲了一大堆，并且还举出无数个证据来。结果，法官和陪审员被他搅得头都晕了，而且由于他的话语和细节太多，又容易被对方发现许多漏洞。

要知道，在法庭上是没有一分一秒的时间允许你多说一句废话的，法官和陪审员最爱听的是那些直截了当的辩护。无论你因何事而辩论，一定要用简洁透彻的方式来阐明。

如果你想成就大业，那么你就应该集中精力；如果你希望别人知道你工作的价值，那么你就应该化繁为简。因为，子弹只有密集才具有杀伤力。

"如果你希望自己的言语能够语惊四座，就应当尽可能简洁。"英国有位诗人曾说，"语言同阳光一样越浓缩集中，越容易将物品引燃。"

 领导者做人智慧：

如果你希望自己的言语能够语惊四座，就应当尽可能简洁。

29. 一人向隅，举座不欢

中国有句古语，叫做"一人向隅，举座不欢"。当客人怀着愉快的心情来赴宴的时候，他们倒不是为了吃点喝点什么，而是为了通过这种社交形式加强联系，加深友情。只要主人能以平等的态度对待每一个客人，那么，皆大欢喜是不难做到的。而如果"热"此"冷"彼，那么"冷"者当然不高兴，而"热"者心中也不会好受。因为实际上那少数的"热"者，有意无意地被人推向了"冷"者的对立面，心里也会"为之不欢"。据说，圆桌的发明，正是为了使入席者既无面南之尊，又无背北之卑，其中本身就隐含着"平等"二字。大家坐在象征平等的圆桌边进餐，而你偏要人为地制造出种种不平等的举动来，岂不可笑？

在应酬场合中，有某个人或某些人可能会是本次应酬的"次要者"。如果在应酬过程中，"次要者"遭到了冷落，在心里产生不被重视的感觉，那他会是非常尴尬的，而且以后他便会找出各种各样的理由，拒绝出现在这样的场合。这样，你就有可能因此而失去一个可以在某个方面向你提供帮助的

伙伴。

让每一个人都感到你重视他的存在,其实做到这一点并不难。你可以常常在谈话时向"次要者"微笑,不时地询问一些平常的问题,并让他参与到你们的谈话中来。这样不仅可以避免"次要者"的尴尬,同时还可以为你赢得朋友的心。

在与人交往时,要既不谄媚讨好位尊者,也不歧视冷落位卑者,端庄而不过于矜持,谦逊而不矫饰造作,充分显示你的诚挚内心:不以尊卑定冷热,勿以亲疏论远近。

领导者做人智慧:

让每一个人都感到你重视他的存在,你的事业便成功了一半。

30. 做一个帅才

领导要做领导的事,但在许多公司里,不可避免地会出现爷爷管孙子的现象:也就是爷爷什么都管,老是直接指挥孙子,孙子尽管看到爸爸不太愿意,但因为爷爷下了命令,不干也得干。因而也常出现"爷爷累死、爸爸闲死、孙子难死"的怪圈。

在管理理论中,要求一个领导直接管理的下级最好是不超过8个人。前苏联专家也曾对此做过定量关系研究,认为一个领导如果只管好一个直接下属,工作量是"1"的话,那么管两个人时,工作量就是6;管3个人时,工作量就是18;如果管理4个人,工作量就是44;管5个人,就是100;管6个人,就是220;管10个人,就是5210……所以,一个人管的直接下属应该是有一定限度的。

据《史记》记载,有一天刘邦问韩信:"像我这样的人能领多少兵?"韩信说:"陛下能领10万兵。"刘邦又问:"那你呢?"韩信说:"我是多多益善。"刘邦又问:"那你为何却被领导呢?"韩信答:"那是因为陛下虽不能领兵,却善于将将。"

能领兵的是将才,能管将的才是帅才。不同层次的领导,他的职责是不一样的。一个真正的管人高手,必须是一个善于"将将"的帅才。古罗马的《法典》上曾有这样一个有趣的规定:高级长官不宜过问琐事。著名的军事理论家克劳塞维茨也说过这样一句至理名言:"了解一切细节对统帅来说是有害的。"这一切都充分说明:高层领导必须把主要精力放在与全局密切相关的重大问题上,而不能过多地去管理那些琐碎事。

 领导者做人智慧:

能领兵的是将才,能管将的才是帅才。不同层次的领导,他的职责是不一样的。

31. 背后称赞别人的优点

美国前总统罗斯福有一个副官,名叫布德,他对官场处世曾有过精辟的论述:背后称赞别人的优点,比当面恭维更为有效——这是一种至高的技巧。背后称颂人,是各种恭维的方法中,要算是最使人高兴的、也是最有效果的了。如果有人告诉我们:某某人在我们背后说了许多关于我们的好话,我们会不高兴吗?这种赞美,如果当着我们的面说,反而会使我们感到虚假,或者怀疑他别有用心。为什么间接听来的便觉得悦耳呢?因为那很可能是发自内心的赞语。

德国铁血宰相俾斯麦,为了拉拢一个敌视他的属下,便有计划地对别人赞扬这个属下,他知道那些人听了以后,一定会把他说的话传给那个属下。

当我们目睹一个经常赞扬子女的母亲,是如何创造出一个完满快乐的家庭、一个经常赞扬学生的老师,是如何使一个班集体团结友爱天天向上、一个经常赞扬下属的领导者,是如何把他的公司管理成和谐向上的集体时,我们也许就会由衷地接受和学会人际间充满真诚和善意的赞美。

领导者做人智慧:

背后称颂人,在各种恭维的方法中,要算是最使人高兴的、也是最有效果的了。

32. 警惕成功带来的焦虑

据调查表明,影响成功人士健康的六大心理问题有焦虑、孤独、忧郁、感情煎熬、多疑偏执、困惑迷惘。

朱元璋自开创大明王朝后,就饱受两种焦虑的煎熬:一是成就焦虑,朱元璋自视甚高,立志建立一个空前公平和谐的社会,以求功盖始皇,业比尧舜;二是皇位焦虑。朱元璋虽贵为帝王,却总是忧心忡忡,生怕文臣武将会生异心,谋篡他的江山。

由于这两种焦虑,致使朱元璋不断产生无名的烦恼与恐惧,身心健康备受困扰。据史书记载,朱元璋时常夜不成眠,披衣观天象,忧心天下四方的局势变化。久而久之,朱元璋患上了严重的神经衰弱症,在决策上怀疑妄想、刚愎自用。

最后朱元璋发现,大规模屠杀是建立威信和消灭敌手的最有效方法,由此他用冤狱的残酷手段,一再制造屠杀事件,仅胡惟庸案和蓝玉案就杀人逾4万。

史学界一贯声讨朱元璋用极端残暴的手法对待臣子,殊不知朱元璋在55岁前一直是礼贤下士、虚怀若谷的。朱元璋后来为什么会改变做法?根本原因就在于他无法控制其积压已久的焦虑和抑郁。

朱元璋由开始的猜疑成性,进而孤独抑郁,再而偏执残忍,终在洪武十年前后出现了人格分裂,给人感觉判若两人。朱元璋由一个恢宏大度的义军领袖变成一个心胸狭隘的残忍暴君,其人格悲剧在于:他一生都在消灭对手,但真正的对手却是他自己!

就心理学而言,成功往往意味着更大的成就焦虑。对此,领导者要学会化压力为动力,不要过分担心个人的能力不足,而是要学会与下属分摊压力,充分"发动群众,依靠群众",运用群众的智慧来化解个人的焦虑。

领导者做人智慧:

就心理学而言,成功往往意味着更大的成就焦虑。

33. 摒弃"地主情结"

当代的中国企业家,尤其是民营企业,很多人都有一种地主情结,那就是求大求全。过去的地主是有一点钱就买一点地,越买越多,最后成了地主。而现在很多企业是赚一点钱,就扩大一点厂房,再赚就再扩大。结果是麻雀虽小,五脏俱全。

企业五脏俱全,可功能未必齐全。有的企业,明明知道自己不擅长的项目,却硬要自己包办。有的家具企业不甘心油漆商赚大钱,自个儿也上油漆项目;有的制药企业不甘心原料商赚大钱,自个儿种起了药材。术业有专攻,专业化分工是为了更好地保证品质,同时也降低成本。家具商擅长的是做家具,而不是造油漆,制药企业擅长的是制药,而不是种药材。购买油漆或药材,的确要让人家赚钱,但如果自己经营,其损失,恐怕比别人赚的还要多。

我们经常听到的"大企业病",就和盲目求大求全有关。一些不擅长的业务,附在本来就不"强壮"的核心业务上面,结果把核心业务也拖垮了,不得病才怪呢!而且,这种大企业病,也并非大企业特有,有些小企业,因

为求大求全，机体运转不灵，照样生病。

领导者做人智慧：

一些不擅长的业务，附在本来就不"强壮"的核心业务上面，结果把核心业务也拖垮了。

34. 适当的孤独是人生的一种修炼

一个人越是不同凡俗，就越伟大，也越孤独。孤独使他更加深刻、更加明智地观察生活。

也许是因为人类的孕育过程就是孤独的，要独自在母体中进行孤独的预演，而不像群生的浮游生物那样，从生命形成的一刹那，就生活在一个群体中，处于一种"社会化"的状态。因此，伴随我们人生的，除了社会之外，也还有孤独。这种深层次的孤独，促使我们在生活中要有适当"孤独"，一个人独处。

一个人适当地独处，对我们的人生，不但没有坏处，反而可以培养一个人独立思考问题的能力。

人需要在一定的社会里才能健康成长。但是，不知道你是否留意，婴幼儿是很喜欢一个人玩耍的，即使有家长或别的孩子在场，他也很少顾及。这或许是孩子在母体中独处的一种记忆吧。老人不喜欢孤独，但却喜欢独处，像是对母体中独处的一种美好回忆，在生命的起点和终点，我们都表现出一种生命本原的色彩。这不能不说是个很有趣的现象。

我们说"适当的孤独"，为的是和诸如幼年丧母、中年丧妻、老年丧子以及由于各种各样的原因被抛出人群的茕茕孑立的孤独相区别，后一种孤独对人生只有坏处绝无益处。"适当的孤独"，是人生某种独特价值的秘密阵地，是容纳难以摆脱的情感的舞台。这种孤独，在繁琐的世界中寻找简练，在闹市中寻找静谧，在世俗的冲击中寻找脱俗，在违心的随俗中寻找自洁，在不平的人生遭际中寻找平静。可以说，适当的孤独是我们人生的一种修炼。

领导者做人智慧：

一个人越是不同凡俗，就越伟大，也越孤独。孤独使他更加深刻、更加明智地观察生活。

35. 知威才能感恩

春秋时期法家的理论代表人物是韩非子等人，实践的代表人物是商鞅等人。韩非子从现实利害关系出发，认为人性是自私的，好利恶害是人的本能。人性"善者伪也"，因为人的欲望是先天的，有欲望必然生淫乱，所以"恶"是人的本性。既然人性是恶的，就不能顺其人性之自然而发展，必须要重刑罚以禁止。

但是，以孔子和孟子为主要代表人物所提倡的"王道"认为："人之初，性本善。"王道论者极力反对用刑罚统治百姓、用武力征讨天下的统治方式。

无论德治与法治，单一强调哪一个，都是治不好政的。讲了一辈子仁义道德的孔子，当上鲁国的司寇仅仅七天，就下令杀了一个少正卯。可见，道德必须以法律为后盾、为底线，因为"徒善不足以为政"。但是，光讲法治不讲德治，同样也是治不好政的。秦严刑酷法，迅速灭亡，因为"法不足以自行"。董仲舒总结了历史上的经验教训，将二者加以调和整合，提出"杂道"人性假设。这一假设的前提就是人性"有善有恶"。其核心内容就是德刑并重，采用德主刑辅、礼法并用的"刚柔相济，以柔克刚"的手段。

诸葛亮就是杂道的施政者。治巴蜀初期，"威之以法"引起了一些人的反对。扬威将军法正对诸葛亮说："高祖刘邦进关中时，约法三章，废除苛

法，而得民心。我们刚取得益州，按照客主关系，应多施点恩惠才行。"诸葛亮回答："君知其一，不知其二。秦末大乱的原因是秦王朝刑法苛刻，为政为猛。高祖以恩济威，取得了成功。而现在的情况是德政不举，威刑不肃，以至于蜀土人士，专权自恣，君臣之道，渐以陵替。宠之以位，位极则贱；顺之以恩，恩竭则慢。所以致弊，实由于此。因此，吾今威之以法，法行则知恩，限之以爵，爵加则知荣，恩荣并济，上下有节。为治之要，于斯而著。"只有抓住由乱入治的关键，才能使人知威知恩，才能建立正常的领导与被领导的上下关系，恢复领导者的权威。

领导者做人智慧：

只有抓住由乱入治的关键，才能使人知威知恩，才能建立正常的领导与被领导的上下关系，恢复领导者的权威。

36. 靠天靠地不如靠自己

领导者不要妄想他人不会欺骗自己，而应依靠自己的洞察力，这是韩非子对领导者提出的忠告。以为部下会为自己而竭尽全力，这种想法未免太天真了，领导者必须依靠自己的力量。

春秋时，晋文公亡命出晋，箕郑带着粮食跟随其后。半路上，箕郑和晋文公走散了，箕郑站在路旁等待晋文公，一直没有等到。箕郑虽然饥饿难耐，却没有吃一口晋文公的粮食。后来晋文公返回晋国，在分封领地时，想起了箕郑在逃亡途中，即使饥饿难耐也未侵占自己的粮食，认为箕郑是个忠心耿耿的人，于是提拔了箕郑。大夫浑轩却认为，箕郑没有吃君主的粮食，就以为他没有谋反之心，这种想法未免肤浅。浑轩的顾虑果然没错，箕郑不久即起兵谋反。

人的想法是依情况随时在变的，力量薄弱时表现得忠心耿耿的部下，当

其势力逐渐增强后，心中欲与领导一争高低的想法远比为领导尽力的忠心来得快，这时背叛领导的事就时有发生。在这种情况之下，就没有什么上司与下属的级别，而是有实力的人支配没有实力的人。

  领导者做人智慧：

人的想法是依情况随时在变的，力量薄弱时表现得忠心耿耿的部下，当其势力逐渐增强后，心中欲与领导一争高低的想法远比为领导尽力的忠心来得快。

37. 艺高人胆大，才高脾气大

俗话说，艺高人胆大，才高脾气大。一般而言，有本事的人脾气都要大一些。对于要求上进的职业人士来说，可能宁肯在一个能学到本事的严厉的老师那里受气，也不愿到一个温柔的庸才那里浪费时光。

当年福特公司某位员工，要对老福特本人亲自设计并自认完美的T型车进行改进。以独裁专制和固执己见著称的老福特闻听后当场解雇了该员工，并派人到该员工的办公室把他的办公桌砍成碎片，以儆效尤。福特是汽车制造业的先行者，首家使用现代生产线作业，并在组织设计和薪酬体系等管理领域贡献良多。作为生产专家和技术大拿，他的T型车代表了当时的产业标准，谁敢跟他叫板呢？

显而易见，独裁者赖以生存的两大法宝，一个是才能出众，一个是业绩的优良。勇者不出众，很难成为独裁；业绩不优秀，很难持久独裁。

也就是说，没有令人折服的才能，一个人很难得到巨大的权力去实施独裁。而一旦独裁者不能提高或保持所领导的组织的业绩的话，他的权力基础就会逐渐丧失，他的行为合法性日益遭到质疑，他原来的支持者也会改变态度，他的同盟也会若即若离，最后结果必定是众人群起而弃之。

> **领导者做人智慧：**

独裁者赖以生存的两大法宝，一个是才能出众，一个是业绩的优良。

38. 赏要从严，罚要从宽

铁面无私、赏罚分明，既要十分坚决，又要万分谨慎。功过越大，赏罚越要多方面考虑。赏罚得当可以提高威信，赏罚失度又会降低威信。同时，在一般情况下，赏要从严，罚要从宽，要避免"恩赐观点"和"惩办主义"的倾向。

有一种习惯现象值得注意，那就是常常以动机原谅效果，似乎只要动机好，多大的错误，多大的损失，也可以原谅，只要"教育教育"，提醒以后多注意就完事了。应该说，这种做法，既不利于人，更不利于工作。

汉灵帝末年，华歆、王朗一同乘船逃难。有一个人要搭船，华歆很为难，王朗说："希望你大度一些，搭搭船有什么不可以？"后来强盗追来，王朗想把搭船的人扔掉。华歆说："我刚才之所以犹豫，正是因为这个，既然已经接纳了他，他把自己托付给我们，怎么能由于危难而抛弃他呢？"世人以这件事判断华歆和王朗的高下。华歆做事稳重，敢于承担责任，被人称为是正人君子，而王朗反复无常，被人称为小人。

动机和效果必须统一起来，即使动机很好，效果却很坏，当事者也必须承担责任。

> **领导者做人智慧：**

动机和效果必须统一起来，即使动机很好，效果却很坏，当事者也必须承担责任。

39. 操劳过度容易做出错误的决策

每个人都有疲倦的时候，你最好能够适时停止工作，因为操劳过度容易做出错误的决策。

当年，罗斯福总统在签订雅尔塔密约时，健康欠佳，病情不断。迄今历史学家仍在争辩，当时罗斯福总统是否因健康原因而影响判断。

健康欠佳时，你必须停止会客，更不要在这时做出重要决定。

领导者做人智慧：

健康欠佳时，你必须停止会客，更不要在这时做出重要决定。

40. 不要被流言蜚语所左右

展现自己要靠你自己把握机会，在你被点名去陪领导打球时，在你将要被提拔时，你不要因此打退堂鼓，推掉这一可以全面展示你自己的机会。你不要忘了，领导不一定会在正式场合中观察人，在正式场合中，人人都会正襟危坐，而在与领导单独接触的私人氛围中，他们的不同特点就呈现出来了。

要给领导提供了解自己的机会，同时与领导的关系也不要过于亲密，因为那样你就会失去群众基础。你与领导关系密切，那些嫉妒心较强的人，会散布对你不利的流言来攻击你，你以前的"朋友"会因此而疏远你，说你是上层的"关系户"。但是，最终每个人是凭自己的能力与才华说服人的，如

果你得到提升,而且胜任那个职位,乌云是遮不住太阳的。我们不能操纵别人的议论,但我们可以使自己的智慧之果尽快成熟。就像但丁所说的"走自己的路,让别人说去吧"。面对事实,任何非议都会不攻自破的。

所以,你要成功,先不要被别人的流言蜚语所左右,只要你不是谄媚之徒,真相最终会还你清白,而其中最关键的还是要先抓住成功的第一阶梯,让权威肯定你,让领导认识你。

领导者做人智慧:

我们不能操纵别人的议论,但我们可以使自己的智慧之果尽快成熟。就像但丁所说的"走自己的路,让别人说去吧"。面对事实,任何非议都会不攻自破的。

41. 使功不如使过

西汉末年,更始帝刘玄在一次巡视军营时,一位将军因违反军规,而被推出辕门外准备问斩。许多将士求情赦免,刘玄不准。这时刘玄身边的刘秀说了一句颇富哲理的话:"使功不如使过,何不让他将功补过呢?"刘玄深思片刻,即令人松绑。后来,这位将军在作战中果然立了大功。

"使功不如使过",对有过错的下属进行大胆的使用,常会收到一石三鸟的用人效果:一能使其更加感激领导的尊重和信任;二是能使其痛悔自己的过错;三能使其拼命工作,以便将功补过。而且,实践表明,有过错的人往往比有功劳的人更容易接受困难的工作。使用有过错的人实际上就是对他的一种莫大的激励,可以使其一跃而起,创造出令人瞠目的成绩。同时,对于有过错的人才而言,他们最需要的就是获得重新证明其价值和展示其才华的机会,尤其是当他们因过错而受到社会的歧视与冷落后,这种愿望就更为迫切。因此,领导者一旦给他们提供这样的机会,他们就会迸发出超乎寻常的热情和干劲儿，付出几倍，甚至几十倍的努力去工作，完成常人难以完成的任务。

对于一个领导者来说，放手使用有过错的人才需要一定的勇气和魄力。只要你看准了对方是个人才，你就应该相信对方是不会让你失望的，在他们有过错的时候仍放手让他们做。

领导者做人智慧：

实践表明，有过错的人往往比有功劳的人更容易接受困难的工作。

42. 制定一套让下属"不想不敢不能"的监督制度

父亲让儿子去买菜，给了他5元钱，儿子花2元钱买完菜，花一元钱吃了一盒冰激凌，回来告诉父亲花了3元钱，还回2元。这时，父亲损失了一元钱，这一元钱的损失就是代理成本。于是，管理难题就是如何让这个父亲少损失这一元钱呢？

①给孩子激励。买菜回来后，父亲给孩子5角钱的奖励。然而，由于信息不对等，孩子并不因为有奖励而放弃吃冰激凌，于是，父亲的损失上升到1.5元。我们的企业管理经常有这种只见工资涨，奖金涨，不见行为改善的现象。很多地方工资和奖金都是刚性的，但激励并不起作用，没有改善"儿子"的行为。

②监督。请别的小孩去监督，跟着他去，回来汇报，并且给他5角钱。这两个小孩一块儿去了。买菜的小孩给监督的小孩6角钱拉拢他，那个孩子下水了。在监督的过程中，如果两个小孩合谋，这个父亲的损失就成了2.1元。

③减少信息不对等。如果父亲不是让孩子出去买菜，而是去买烟，他还敢不敢去吃东西？不敢，原因是市场上的烟价是稳定的，父亲和儿子都知道

烟价，没法弄虚作假。这就是信息的对等。

④亲自去买菜。这时两权又统一了，但父亲的代价是机会损失，况且许多情况下这是不可行的。

这个父亲如果是企业的领导者，受损失的就是股东。如果这个家里不是一个孩子或可用来监督的也不是一个孩子，父亲就可通过竞争使损失降到最少。所以，激励和监督要想真正发挥作用，需要竞争机制给予配合。

比如国外的会计师事务所和上市公司合谋的情况就很少。因为他们一旦合谋让监督机构发现后，得由他们公司承担责任。另外，信誉也非常重要，如果与一个信誉不好的伙伴合作，自己的产品也会受到牵连。这样，市场自动就会把那些信誉不好的排除出去。这就是竞争的作用。

实际上，单一地使用以上任何一种对策都是不可能解决所有管理难题的，只有综合使用，才可达到目的。新加坡之所以号称拥有世界最佳的廉政建设，并非是简单地采取了高薪养廉，而是总结出了一套让公务员不想、不敢、不能的制度和政策。高薪养廉让人不想，用的是激励手段；严厉的惩罚让人不敢，用的是监督机制；严密的制度让人不能，用的是科学管理。

领导者做人智慧：

解决企业中的管理难题，单独从一个方面下手不行，必须从多方面下手，综合使用激励、监督、竞争、信息等手段以形成科学的、完善的管理体系，这样才能实现高水平的管理。

43. 情绪稳定是担当大任的标志

焦虑忧郁是一种心理疾病，情商高的领导者，能够安抚自己，摆脱忧郁的控制，能够"慧剑斩情丝"，不让自己的思绪陷入焦虑忧郁的泥潭。一个人在焦虑忧郁面前就很容易失去自我，情绪化的人最没有前程。评价一个人，只要看他临危临难的涵养和行事的风格，就知其是否是可塑之才，是否有大将之风。因此，除了能力之外，全视其能否将情绪操控得当，能否平静客观地审视事态的发展，对于已失去的，或未能入手的事是否都能淡然视之。

情绪稳定是担当大任的标志。古时渤海国宰相去世，国王想从两个优秀的大臣中选一个做宰相。国王将二人留在宫中，让人分别告知，明天国王将宣布他做宰相，然后让他们到各自的房间睡觉。一位内心激动，彻夜难眠；一位鼾声如雷，不叫不醒。后者被国王任命为新宰相。国王说，一听说要当宰相就激动得睡不着觉，说明他情绪不稳定，心里放不下事。拿得起放得下才是宰相的肚量。

一个情商高的人，懂得如何去把握自己：当别人不在乎你的时候，要自信，信心可以改变不利的现状；当别人太在乎你的时候，要自敛，低调与镇静能让你看清前路上隐藏的危险。

领导者做人智慧：

评价一个人，只要看他临危临难的涵养和行事的风格，就知其是否是可塑之才，是否有大将之风。

44. 木秀于林，风必摧之

古语有云："木秀于林，风必摧之；堆出于岸，流必湍之；行高于人，众必非之。"在现实生活中，常见到一些名人受到人群的围观骚扰，连散步、购物之类的基本行动自由都难以保证，至于因名声引来的各种各样千奇百怪的麻烦事乃至灾祸，在报刊上也时有所见。

因此，我们应把名利看淡一些，当名利场中的过客。

名，是一种荣誉，一种地位。名还常常与利相连，有了名，就可能享受

更大的权利；有了名，通常万事亨通。总之，名以及与之相连的利这东西的确十分诱人，多少人立足于社会、搏击于人生的动力正来自于此。也许受着中国封建传统的"官本位"思想的影响，功名利禄成了许多人奋斗的目标，成为他们人生的目的。

我们应该知道，无论是官场还是生意场，或是其他社会圈子，成功者、青云直上者、名利双收者毕竟是少数，更多的是为名利所困扰，或因过分追求而落败的悲剧。

孟子曾经说过："养心莫善于寡欲。其为人也寡欲，虽有不存焉者，寡矣；其为人也多欲，虽有存焉者，寡矣。"如果一个人内心充满着无尽的欲望，那么他永远也不会有舒心的时候。在名利的驱动下，很多人一心想着往上爬、挣大钱，而名利增长了以后，欲望再一次提升。如此循环下去，永远追求着名利，直至生命的尽头仍然得不到满足。孟子在这里对清心寡欲的好处和欲壑难填的弊端论述得可真是十分精当透辟。

领导者做人智慧：

若一个人充满着无尽的欲望，那么他永远也不会有舒心的时候。

45. 功劳再大也要低调

在中国历史上，那种由于居功自傲、最终招来杀身之祸的将领不在少数。他们并未战死疆场，而是断魂于自己人的刀下，说来令人惋惜也让人深思。

三国时，邓艾以奇兵灭西蜀后，不觉有些自大起来，司马昭对他本来就有防范之心，现在看他日间渐目空一切，怕久之生变。于是发诏书调他回京当太尉，明升暗降，削夺了他的兵权。

可以这样说，邓艾虽有杀伐征战的谋略，却少了点知人与自知的智慧，他既不清楚自己处境的危险,也不明白自己何以招来麻烦。他只想到自己的使命尚未完成,还有东吴尚待剿灭,因而上书司马昭,喋喋不休地阐述自己灭吴的计划,全然不知这将引起什么后果。

一世聪明的邓艾由于一时虑事不周,招人疑惧而遭杀身之祸,就是由于其居功自傲的性情。邓艾一片苦心,却由于自己不善内省,糊里糊涂地被杀死,的确让人痛惜。

可以肯定的是,即使是在日常生活里,在企业群体中,居功自傲并不是一件好事。在一个嫉贤妒能的人际圈子里,"居功"已属不妙,更何况"自傲"呢?

常言道:"卖面粉的讨厌卖石灰的。"本来是你卖你的面粉,我卖我的石灰,各有各的生意,但这世上偏偏就有那么一种人,什么事都要与自己连在一起,总觉得你"白"了他就"黑"了;有了你的能干,就显示了他的无能等等。因此,明里暗里都要捅你两下,甚至想置你于死地。还有,我们也难以保证企业的经营者都是"贤达开明之主",本来,下属的"功"对企业以及对他本人是极为有利的,但对居功者,他同样会心存嫉妒或感到不舒服,他们会由此疑惧你心存二意,"万一哪天你投向竞争对手那边该怎么办"?而"自傲"更加刺激了这一思想,所以,居功自傲者的结局就可想而知了。

 领导者做人智慧:

可以肯定的是,即使是在日常生活里,在企业群体中,居功自傲并不是一件好事。

46. 抑制住狂妄之心

1996年6月,在俄罗斯总统大选中爆出一个大冷门:列别德单枪匹马竞选总统,获得了15%的选票,名列第三。叶利钦立刻意识到这是一个后起之

秀，为了蝉联总统，他将列别德招至麾下，委以安全会议秘书和总统国家安全助理的重任。叶利钦预言：列别德将成为2000年的俄罗斯总统。

列别德成了政坛红人，可是仅仅121天之后，他就被叶利钦撤消一切职务，并被撵出了克里姆林宫。列别德怎么那么快就从权力高峰上跌落下来了呢？

据知情人士透露，列别德的下台，主要起因在于他和50岁的内务部长库利科夫的争吵。库利科夫很受叶利钦的重视，又是时任总理切尔诺梅尔金的朋友，他是克里姆林宫里参与决策车臣战争的"强硬派"。而列别德却凭着一时的名气，一进入克里姆林宫，就把手伸向库利科夫的权力范围。库利科夫当然不会轻易就范，于是两人发生了激烈的斗争。

不仅如此，他还攻击切尔诺梅尔金政府的经济政策不是维护国家利益，而是有利于某些"势力集团"；他指责总统办公厅主任丘拜斯是"挟天子以令诸侯"，想成为俄罗斯的"摄政王"；他又阻挠叶利钦总统任命前总统国家安全助理巴图林担任负责高级军职任免机构的领导人；他一再攻击库利科夫，而且要其"引咎辞职"。最后，他又和以前的好友、国防部长罗季奥诺夫吵翻，他指责罗季奥诺夫对空降部队进行改革是"企图消灭空降部队"……

此时的列别德狂妄至极，野心勃勃，他在议会、在党团到处树敌，谁也看不起。他刚刚担任安全会议秘书，就要求扩大安全会议的职能，还起草了新章程，以国家安全为由，把自己的手伸进外交、经济领域。他还不知天高地厚，提出增设副总统的职位，毫不掩饰他要当二号人物的企图……

列别德把自己估计得太高了，他真以为在这个世界上，除了他是"救世主"外，别人都是无能之辈。10月17日，叶利钦撤消了列别德的一切职务。

一个人有多少本事，别人都看在眼里，不用自己张扬显示。如果过于狂妄，就会为别人留下笑柄。人们常说："天不言自高，地不语自厚。"狂妄有时候反而暴露了自己内心的虚弱，极力表现自己也是生怕别人触到自己的软肋，说自己不行。

急于显露自己的能力，几乎是每一个新人的通病，也是人之常情。聪明人总是注意适当地隐藏自己的实力，而不是一上阵就表现得太过分。人若是狂妄，那么他评判事物的标尺就会失衡，也就不能正确地看待自己。

 领导者做人智慧：

一个人有多少本事，别人都看在眼里，不用自己张扬显示。如果过于狂妄，就会为别人留下笑柄。

47. 传贤不传子

对于那些有"血脉"、"亲情"关系而没有管理才能的人，可以让他们分享自己的成果，但绝不让他们参与自己的事业。

德鲁克就曾经指出："对一个懒惰的侄子给他钱，但不要他工作，比让他在企业里占个位置更便宜得多。"台湾长荣公司的创始人张学荣有三个儿子，没有一个儿子是集团或下边公司的董事长，他的理念是"传贤不传子"，连最敏感的董事长的职位，都是由非亲非故的"贤人"担任。这不仅使那些优秀的人才在长荣公司有了更辉煌的职业生涯，而且也使长荣公司基业长青。

 领导者做人智慧：

对于那些有"血脉"、"亲情"关系而没有管理才能的人，可以让他们分享自己的成果，但绝不让他们参与自己的事业。

48. 从来没有人会踢一只死狗

要是你被别人恶意批评的话，请记住，他们之所以做这种事情，是因为

这事情能使那些人有一种自以为重要的感觉。这通常也就意味着你已经有所成就，而且值得别人注意。很多人在骂那些教育程度比他们高，或者在各方面比他们成功得多的人的时候，都会有一种满足的快感。

大概很少有人会认为耶鲁大学的校长是一个庸俗的人，可是曾担任过耶鲁大学校长的摩太·道特，却以能够责骂一位总统为荣："我们就会看见我们的妻子和女儿，成为合法卖淫的牺牲者。我们会大受羞辱，受到严重的伤害。我们的自尊和德行都会消失殆尽，使人神共愤。"

这几句话听来好像是在骂希特勒，对不对？但不是的，这些话是在骂汤玛斯·杰弗逊。哪一个汤玛斯·杰弗逊呢？想必不是那位不朽的汤玛斯·杰弗逊吧？那个写独立宣言的、那个民主政体的代表人物？可是一点没错，说的正是这个人。

你知道哪一个美国人曾经被人家骂做"伪君子"、"大骗子"和"只比谋杀犯好一点点"吗？有张报纸上的漫画，画着他站在断头台上，那把大刀正准备把他的头砍下来。当他骑马从街上走过的时候，一大群的人围着他又叫又骂。

他是谁呢？他就是美国的国父乔治·华盛顿。

如果我们因为不公正的批评而忧虑的时候，请记住这样一句话：

不公正的批评通常是一种伪装过的恭维，从来没有人会踢一只死狗。

领导者做人智慧：

不公正的批评通常是一种伪装过的恭维，从来没有人会踢一只死狗。

49. 责任胜于一切

二战时美国的一个空军大队长，带领他的机组在一次与日本战机的火拼中，身负重伤，同时他驾驶的战机也被打得千疮百孔，但是一种神奇的责任意识让他将一摇三坠的战机安全地降落于后方机场,并且他走下飞机,按照军人所有的纪律要求,在向地面指挥部履行了必要的礼仪程序之后,伏地死去。在场的医务人员发现他的整个身躯早已凉透,瞳孔早已扩散,医生断定他实际上在两个小时前就已经死了。那么是什么让他能够"虽死犹生"呢?那就是强烈的责任意识。

责任,就是对自我"角色"的认知,面对父母,我们要负起赡养的责任;面对子女,我们要负起抚育的责任;面对工作,我们要负起忠于职守的责任;面对不平,我们要负起仗义执言的责任;面对歹徒,我们要负起见义勇为的责任;面对入侵,我们要负起保家卫国的责任……随着时光流逝、角色变换,责任的内容也在不断地变化,但无论怎样变化,我们都不能推脱责任。

要做好一个人,就得时时刻刻、一举一动都能意识到自己的责任。责任心强弱,也体现着一种人生的态度。缺乏责任心,就会得过且过,苟且偷安,做一天和尚撞一天钟。那是在玩世不恭,它只能使自己走向消极、堕落。只有负责任地活着,才是积极的人生、有意义的人生、有价值的人生。

领导者做人智慧:

要做好一个人,就得时时刻刻、一举一动都能意识到自己的责任。

50. 与不走运的人保持距离

罗斯奇尔德有一句格言:"千万不要和不走运的人或者不走运的地方沾上任何关系。"也就是说,千万不要和一个从来没有成功过的人或者地方有任何联系。因为,虽然这个人看起来也许既聪明又诚恳,但如果他做了种种尝试之后一事无成,那一定是因为他具有某种你还没有发现的缺陷。

虽然你不知道这种缺陷到底是什么,但它确实是存在的。

在罗斯奇尔德的格言警句里，还有这样一条似乎自相矛盾的句子："要小心谨慎而勇敢大胆。"字面上看来这似乎是互相冲突的，但是其实不然，这句话里包含了深刻的智慧。

这句话实际上是在说，你在制订计划的时候，一定要小心谨慎；但是在执行计划的时候，一定要大胆勇敢。一个干什么都总是缩手缩脚的人，永远不敢主动把握什么，最终不会取得成功；而一个一味大胆的人也只是鲁莽草率，最终只会失败。一个人不断地"改变主意"（小心谨慎），就会在每一笔生意中一万或者三万元地增加收入，不断地积累着财富。但是如果他一味大胆，那么他今天的所得也许明天就会完全损失掉了。所以，为了确保成功，你一定要既大胆又谨慎。

领导者做人智慧：

一个干什么都总是缩手缩脚的人，永远不敢主动把握什么，最终不会取得成功；而一个一味大胆的人也只是鲁莽草率，最终只会失败。

51. 不在其位，不谋其政

孔子有两个做官的弟子，一个叫宓子贱，为单父县长，一个叫巫马施，接任宓子贱做单父县长。宓子贱做县长时，"弹鸣琴，身不下堂"而将单父治理得挺好。巫马施成天顶着星星出，顶着星星回，日夜操劳，才能勉强做好工作。巫马施就问宓子贱："你是怎么做的，我怎么就做不好？"宓子贱回答说："我是'任人'，你是'任力'。任人，就是发挥属下的积极性，让他们各尽其责；任力，就是自己包办一切，虽然辛苦，却未必做好事情。任人，就比较轻松；任力，就必然辛苦。"

好的领导者懂得让助手或下属积极地去做好他们各自的工作，而不是自己包揽一切，结果使自己疲惫不堪。同时，如果领导者事必躬亲也容易使下属养成依赖性，阻碍了他们发挥创意和成长。

领导者要警惕某些下属自觉或不自觉地玩的一种把戏：向上授权。就是他们或是为了减轻自己的工作负担，或是为了绕过难题，或是为了逃避责任，把本该由他们做的工作，像踢皮球一样踢给领导者。

有些当老板的成天手忙脚乱，他的办公室里总是挤满了向他请示工作的人。这些人是他属下的各个部门的头头，他们把本该由他们自己去做决定的事，一古脑儿都堆到了老板的桌上。而这位老板在逐一替他们做决定、拍板时，不但没意识到他已经是"思出其位"，是在替属下"谋政"，反而还沾沾自喜，认为这是属下对老板的尊重。他就不想想，如果事事由他来做决定，他还设那么多部门并委派那么多部门头头干什么？

有句古语，叫"为治有体，上下不可相侵"。就是说，领导和下属，各有各的职责，领导应"不在其位，不谋其政"。如果事必躬亲，不一定把事情做好，还很可能挫伤下属的积极性。

 领导者做人智慧：

有"官瘾"的人是做不好官的。事无巨细地去管，只能满足自己一点——高高在上的虚荣心而已。

52. 任何时候都不要孤军奋战

在自然界，一株植物单独生长时，往往长势不旺，没有生机，甚至枯萎衰败。而当众多植物一起生长时，却能相互影响、相互促进，长得郁郁葱葱，挺拔茂盛。

法国纪录片《帝企鹅日记》中的一幕就真实地反映了我们这个时代的丛林法则。在南极寒冷的冬天里，一群小企鹅紧缩成一团，让秃鹰不敢轻举妄动。而不远处的一只小企鹅因离团队太远，未能及时赶回，不幸成为秃鹰的

猎物。聚成一群的企鹅只能看着,却无能为力。

领导者尤其要如此,一定不要远离团队,无论是什么原因。你的清高与不合群将使你付出惨重的代价。

在残酷的竞争中,个人的力量毕竟是有限的。与其在危机四伏的"阵地"中孤军奋战,不如寻找战略伙伴,就像那些小企鹅一样。在危险来临的时候,别忘了你的身边还有战友共患难,大家的力量总是比一个人的力量要大。

在恶劣的环境中,一片树木总是比一棵树木更能抵御狂风暴雨,因而存活下来的机会也就更大。

领导者做人智慧:

你的清高与不合群,将使你付出惨重的代价。

53. 君子报仇,十年不晚

柏杨先生说,面对着强权的挑衅,"心胆俱裂,由衷屈服,是瘫痪了的奴才;跳高之前,先曲双膝,则是英雄豪杰;如果稍一挑衅,就愤怒上前,一口咬住,死也不放,那就是螃蟹了"。可见,要当英雄豪杰,也是要先"曲双膝"的。这暂时的"曲双膝",不是怯懦,更不是就此认命,而是为了跳得更高所做的必要准备。

当然,在许多大是大非的问题面前,我们不能忍,而应该勇敢地站出来,这是一个做人的基本原则。然而,就算是这样,我们也应该讲究策略,注意方法。古语说"小不忍则乱大谋"。我们不能当懦夫,但也绝不当螃蟹。

三国时期,有三个以少胜多的经典战役,决定了天下格局。一个是官渡之战,奠定了曹操北方霸主的地位;一个是赤壁之战,决定了天下三分;另一个则是夷陵之战,导致了蜀汉再也无法踏出西蜀半步,成为三国中实力最弱的国家。

我们都知道，夷陵之战爆发的主要原因，是刘备为了替关羽报仇。关羽大意失荆州，败走麦城之后，被东吴擒杀。张飞闻讯，悲痛欲绝，严令三军赶制孝衣，为关羽戴孝。逼得手下将官无奈，铤而走险，将其刺杀之后也投奔了东吴。刘备为了报东吴杀害关羽之仇，起70万大军伐吴。诸葛亮、赵云等苦苦劝谏，都无济于事。结果夷陵之战，吴将陆逊一把火烧得刘备大军惨败，数十万将士丧生。刘备本人带着残兵败将退守白帝城，羞愧交加，一命呜呼，蜀国从此一蹶不振。

其实这场战争该不该打？应该说，该打。关羽是刘备的义弟，"名为君臣，实若亲兄弟"，不为他报仇，在情义上是说不过去的。打是该打，但不该这个时候打。

也许有人会说，自古道"有仇不报非君子"。刘备丢了荆州，失了关羽，他还不报仇，能称得上是英雄好汉吗？这话当然是不错的，可别忘了还有一句话，"君子报仇，十年不晚"。刘备不是街上的地痞无赖，因一言不合就拔刀砍人。他是一个国家的领袖，他的一言一行一举一动都关系着无数人的性命，是需要深思熟虑的。有了准备，有了把握之后再去打这一仗，才是他该做的事情。

领导者做人智慧：

我们在反抗强权的同时，也应该讲究策略，注意方法。古语说"小不忍则乱大谋"。我们不能当懦夫，但也绝不当螃蟹。

54. 不以一时之成败论英雄

德鲁克在《有效的管理者》中指出："倘要所用的人没有短处，其结果只能是一个平庸的组织。所谓'样样皆是'，必然一无是处，才干越高的人，

其缺点也往往越明显。有高峰必有深谷，谁也不可能十项全能。与人类现有的博大的知识、经验、能力的汇集总和相比，任何伟大的天才都不及格。"这就是说，虽为人才，也不可能完美无缺，样样通，样样行，出现工作上的失误也是难免的。

一位领导者如果仅能见人之短而不能用人之长，从而刻意于挑其短而非着眼于展其长，这样的领导者本身就是一位弱者。这一论述实质上说明了优秀的企业领导者要善于用人之长，而不应责人之短，不能因一失而掩大德，以事情的成败论英雄。领导者应有宽广的胸怀，高远的眼界，要给人以诚恳的、善意的帮助。同时领导者要勇于承担责任，以减轻失误者的精神压力，进而更加放心大胆、热情地工作。人才的作用不能低估，压制和抹杀人才的消极做法更不能轻视。

领导者做人智慧：

倘要所用的人没有短处，其结果只能是一个平庸的组织。

55. 先进圈子后成功

17世纪，英国资本家曾发动"圈地运动"，以进行资本的原始积累，抢占领土。现在，我们也应该有"圈地"的意识，组建和进入各种社交圈子和社会团体，进行社交资源的原始积累，扩充我们的交际范围，为以后的社会生活和人生旅途提供诸多便利。

有一个青年是一个计算机程序员，但他却有一个与自己专业毫不相干的梦想，那就是开一家独具特色的酒吧。于是，一方面，他继续勤奋工作，以进行资金积累；另一方面，他频频出入许多有特色的酒吧，观察里边的陈设，结交顾客、老板、工作人员。一年后，他攒了一小笔资金，还结识了许多酒吧圈内的人。他认识了许多把酒吧当成生活方式的人，从而了解了经常光顾酒吧的顾客的需求和心理；他还认识了许多酒吧老板和工作人员，其中有几个人成了他的莫逆之交。当他真正开始实现自己的梦想时，一个酒吧老板成了他酒吧开张的顾问和指导，而另一个与他志趣相投的调酒师，干脆辞了原来的工作，投奔到他的门下，成了他创业的好伙伴。

时下，"圈子交际"非常重要。做律师的若没有相当的"律政圈"，你就只能永远默默无闻，办"三流"案子；做生意的若没有打入某一"行业圈"或"地区圈"，你就会处处受阻，找不到合作伙伴，承接不到工程项目，有货无处卖，有钱无货买；做警察的若不熟知这一片偷鸡摸狗的"黑圈子"，你就不能得到最可靠的"秘密情报"。

圈子是无所不包、无所不在的，我们可以对其进行一定的划分，以分清各个圈子在我们生活中的地位和位置，从而按其轻重缓急，有步骤地开展社交活动，利用"圈地运动"丰富自己的社交资源。

领导者做人智慧：

圈子是无所不包、无所不在的，要想吃哪一行饭，就要先进哪一个圈子。

56. 不要独占功劳

将部门的成绩划到自己的名下，是很多领导经常犯的毛病。但在现代市场经济中，我们是靠人际关系决胜负的，任何工作绝不可能始终靠一个人来完成，就是小小的协作，你也要由衷地感谢，绝不能抹杀了下属的努力。作为一个魅力领导者，必须牢记这一点。

一个让下属信任追随的领导者既不会独占功劳，也不会把过错推给下属，他们在下属的心里就像一棵可以乘凉的大树，是他们真正可以依靠的靠山。

领导者做人智慧：

一个让下属信任追随的领导者既不会独占功劳，也不会把过错推给下属。

57. 穿着打扮，都要像一个成功者

如果你总是贬低自己，几乎可以断言，他人肯定不会刻意去抬高你。人们通常不会费力去仔细思量你是否自我评价太低了。

我们从未见过一位自我评价很低的人干成过一件惊天动地的大事。一个人的成就绝不会超过他自己的期望。如果你期望自己能成就大业，如果你强烈要求自己干一番大事，如果你对自己的工作有更大的抱负，那么，与自我贬低和对自己要求不高的心态相比，你会获得更大的收获。如果你认为自己处于特别不利的境地，如果你认为自己不如其他人，如果你认为自己不能获得别人那样的成就，如果你怀有这些思想，那么，你根本就无法克服前进路途上的那些障碍和束缚。这种思想意识使得你根本无法成为你心中渴望的人物。

不断地自我贬损，总是把自己看成微不足道的人，总是认为自己不过是活在尘世上像一条可怜虫的人，总是认为自己绝不可能取得任何重大成就的人，会给人们留下相应的印象。有些出身低微的人生活得非常不错，而我们自己的境况反不如他们，甚至于一败涂地。我们往往认为有某种神秘的命运在帮助他们，而在我们身上有某种东西总是在拖我们的后腿。但是，实际上却是我们的思想、我们的心态出了问题。

可以这么说，我们面临的问题，就是我们根本不知道该如何提高自己。我们对自己不够严格，我们对自己的要求不够高。我们应该期待自己有更加光辉灿烂的未来，应该认为自己是具有超凡潜质的卓越人物。一定要对自己

有很高的评价。

假定你已成为你心中的理想人物，假定你已获得你渴望的那些品质，这样的话，你就会感到有一种强大的魔力，你就会感到有一种真正的创造力。

你还要全心全意地希望自己健康，绝不能容许自己去想，可能会有意外的不幸发生到你的头上。一定要拥有健康的心态，你所思考的、所谈论的都要与健康有关。一定要对自己说，健康是你生来就该享有的权利。

你也该以同样的态度对待成功。除了成功之外，你绝不应该再想别的事。一定要有成功的心态、成功的思想和成功的行为举止。一定要像一个成功者、像一个杰出人物一样行动，穿着打扮和思想都要表现得像一个成功者、一个杰出人物的样子。务必相信，你心中的图景、你的心态，便是你将可能使之变为现实的蓝图。

领导者做人智慧：

一定要像一个成功者、像一个杰出人物一样行动，穿着打扮和思想都要表现得像一个成功者、一个杰出人物的样子。

58. 不做"暴发户"

中国改革 30 年过去了，经济水平发展到了前所未有的高度，但绝大多数人的见识仍然停留在以前的水平——一些人有钱了，却不知道钱该怎么花。他们重复着一个又一个放羊娃的故事：放羊——挣钱——娶婆姨——生娃——放羊。富得快，穷得也快，就像流星一样。

禹作敏是大邱庄中国第一村的创业人，1992 年，在他被抓进监狱时，这个村已有近 49 个亿的产值，有 32 个亿的固定资产，其业绩非同一般。可惜，禹作敏走向了自己的反面，因负有重大人命案而被告判刑，在狱中服毒自杀。

改革初期，他曾做了大量切实有效的工作，以"不求虚名的务实精神，敢担风险的改革精神，艰苦奋斗的创业精神，不断进取的竞争精神，强国富民的奉献精神"带领大邱庄改天换地，成为改革开放时期中国农民的代表。同时，他又有着自己难以克服的农民狭隘性。

在住院期间，他抽中华牌高级香烟，且由别人把烟点好递到嘴边，吃河蟹时，把蟹肉挑好放在眼前。同病房的一位高级干部看不惯，说了他一句："这么说你是土皇帝了？"他回答："我去了'土'字就是皇帝。"村里的人说："爹亲娘亲不如禹书记亲，天大地大不如禹书记恩情大；没爹没娘也行，没有禹书记不行。"这也被他欣然接受。他选择自己的二儿子做接班人，他为自己修建地下墓地。村里的副书记死了，身上覆盖党旗，棺材里塞满了人民币，手上戴8个金戒指。在这个"一人一把号，都吹我的调，不吹我的调，一个都不要"的村子里，他是个什么样的人？

作为一名领导者，要时刻注意自己的精神境界，不可在成功之后就忘乎所以。

领导者做人智慧：

作为一名领导者，要时刻注意自己的精神境界，不可在成功之后就忘乎所以。

59. 说得越多，越显平庸

科里奥拉努斯是古罗马时期一名了不起的英雄，他以"战神"之名闻名于世。在公元前5世纪，他赢得了许多重要的战役，屡次拯救罗马城免遭杀戮。由于他大半光阴消耗在战场上，罗马人很少认识他本人，这使得他成为谜一样的传奇人物。

公元前454年，科里奥拉努斯打算角逐最高层的执政官来拓展自己的名望，从而进入政界。

角逐这个职位的候选人必须在选举初期发表公开演说。自然而然地，科里奥拉努斯以自己10多年来为保卫罗马累积下来的无数伤疤作为开场白。虽然市民中很少有人真正去听接下来的长篇演说，但是那些伤疤证明了他的勇猛与爱国情操，令人们感动得热泪盈眶，几乎每个人都认定他会当选。

然而在投票日来临的前夕，科里奥拉努斯由所有元老及城里的贵族陪同进入会议厅。此时此刻，目睹这种排场的普通平民对于他选举前如此大摇大摆的态度开始感到不安。当科里奥拉努斯发言时，内容绝大部分是说给那些陪同他前来的富有的市民们听的，他不但傲慢地宣称自己注定会胜利，而且再度吹嘘自己在战场上的功绩。他无理地指责对手，还说了一些讨好贵族的无聊笑话。这一次人们听仔细了，原来这名传奇英雄只不过是个平庸的吹牛大王。

科里奥拉努斯第二次演说的消息迅速传遍了罗马，人们纷纷改变了投票意向。

步入政界之前，战场上树立的丰功伟绩，使科里奥拉努斯之名令人崇敬。人们对他的了解极少，各式各样的传说才附会在他的名下。然而当他在罗马市民面前信口开河时，所有的荣耀和神秘感都消失了，他像一名普通士兵般大言不惭、装腔作势，并且侮辱、诋毁平民。突然之间，他不再是老百姓想像中的样子了，传说与现实之间的差距使得那些想要依赖英雄的人们极度失望。科里奥拉努斯说的越多，就越显得苍白无力。一个人无法控制自己的言辞，说明他缺乏自我控制力，也就根本不值得尊敬。

如果科里奥拉努斯不那么多言，老百姓也就不会受到他的冒犯，也就不会明了他真正的意图。人类的舌头如同一个桀骜不驯的野兽，不断地想要打破牢笼。而一旦冲出牢笼，就会狂奔乱窜，令你后悔莫及。

信口开河的人往往无法令人信任，自然也无法拥有权力。

领导者做人智慧：

人类的舌头如同一个桀骜不驯的野兽，不断地想要打破牢笼。而一旦冲出牢笼，就会狂奔乱窜，令你后悔莫及。

60. 从别人的观点来看问题

卡耐基先生曾经讲过这样一个故事:

多年来,作为消遣和休息,我经常在我家附近的一处公园内散步或骑马。当我一季又一季地看到那些嫩树和灌木被一些不必要的大火烧毁时,觉得十分伤心。那些火灾并不是吸烟者的疏忽引起的,而几乎全是由那些在公园野餐、在树下煮蛋和做"热狗"的小孩子们引起的。有时火势太猛,甚至要惊动消防队来扑灭。

在公园的一个角落里,立着一块告示牌:任何使公园内起火的人必将受罚或被拘留。但告示牌立在一个偏僻的角落里,很少有人看到。公园里有骑马的警察,本应该照顾公园才对,但他们并未尽职。火灾继续在每一个季节里蔓延。有一次,我慌慌张张地跑到一位警察面前,告诉他公园里有一处着火了,希望他赶快通知消防队。但他竟然漠不关心地回答,这不关他的事,因为那儿不是他的辖区!我真失望。从此,我再到公园骑马的时候,就像一名自封的管理员那样,试图去保护公共财产。

刚开始,我并不去试着了解孩子们的想法,一看到树下有火,心里就很不痛快。

我总是骑马来到这些孩子面前,警告说,如果他们使公园发生火灾,就要被送进监牢去。我以权威的口气,命令他们把火扑灭。如果他们拒绝,我就威胁说要叫人把他们抓起来。我只是尽情发泄我的怒气,根本没有顾及到他们的想法。

结果呢?那些孩子服从了——不是心甘情愿而是愤恨地服从了。但等我骑马跑过山丘之后,他们又把火点燃了,而且恨不得把整个公园烧光。

随着年岁的增长,我对为人处世有了更多一点的知识,变得通情达理了一点,更懂得从别人的观点来看事情。于是,我不再下命令了,我会骑着马来到那个火堆前,说出这样一番话:

"玩得痛快吗，孩子们？你们晚餐想煮点什么？我小时候也很喜欢烧火，而现在还是很喜欢。但你们应该知道，烧火在这个公园里是十分危险的，我知道你们几位会很小心，但其他人可就不这么小心了。他们来了，看到你们生起了一堆火，因此他们也生起了火，而后来回家时却不把火弄熄，结果火烧到枯叶，蔓延开来，把树木都烧死了。如果我们不多加小心，以后我们这儿会连一棵树都没有了。但我不想太啰嗦，扫了你们的兴。我很高兴看到你们玩得十分痛快，可是，能不能请你们现在立刻把火堆旁边的枯叶全部拨开？另外，在你们离开之前，用泥土，很多的泥土，把火堆掩盖起来。你们愿不愿意呢？下一次，如果你们还想生火，能不能麻烦你们改到山丘的那一头？就在沙坑里起火。在那儿起火，就不会造成任何损害……真的谢谢你们，孩子们。祝你们玩得痛快！"

这种说法有了极大的效果，使得孩子们愿意合作了，不勉强、不憎恨。他们并没有被强迫接受命令，他们保住了面子，觉得舒服了一点。我也会觉得舒服一点，因为我事先考虑到了他们的看法，再来处理事情。

领导者做人智慧：

事先考虑到别人的看法，再来处理事情。

61. 先别忙于收获

中国激光照排的先行者王选曾说过："一个人老在电视上露面，说明这个科技工作者的科技生涯基本上结束了。"他还说："当我26岁在最前沿，处于第一个创造高峰的时候，没有人承认。我38岁搞激光照排，提出一种崭新的技术途径，人家说我是权威，这样说也马马虎虎，因为这个领域我懂得最多，而且我也在第一线。当年我在第一线，在前沿的时候不被承认，反而有些表面上比我更权威的人要来干预，实际上他们确实不如我懂得多。我现

在到了这个年龄，61岁，创造高峰已经过去，我55岁以上就没什么创造了，反而从1992年开始连续3年每年增加一个院士，这是很奇怪的。院士是什么？大家不要以为院士就是权威，就是代表，这是误解。现在把我看成权威，这实在是好笑的，我脱离第一线已经5年了，怎么可能是权威？世界上从来没有55岁以上的计算机权威，只有55岁以上犯错误的一大堆。"

正如王选所说，有些经常露面的人已经没有后劲了。因为他曾经有过成就，人们尊重他，媒体需要他，社会也需要他的影响。于是，他也转移了自己的兴趣。是他的心态老了，自己感到已经没有后劲了，便顺水推舟，随媒体支配了，还是他主动转移自身的注意力，从自己的职业领域转到了媒体上，他需要媒体的炒作，这样的人，不管他是否年轻，自然是没有后劲了。

不管是哪种情况，都说明，或者他已经不再把精力集中到自己的工作上，或者他已经缺少内容，而更需要形式了。

其实，人在进取的时候，最需要的不是收获，而是付出。那些忙于收获的人，无论是心态还是行为，都变形了。

领导者做人智慧：

人在进取的时候，最需要的不是收获，而是付出。那些忙于收获的人，无论是心态还是行为，都变形了。

62. 孤军奋战，只能昙花一现

在学校里，老师总是这样告诫学习成绩不是那么令人满意的学生：勤能补拙，笨鸟可以先飞！只要加倍地勤奋，你就不会比别人差。直到走入社会以后，这种信念仍然成为我们生活和工作的一个座右铭，我们非要刻苦、勤奋不可，才能有成就！

但是，精明的犹太人却发现，在很多情形下，尽管已经拥有了相当的能力,并且也愿意付出最大的努力,却未必能够找到用武之地。

犹太人相信,成功的企业家不是因为他们比别人更加勤奋,才有今天的成就,虽然勤奋也曾经是他们努力的一部分,但并不是他们能够成功的根本原因。因为一个人即使再勤奋,也承担不了多少工作量。当你看见他们过于勤奋的话,如果不是他们的事业正处于起步阶段,恐怕就是他们正在走下坡路了。

领导者不需要依靠个人的勤奋来争取事业的成功,关键在于他是否有能力让他的下属更加勤奋。所以,他们的心思主要是放在如何将手上的资源最充分地加以利用,而不是对自己最充分地加以利用,这是企业家同劳动者的根本区别所在。

我们常常看见这样一些报道,某位领导人彻夜不眠地工作,我们以为这是因为他能干和负责任。但在犹太人看来,这其实是一种不称职的表现。由于他缺乏领导能力,不懂得如何把工作分配给其他的人分担,才造成"累死上级,闲坏下属"这种失调局面。

凭个人能力取胜的人,往往只能昙花一现,不会维持得太久。原因是他们总有江郎才尽或者心衰力竭的一天。懂得和善于利用别人的人,才是干大事的人。尤其是那些企业家们,他们的事业之所以能够长兴久盛,甚至延传给他们的后代,秘密就在这里面。

领导者做人智慧:

懂得和善于利用别人的人,才是干大事的人。领导者不需要依靠个人的勤奋来争取企业的成功,关键在于他是否有能力让他的下属更加勤奋。

63. 与其开场时风光,不如收场时成功

民间有俗语说:"有钱难买五月旱,六月连阴吃饱饭。"是说五月苗小,

天旱了根系就只能往地下深处生长，而到六月雨季来了的时候，因为根深也就叶茂，会长得更好。

一个人很年轻就被提拔到领导岗位上，很容易产生一些问题，那就是对普通老百姓的事情和心理懂得太少，也因为很早就和别人不同，会滋长一种特殊的情绪。所以，人才需要尽早经历些磨难，那样才有利于成长。

你站的所谓高处，是因为有低处相衬；你感觉到高处的美妙，是因为你从低处走来。如果没有挨饿的经历，怎么会品尝到吃饱饭的幸福？一个大学生就曾发出过这样的感慨："小时候吃饺子满口流油的那种香味，再也没有了；穿上姥姥给做的小棉袄的那种高兴劲，再也体会不到了。穷人能感受那么多的幸福，可富人却很少能体会到幸福是什么。"这是说，事情是在比较中呈现出来的，人没经历过生活中的两极，也就无法真正地认识生活。

磨炼的时间长一点，基本功扎实一点，成功也会更大一些。

西班牙学者葛拉西安说："在造访命运之宫时，如果你从快乐之门进，必从悲哀之门出；从悲哀之门进，则必从快乐之门出。所以，你在处理事物的收场时一定要小心，与其开场时风光热闹，不如收场时成功幸福。"

领导者做人智慧：

在造访命运之宫时，如果你从快乐之门进，必从悲哀之门出；从悲哀之门进，则必从快乐之门出。

64. 只用七十分人才

日本松下公司素来珍视人才，却又偏偏尽可能地不用顶尖级的人才，而是"多多益善"中等的、可以打七十分的角色。依松下的眼光，企业用人，固然素质越高越好。但是，那些出类拔萃的顶尖人物往往自我感觉过分优越，自负感强烈，不太愿意与人平等沟通、默契合作，还容易抱怨环境影响了自己才能的发挥，计较企业给予的职位、待遇与其才识本领不相称，喜欢动不动就摆谱、"撒娇"、"撂挑子"，以这样的心态来干事业，对企业绝非有利。而七十分的人才，则一般较少"傲"、"娇"两气，他们多数对于待遇、环境容易满足，内心很看重企业的信任和委托，常常有一股子要与顶级人才比试身手、较量高低的念头。因此，他们特别富有竞争激情，乐于团结合作，握成拳头。如果使用得法，用到好处，这些七十分角色同样会发挥出巨大的能量，使企业如虎添翼，活力不竭。

显然，松下的这种"七十分人才"观是极有见地的。它从心理学的角度，从组织行为学的层面，细腻入微地剖解了人才使用的利弊，于理于情，皆说到了点子上。何况，企业用人也不能不精打细量，讲究投资成本。一味地追慕"百分百"，标榜"高门槛"，脱离了企业经营发展的实际需要而去招揽"最佳、全优"人才，并为此支付昂贵的薪资，其结果难免要搞成大材小用或人才闲置的局面。人非所用，薪资虚掷，这不是一种事实上的浪费资源的赔本买卖吗？

 **领导者做人智慧：**

一味地追慕"百分百"，标榜"高门槛"，脱离了企业经营发展的实际需要而去招揽"最佳、全优"人才，并为此支付昂贵的薪资，其结果难免要搞成大材小用或人才闲置的局面。

65. 重视"防火者"

有人到某家做客，看见主人家的锅灶上烟囱是直的，旁边又有很多木柴。客人告诉主人，烟囱要改曲，木柴须移去，否则将来可能会有火灾。主人听了没有做任何表示。

不久那人家里果然失火，四周的邻居赶紧跑来帮忙灭火，最后大火被扑

灭了。他于是烹羊宰牛，宴请四邻，以酬谢他们灭火的功劳。但并没有请当初建议他将木柴移走、烟囱改曲的人。

有人对他说："如果当初听了那位先生的话，今天就不用准备酒席，而且也没有火灾的损失。现在论功行赏，原先给你建议的人没有被感恩，而灭火的人却是座上客，真是很奇怪的事啊！"那人顿时省悟，赶紧去请当初给予建议的那位先生来吃酒。

在企业管理的范畴中，隐患含义是多方面的，有安全方面、质量方面、制度方面等等。但事实上，世界上只有灭火的英雄而没有防火英雄的原因，就是因为"灭火者"大张旗鼓，轰轰烈烈；"防火者"默默无闻，悄然无息。防火者的目的是从源头从根本避免损失，而灭火者只能从一团焦黑的现场挽回损失。前者是练内功，后者是练外功，如果领导只喜欢和重视"灭火英雄"，而不重视"防火者"的功劳和作用，那么"火灾"就有可能越来越多，也许会有许多的"灭火英雄"前仆后继地出现。

领导者做人智慧：

如果领导只喜欢和重视"灭火英雄"，而不重视"防火者"的功劳和作用，那么"火灾"就有可能越来越多，也许会有许多的"灭火英雄"前仆后继地出现。

66. 亲近多谋善断之人

领导者一般都非常重视谋士型的人才。刘备三顾茅庐，听到诸葛亮对天下形势的分析，茅塞顿开，最终三分天下而能取其一。历史证明，大凡夺得天下、善治天下者，身边都有一大批多谋善断之人。从张仪、萧何、陈平、魏征，到赵普、朱升、范文程等等，都为皇帝出过无数奇谋，帮助其主人渡过危机。可以说，没有他们的竭力辅佐，其主人就很难夺得天下，更不要说坐稳天下了。也正因为如此，历史上的统治者大都提出，欲得天下必广揽贤才，这其中谋士便占了很重要的部分。

谋士可以弥补领导者的智力不足。一个领导者不可能是处处超群出众的，他可能有胆识、有气魄、有决断和有远见，但他绝不可能什么事情都能预料到，都通晓。而谋士型的人才一般都是智力超群、胸有奇谋，能够帮助领导者看清当前的形势格局，看清未来发展的趋向，并能帮助领导者采取最恰当的办法。

对于领导者来说，谋士的意见和建议虽然不能使他事事成功，但是，谋士的一点看法，往往却能点破迷津，确定大局，使形势开始朝着有利于自己的方向发展。

领导者做人智慧：

大凡夺得天下、善治天下者，身边都有一大批多谋善断之人。

67. 贵人语迟

《论语·颜渊篇》里说，孔子的学生向老师请教什么叫有德仁。孔子回答："仁人，他的言语迟钝。"在《论语·子路篇》中，孔子又说："刚强、果决、质朴、言语迟钝这些品质，已经接近仁了。"

在他看来，一个人是否真正有仁德，不是靠耍嘴皮子来表现的，而是重在实际行动。有的人说起来一套一套的，可干起事来却不怎么样，他们是"语言的巨人，行动的矮子"。这些人把功夫不是放在提高自身修养、做好事情上，而是专一在说话上讨巧。孔子对这种人深恶痛绝。

因此，孔子主张一个人要少说多做，嘴上的功夫可以少下，而道德的修养功夫要多下。在《论语·里仁篇》中，孔子更进一步提出："君子讷于言而敏于行。"意思是：君子言语要迟钝，工作要敏捷。

检点我们自己，平日说话，是不是有不谨慎、太随意、喋喋不休的毛病？如果有人对你说："你嘴上最好有个站岗的。"那你还真应该注意了。你需要努力改正，这对于我们改善人际关系，做好工作，取得事业成功，非常重要。

中国有句俗语："贵人语迟。"这话颇有深意。通常我们都会从言谈上判断一个人。一个人如果平素话很多，有趣是有趣，但难免会给人留下不稳重、不踏实的印象，甚至会让人怀疑他是否靠得住。你喋喋不休说得越多，听的人可能越不拿你的话当回事。而平时不大爱说话的人，一旦开口，人们往往会比对待话多的人更加重视。"贵人语迟"，也可以说，正是由于他"语迟"，才使人更觉得他是个"贵人"。人年轻的时候，深恐让人觉得自己"人微言轻"，所以拼命地说，抓住一切机会说。随着阅历渐多，知道了很多时候说得越多，越不会被人听进去，况且容易说漏、说错，所以就不轻易说了，而是竖起耳朵听别人说。在考虑成熟后，关键时候，才画龙点睛或一语道破地说上几句。这样"语迟"，反而效果更好。

领导者做人智慧：

通常我们都会从言谈上判断一个人，一个人如果平素话很多，有趣是有趣，但难免会给人留下不稳重、不踏实的印象，甚至会让人怀疑他是否靠得住。

68. 有"龙虎之气"

一个出色的领导者，必然是充满个人魅力的人。有人认为，历史上的领袖人物往往并不是当时最有才能的人（虽然他们也绝不是平庸之辈）。无论是机智谋略、文才武功，还是权术手段、经营之道，在同一时期，总存在和领袖人物一样优秀的人，甚至更优秀的人，这样的人常常就存在于领袖人物的身边。那么，是什么使领袖人物在众多优秀的人物中脱颖而出，甚至于能够让才智高于自己的人来为自己效力呢？

这便是我们常说的"龙虎之气"或"王者之仪"了，我们把它称之为"人格的魅力"。近些年来，在对伟人们的政治理论、军事谋略、论著词赋、情感世界等都进行了较深入的探究后，社会心理学界越发倾向于认为：综合的人格力量是伟人所以成为伟人的深层原因。

**领导者做人智慧：**

综合的人格力量是伟人所以成为伟人的深层原因。

69. 给能干的下属配备值得炫耀的条件

给能干的下属配备值得炫耀的条件，就是采取某种方式给他们带来一种极大的荣誉感和自豪感。当他们得到这种奖赏后，会感到极有面子，为了维护这种面子，同时也为了回报给他面子的人，他要像以前一样甚至是比以前更加勤奋地工作。这也正是奖赏的本意。

给能干的下属配备值得炫耀的条件，是许多聪明的领导者都曾采用过的管理方法。清朝后期的封疆大吏曾国藩也曾经用这种方法激励过自己的将士。

那时湘军初建不久，便从太平天国军手中夺回了岳州、武昌和汉阳，取得了建军以来的第一次大胜利。为此，曾国藩上书朝廷，为自己的属下邀功请赏，朝廷对此也给予了恩准，给这些人封了官。

但是，曾国藩并不认为这样做就够了，还必须给那些最勇敢的下属配备值得炫耀的条件，鼓励他们在作战时更加勇敢。

给下属们配备什么样的条件他们才会引以为豪呢？思来想去，曾国藩决定以个人的名义赠送有功的将士一把腰刀，这既表达了自己对他们的特殊感

情,又鼓舞了湘军的尚武精神。于是他派人锻造了50把非常精致美观的腰刀,并在刀的正中端刻上"殄灭丑类、尽忠王事"八个字,旁边是一行小楷"涤生(曾国藩的字)曾国藩赠"。下边还有几个小字是编号。

这天,曾国藩穿着官服以非常隆重的方式召开了这次表彰大会,他对全体湘军将士说:"诸位将士辛苦了,你们在讨伐叛贼的过程中英勇奋战,近日屡战屡胜,皇帝也封赏了大家。今天召集大家,是要以我个人的名义来为有功的将士授奖。"接着他亲自把这些腰刀一一赠送给功勋卓著的军官。

顿时,在场的人们心中涌动着不同的心情,有的为得到腰刀而欣喜;有的为腰刀的精致而赞叹;有的在嫉妒那些得到腰刀的人。然而更多的人则在暗下决心,争取也得到这样一把代表着荣誉的腰刀。

就这样,曾国藩给他能干的下属配备了值得炫耀的条件,这使受赠者得到了激励,同时,没有得到腰刀的将士就会向这些获奖者看齐,在以后的战斗中会更加英勇奋战,为的就是得到这把值得炫耀的腰刀。曾国藩用赠腰刀的方法达到了他激励将士的目的。

历史上这种给能干的下属配备值得炫耀的条件的事很多,刘邦即位后,就给他的功臣萧何"剑履上殿,入朝不趋"的厚待。现代社会中也有许多这样的事,老板给自己的下属配备手机、轿车,这都是为了给下属足够的面子,让他们认为值得炫耀,从而达到激励下属的目的。

领导者做人智慧:

给能干的下属配备值得炫耀的条件,是许多聪明的领导者都曾采用过的管理方法。

70. 做事情一定要按规矩来

现在的社会,做什么事情都要讲求规则,都要在一定规则的约束下进行。国家和政府制定的法律法规，带有强制性，必须遵循，否则就会受到制裁。而商业道德和行规，是在社会中经过上千年的发展而沉淀下来的，虽不具有法律法规的强制性，但它的约束力却丝毫不弱，因为它是社会成员心理上的一个共同规范，一旦超出这种规则行事，就会受到同行的鄙夷和行外人的否定。

一个真正成功的商人，一定要懂得有规有矩、守法常安的道理，也一定要始终严格遵循这些规则，并且把它上升到关系人品名声的高度，作为人的内在品质来保持。惟有做到守法守规，才能在经营中求发展，违法违规则会自食其果。按行规办事，遵守职业道德与行为规范，才能建立起良好的信誉，从而赢得更多的利润。

投机取巧只能兴隆一时，遵纪守法地进行商业运作才可能辉煌一世。

清代红顶商人胡雪岩在做生意时特别强调的一点就是："做事情一定要按规矩来。"

胡雪岩把自己的每一桩生意都做得有声有色，每一桩买卖的摊子都铺得很大。如果不按商业规则来做，别人也奈何不了他。但胡雪岩在做生意的过程中，几乎每一次运作都大体遵守规则。

的确，按规矩来经营，是商业长期正常运作的必要保证，否则，不按规矩的先例一开，生意就要乱套，无法顺利经营。

没有规矩，不成方圆。无章无法，不能取信他人；有章有法，才能处变不惊。严于律己，方可律人。与他人同谋共事，先保证规范到位，方能各司其职，互不相扰。

规矩存在的意义，不在于约束，而在于凝聚。将每个成员各自独立的个人倾向规范引导，能量集中，小流束之成大川，因而能铸就较强的战斗力。

做生意确实要照规矩来，商事运作有自己的规则，参与商事活动的人也必须遵守这个规则。

领导者做人智慧：

投机取巧只能兴隆一时，遵纪守法地进行商业运作才可能辉煌一世。

71. 打造自己的"嫡系部队"

作为团队的管理者，在激烈的竞争中所扮演的角色，不仅要让自己立于不败之地，而且更要打造出一支攻无不克、战无不胜的团队。纵观那些职场中战斗力强的团队，我们会发现，他们往往都是自己的嫡系部队。所谓的"嫡系部队"就是由自己一手挑选、一手训练，历经战斗而磨练出来的队伍。

谈到"嫡系部队"，会令我们想到曾国藩的部队。正是凭借着"屡败屡战"的斗志和嫡系湘军，使曾国藩最终平定了太平天国。仅就军事意义而言，嫡系部队的战斗力是显而易见的。

首先，嫡系部队具有相对相同的价值观和认同感。因为他们共同接受严格的培训，共同经历各种痛苦的考验，能够坚定地留下来参与战斗，本身就表明了他们对所在团队价值观的认同。更值得注意的是，强烈的价值观认同会演变成感情上的纽带。

其次，嫡系部队可以降低信任成本。嫡系部队通常都拥有一个伟大的精神领袖，也就是团队的管理者，他使成员在思想上具有高度的一致性。即便是存在某些误会或分歧，只要精神领袖出面也会使得问题迎刃而解。

再次，嫡系部队可以降低沟通成本。沟通是很多团队所面临的最大问题，长期的合作、战斗，可以磨练出难得的默契，达到"心有灵犀一点通"的境地。

最后，嫡系部队具有凝聚力强的特点。部队的成员有着共同的目标和相同成果的追求，他们都把自己融入到"嫡系"这台发动机上，协调地运转产生出巨大的动力。

当然，很多人可能会对嫡系部队的说法持不同意见，因为嫡系容易让人想到"家族"、"任人唯亲"和"沾亲带故"，与现代职场规则不相匹配。但只要是存在激烈竞争、希望通过强大团队攻城略地，嫡系部队便有其绝对的优势和存在的必要。

领导者做人智慧：

纵观那些职场中战斗力强的团队，我们会发现，他们往往都是自己的嫡系部队。所谓"嫡系部队"就是由自己一手挑选、一手训练，历经战斗而磨练出来的队伍。

72. 有钱大家赚

李嘉诚有一句话在业界广为流传："人找生意难，生意找人容易。"在他的生意伙伴之间也流传着这样的说法："跟李嘉诚做生意不需要计算，他都为你计算好了，你没有利润他不会与你做生意。"

人要去求生意就比较难，生意跑来找你，你就容易做。那如何才能让生意来找你？这就要靠朋友。如何结交朋友？那就要善待他人，充分考虑到对方的利益。

有钱大家赚，利润大家分享，这样才有人愿意合作。假如拿10%的股份是公正的，拿11%也可以，但是如果只拿9%的股份，就会财源滚滚。

主动与人分享成果，是李嘉诚一贯的主张，这种做法在商界非常少见。历来商场如战场，正是因为李嘉诚的以诚待人、与人分享的商业道德，使他拥有更多的商机。

得陇望蜀、贪婪过度，看到别人获利就不舒服的人，不会有人愿意再次和他合作。

在中国的商界，每天都在上演着这样的活话剧：供应商被商家搞到没有利润可赚，商家找不到好的供应商。而李嘉诚的做法是，不但不侵夺他人的利润，还会主动让利于他人，真正地做到了双赢或多赢。

有人曾问及宗庆后的经营之道，他很实在地说："关键不在于经销商听不听话，而是能不能让他们赚钱。许多经销商靠销售我们的产品赚了不少

钱,所以才会非常积极。"

领导者做人智慧:

得陇望蜀、贪婪过度,看到别人获利就不舒服的人,不会有人愿意再次和他合作。

73. 基层单位不需要"政治家"

中国人格外关注政治,喜欢参与政治。无论是什么样的单位,不只是政治单位,就是企业、事业部门,也总是有那么一些人十分关心政治,还有那么很少的一部分人,更是以关心这个单位的命运为己任,警惕地注视着这个单位,尤其是领导的一举一动。他们成了这个单位的"政治家"。

他们的工作可以做得非常一般,甚至很差,连他们的家庭也常有"战争",但对他们的关注对象却十分热心;他们有政治头脑,团结可以团结的人,结成一个小群体,经常在一起磋商政治事项;他们还很善于把观察到的问题归结起来,报告给上级,以寻求上级的支援。最有势力的"政治家"是那些已经有了相当地位的人,他们利用已经取得的权力,结成了一个同级,甚至上级都难以攻破的政治堡垒。

不管是哪一种,他们都是那个单位的、甚至社会的不安定因素。他们的共同点是唯恐天下不乱,以便浑水摸鱼。在局部上看,他们的看法有对的成分,但从全局和倾向上看,则没有任何积极的意义。

应该说,基层单位是不需要"政治家"的,不管这个"政治家"是什么含义。因为基层的工作就是把你那一块的事情做好,如果这个单位总是吹政治风,那么,它是没有办法完成中心任务的。

郭士纳在主持 IBM 工作后就提出"不能有政治家"、"应解雇政治家"。他是要摧毁公司内部已经建立起来的人为的势力范围。由此,他公开处理了几个不愿意执行新计划的人。

西班牙学者葛拉西安说过:"有些人性格非常挑剔,他们能在一千种美好的事物中找出一处缺憾来加以责难,并将其曲解扩大。他们是强者和智者的垃圾收集者,他们是不幸的,因为他们只与苦涩为伍。"

 领导者做人智慧:

基层单位是不需要政治家的,不管这个政治家是什么含义。因为基层的工作就是把你那一块的事情做好,如果这个单位总是吹政治风,那么,它是没有办法完成中心任务的。

74. 入乡随俗,不做另类

《塔木德》上说:"众人着衣时莫要裸身,众人裸身时莫要着衣;众人就座时莫要站立,众人站立时莫要坐下;众人哭时莫要笑,众人笑时莫要哭。"犹太人懂得,在生活中"入乡随俗"是非常必要的。如果你穿着与对方同样的服装,表现出与对方类似的举止,就会让对方觉得你和他的思想与地位是相似的,对方也就会对你产生好感。

温森特曾在博里纳日做过一段时间的牧师。博里纳日是个产煤的矿区,在这个地区,几乎所有的男人都下矿井。他们在不断发生事故的危险中干活儿,但工资却低得难以糊口。他们住的是破烂的棚屋,他们的妻子儿女几乎一年到头都在里面忍受着寒冷、热病和饥饿的煎熬。

这里的人都是"煤黑子",肥皂在博里纳日人的心目中简直是一种不可企及的奢侈品。温森特被临时任命为该地的福音教士时,他找了峡谷的最下头的一所挺大的房子,并和村民一起拿麻袋去装了很多煤渣,在房子里烧起了炉子,以免房子里太寒冷。

温森特登上讲坛,他的讲道是那样诚挚而又充满了信心,竟使得这些博

里纳日人脸上的忧郁神情渐渐消退了,从他此次布道所受的欢迎来看,博里纳日的人民对他的态度已经没有任何保留了,他们终于相信了他。

是什么原因引起这样的变化呢?

温森特百思不得其解,最后他回到自己的住处,准备用从布鲁塞尔带来的肥皂洗脸时,脑海中突然闪过一个念头。他跑到镜子前面端详着自己,看见前额的皱纹里、眼皮上、面颊两边和圆圆的大下巴上,都沾着黑煤灰。

"当然!"他大声说,"这就是他们对我认可的原因所在,我终于成了他们的自己人了!"他把手在水里涮了涮,脸连碰都没碰就睡了。留在博里纳日的日子里,他每天都往脸上涂煤灰,从而使自己看上去和其他人没有两样。

领导者做人智慧:

太惹眼的目标总会成为众矢之的。如果你穿着与对方同样的服装,表现出与对方类似的举止,就会让对方觉得你和他的思想与地位是相似的,对方也就会对你产生好感。

75. 练就你的双重性格

伟人大都具有双重性格。他们既有男人的粗心、豪爽、不拘小节,也有女性特有的细腻、柔情、善解人意。尼克松在《领导者》中写道:"我所认识的所有伟大的领导人,在内心深处都有丰富的感情,换一种说法就是很有人情味。戴高乐、阿登纳、麦克阿瑟、周恩来和吉田则是善于控制感情、律己很严的领导人的典型。他们给公众的是一副掩盖着个人感情的外表。但是任何了解他们的人都会发现,他们的内心深藏着强烈的感情,但是他们把这视为个人的事情,不愿为外人所窥知。"

对于他们的人情味,伟大的领导人有的竭力掩饰,比如戴高乐的神情高傲、冷漠，故意给部下以神秘感。但如果有谁怀疑戴高乐没有常人那样的感情的话，那么关于安娜的伤心故事能消除这种疑惑。安娜是他的第三个孩子，戴高乐的妻子在怀着她时曾被汽车撞倒，所以安娜一生下来就是低能儿，戴高乐夫妇深感痛苦。他的夫人在给一位朋友的信中写道："夏尔和我愿意放弃一切，健康、钱财、前途、事业，只愿安娜像别的孩子一样能是一个正常的女孩。"当有人建议戴高乐夫妇将安娜送到养育院去的时候，戴高乐回答说："她并非自己要求来到这个世界，我们要尽一切力量使她快乐。"在安娜20年的短暂人生中，戴高乐是惟一能使她笑起来的人，他牵着她的手在花园里散步，抚爱她，向她轻声说一些她能听懂的事情。和安娜在一起的时候，戴高乐的冷漠、矜持全都不见了。

双重性格有两层含义：一是指综合了内向与外向两种性格的优点，二是综合了男女两性的性格上的粗犷和细腻之处。水火既济、阴阳调合就是在这些地方体现出来的。这些特点使伟人能成为伟人，而不是平凡之辈。他们既豪迈果敢，英气勃发，指点江山，笑傲江湖；又细致入微，关怀体贴，注意照顾身边的人。他们能团结各界人士，争取最大的社会力量，来帮助自己的事业。

领导者做人智慧：

双重性格有两层含义：一是指综合了内向与外向两种性格的优点，二是综合了男女两性的性格上的粗犷和细腻之处。水火既济、阴阳调合就是在这些地方体现出来的。这些特点使伟人能成为伟人，而不是平凡之辈。

76. 只管两头，不管中间

控制论创始人维纳指出："所有的科学问题都可以作为'闭盒'，研究的惟一途径就是利用它的输入和输出。"维纳后来又把"闭盒"称为"黑箱"，

即不打开黑箱，而是利用外部观测，考察对象与周围环境的相互联系来了解黑箱的特征和功能，猜测其内部构造和机理。就像中医，将人体看做一个黑箱，不能把内脏打开来探病医病，但却可以在不干扰人体本身生理病理的情况下，只管输入和输出情况。通过"望闻问切"等手段，获取人体的输出信息进行辩证分析，判断疾病的本质，得出诊断结果，并制定相应的治疗方案，达到诊病和医病的目的。

黑箱方法是当代新的思维方法，是解决复杂系统的科学方法。黑箱操作，用于管理活动指"只管两头，不管中间"的管理方法。"两头"指输入和输出，"中间"指执行部门或执行者。"只管两头"就是领导者只给执行部门输入决策指令和发动他们贯彻决策指令，并了解输出情况即执行结果；"不管中间"是说执行部门如何去执行及具体执行过程怎样，由于是执行部门之专责而非领导职责，因此领导者可以不管，领导者管了就是属于管了不该管的事，就会发生越权和侵权行为。

"黑箱"分权智慧，一方面要求领导者必须把精力放在正确决策和把执行结果与决策目标进行比较上，使执行操作部门成为"黑箱"；另一方面也要求领导者必须从外部，即通过输入和输出来影响、推动"黑箱"的运作。操作好"黑箱"，领导者就会走出"日理万机，劳而无功"的误区，走上"不问琐事，无为而治"的正确领导之路。

领导者做人智慧：

操作好"黑箱"，领导者就会走出"日理万机，劳而无功"的误区，走上"不问琐事，无为而治"的正确领导之路。

77. 治大国，若烹小鲜

老子说："治大国，若烹小鲜。以道莅天下，其鬼不神。"

"小鲜"即小鱼，就是说烹饪小鱼时不能随意折腾翻动，否则就不成样子了。治理大国和烹小鱼一样，要清静无为，不能政令繁苛。因为一旦人民不堪其扰，国家就要混乱一片了。

治理国家要实行无为而治，尽量减少政令颁布。一旦颁布，就要严格执行，不可朝令夕改。在组织管理上，与民休息，不要使民众的安乐生活遭到破坏。

依据这一思想，老子把政者分为四个等级：

"太上，不知有之；其次，亲而誉之；其次，畏之；其次，侮之。信不足焉，有不信焉。犹兮其贵言哉。功成事遂，百姓皆曰：'我自然。'"

老子在这里提出的这种国君的为政之道，实则是给我们指出了四种管理方法。第一种是无为管理，第二种是仁德管理，第三种是有为的高压管理，第四种则是运用权术的诡计管理。无为管理是以老子为代表的道家管理思想，仁德管理则是儒家管理思想的核心，有为的高压管理是西方的所谓对物不对人的"科学"管理，运用权术的诡计管理则是那些无才无德的小人所最爱使用的管理方式。

领导者做人智慧：

治理国家要实行无为而治，尽量减少政令颁布。一旦颁布，就要严格执行，不可朝令夕改。

78. 不与下属谈个人隐私问题

心理学家研究表明，领导者要想搞好工作，应该与下属保持较为亲密的关系，这样容易赢得下属的尊重，下属在工作时也愿意从领导的角度出发，替领导考虑，并尽可能地把事情做好。但同时又要保持适当的距离，尤其在心理距离上。这样可以保持领导的神秘感，因为不十分了解而使下属不敢轻

举妄动和为所欲为。

在很多中小型企业的人力资源部、企划部等部门的人员一般都很少,大多数都是一个经理带着一个"兵"。在这个时候往往两者之间的关系很亲近,有种相依为命的感觉。这时的管理通常很简单,不必使用过分复杂的管理技巧和手段。多数时候只要经理吩咐,下属就会照做,但绩效通常不会很好,不过还可以过得去。因为员工和经理的关系很近,经理通常布置工作后不好意思催促或监督下属,即使有时不痛不痒地说了几句,也因为关系密切而被忽略了。

所以在这种条件下的管理,最应该注意的是心理距离问题,在工作中不应带有日常的感情,更不要过多地交流关于个人的隐私问题。虽然这对增进感情很有好处,但由于过分亲密又没有竞争的压力,如果再加上管理不当,就会造成工作拖延、懈怠,绩效低下等不良现象。

当你的下属人数很多,这时的管理者多数是在扮演你所在职位应该扮演的角色,而不是做你自己了。领导者做的很多工作都要注意对自身形象和地位的维护。与员工的距离也要保持适当,甚至可以略远一些,这样更有利于自己权威的体现,员工在工作中也会表现得比较尊敬和畏惧。在工作之余可以和员工走得近些,尽量平易近人。但切不可距离很近,否则很容易暴露个人的缺点,影响下属对领导的印象,甚至造成失望。

领导者做人智慧:

与员工的距离也要保持适当,甚至可以略远一些,这样更有利于自己权威的体现。

79. 面对掌声点头微笑

在领导者的发言中,掌声是最常用的调味剂。领导者的发言非常成功,更会受到听众的热烈欢迎和掌声，这是双方产生共鸣的表现。

发言中，你一句振奋人心的话语引起了听众长时间的掌声，那么，为了不影响表达内容，你的发言可以稍停一下，等大家都安静下来后，你再继续发言。

发言结束时，面对听众的掌声你要站起身，礼貌地点头向大家微笑，以表示对听众的感谢。对听众的掌声不要无动于衷、没有表情。

有些掌声，你可以听出来并不是在鼓励你，而是对你的讲话有意见。你应该立即回想一下刚才讲过的话，及时发现其中的不当，不失时机地加以改正，调整内容，以免不良听众起哄。

领导者做人智慧：

对听众的掌声不要无动于衷、没有表情。

80. 有分寸地表态

领导者经常需要表态，这种表态对于下属来说，可能是指示、要求，也可能被认为是对某种事的定论。因此，领导者的表态绝不可随心所欲。表态要有根有据，既不做老好人，又不无谓得罪人。领导者的角色地位决定了领导者必须持重练达，不论讲什么话，表什么态，都不能超越一定的原则限度。

领导者表态，应该在坚持原则的基础上发挥灵活性，这样更易达到事半功倍的效果。

上级有明文规定的事情，领导者就必须按规定表态，没有明文规定的，则应结合实际表态。

一般来说领导者在表态之前应做到：必须清楚了解问题的真正含义和问话的真正意图，设法获得足够的思考时间，考虑好是直接表态还是委婉表

态,对不值得表态的问题不必表态。表态时,应做到因事、因人而异。对关系复杂、不宜把握的问题,领导者应把握时机,注意场合,适时委婉表态。

古人云:"事之难易,不在大小,务在知时。"就是讲火候分寸的问题。所以领导者在表态时应掌握"尺度",讲究"分寸",做到语言准确、态度诚恳。

尺度感和分寸感,能够体现领导者的领导艺术水平。表态应讲究尺度、分寸,达到"适度"。适度程度越佳,表态的效果就越好,达到最佳适度就能获得最好效果。领导者与被领导者之间的关系,既有双方情感的交流、情绪的感染,又有双方心理上一定色彩的凝结,只有态度诚恳,领导者的表态才会对下属产生指导、激励作用。

领导者做人智慧:

尺度感和分寸感,能够体现领导者的领导艺术水平。

81. 不做和事佬

许多企业的资深主管,都会提到他们在工作中遇到的同样的一个难题:"我一直被员工拉进去做和事佬,他们要我替他们解决问题。"如果有人建议他们别介入时,他们的反应常常是:"如果员工有问题,其实也是我的问题。因此,我会觉得为了让自己的工作更轻松,干脆帮他们把问题解决掉。"没错,从短期来看,或许这么做是对的,但就长期来看可就不是这样了。你一直居中协调,好像冲突三角形的顶点,最后只会让成员互相对立,不再直接沟通,只靠你做媒介。

小心这种微妙的三角关系,通常大家的目的就是要让你同意他们的看法,借以抵制另一方。手腕高明者可以运用得相当巧妙。这种派系间的斗争不断上演,如果身为领导者的你一不小心支持了其中的一方,就等于让他们成为赢家。

在你所属的团队发生内部冲突时，你最好保持中立态度。有时候，你该扮演的角色就好像是"公平的证人"一样，是在旁观但不插手的旁观者，最后却能成功地处理纷争。否则，在这种状况下很容易被拖下水。

这倒不是说你绝不可以提供意见或做决策去影响某个派系。但问题是，你必须知道，当你身为中间人时，就得问问自己这么做的用意何在。如果你觉得有些阴谋正在酝酿，相信自己的直觉，这个信号绝不会错。相信内心警讯的领导者就不会偏离正轨。

领导者做人智慧：

在你所属的团队发生内部冲突时，你最好保持中立态度。否则，在这种状况下很容易被拖下水。

82. 官做得越大，越是需要包装

一个人刚当上领导，往往不像个领导，但是当过一段时间，慢慢就像了。

人的气质总是随着他的处境而变化。基层的领导，总和群众打交道，口里就多了些街巷俚语，穿的也多是市井流行，偶尔要去见大官，还要刻意打扮一下，反而显得像刘姥姥进城似的。

慢慢官当大了，见的场面也多了，交往的对象层次也高了，气宇也就越来越轩昂了。越大的官越是需要包装，需要注意形象。会晤贵宾时，步子该迈几步，握手该伸成哪种角度，留影该坐在什么位置，头发是往侧梳还是往后梳，都很有讲究。没有规矩不成方圆，规矩越练越熟，习惯成了自然，气质就出来了。

气质不是天生的。再大的官，当有人亲切地称呼他小名的时候，架子都

得放下，不知不觉就卸了武装。

气质是修炼出来的，但并不是一个人独自修炼的结果，而是周围的人共同渲染的产物。当你位卑言轻时，你只能说话小心谨慎，对人毕恭毕敬，别人看你是个小角色，你自己也无法摆出大架子。而当你终于混出名堂来了，周围的人都低眉顺眼敬请你指示的时候，你的气度自然就不凡了。

领导者做人智慧：

领导气质是修炼出来的，没有规矩不成方圆，规矩越练越熟，习惯成了自然，气质就出来了。

83. 慎做"性情中人"

一个人率性而为的时间久了，就会养成一种放纵自己情绪的习惯，遇到问题就顺着性子去做，有时候或许真的解决了问题，但也为自己的将来埋下了祸因——得罪了很多人，即使他们不说，日后还是会伺机报复的。

长久下去，对事业和人际关系就会破坏多，建设少，给自己的人生带来种种障碍。尤其是一旦给人留下"不能控制情绪"的印象，那真的是难以翻身。因此，落魄的人、自我毁灭的人，多半是"性情中人"。这一点，只要我们仔细观察就可明白。

审视一下你的性情，如果不好，那就改一改，千万不可任着自己的坏性情随意而为！

领导者做人智慧：

落魄的人、自我毁灭的人，多半是所谓的"性情中人"。

84. 让员工只为自己的责任"埋单"

一日，去饭馆吃饭，隔壁间的客人不管怎样都拒绝埋单，拒绝的理由也很简单，就是饭菜口味的问题。

但是，不管服务员解释、打折还是送菜，客人还是不肯埋单。最后，楼层经理对服务员说："这桌你埋单。"

其实，那个服务员在整个问题的处理过程中做得已经非常好了，然而他却要替厨师受过，自己掏钱埋单！据说这是他们公司的规定，客人跑单要由相应的服务员埋单。错并不在服务员身上，但他却要为此而埋单，这对他来说公平吗？

责任并不在这道工序上，而在上一道工作程序上。但是，管理者在制定相应考核标准的时候，却把这个问题忽略不计了。结果，有人就需要为其他人所犯的错误而埋单，如同服务员为厨师埋单一样。

这样的结果显然是不公平的，被处罚的人当然会有意见。

制度让他蒙受不白之冤，同时，被处罚人对管理者也会有意见，因为这项制度是管理者制定的，他会认为管理者无能。而且他还会对责任人有意见，在他眼里，此人为麻烦的制造者，因而同事间的关系就不可避免地会出现问题，矛盾不断激化。没有人不希望自己能够主导事情的发展，也没有人愿意去承担本来不是自己的职责。由于工作结果并不是员工自己所能左右的，而又可能替别人承担过错，因此将大大降低员工的工作热情。这就衍生出管理中的一个新问题。

在日常工作中，都存在工作流程，每项工作的完成都是依赖于前一项的工作。管理者在制定管理考核指标时，就必须考虑到整体因素的影响。

没有工作的完全对接，量化考核根本就是空谈，决定结果的并不仅仅是员工自己，而且，还有其他工作环节的影响。

工作的延展性，也要求量化考核不能对环节工作进行单一的衡量，应当

全流程地考虑问题，不然的话，将使考核失去公平性。

领导者做人智慧：

没有工作的完全对接，量化考核根本就是空谈。

85. 你可以身无分文，但要温文尔雅

在现实生活中，一个人的言行举止直接关系到一件事情的成败得失，它甚至比一个人的内在品质更容易引起人们的瞩目。因而，米德尔顿大主教告诫人们："高贵的品质，一旦与不雅的举止纠缠在一起，也会令人厌倦。"

热情有礼的举止有如和畅的春风，它常常会催熟成功的硕果。而粗鄙的言语与不良的举止，会使你的交际面临重重障碍。

哈金森就是一个有风度和魅力的人。对于他的举止，哈金森夫人曾有过详尽的描述："他这个人宽容大度而坦诚，对于那些地位卑下者，他从来不曾有丝毫怠慢；对那些出身显贵者，他从来不阿谀奉承。在闲暇时间，他总是和那些最普通的士兵和最穷困的劳动者在一起——他从心底里尊重他们。"

很多时候，一个人的言谈举止反映了一个人的兴趣、爱好、情感。因此，这些仪表风度就意义重大、不容忽视。

爱默生说："优美的身姿胜过美丽的容貌，而优雅的举止又胜过优美的身姿。"优雅的举止是最好的艺术，它比任何绘画和雕塑作品更让人心旷神怡。

优雅的行为举止被认为是那些出身高贵的人所特有的风度。这种说法有一定的道理，因为上层人士的子女从小就生活在一个比较好的文明环境，饱受熏陶。但这并不能成为那些下层的人们举止粗鲁的理由。

穷苦人更应该和那些上层人士一样，懂得互相尊重。无论是在田间还是在家里，他们都要意识到，优雅的行为举止会带给他们无穷的快乐，即便是

一名工人也能通过自己坚持不懈的努力，以自己文明优雅、亲切友善的行为来感染他人。本杰明·富兰克林就是一个典型的例子。他还是一名工人的时候就以自己的高雅行为改变了整个车间的工作气氛。

即使你身无分文，只要温文尔雅，总能让人欢快、愉悦。

在生活中，人们常常发现，有的人身居陋室，却志趣高雅，家中虽然并不华贵，却干净整洁，让人感到爽快和舒适。

高雅的情趣令寒舍生辉，而美好的举止也胜过任何华贵的衣裳。一个人优雅的风度，创造出一种环境，能让人如沐春风。

领导者做人智慧：

高贵的品质，一旦与不雅的举止纠缠在一起，也会令人厌倦。

86. 威而不猛

现实生活中，常有那么一些担任领导职务的人，在工作中甚至在日常生活中表现出一种对人冷淡、高高在上、说话爱下命令、令人难以接近的态度，与周围的人和下级之间保持着一定的情感上的距离，被人们极形象地称之为"官架子"。官架子这种东西，领导最好不要摆，尤其在对待下属时。因为它的产生与存在是以人与人之间的不平等为基础的，最容易使人产生反感情绪，造成人际之间的心理距离，它最能阻碍领导和下属之间的成功交往。

也许很多领导并未意识到自己有官架子，凭心而论，他们并不想故意摆出官架子，谁愿意做一个被人视为官气十足、不好接近的人呢？但是，作为一位领导，你不仅要意识到不能摆官架子，同时还要注意下属的心理变化和情绪波动，适时调整自己的举止行为，以免让他们认为自己有架子。

一个领导的思想作风，会给自己的群体带来很大影响。有一个调查表

明，不愿接近领导的人中，有1/3的人是因为领导架子大；70%的人认为，双方关系不融洽的主要责任在领导，这很能说明一些问题。步入领导岗位的新人，较容易引人注目，大家在观察、分析他是否称职，他的能力如何，他的思想修养怎样，他的言谈举止是否恰当，他怎样处理与下级的关系等。如果新领导不注意这种现象，不去思考自己在下级眼中究竟是一个什么样的领导，是不现实的，也是不利的。对自己的经验、能力缺乏足够自信的人，会因此形成一种心理上的压力，认为别人不尊重自己，轻视自己，于是行为上就来一个反抗——表面化的威严，这在别人眼里可能就是架子。对自己的能力、经验足够自信的新领导，有了发挥自己才干的条件和机会，更多考虑的是如何工作，如何使自己的计划、设想付诸实施。但是，如果疏忽了与周围的人商量讨论、忘记了与大家感情上的交流、因过分自信而在说话时颐指气使，这些，都会使下属产生消极的心理反应，认为你在"摆架子"。

有自尊心的下属都会避免与这样的上级接触，谁愿意受这种冷落和难堪？所以，千万不能忽视这些看来是无足轻重的小行为，礼貌与关心虽然有时只是一两句话，但赢得的不仅仅是工作上的相互配合，更重要的是思想感情上的打通——互相信任和尊重。

领导者做人智慧：

领导不仅要意识到不能摆官架子，同时还要注意下属的心理变化和情绪波动，适时调整自己的举止行为，以免让他们认为自己有架子。

87. 成大事者不谋于众

不会独立思考的人，就是没有独立人格的人，甚至是没有独立灵魂的人。

很多人无视你的存在，总是要你往这边走、往那儿去的，他们最常挂在嘴边的是："你应当……""你不应该……"一般人碰到这类要求，通常都很难回绝，尤其是提出要求的人是你最亲密的伙伴，"不"字就更难出口了。时日一久，这种互动关系定型，形成了一种默契或是彼此的承诺。

不要忘了，我们有权决定生活中该做些什么事，不应由别人来代做决定，更不能让别人来左右我们的意志，让自己成为傀儡。况且，他人并不见得比我们更了解情况，也不会比我们聪明到哪里去，所以，他们所提出的这类"理所当然"的事就很可能不是我们的最佳抉择。你的最佳抉择还是应该由自己进行深入分析、思考之后，所做的独立判断。

从现在起，做你自己，不要让别人的"理所当然"控制了你。

"成大事者不谋于众"，这一原则通俗地说，就是谋求特别重大的事情，不必与人商量。因为谋求非常重大事情的人，自己必定有非同一般的眼光、心胸与气度，自己看准了，去做就是了，如果去和别人商量，反倒麻烦。首先，如果别人见识有限，目光短浅，必定不理解你的想法。七嘴八舌，会动摇你的意志，也会破坏你的信心和情绪。第二是人多心杂，还会出现走漏风声、葬送机会的可能。

领导者做人智慧：

自己看准了，去做就是了，如果处处和别人商量，反倒增添麻烦。

88. 自己的秘密决不轻易示于人

法国总统戴高乐说过一句发人深省的话："仆人眼里无伟人。"正因如此，他把保持"神秘感"作为自己担任领袖必须遵循的一个信条，而且竭尽全力地做到这一点。

事实上，假如一个人被人一眼就能看穿，不仅难以受到别人的尊重，而且还会因此使别人更加小心防范，甚至陷自己于危险的境地。

自己的秘密不要轻易示人，守住自己的秘密是对自己的一种尊重，是对自己负责的一种行为。

罗曼·罗兰说："每个人的心底，都有一座埋藏记忆的小岛，永不向人打开。"马克·吐温说："每个人像一轮明月，他呈现光明的一面，但另有黑暗的一面从来不会给别人看到。"

在单位中，不要把自己过去的事全让人知道，特别是对那些不宜让他人知道的秘密，要做到有所保留。

向他人过度公开自己秘密的人，往往会因此而吃大亏。因为世界上的事情没有固定不变的，人与人之间的关系也不例外。今日为朋友，明日成敌人的事例屡见不鲜。你把自己过去的秘密完全告诉别人，一旦感情破裂，反目成仇或者他根本不把你当作真正的朋友，你的秘密他还会替你保守吗？

也许，他不仅不为你保密，还会将所知的秘密作为把柄，对你进行攻击、要挟，弄得你声名狼藉、焦头烂额。那时的你，后悔也来不及了。

领导者做人智慧：

向他人过度公开自己的秘密，无疑是将自己的软肋放在他人的面前。他人随时随地都会向你发起攻击，而你却全无还手之力。

89. 剪除悍将骄兵

《易经》中有一句话叫"否极泰来"，是说事物坏到一定程度就要向好的方面转化；相反，"泰极否来"也是成立的。月满则亏，水满则溢，人满则败。大自然及人世间万事万物的发展都逃脱不了这个规律，官场自然也不例外。"身危由于势过"、"祸积起于宠盛"，权势达到了极端，也就是走向败亡的开始，这是十分普遍的历史现象。

人们常说功高震主，功高之所以能够震主，是因为其功，它或来自于武力之强，或来自于计谋之高，这是君主取得政权、巩固政权的两把利剑。君主们不免提心吊胆：这些杰出的人才会不会以自己的本领去辅佐他人？会不会自己取而代之？会不会尾大不掉、驾驭不了？他们由疑而惧，由惧而恨，于是便有了一次又一次兔死狗烹的悲剧。

清朝雍正皇帝继位后，因感念大将军年羹尧拥立之功，召他自青海班师而还，雍正亲自郊迎。但见其军容齐整壮大、旌旗蔽日，内心已生警惕。其时适逢酷暑，雍正为表示体恤，传旨命士兵卸甲休息，年羹尧的部将竟置若罔闻。后来年羹尧知道了，谢恩过后，从怀中取出一面令旗，晃动几下，顿时欢声雷动。雍正心想，圣旨不及军令，如果年羹尧此时有谋篡之心，自己的性命必然不保，从那一刻起，雍正就决心要杀年羹尧。

在历史上，诸如此类的故事并不罕见。每个政权的建立，无不是依靠文臣的运筹帷幄和武将的决胜千里，功臣往往成为权臣。中国历史上，功臣权臣夺取皇权、或挟天子以令诸侯、或黄袍加身的例子不在少数。因此，历代开国皇帝总是在政权到手、天下稳定之时，视功臣为最大的威胁，或者千方百计剥夺、收回其手中的权力，或者干脆将他们杀掉。

领导者做人智慧：

不剪除悍将骄兵，雄主终究不能一日得安。

90. 愤怒之下不做决定

《孙子兵法》中说："主不可以怒而兴师，将不可以愠而致战。"发怒等负面的情绪对工作业绩有很大的影响。因为，人在发怒的时候，智商基本上是零，如果这个时候做决策、干工作会缺乏效率。

人是感性动物，生活在爱恨情仇的交织中，而人生又是处在不断地选择之中，有些选择或许无关痛痒，有些选择却事关全局；有些失误可以尽力弥

补，有些失误却无力回天。因生气而做出错误决定的事，在每个人身上都发生过。如果你没有被那些错误的决定所伤害，那要感到庆幸，但幸运并不一定永远垂青于你。

作为一名公司管理者，身负公司发展的重任，所以，要时刻保持清醒，保持舒畅的心情，使自己在管理过程中做出明智的决策，创造更高的价值。

每一个人都有自己的情绪，而情绪分为"好情绪"及"坏情绪"。当一个人处于不同的情绪状态时，所做的决定也有很大的差别。所谓的好情绪乃是清楚自己的思绪；而坏情绪是不受理性所控制。不同的情绪感受会使个体对同一信息的理解截然不同。

根据心理学家的测算，人在愤怒的时候，智商是最低的。在愤怒的关头，人们会做出非常愚蠢的决定而自以为是。这个时候所做的决定，90%以上都是极端的错误。

领导者做人智慧：

记住：愤怒之下不做决定；执著之下不做决定；担忧之下不做决定；感性之下不做决定。

91. 杜绝"拍脑袋决策"

单位事务中，既有日常事务，也有重要事项和工作的决策，其中最忌讳的莫过于管理者"拍脑袋决策"，也就是我们常说的"屁股指挥脑袋"。特别是那些涉及团队重要事项以及整个部门利益的时候，管理者不仅要反复分析、判断，而且还要跟重要下属们达成共识。不要认为自己是团队的最高领导，位子决定了最终决定权，所以就可以用"屁股指挥脑袋"。

为了确保部门的决策、决定能贯彻执行，就应当避免"三拍"的领导方式。所谓"三拍"领导，就是"一拍脑袋决策"，"二拍大腿后悔"，"三拍屁股走人"。"三拍"领导的最大危害就在于"拍脑袋决策",而后面的结果也因此而起。

任何团队都有自己的精英人物和重要成员,除了管理者之外,这些人的作用和影响力甚至比管理者都要大。如果管理者在团队里没有绝对的威信和权势,那么团队的决定如果能够得到这些人的认同和支持,执行起来将会变得非常容易。但是若不能和他们达成共识,那么任何决定都可能面临夭折的风险。

管理者在做出重要的决定和决策之前,如果能在"三思"之余,与部门的这些重要下属进行充分沟通,得到他们支持,那么情况将会变得不一样。

与团队重要成员达成共识,是有效避免"屁股指挥脑袋"的法宝。

领导者做人智慧：

与团队重要成员达成共识,是有效避免"屁股指挥脑袋"的法宝。

92. 适度冷漠

美国有军官、士官和士兵这三个等级的俱乐部,为什么要将俱乐部分为三个级别呢?再比如,日本公司在举办活动时,也分为三个层级,部长级的活动由总经理、副部长代开,经理级的由主任、科长代开,业务员活动由业务代表代开。原因是什么?

东西方公司都有一点共识,就是作为公司的领导者,必须要有个领导的样子。你不可以整天和下属称兄道弟地打成一片,不可以和下属肆无忌惮地开玩笑,不能让自己没有威严。当你的威严渐渐失去时,也是你纵容下属的开始。慢慢你会发现,这将成为你的包袱。要记住:和下属在一起,永远是工作关系。

如果公司要办一个郊游活动,对于员工来说,这是娱乐,他们可以上车

就睡觉，只管享受。但对于领导来说，这就是任务，你要时刻关注此行的目的是什么，要花多少钱，大家行程是否妥善，最后的总结会怎么开……

要保持领导者的威严，一定要和下属保持距离，并适度冷漠。这也很像我们中国传统的伦理意识，领导永远是领导，是威严和权力的象征。这可以使你在需要对下属下达任务、批评错误，甚至是裁员的情况发生时，做出客观的评价而不带有个人的感情色彩，并且有助于你更好地在下属中树立起威信。

领导者做人智慧：

当你的威严渐渐失去时，也是你纵容下属的开始。

93. 多言不如多知

一个冷静的倾听者，不但到处受人欢迎，而且会逐渐知道许多事情。一个喋喋不休者，像一只漏水的船，每一个乘客都希望赶快逃离它。同时，多说招怨，乱说惹祸。正所谓言多必失，多言多败。只有沉默，才不至于被出卖。

有人说言语是一种卑贱的东西，一个说话极随便的人，一定没有责任心。话多不如话少，多言不如多知。即使千言万语，也不及一个事实留下的印象那么深刻。多言是虚浮的象征，因为口头慷慨的人，行动一定吝啬。保持适当的缄默，别人将以为你是一位哲学家。

一个人话说得少且说得好，便可被视为绅士。因此，在我们的人生中，有两种优点是必不可少的，那就是沉默与优雅的谈吐。如果我们不会机智地谈吐，又不会适时地沉默，是很大的缺憾，是不幸的。

我们常因话说得太多而后悔，所以当你对某事无深刻了解的时候，最好还是保持沉默吧。

领导者做人智慧：

在我们的人生中，有两种优点是必不可少的，那就是沉默和优雅的谈吐。如果我们不能机智地谈吐，就适时地沉默吧。

94. 踢皮球到此为止

有一家跨国公司的主要业务是帮助企业操办各种展会，年底他们要在纽约举办一场答谢客户的活动。

庆祝活动开始前的两个小时，部门经理陪同老板来到会场视察。精明的老板还是在会场上发现了一些问题，例如活动的背板不漂亮、室内空调的温度太高等等。这位经理跟老板说："抱歉，我一直在东京，没想到他们会搞成这样。"随后，就把负责筹办会议的几个人教训了一通，还痛骂他们笨蛋："怎么连这点事儿都做不好，要你们有什么用……"

被老板发现问题之后，那位部门经理的反应首先是把责任推出去，用"我一直在外地"来逃避。遇到对自己不利的境况，普通人可以用推卸责任来保护自己。但是，作为管理者，如果想用推卸责任来保护自己，则完全于事无补，甚至被视为幼稚。

因为推卸责任会致使人际关系紧张，没有人愿意承担责任，但责任毕竟要有人承担，你不承担，就得别人承担。而相互推卸，会使问题更加复杂，进而丧失宝贵的机会，还可能导致大家都不再贡献智慧和思路。管理者会丧失下属们的信任，因为下属们都希望自己的上司是个能帮他们挡风遮雨的人。

事实上，做工作就会有失误或犯错，甚至可以说，干的活儿越多，犯错误的可能性就越大。作为职场中的职员或者管理者，遇到这种状况的第一反应，绝对不应是为自己找借口，推卸责任。杜鲁门当选美国总统之后，在其

白宫的办公室里悬挂着一幅标语"踢皮球到此为止",这就是主动承担责任的第一反应。

能主动承担责任,是一个人成熟的重要标志。相互推脱责任对公司来讲,有百害而无一利。不管什么问题,确定责任人,是解决问题的第一步。而相互推卸责任只能延误解决时间,并致使各种关系处于不稳定中,问题不能及时解决掉反而衍生出其他矛盾。

领导者做人智慧:

遇到对自己不利的境况,普通人可以用推卸责任来保护自己。但是,作为管理者,如果想用推卸责任来保护自己,则完全于事无补,甚至被视为幼稚。

95. 关注身处逆境者

一个人在困难落魄时,受到的侮辱和一些恩恩怨怨,是一辈子也不会忘记的,尤其是日后成大事的人,他们会比常人有更深的感受。俗话说:"人在同情的扶持下,可以再度站起来。"的确,在人与人相处中,同情与恻隐是沟通相互关系的一座重要桥梁。

所以,我们在管理过程中,不能随便侮辱别人,特别是在别人落难时,更不能落井下石。"祸兮,福之所倚,福兮,祸之所伏","三十年河东,三十年河西"。人家今天落难,明天可能就会发迹。祸与福、荣与辱、衰与兴的转换是谁也难以预料的。若是毫无恻隐之心,趋炎附势,祸患迟早会降临到你的头上。

对那些身处逆境的人,领导者不应该棒打落水狗,当别人冷言冷语以轻蔑的眼光相对时,我们应该有恻隐之心,如果有条件能帮忙更好,慷慨解囊以助别人于危难;如果帮不了什么忙,好言相劝,热情勉励,给别人以精神上的抚慰也是一种明智之举。

托尔斯泰说过："上帝有三个住处：其一是在天堂，其二是在慈善，其三是在富有恻隐之心者的心里。"

 **领导者做人智慧：**

人的一生坎坎坷坷，总有个马高镫矮的时候。在一个人落难之际，别人对他的态度，他总是记忆最为深刻。

96. 因为怕死，所以死得更快

北宋时，南唐镇海节度使林仁肇有勇有谋，听闻宋太祖在荆南制造了几千艘战舰，便向李后主奏禀，说宋太祖实是在图谋江南。南唐有识之士获知此事后，也纷纷奏请，要求前往荆南秘密焚毁战舰，破坏北宋南犯的计划。可李后主却胆小怕事，不敢准奏，以致失去防御北宋南侵的良机。

后来，南唐国灭，李后主沦为阶下囚，其妻小周后常常被召进后宫，侍奉宋皇，一去就得多天才放出来，至于她进宫到底做些什么，作为丈夫的李后主一直不敢过问。只是小周后每次从宫里回来就把门关得紧紧的，一个人躲在屋里悲悲切切地抽泣。对于这一切，李煜忍气吞声，把哀愁、痛苦、耻辱往肚里咽。实在憋不住时，就写些诗词，聊以抒怀。

李煜虽然在诗词上极有造诣，然而作为一个国君，一个丈夫，他是一个懦夫，是一个失败者。

对于胆怯而又犹疑不决的人来说，获得辉煌的成就是不太可能的，正如采珠的人如果被鲨鱼吓住，是不能得到名贵的珍珠的。事实上，总是担惊受怕的人不是一个自由的人，他总是会被各种各样的恐惧、忧虑包围着，看不到前面的路，更看不到前方的风景。正如法国著名的文学家蒙田所说："谁害怕受苦，谁就已经因为害怕而在受苦了。"懦夫怕死，但其实，他早已经

不再活着了。

总是担惊受怕的人不是一个自由的人，他总是会被各种各样的恐惧、忧虑包围着，看不到前面的路，更看不到前方的风景。

97. 不要让人感到无以为报

初入管理层的人常犯的一个错误，就是"好事一次做尽"，以为自己全心全意为对方做事会令关系融洽、密切。事实上并非如此。因为人不能一味接受别人的付出，否则心理会感到不平衡。中国人讲究回报，"滴水之恩，涌泉相报"，这也是为了使关系平衡的一种做法。如果好事一次做尽，使人感到无法回报或没有机会回报的时候，愧疚感就会让受惠的一方选择疏远。

在欧洲中世纪时期，一位雇佣兵首领拯救了一座城池，城内善良的百姓千方百计地想要报答他，可是用哪种方式好呢？

金钱似乎显得轻微，多少金钱才足够奖励保存一个城市自由的人的功绩呢？有人想让这名雇佣兵首领担任城市的主人，但又有人反驳说，鄙小的城市配不上他。最终人们采用了他们一致认为最完美的方式：吊死他，然后把他封为他们的守护圣人！

这就是雇佣兵首领得到的回报。

人际交往要有所保留的道理人人都懂，但是，如何做以及其中包含的心理学的道理未必都知道。留有余地，好事不应一次做尽，这也许是平衡人际关系的重要准则。

留有余地，适当地保持距离，因为彼此心灵都需要一点空间。而"过度投资"，不给对方喘息的机会，就会让对方的心灵窒息。留有余地，彼此才能自由畅快地呼吸。

领导者做人智慧：

如果好事一次做尽，使人感到无法回报或没有机会回报的时候，愧疚感就会让受惠的一方选择疏远。

98. 将底牌紧紧地攥在自己手中

在法国路易十四的宫廷里，贵族和大臣总是日夜不休地争论国事。他们不断重复地争辩、结盟、破裂，不断地循环往复，为的是能推选出各自的代表去晋见国王。有了人选之后，他们还会继续争论应该如何陈述议题，如何打动路易十四国王，如何避免惹恼他，应该在什么时间晋见，在凡尔赛宫的哪一个厅晋见，晋见的代表脸上应该挂着什么样的表情。

正式晋见之日，代表们只是喋喋不休地陈述各自的意见，国王则永远只会静静聆听，脸上挂着难以猜测的表情。待双方分别陈述完毕后，国王看着两人不动声色地说："我会考虑的。"然后就走开了，自此绝不会有任何人能再从他口中得到关于这个议题的任何意见，他们只能在几星期之后见到国王所做的决定和已采取行动的结果。国王在做出最后的决策时是绝对不会再浪费精力去询问他们的意见的。

路易十四是一个非常寡言的人，他最著名的一句话"朕即国家"，简洁之至又雄辩滔滔。"我会考虑的"是他用来回答各式各样的请求简短而有力的答复之一。

其实路易十四并非一直如此，年轻时他以长篇大论、陶醉在自己的雄辩之中而闻名。沉默寡言是他后来自我克制的结果，他常常用此策略令别人张皇失措。没有人确切地知道他的立场，人们无法预测他的反应，更没有人能以投其所好的话来欺骗他，因为根本没有人知道他喜欢听什么话。在他们面对沉默的国王滔滔不绝地表达自己的想法时，就越来越将自己的底牌显露出

来，路易十四将这些底牌紧紧地握在自己手中，需要的时候抽出来狠狠地打击他们。

国王的缄默使周围的人恐慌不已，任他摆布，这正是权力的一项基础。如同圣西蒙所说："没有人像他一样懂得如何抬高自己，他的言辞、微笑，甚至是一抹眼神，对他人来说都显得如此珍贵无比。"

如果你说的比实际需要的少，必定会令你看起来更有威望。人是追求诠释的机器，都想要知道他人在想什么。如果小心翼翼地控制要吐露的思想，他们就无法洞察你的真实意图，而将自己的弱点暴露在你的面前。

领导者做人智慧：

人们在不滔滔绝地表达自己的想法时，就越来越将自己的底牌显露出来。你要学会将这些底牌紧紧地握在自己手中，需要的时候，抽出来狠狠地打击他们。

99. 只要超群出众，就一定会受到猜忌

虽然我们不能阻止别人对我们做不公正的批评，但是我们却可以做一件更重要的事：我们可以决定是否让自己受到那些不公正的批评的干扰。

当布拉许还在华尔街40号美国国际公司任总裁的时候，别人问他是否对别人的批评很敏感？他回答说："是的，我早年对这种事情非常的敏感。我当时急于要使公司里的每一个人都认为我非常完美。要是他们不这么想的话，就会使我忧虑。只要哪一个人对我有一些怨言，我就会想办法去取悦他。可是我所做的讨好他的事情，总会使另外一个人生气。"

"然后，等我想要补足另一个人的时候，又会惹恼了其他一两个人。最后我发现，我愈想去讨好别人，以避免别人对我的批评，就愈会使我的敌人增加。所以最后我对自己说：'只要超群出众，就一定会受到批评，所以还

是趁早习惯的好。'这一点对我大有帮助。从此以后，我就决定只尽我最大能力去做，而把我那把破伞收起来。让批评我的雨水从我身上流下去，而不是滴在我的脖子里。"

当你成为不公正批评的受害者时，你可以笑一笑；别人骂你的时候，你可以回骂他。可是对那些只"笑一笑"的人，你能说什么呢？

领导者做人智慧：

虽然我们不能阻止别人对我们做不公正的批评，但是我们却可以做一件更重要的事：我们可以决定是否让自己受到那些不公正的批评的干扰。

100. 没有必要憎恨自己的对手

没有天敌的动物往往最先灭绝，有天敌的动物则会逐步繁衍壮大。大自然中的这一现象在人类社会也同样存在。

对手的力量会让一个人发挥出巨大的潜能，创造出惊人的成绩。尤其是当对手强大到足以威胁到你生命的时候，敌人就在你身后，你一刻不努力，你就会有万分的危险和困难。

在你的人生中，一定会遇到各种各样的对手，我能够想象，但我并不担心。因为敌人是一把双刃剑，可能对你造成威胁，但也可能成为你进取的动力。我想，你一定听到过"生于忧患而死于安乐"这句话。

在现实生活中，你没有必要憎恨自己的敌人，若深入思考一下，你也许会发现，真正促使你成功的，真正激励你昂首阔步的，不是顺境和优裕，不是朋友和亲人，而是那些常常可以置你于死地的打击、挫折，甚至是死神。

在日常生活中，我们中的许多人，都犯了这样一个致命的错误：总在诅咒我们的对手，或者因为自己遇到了对手而失魂落魄。这恰恰错了，你应该为自己有一个敌人或者是强大的对手而庆幸，为自己遇到的艰难境遇而庆

幸，因为这正是你脱颖而出的机会。

感谢敌人和对手吧，因为正是他们使你变得伟大和杰出。

 领导者做人智慧：

对手是一把双刃剑，可能对你造成威胁，但也可能成为你进取的动力。

101. 不要毁了他人的进取心

有一个人在45岁的时候，突然想去学习跳舞，他请过两个老师。

"所请的第一位教师，也许她告诉我的是真话。她说的全部都对，我必须将一切忘掉，重新开始。但那样使我灰心，我没有动力继续，所以我辞了她。"

"第二位教员或许是在说谎，但我喜欢她。她冷淡地说，我的跳舞姿势或许有点旧式，但基本功是不错的。并且使我确信我不必花费很多时间就可以学会几种新的舞步。第一位教师因为着重我的错误而使我灰心，这位新教师正好相反，她不断地称赞我所做得对的事来减轻我的错误。'你有天生的韵律感觉，'她肯定地对我说，'你真是一位天生的跳舞专家。'现在，我经常告诉自己，我以往总是，将来也总是一个四等的跳舞者，但在我内心的深处，我仍喜欢想或许她是真意。确实，我付钱使她说那话。那么为什么前一位教师则要将话说穿呢？"

"无论如何，我知道，如果没有她告诉我有天生的韵律感觉，我就很难有什么进步。她那样鼓励了我，给了我希望，并使我不断进步！"

你要是跟你的雇员说他对某件事显得很笨，很没有天分，那你就做错了，这等于毁了他所有要求进步的心。

但如果你用相反的方法，宽宏地鼓励他，使事情看起来很容易做到。让他知道，你对他做这件事的能力有信心，他的才能只是还没有发挥出来。这样他就会见到黎明，以求自我超越。

领导者做人智慧：

你要是跟你的雇员说他对某件事显得很笨，很没有天分，这等于毁了他所有要求进步的心。

102. 真正的天才，往往是有些"傻气"的人

我们发现，那些有所成就的人，不管是大人物还是小人物，都有些"傻气"。用老百姓的话说，在有些地方他们缺心眼儿。记得尼克松在《领导人》中说到丘吉尔，就有人说他有些傻。河北有个已经积累了数亿财富的企业家，在他家所在的村子里，至今人们还叫他"王傻子"。不过，要论智慧，这些人又是一般人难以企及的，这即是"傻气"和智慧的统一。

"傻气"本身就是一种追求，一种不管不顾的、旁若无人的追求。这是一种精神，又是一种方式。把精力集中在自己所干的事情上，一定要把事情干成，而对追求以外的事情却傻得"不明事理"，这内在的就是一种智慧，而且是大智慧。

一位与杰克·韦尔奇共过事的主管葛林·辛纳这样评价韦尔奇："我认为杰克在很早以前就有了这种远见，而且马上很清楚表明出来。即使到今天，我想他仍被那些在科登威尔（公司培训中心）听到的问题所震惊，因为这是一种前进中的理解缺乏。"其实，在韦尔奇做出决定的时候，几乎没有人会预言他的成功，相反，人们常常怀疑这是一场灾难。当然，大多数情况下，他却又是成功者。这说明什么？在常人看来不可理喻的事，不可能做成的事，他们自然不会去做，也就非得由那些"傻气"的人才能去做的。于是，伟大、杰出也就只能属于"傻人"了。

"傻气"的人常常把自己置于理想状态，以常人没有的热情去追求。

应该说，也就是具有这种热情和执著的人，才可能为人们树立起可以效仿的榜样，同时唤起人们、鼓舞人们跟随他一同前进。人们并不在意他的傻气，也并不在意他的失误。正如法国启蒙思想家伏尔泰所说："真正的天才，尤其是那些开辟新途径的天才，他们可以铸成大错而不受责难，这是他们的特权。"

领导者做人智慧：

"傻气"本身就是一种追求，一种不管不顾的、旁若无人的追求。这是一种精神，又是一种方式。把精力集中在自己所干的事情上，一定要把事情干成，而对追求以外的事情却傻得"不明事理"，这内在的就是一种智慧，而且是大智慧。

103. 距离产生威严

美国是个讲究"平等自由"的国家，对任何人公然的歧视都有可能引来法律的麻烦。但是在美国的军队里，军官有军官的俱乐部，士兵有士兵的俱乐部，泾渭分明。不同军衔的人进各自不同的门，从来不会混淆，理所当然。

一个军官，如果让士兵看到他喝得烂醉、东倒西歪，还被几个女子嘻嘻哈哈地推来搡去，第二天，他还怎么能在士兵面前厉声训斥而不被觉得滑稽可笑呢？

距离产生威严。

上级和下级之间，偶尔的亲近可以让人感动，太多的亲近则失去威严，不分彼此的哥们弟兄，更是让你的姿态再也不可能高起来。

仰视一旦变成平视，那么俯视就不可避免。而俯视是极可能导致藐视和鄙视的。

领导者做人智慧：

再伟大的人其实都是凡人，都有平庸琐碎的一面，要让人对你保持敬畏，最稳妥的办法就是只让人看到应该看到的。

104. 官场不相信眼泪

任何在职场中打拼的人，都会遭受委屈或误解，都会经历挫折与无助，但是，没有人会相信你的眼泪。上司们会因为你的示弱，而开始怀疑你的能力；同事们会因为你的示弱，变得从内心里轻视你。假如是管理者，在下属面前示弱，更会遭到下属的鄙视。

不要在上司面前示弱，不以弱者的姿态出现，哪怕是遭受到了天大的委屈与不公。没有哪位上司喜欢总是诉苦、投诉的下属；没有哪位上司喜欢那些只知道抱怨的人；没有哪位上司会喜欢那些总把"不可能"挂在嘴边的人；没有哪位上司愿意认可畏首畏尾的人；没有哪位上司喜欢使用哭诉武器对付自己的人。

职场无男女是职场的又一法则。某些职业女性，在遭遇委屈或者不公待遇的时候，会用哭诉来对付自己的上司，结果会把上司搞得狼狈不堪。公平而合理的待遇，不是靠眼泪争取来的，美好的未来更不是靠眼泪争取来的。成功所依靠的，是我们每时每刻都将最好的一面展示出来，从而赢得上司的信任，同事的协助，下属的尊重。把最好的自己展示出来，不仅是要给上司看，同样也是给下属、同事看，这是一种姿态，绝不示弱的姿态。

领导者做人智慧：

在下属面前示弱，更会遭到下属的鄙视。

三分管人 七分做人 精华版

105. 制造宽松的工作氛围

在气氛不佳的公司做事，易使人有厌恶的感觉，这种厌恶的不痛快感，会使人愈来愈紧张、厌倦，最后士气低落。

要求在工作期间心无旁骛、专心志致地工作，仅能维持短时间。一般人多多少少总会有杂念的，尤其单一工作更易使人心绪神游他处。若一再要求专心工作，很容易产生疲倦与厌恶感，因此主管人员见到下属偶尔谈天说笑也不要干涉。短暂的说笑可成为工作的调和剂，缓解紧张气氛，维持良好的精神状态。

坦率、自由的工作氛围首先需要你为员工提供一个好的工作场所。在这里，人们能充分地感受到组织所倡导的观念，组织对员工的关注以及员工对你的信任。让你的办公室尽量离他们近一些，不要让所有的人有一种"庙堂"之高的感觉。为了便于产生交流、协作的气氛，最好为每一个组织准备一个小黑板，以便于他们对问题的圈定与及时讨论。这些事情虽小，却牵动着许多人的心。

领导者做人智慧：

最佳的工作状态，就是忙并快乐着。

106. 要管头管脚，但不要从头管到脚

聪明的领导者不是事必躬亲，而是运筹帷幄。现代领导理论认为，领导

者必须做领导工作，不要干预或包办下属的事情。

倘若领导者事必躬亲，一方面丢掉了自己应该做的更重要的事情，另一方面则挫伤了下属的积极性，使他们变得没有主见、不负责任，也无法提高能力。当然，领导者有时应该干些具体的工作，因为这有助于加深与下属的感情，并从中汲取智慧和营养。但必须明确：这绝不是领导者的"正业"。"大事小事亲手干，整天忙得团团转"的领导者，肯定不是一位称职的领导者，而是一位劳动模范。领导者的"正业"是运筹帷幄，他应该专门干下属干不了的事情或突发的、非常规的事情，应该下属做的事情由下属自己干。使之有职有权，他们能增强责任感，并在工作中逐步减少差错和提高工作效率。

领导者最大的本事是发动别人做事。领导者要管头管脚，即指人和资源，但不能从头管到脚。

领导者做人智慧：

要做一名领导，决不要做一名劳动模范。

107. 既允许报喜，更鼓励报忧

由于地位的不同，使人容易形成上位心理与下位心理。具有上位心理的人因处在比别人高的层次而有某种优势感，具有下位心理的人因处在比别人低的层次而有某种自卑感。一个有上位心理者的自我感觉能力，等于他的实际能力加上上位助力，而一个有下位心理者的自我感觉能力，等于他的实际能力减去下位减力。我们在实际工作和交往中也常有这样的体验，在一个比自己地位高或威望大的人面前往往会表现失常，事前想好的一切常在手足无措中乱了套，以致出现许多尴尬的场面。可是如果在一个地位能力都不如自己的人面前，每个人都可以应付自如，乃至有超常的发挥。

上下级的对话在表现上是民主平等的，但因上下级双方处在直接或间接的隶属关系之中，各自的权限和地位是不平等的，因而必然形成了习惯性的"心理定势"。上级容易产生上下级地位的归属感，自觉不自觉地表现出居高临下的心理状态，总觉得下级的言论带有片面性、虚伪性，因而很难听进去；下级却容易产生"服从地位"的归属感，相应存在自贱或戒备心理压力，表现出不同程度的不安或恐惧，不敢大胆坦诚地敞开心扉，即使身不由己地发言，也往往是试探性地询问，或是看上级脸色应对，投其所好，顺水推舟。

作为较高层次的管理者，首先，应努力坚持走群众路线，注意实际和调查研究，既允许下属报喜，更鼓励下属报忧，并大力支持和保护敢讲真话的人。其次，应加强自己民主意识的修炼，平易近人，谦虚谨慎，不耻下问。人都有自己的短处，作为一个管理者若能适时地表露一下自己的弱点，不仅不会有失体面，反而更能增加他的威望。最后，要去掉虚荣心，勇于承担责任，使组织内部形成浓厚的批评与自我批评气氛，并且自己率先垂范，以身作则，万不可惟我独尊，总在下属面前摆出"一贯正确"的架势。

领导者做人智慧：

作为较高层次的管理者，应努力坚持走群众路线，注意实际和调查研究，既允许下属报喜，更鼓励下属报忧，并大力支持和保护敢讲真话的人。

108. 无论什么时候，都不要显得比别人聪明

不论你用什么方法指责别人，你可以用一个眼神、一种说话的声调、一个手势，都像话语那样明显地告诉别人——他错了，你以为他会同意你吗？绝对不会！因为这样直接打击了他的智慧、判断力和自尊心。这只会使他反击，决不会使他改变主意。即使你搬出所有柏拉图或康德式的逻辑，也改变

不了他的想法，因为你伤害了他的感情。

你永远不要这样开场："好！我要如此证明给你看！"这话大错特错！这等于是说："我比你聪明。我要告诉你一些道理，使你改变看法。"

那是一种刺激人的挑战。那样会引起争端，使对方远在你开始之前，就准备迎战了。

即使在最融洽的情况下，要改变别人的主意都不容易，那又为什么要使它更不容易呢？为什么要使困难再加一层呢？如果你要证明什么，就要讲究方法，要使别人对你的证明感兴趣，使对方在无意中接受你的证明。也就是说：

必须用若无实有的方式教导别人，提醒他不知道的好像是他忘记的。

正如英国19世纪政治家查士德·斐尔爵士对他的儿子所说的：

要比别人聪明——如果可能的话，却不要告诉人家你比他聪明。

在耶稣出生的2000年前，埃及阿克图国王，曾给予他儿子一个精明的忠告——这项忠告在我们今天仍极为重要。4000年前的一天下午，阿克图国王在酒宴中说：

"谦虚一点，它可以使你有求必得。"

领导者做人智慧：

必须用若无实有的方式教导别人，提醒他不知道的好像是他忘记的。

109. 少说多听常点头

"少说多听常点头"是一种处世良策，做到这一点，你就会在人际交往中少受一些伤害，多一些朋友。

"多听"就是多听别人说，听别人的做事经验，听别人的人际恩怨，听别人话语透露出来的有关周围环境的信息……你多听，别人就会因为你"多

听"而多说,他说得越多,你知道得就越多。

"少说",能多听,自然就会少说。少说不但可以"导引"对方多说,还可以避免流露出自己的内心秘密,更可以避免说错话,得罪人。少说,你就成为一个冷静的旁观者,一切的一切,都在你的掌握之中。

"常点头",这并不是要你做个没有主见的应声虫,而是避免在群体中成为别人眼里"不合时宜"的人。也就是说听别人说话时,多点头,表示你的专注和附和,如果有不同意见,也要先点头再提出。无关紧要的事,不必坚持己见。这样,你就没有走不通的道路。

"多听少说常点头"的原理就在于顺着客观环境,避免突出自己,为的就是降低别人对你可能的伤害。

"多听少说常点头"这个原则适合于人一生中的任何一个阶段。初入社会"多听少说常点头"是学习;中年时期,事业呈现上升的态势,"多听少说常点头"则可减少阻力;到了老年,事实上,老年人还有什么好说的呢?不如缄默养气,并且多"点头",鼓励年轻人,否则就无法获得别人的敬重,成为人人讨厌的老人了。

要做到"多听少说常点头"虽不容易,但它其实并不抵触你自己的原则,这是一种处世的策略,柔软才不易断,才能持久,才能存在。

领导者做人智慧:

"多听少说常点头"是一种处世的策略。柔软才不易断,才能持久,才能存在。

110. 先入易为主,后来难居上

1910年,德国行为学家海因罗特做过一个实验。在实验过程中,他发现了一个非常有趣的现象:刚破壳而出的小鹅,就会本能地跟随在它第一眼看

见的母亲身边。不过，若它第一眼看见的不是自己的母亲，而是别的动物，比如一只狗、一只猫或一只玩具鹅，它也会自动地跟随在它们的后面。非常关键的是，只要这只小鹅形成了对某个物体的跟随反应之后，它就无法再形成对别的物体的跟随反应了。

此种跟随反应的形成是不可逆转的，即承认第一，无视第二。后来，德国行为学家洛伦兹将这种现象叫做"印刻效应"，并指出它不但存在于低等动物中，也同样存在于人类之中。人们对"第一"的印象非常深刻，而对第二、第三就没有什么深刻印象了，也就是人们经常说的"先入为主"。

史玉柱在营销会议上，曾多次强调的"营销法则"的第一法则就是：做一个产品必须要做第一品牌，否则很难长久，很难做得好，不做第一就不能真正获得成功。为做第一，"脑白金"投入了巨额的广告费用。最终，"脑白金"依靠印刻效应获得了成功。在已经拥有更高明营销手段的商人看来，"脑白金"的广告实在是老套与庸俗，可是商业社会看重的是最后的利润率。对于第一个吃螃蟹的人来说，他是勇敢的，同时也是最有名的。人们只会记得第一个吃螃蟹的人，而对于第二个、第三个则漠然视之。做市场也是如此，先入易为主，后来难居上。

对一个商人而言，如果不想受人压制，想自己独当一面的话，那么就要下定决心做第一！

领导者做人智慧：

人们对"第一"的印象非常深刻，而对第二、第三就没有什么深刻印象了，也就是人们经常说的"先入为主"。

111. 当断不断，必留后患

历代皇帝都说"得民心者得天下"，可明建文帝朱允炆明明大得人心，

依然被叔叔燕王朱棣夺了皇位，这里面重要的原因之一，就是因为他在削藩事件上不能当机立断之故。

明太祖朱元璋建国伊始，鉴于功臣权重而皇族孱弱，故而大举封藩。二十六子除第九子朱杞及幼子朱楠早亡，皆封为藩王，并手握兵权。他一死，藩王对继位者建文帝威胁甚大。

基于情势需要，朱元璋死后不到三个月，建文帝就暗中和亲信黄子澄和齐泰等人研究削藩。

令人不解的是，太祖驾崩，诸王奔丧，这本是一个很好的机会留给建文君臣，可建文帝却明诏诸王不得与丧。燕王走到淮安又折回了北平，后人以此论为可惜。实际上，建文帝本人不是没有考虑到利用诸王来京的机会一举削夺他们的权力，但是，他既准备夺去诸王手中的兵权，又不想丢了皇族亲情和脸面。如果采取这个办法虽然避免了后来的征伐，可又担心会因此"惊动"皇祖的陵寝，感觉对不住九泉之下的朱元璋和朱标父子。建文帝直到后来讨伐燕王时仍下令："勿使朕有杀叔父之名。"建文帝试图通过仁政和说教，来掩盖政治活动中必须采取的血腥举措，这位年轻的皇帝的东宫生活显然是在一种宽松良好的氛围中度过的，自然不能和北疆征战的燕王的戎马生涯相提并论。

所谓"擒贼先擒王"。按照这样的方针，建文帝削藩应该先找实力最强的朱棣，但建文帝先下手的竟然是朱棣的同母弟弟周王朱橚。这种做法无疑是打草惊蛇，给燕王敲了警钟。

其实，当时的大臣卓敬也给建文帝提出了另外一种解决方案："燕王智虑绝伦，雄才大略，酷类高帝，北平地势险要，士马精强，金、元由兴。今宜徙封南昌，万一有变，亦易控制。夫将萌而未动者，几也；量时而可为者，势也。势非至刚莫能断，几非至明莫能察。"卓敬论述削藩的核心在于不动干戈的情况下，先以迁徙的办法消祸乱于无形，应该说是相当高明的一招。而这样做理由光明正大，即使燕王一百个理由也不会不同意，更不会拿出祖制靖难的招牌说事。可是，这么一个"天下至计"竟然得不到建文帝的任何响应。这样，建文帝又一次失去了解除燕王朱棣威胁的机会。

周王之后，建文帝把矛头对准了其他诸王，先后处置了四位藩王。这段时间里，燕王韬光养晦，暗蓄势力，终于起兵发难。

当代企业管理中，对领导者当机立断的能力要求更高。它体现在各种各样的决策中。对于管理者而言，做出决策的时机极为重要，必须当机立断，方可把握住这不可重来的瞬间机遇。决策正确，但机会错过了，会使决策效果大打折扣。

果断的性格，可以帮你在形势突变的情况下，迅速分析形势，当机立断，不失时机地做出正确决策以适应变化了的情况。当机立断的决策魄力是领导者应该必备的能力。

一个优柔寡断、患得患失的领导者没法赢得下属的信任，强硬有力、果断坚定的领导者形象才能得到下属的信任和尊敬。领导者必须显得果敢有力，如果你以优柔寡断的形象示人，人们就会在心底怀疑你的能力。

领导者做人智慧：

一个优柔寡断、患得患失的领导者没法赢得下属的信任，强硬有力、果断坚定的领导者形象才能得到下属的信任和尊敬。

112. 识才于未遇之时

唐朝人杨世源有一首名叫《城东早春》的诗，他在里面写道："诗家清景在新春，绿柳才黄半未匀。若待上林花似锦，出门俱是看花人。"对于这首诗，明末清初人王相是这样评论的："此诗属比喻之体。言宰相求贤助国，认拔贤才当在侧微卑陋之中，如初春柳色才黄而未匀也。若待其人功业显著，则人皆知之，如上林之花，似锦乡灿烂，谁不爱而慕之？比喻为君相者，当识才于未遇，而拔之于卑贱之时也。"

这段评论给人这样的启示：识才，不仅要看到那些锋芒毕露者，更要注意寻找那些暂时默默无闻和表面上平淡无奇，而实则很有才华和发展前途的人。

出了名的人才我们称之为"显人才",如同上林之花,锦绣灿烂,蜚声世间,人人注意,都欲得而用之。还没有名气的人才我们称之为"潜人才",则有如待琢之玉,尘封中的黄金,没有得到公众的认可,无法显露出自己的价值。若不是独具慧眼的识才者,则是难以被发现的。

千里马之所以能在穷乡僻壤、山路泥泞之中的盐车重载之下被发现,是因为庆幸遇见善于相马的伯乐。千里马若不遇伯乐,恐怕要终身困守在槽枥之中,永无出头之日。所以现在人们常感叹:千里马常有,而"伯乐"不常有。

领导者做人智慧:

识才,不仅要看到那些锋芒毕露者,更要注意寻找那些暂时默默无闻和表面上平淡无奇,而实则很有才华和发展前途的人。

113. 强大是一切取胜者的法则

国家需要力量,人也需要力量。这是一个优胜劣汰的社会,这是一个弱肉强食的社会。

我们经常听到身边的人说:"我为什么总找不到漂亮的女人呢?"因为你没有力量,你没有强大到足够吸引她们。还有的女孩为失恋而痛苦,为被男人抛弃而伤心。你不要埋怨别人,要埋怨就埋怨自己,你为什么不够强大呢?如果你能强大过他,那就只有你抛弃他,而没有他抛弃你的份。

强大、有力量是一切取胜者的法则,弱者总是悲惨的,总是要被别人摆布的。我们讨厌我们的上司,我们瞧不起他们,但是讨厌他们还得巴结他们,因为他们有权力,他们比我们在这点上强大。达尔文指出,动物世界,弱肉强食。实际上人的世界也到处是竞争,总是优胜劣汰,这是一个属于强者的世界。

古人说：将相本无种，男儿当自强。人生是没有定论的，大家都在生命本能的冲动下互相撞击，当然是力大者胜。

"成则为侯，败者为寇。"不要埋怨，不要哭哭啼啼，这是小家子气，你的一切不如意，你的一切不满，都是因为不够有力量。将怨气、将不满深埋在心里，让它们转化为获取力量的动力。

领导者做人智慧：

强大、有力量是一切取胜者的法则，弱者总是悲惨的，总是要被别人摆布的。

114. "没有任何借口"要缓行

有一本《没有任何借口》的书曾经深受管理人士的追捧，该书的中心观点"上级安排的任何任务都必须无条件完成"得到了广泛的认同。如果把这一观点作为强化下属工作主动性、创造性的培训要点也无可厚非，但是如果管理者用它来指导自己的实际工作和评价下属的具体表现，那就大错特错了。因为实际情况总是复杂多变的，更何况还有管理者本人的指令是否正确这一因素在里面。一味强调"无条件"、"不找任何借口"，而不看下属为此付出的努力，这是对"原则"、"规矩"的滥用，是缺乏灵活的表现，其结果势必抑制下属工作的积极性。

在《没有任何借口》一书中写道："它（没有任何借口）强化的是每一位学员要想尽办法去完成任何一项任务，而不是为没有完成任务去寻找借口，哪怕是看似合理的借口。它体现的是一种完美的执行能力，一种服从诚实的态度，一种负责敬业的精神。其核心是敬业、责任、服从、诚实。这一理念是提升企业凝聚力、建设企业文化的最重要的准则。"

但实际情况是，"想尽办法去完成任何一项任务"，与无法完成时提供一

个理由并不矛盾,这应被称为"合理的原因"。事实上,"合理的原因"不是借口,借口是不合理的,合理的只能是理由、原因。如果不顾客观情况,不顾领导者的命令是否正确,以及是否有实现的可能性,只是盲目去做,包括以让企业付出沉重的牺牲为代价也在所不惜,还算得上"完美的执行能力"吗?还算得上"负责敬业"吗?

绝对的服从等于愚忠,这甚至恰恰表现了一种不诚实。如果看到这个任务不可能完成,却不提出自己的意见,而只是一味服从,这能算诚实吗?所以,"没有任何借口"这一理念与所谓的"核心"是不能划等号的。至于说这一理论"提升企业凝聚力",更是不可靠。企业的凝聚力是要靠共同的价值观,相互尊重,相互给予,重视员工的价值来实现的。

"没有任何借口"强调的是一种霸权思维,一种管理者至高无上的不平等意识,只能用来驯服奴才,唬住弱者,让真正有能力的员工暂时收敛锋芒随时准备跳槽。其必然的结果是离心离德、企业涣散,何谈凝聚力?

提出对某一任务的反对或未完成的理由不是找借口,也不等于自我辩解,而很可能是一种认真负责的工作精神。

对于员工来讲,每个员工都是有差异的,都是有所长也有所短的,如果运用好了,这正是一个企业的人力资源优势,但如果不顾员工的个体差异,一味地认为没有完成任务就是找借口,只能将优势变为劣势,从而导致人才无法真正发挥其应有的实力。

心理学告诉我们,受到挫折的人寻找理由或借口,是一种自我保护,自我疗伤,能够有效地避免一蹶不振,帮助他们度过心理上最脆弱的时期。而并不意味着,这些自我疗伤的手段,就会使他们丧失今后的工作热情和进取精神。

灵活性并不是对原则的背叛,相反,是对原则的最好补充。把灵活性和原则性有机地结合在一起,才能最大限度地发挥原则的效力。

提出对某一任务的反对或未完成的理由不是找借口,也不等于自我辩解,而很可能是一种认真负责的工作精神。

115. 不当奖励的三方面缺点

①在一个公司里，由于销售业绩比较好，所以总经理决定给营销部发奖金。

这件事情被生产部门的员工得知了，他们想：好，一切都是营销部门的功劳，我们加班加点的生产就是理所应当的，那么我们还那么卖力干什么。于是在第二个月的时候，公司产品的次品率、报废率、返工率都大幅上升，成本增高，效益也就大幅下降了。这就是典型的奖励变成了对别人的惩罚的例子，难道这就是企业进行奖励的目的？

②奖励会鼓励、强化过去的成功模式，却丧失创新精神。

大家都知道守株待兔的故事，我们就来分析一下这个猎人守株待兔行为背后的思维模式。猎人在树下捡到一个因撞在树上昏迷的兔子，这个兔子就构成了对猎人的一种奖励。由此猎人得出了一个行为模式：等待——兔子撞树——捡兔子。于是猎人便不断地强化奖励的思维模式和守株待兔的行为模式。猎人的这种行为是一种经验主义的行为方式。其实经验主义分为成功经验和失败经验，而成功经验只会激励人们去做一件事，让人们形成经验主义，形成一种思维的惯性，从而丧失创新的动力。

③奖励也会让人变得不择手段。

有这样一个故事：150多年前，有一个牧童在死海边上的一个洞穴内发现了一个手卷。经过专家鉴定，这个手卷是犹太人的手卷，比先前发现的犹太人手卷早1000年，这就是著名的"死海手卷"。但是当政府去当地准备进行进一步研究的时候，手卷不翼而飞了。政府在无奈之下，只好发出告示：凡是上交手卷的人，都将获得奖金。哪怕是手卷上的一个小纸片，也都会得到奖励。告示一出还真的有效，陆续有人来上交手卷。当所有的手卷收集齐全了以后，研究者发现手卷已经无法拼回，这么一个珍贵的文物就这样被毁了。其实手卷就在当地人的手里，但是他们为了获得更多的奖励而把手卷撕

成功领导者的自我修养

毁了。

由此明确一个观点：利益会让人不择手段。可能很多人不认同人性本恶的论点，但是应当说明的是，在领导工作中根本就没有绝对的事情，因此我们有必要做好预防工作。这就如同在管理中有一个现在比较流行的名词——授权。授权并不是放权，领导者仍然要对权力进行必要的控制。同样，我们可以从人性本善的角度进行领导工作，但是我们仍然要对各种可能发生的状况做好预防。

领导者做人智慧：

不当的奖励制度，比没有奖励更糟糕。

116. 审时度势，急流勇退

美国第一任总统华盛顿，建立了美利坚合众国，被尊为"美国国父"。建国后，德高望重的华盛顿被推选为美国第一任总统。四年以后他因治国有方，在选举中再次当选总统。此次任期届满后，按照他的政治经验和出色的政绩，如果参加第三届总统选举，仍会高票当选。但是华盛顿却发表了致美国人民的告别辞："我已下定决心，谢绝任何将我列为候选人的盛情。我越来越确定自己退休是必要的，而且是受欢迎的。我应当退出政坛。"华盛顿在功成名就之际辞官去职，不仅显示出他卓越的民主意识，而且也为美国总统连任不超过两届开创了先河。因为美国宪法赋予总统的权力相当大，年限的限制，有利于保证执政者不至于大权独揽，侵害政治民主。

1799年，华盛顿逝世后，不仅美国民众万分悲痛，世界各国也深表哀悼。当时还没有联合国，但很多政府都自发组织纪念活动。法国政府机构悬挂十天黑纱，世界各国都在悼念这位出色的政治家，甚至连当初敌对国英国的军舰也降下了半旗以表哀悼。"他是独立战争时期的第一人，和平时期的第一人,美国同胞心目中的第一人。"美国国会追悼他时,有位政治家在演讲中如此评价这位伟人。

急流勇退是一种大智慧,"盛极必衰,月盈必亏"便是很好的诠释。因此,我们对自己所从事行业的前景必须有清醒的认识,做到明察善断,占尽先机;审时度势,急流勇退。"旧鞋子没破该扔就得扔,老生意好做该变也得变。"一个良好的撤退,也应该和伟大的胜利同样受到尊敬。

在企业领导层中你也许是"一人之下,万人之上"的"元老功臣",然而在自己权力将达到巅峰之际,你应毅然决然地选择"归隐"。这在旁人看来也许会深表惋惜,而对当事者而言,却不得不说是一种睿智高明之举。一方面自然是避免了"功高震主"引发的不必要的麻烦,从而让自己全身而退;另一方面也有利于提携后起之秀,实现企业的更新和不断向前。而作为功成身退者,其光明磊落的人格魅力和对企业的贡献都将成为后继者推崇和效仿的榜样。

但是,大多数人都在得意时不为失意时做预先的准备,终至满盈招祸,等到了穷途末路再后悔就迟了。俗话说:"身后有余忘缩手,眼前无路想回头。"人如果能够明白这中间的道理,就应当好自为之,知机善退,才不会招致失败。

领导者做人智慧:

在自己权力将达到巅峰之际,要毅然决然地选择"归隐"。

117. 没必要征求每个人的意见

生活中有个很有趣的现象。当你只有一只手表,可以知道是几点,拥有两只或两只以上的手表,却无法确定是几点;两只手表并不能告诉一个人更准确的时间,反而会让看表的人失去对准确时间的信心。同样,为了知道时

间,只向一个人询问就行了,没有必要找另一个人来验证。这就是著名的"手表定律"。

这就像销售人员在做销售时,我们理解那种群策群力的做法可以使集体成员们感觉到温暖和安慰,然而对于销售人员来讲,那纯粹是在浪费时间。

如果能够避免,千万不要对一群人做销售。买主们常会聚集在一起寻求彼此间的保护,但这对销售人员来讲,却太可怕了。我们宁愿多花时间单独约见 5 个顾客,也不愿节省时间一起接待他们。

认定其中的一个是最好的,然后努力去追求。那么你一定会有更大的进步的。

对同一个人或同一个组织不能同时采用两种不同的管理方法,不能同时设置两个不同的目标,否则将使这个企业无所适从;一个人不能同时选择两种不同的价值观,否则,他的行为将陷于混乱;一个团队不能由两个以上的人来指挥,否则这个团队将是一盘散沙。

同样的道理也适用于你在与人打交道方面,在你做出决策之前,向他们征求意见越少越好。

何必费时费力地去征求每个人的意见呢?预备——瞄准——开火!这就是成功者的哲学。

领导者做人智慧:

一个人不能同时选择两种不同的价值观,否则,他的行为将陷于混乱;一个团队不能由两个以上的人来指挥,否则这个团队将是一盘散沙。

118. 不要让亲朋频繁地出入你的办公室

领导者的家庭住址最好与公司距离较远。虽然每天上班要来回坐车,却可以有效地把公事、私事分别开来。领导者在与自己的亲戚朋友往来时,留给他们的地址应该是家庭住址，而不是办公室；留给他们的电话号码也应是家中的而不是办公室里的。亲朋好友找你时，可直接到家中，同样也避免了那些送礼的人把礼物送到你的办公室里的尴尬。

领导的一些重要的私人关系，不宜向员工、同事透露。如果领导的亲人、朋友过多地出入于办公室，不但泄露你一些私人的秘密，同时也会造成公司高层人物对你的不信任。

不要让亲朋频繁地出入你的办公室，不单单是公私分明的问题。我们承认，每个人都有一些虚荣心，特别是在公司举足轻重的领导者，当然会有一些殊遇。如此前呼后拥的景象，一旦被亲朋看到，肯定会风光无限，这也就是一些领导者喜欢在办公室接待亲朋的原因吧。

说到底，这只是小小的虚荣心在作怪，这种做法的危险不只在于会暴露你的私人关系网。你想过没有，花无百日红，人无千日好，一旦哪天你的亲朋好友与你反目成仇，闹到单位来，你的后果是什么？

领导者做人智慧：

为了你的前程，为了你的形象，一定要记住一句话：公司办公室不是你家的客厅，不可把过多的私人关系带进办公室。

119. 单打独斗，永远也成不了气候

佛祖释迦牟尼问弟子们："给你们一滴水，怎么样才能让它不干？"

众弟子不能答。

佛祖说："把它放进大海里。"

是呀，单独一滴水，让它不干实在是不容易的事情。但是，若它融入到海洋之中，就可以和大海一起，掀起滔天巨浪！

而我们人类也一样。

三分管人 七分做人 精华版

如今，在企业界有一句话比较流行，叫做：没有完美的个人，只有完美的团队。

任何一个人，只有依赖团队，得到伙伴的支持和帮助，才能永葆活力，取得成就。

在现实生活中，没有一个人是超人。任何想通过单打独斗来取得成功的人，都是在痴心妄想。没有人可以像武侠小说里的独行侠那样，包打天下。任何人想要在当今这个社会取得成功，都必须学会与他人合作，学会与团队一起战斗！

即使是世界首富比尔·盖茨，若不依靠他手下那些聪明的软件工程师们，还有艾伦、鲍尔默等一批精英的鼎力相助，他的微软公司根本不可能成为IT业的龙头老大。

单打独斗，永远也成不了气候。

领导者做人智慧：

任何想通过单打独斗来取得成功的人，都是在痴心妄想。没有人可以像武侠小说里的独行侠那样，包打天下。

120. 阎王爷不和小鬼称兄弟

有些管理者认为，越平易近人，越和下属打成一片、称兄道弟就越好。其实，这种看法是错误的。如果你是个主管，请你回想一下，你是否经常与你的下属共同出入各种社交场合？你是否对你的某一位知心的下属无话不谈？你的下属是否当着其他人的面与你称兄道弟？如果已经出现了上述几种情况，那么危险的信号灯已经亮了，你需要立即采取行动，与你的下属保持一定的距离。

俗话说得好，有距离才有美。适度的距离对管理者是有好处的。即使你再"民主",再"平易近人",也需要有一定的威严。当众与下属称兄道弟只能降低你的威信,使人觉得你与他的关系已不再是上下级的关系,而是哥们了,于是其他下属也开始对你的命令不当一回事。隐私对于每一个人来说都是非常重要的,让你的下属过多地了解你的隐私,对你来说只能是一种潜在的危险。你敢肯定他哪天不会把你的秘密公之于众吗?你能确定他不会利用你的弱点来打倒你吗?这实在是太可怕了。

你可以是下属事业上的伙伴,工作上的朋友,但你千万不要与他成为"哥们儿"。

领导者做人智慧:

有距离才有美。适度的距离对管理者是有好处的。即使你再"民主",再"平易近人",也需要有一定的威严。

121. 广泛结交社会名流

广泛建立人际关系,是一条十分有效的获得长远发展的途径,借众人的力量思考,这样,你就能够在思考中始终处于一种领先的地位,进而再取得事业上的成功。

有一位名叫阿瑟·华卡的农家少年,在杂志上读了某些企业家的故事后,非常想知道得更详细些,并希望能得到他们对后来者的忠告。

有一天,华卡跑到纽约,也不管几点开始办公,早上7点就到了威廉·亚斯达的事务所。在办公室里,华卡立刻认出了面前那个体格结实、长着一对浓眉的人就是亚斯达。亚斯达开始觉得这少年有点不讨人喜欢,然而一听少年问他:"我想知道,我怎样才能赚得百万美元?"他便表情柔和并微笑起来,竟和少年交谈了一个钟头。随后亚斯达还告诉他该去访问的其他企业界的名人。

华卡照着亚斯达的建议，遍访了一流的商人、总编辑及银行家。

在赚钱这方面，华卡所得到的忠告并不见得对他有所帮助，但是他能得到成功者的知遇却给了他自信。他开始仿效他们成功的做法。

又过了两年，这个20岁的青年成为他学徒的那家工厂的所有者。24岁时，他是一家农业机械厂的总经理，不到5年他就拥有百万美元的财富了。这个来自乡村简陋木屋的少年成为银行董事会的一员。

华卡在活跃于企业界的67年中，实践着他年轻时来纽约学到的基本信条，即多结交对其有所帮助的人，多拜见成功立业的前辈，从而改变命运。

广泛结交社会名流对于长远发展有相当大的帮助。这些人永远站在潮流的前沿，对事情的考虑也具有发展的眼光，和他们交往能学到平时学不到的知识。

领导者做人智慧：

广泛结交社会名流对于长远发展有相当大的帮助。这些人永远站在潮流的前沿，对事情的考虑也具有发展的眼光，和他们交往能学到平时学不到的知识。

122. 不可冷落任何人

谈话时排除他人，就如同宴会时赶走客人一样荒唐和不可思议。

千万记住，不要冷落任何人，让你的双眼环视着周围每一个人，留心他们的面部表情和对你谈话的反应。

在众多人的聚会中，常有少数人被无情地冷落；假如被你冷落的恰巧是来日对你事业前途至关重要的人物，那将会有怎样的后果呢？

因此，不要冷落任何人，即使他的言行举止是多么令人生厌。"己所不欲，勿施于人"，想想自己被人冷落的滋味。

要使别人觉得你的谈话洋溢着饱满的热情，因而很感兴趣，却不是在坐"冷板凳"。

 **领导者做人智慧：**

千万记住，不要遗漏任何人，让你的双眼环视着周围每一个人，留心他们的面部表情和对你谈话的反应。

123. 最后的杀招不要轻易使出来

拉满弓对准敌人时，你让他干什么他就干什么。而一旦箭射出去了，威慑力就没有了，所以最后的杀招不要轻易使出来。

中国古代官场讲究新官上任三把火。三把火之后就开始给自己留后路了，表面上是雷厉风行，其实是雷声大雨点小，只要能让上司看到自己所谓的政绩就可以了。

《官场现形记》讲述的是朝廷派出钦差大臣去整肃浙江官场的故事。那钦差大臣到了杭州，马上就新造30副手铐脚镣、10副木钩子、4个站笼，并一下子查办了150多名官、幕、绅、吏，把浙江官场吓得战战兢兢。可这三斧子砍过，钦差就缓了许多，那些撤了职的人也不查办，抓了的人也不审讯。原来这钦差先吓唬一番，落个好名声，然后再捞回几个钱。过了几天，浙江巡抚与钦差接上线，彼此通过关节讲条件，钦差得了两百万，满载而归。

战国时，孟尝君的名气越来越大，在齐国是一人之下万人之上，甚至连当时最专横无比的秦王都感到既羡慕又害怕他。谁都想争取他，可他哪也不去，只是在家游山玩水，拜访天下豪杰。孟尝君就是善于先把能量蓄积起来，把自己的弓拉满，然后待价而沽。齐、秦争着要他。真是抢着的瓜甜，分着的饭香。秦王这一抢，可就奠定了孟尝君在齐国的稳固地位。至于孟尝君到底有多大的能耐，能为国家出多少力，那就不得而知了。

领导者做人智慧：

拉满弓对准敌人时，你让他干什么他就干什么。而一旦箭射出去了，威慑力就没有了，所以最后的杀招不要轻易使出来。

124. 警惕那些时刻想引起你注意的女性

如果你是男人，管理着女人，你就是处在那种最传统的男女之间的人际关系之中。因为男女不同的早期教育，使大多数的男孩子，都会成长为把注意力放在工作和成就上的男子汉；而女孩子，当她们成长为女人之后，则会更多地关注人与人之间的关系，以及把注意力集中在照顾别人上。

这种男女的不同特点也会体现在工作上。许多女人认为，社会公认的成功就意味着与别人建立良好的人际关系。她们对服装、发型、化妆、体重、魅力甚至于性吸引力的关心全基于一点，那就是她们想取悦于人，这并不奇怪。然后，问题就来了。在工作时间里，一些女性想方设法引起老板或最强壮的男性的注意，以期得到他们可以给予的一些保护或者某些小恩小惠。

这种引人注意的行为可以有许多种形式，从极微妙的令人难以察觉的引诱到十分无耻的勾引。一些女性选择扮演"无助的小女孩"这一角色，像小孩子那样奶声奶气地说话，并夹带着与孩子一般无异的手势。这就使得某些男人觉得他们自己强壮有力，且滋生了保护欲——他们乐意扮演一个"老爸"的角色——虚荣心得到了无限满足。一些女性则扮演一种"女性杀手"的角色，她们打扮得花枝招展，以色相引诱男人，甚至于还会做出含蓄的有时甚至是明确的发生性关系的承诺。这些女人以性别为武器，以期达到目的。毫无疑问，这会引诱一些男人，他们会因为这些女人企图得到他们而沾沾自喜。一些女人则扮演着"好妈妈"的角色。她们会帮你缝松了的纽扣，给你倒杯水或咖啡，从家里带些小点心来，她们对你很热心且老围着你打转。一些男人对这种关心甚为满足，乐得体验一下被人照顾和受人关心的滋味。还有一些女人则像"难啃的骨头"，她们言语尖刻，睚眦必报，善挑刺、爱嘲弄别人，而且通常直截了当与男士们交换看法。有时候，这种夹杂着智慧的伎俩会挑起某些男人的好斗性来，从而吸引他们的注意力。

说到底，不论那些女人扮演的是什么角色，她们的目的如出一辙，那就是：她们希望引起老板对她们的某种特别的注意；比别人更受喜欢；可以得到额外的恩惠，以及与老板有比别的女人更亲密的关系。有一些经理曾经抱怨过，说他们被那些企图利用性魅力去达到升职、加薪、受训机会或别的什么目的的女性下属们弄得烦透了。

对一个男性的老板而言，重要的是得记住：女性在你面前的种种表现，只是因为你是老板而不是因为你是个男人。这对那些认为，对大多数为你工作的女性来说，你都具有吸引力的人而言，这并不是好消息。但是，情况就是如此，吸引她们的是你的权力，而不是你强壮的外形和宽阔的肩膀。

领导者做人智慧：

对一个男性的老板而言，重要的是得记住：女性在你面前的种种表现，只是因为你是老板而不是因为你是个男人。

125. 不要担心别人超过你

美国有一位农场主，由于他的勤奋与智慧，使得他所种的农作物每一年都能获得当地农会竞赛的最高荣誉"蓝带奖"，而得奖后他也一定将他所获奖的最佳品种分送给他的邻居们。

大家都觉得奇怪，难道他不怕别人获得了他得奖的品种，会在下一次的比赛中胜过他吗？对此，他微笑着答道："我无法避免因风吹而使邻居的花

粉飘到我的田里。倘若我不将好的种子分给每个邻人，那么飘过来的花粉不好，也必然会使我的田地产不出好的品种，唯有我周围的品种都是好的，才能保证我的田里产出最好的品种。而我在得奖之后，不会就此松懈偷懒，坐享其成，仍然会继续努力研究改良，因此我能连续不断地获得最高荣誉，因为当别人赶上我去年的水准时，我早已又往前迈了一大步。所以我从来不担心别人超越我，相反，若有人超越我，将带给我精益求精的动力，让我追求更大的进步空间。"

许多人常常吝于与人分享，深恐别人知道自己的成功方法，将会超越自己。如此一来，使自己丧失了再成长、再进步的氛围与动力。

领导者做人智慧：

许多人常常吝于与人分享，深恐别人知道自己的成功方法，将会超越自己。如此一来，使自己丧失了再成长、再进步的氛围与动力。

126. 人人都长着一双"势利眼"

在人们对你做出一定的身份判断后，就会给你相应的对待，除了在态度上尊敬你、重视你之外，还会给你更多的信任，提供更多的机会或支付更高的价格。

比如，你表现得让人感觉是个可信的有钱人，那么导游小姐将更耐心地为你讲解，会场服务员会把你领到贵宾室，商业伙伴更愿意与你合作；如果你表现得像个彬彬有礼的绅士，那么在公共事务中，人们更愿意听取你的意见，让你做代表与领头人；如果你驾车超速，警察追上来后发现你开着BBC（奔驰、宝马、凯迪拉克），你的样子又衣冠楚楚气宇轩昂，他们会倾向于放你一马——至少在西方是如此。

2004年，杭州道远集团董事长裘德道自费去新加坡看航展。欧美国家很多前来看航展的人都是坐私人飞机或者是公务机前来的，一下飞机就被接到贵宾厅，并有专人迎送，而裘德道是坐民航机去的，只有在一边干等的份儿。"我当时心里就有气，琢磨着一定要买架属于自己的飞机。"随即，裘德道斥资6500万元，买下了一架全球最先进的私人公务飞机——"首相一号"。一夜之间，他成了一位万众瞩目的人物。

有了飞机后，凡是车程在两个小时以上的路程，他都坐自己的飞机去，从萧山到上海也不例外。"我的生意很多时候需要和外国人打交道，别人并不清楚你的实力。我坐自己的专机去和对手谈判，容易取得对方的信任和尊重。"

给那些看上去"有身份"的人以更多优待，是人类的一种很奇怪的行为方式。有些时候，这样做是出于利益考虑，希望那些人能给他带来好处，但很多时候他并没有得到任何好处，或许永远也不会得到。可人们就是愿意对有身份、形象好的人另眼相看。

用通俗的说法就是，人人都长着一双"势利眼"。但人们并不觉得这有什么不对。

领导者做人智慧：

人们就是愿意对有身份、形象好的人另眼相看。给那些看上去"有身份"的人以更多优待，是人类的一种很奇怪的行为方式。

127. 软中有硬，软硬兼施

南越王赵佗，原本是秦朝派到广东、广西管理南方的地方官，秦朝灭亡以后，他自立为王。汉高祖平定天下后，不愿再动刀兵，对他实行了安抚政策，仍任命他管理南方，并给他一些赏赐，这种怀柔政策使汉朝的南疆及偏远地区长期得以安宁稳定。可是当吕后执政时，却将南方视为蛮族，并制定

一些民族歧视或压制的政策，激起赵佗造反闹事。

汉文帝即位后，重新恢复安抚政策，除给赵佗许多赏赐外，还给他的亲属加封官职，使赵佗深受感动，自动废除了王号，并上书请罚，发誓永远诚心向汉朝称臣。

从这个例子可以看出，管理下属光有软的或硬的都不妥，最高明的则是软中有硬，软硬兼施。

领导的"硬治"发威是强硬的一手，镇住了局面，再通过"软治"把恩泽缓缓传递下来浸润到各个下属心中。恩威并举，令下属不得不佩服你的手段。

领导者做人智慧：

恩威并举，令下属不得不佩服你的手段。

128. 时刻让人知道你是"有身份"的人

生于香港的邓智仁先生，曾在中国房地产界有"营销教父"之称。但在2005年上海的几次专业论坛上，人们发现"教父"与一堆中层经理们一起坐而论道，"教父"的神秘感、崇高感消失殆尽。不少同行和记者由此产生疑问：他现在是不是过得很惨，急着找业务？

为了消除外界的怀疑，坚定合作者乃至下属的信心，许多事业有成的人和企业主管不得不经常向外界摆摆架子。比如，生意人要经常在高尔夫球场露露脸，请业务伙伴到高档酒店吃燕窝鱼翅，请记者和官员到歌厅唱卡拉OK，出国度假的信息也要想办法告知众人。这些消费并不一定是他们真正需要的，但如果长时间没有这类举动，就会传出一些不利的"流言"。政府与企业的高层管理者如果长时间不公开讲话，态度过于低调、谨慎，内部和外部就会有人怀疑，他是不是职位不保、面临调整？大牌明星都喜欢讲排场，对衣食住行、待遇安排非常挑剔，如果他（她）突然降低要求，圈子内就会有人猜测，他（她）是不是接单不理想、底气不足了？

不少刚刚在单位内获得提升的人会有一种感受：原来平级的同事对他的新身份表现得满不在乎，甚至不服气。这确实是一大考验，怎么办？不摆架子是不行的。于是有意拉开距离，不再一起吃吃喝喝、随意聊天，进行某些规则上的、人事上的调整，对不服气的人打打杀威棒。通过这些行为，让对方强烈地意识到：这是你的新领导！

"有身份"的人的另一个恐惧是，他人对他的身份感觉变得麻痹。人们似乎都患有一种健忘症，时间长了，接触得多了，原先的感觉就会逐渐模糊，再伟大的人在他们的眼中也觉得不过如此。

中国的皇帝是世界上最专权的帝王，具有任意的生杀予夺的权力，所谓"伴君如伴虎"。但仍然有臣民不断犯健忘这种低级错误。不仅身边的大臣，就是管事的奴才太监，也时常忘乎所以，忘记了应有的礼仪与尊崇。所以，皇帝要以严肃的仪式和残酷的杀人方式，不断提醒他的臣民和奴仆：这是至高无上的皇上，他的力量有多么强大。

领导者做人智慧：

为了消除外界的怀疑，坚定合作者乃至下属的信心，许多事业有成的人和企业主管不得不经常向外界摆摆架子。

129. 杀鸡不能儆猴

有的管理者为了敲山震虎、警戒众人，总愿采取"杀鸡给猴看"的批评方式，其实效果并不一定好。杀鸡给猴看，猴子不看怎么办？总不能连猴子一块杀掉了事。

人的思想是复杂的，靠简单的威吓和批评扩大化的方法，并不能很好地

解决问题。因为人固有的自尊心,使他在众人面前挨了批评后,内心自然产生屈辱感,生出愤愤不平之意。而对在场的其他人,有的对此评头论足,有的会对被批评者寄予同情,有的认为与己无关而视这种批评为耳旁风。管理者本来是想要大家从中受到震动和教育,结果事与愿违。

正确的方式是,不能在众人面前使他尊严扫地,而要在没有第三者在场时,一对一地单独进行,要视对方对问题的认识程度以及内心思想根源进行批评。如果认为单刀直入批评会招致对方反感时,应和他离开工作场所,耐心倾听对方陈述,然后再提出自己的规劝。

领导者做人智慧:

杀鸡给猴看,猴子不看怎么办?总不能连猴子一块杀掉了事。人的思想是复杂的,靠简单的威吓和批评扩大化的方法,并不能很好地解决问题。

130. 先开枪,再瞄准

卡莉·菲奥莉娜在担任惠普公司首席执行官的时候,曾提出过一个著名的速度理论:先开枪,再瞄准!她表示:"过去我们的新产品要在各方面都达到95分以上才推出,现在我们应当改变这种思维方式了,产品做到80分就该推出,然后再求慢慢改进。"

对这一速度理论,卡莉·菲奥莉娜有一个形象的比喻:"你滑水冲浪,要保持一定速度才站得起来,在这一过程中,尽管我们很难精确抓住行进路线,但我们不能为了抓住路线而将速度放慢。网络时代,要抓住速度,才能进入竞争的门槛!"

按照一般人的思维模式,应该先瞄准,后开枪,否则就可能命不中目标。可是卡莉·菲奥莉娜却偏偏反其道而行之,她上任之后,做的第一件事就是要求惠普"先开枪,再瞄准"。

因为在这个竞争激烈的年代，速度是决定胜负的关键。无数人都盯着同一个市场，你如果不立即行动，马上就会有人捷足先登。

如果我们总在追求完美，要想到最好、做到最好才敢创新，那么就只能在没完没了的铺垫中打转，恐怕永远也不会得到什么结果了，哪怕是一个比较差的结果。所以，在创新时就要求速度要快，先开枪，再瞄准；先迈出第一步，然后再逐步完善和调整。

我们总是要求完美，在百分之百满意后才着手开始做。但是，盲目追求完美，可能会导致你只关注100，而忽略了1！我们常常会遇到这种现象，曾经为了追求100而放弃1，结果得到的却是0。无数的实践告诉我们：如果你总是追求完美的结果，多半你得到的是一个完美的借口或理由。完美的结果，永远是长期努力的结果。

所以，我们在执行一个创新方案时就要抱着"先开枪，后瞄准"的想法，只要创新的方向正确，行动的思路明了，哪怕开始会有一些不完美，也要把它拿出来，推出去。

因为一个差的结果总比没有结果强，有了1，就有2。

领导者做人智慧：

在这个竞争激烈的年代，速度是决定胜负的关键。无数人都盯着同一个市场，你如果不立即行动，马上就会有人捷足先登。

131. 勿轻易涉足别人的地盘

任何下级都有自己的直接领导者，通常情况下，下级为直接领导者服务，保持着一个较小的空间。由于某种原因，下级越过直接领导者，与上一级或者上几级领导者建立工作关系或者服务关系，扩大了下级与上级的空间，称之为"越级"行为。

有些下级想拼命扩大"表现"和"推销"自己的市场，眼睛盯着握有更大权力的领导者，主动向他们靠近，创造为他们直接服务的条件，有的甚至建立了比较稳固的服务关系。这就是"越级"现象出现的原因。

下级"越级"行事，表面上是在上面找到了一个靠山，其实有百害而无一利。一方面会引起直接领导者的误会、怀疑、妒忌、不满的情绪，给正常的工作关系撒下不协调的种子，思想上留下阴影；另一方面会引起群众的不满、妒忌情绪和不好的舆论，影响自己的威信。

况且，你所说的靠山，大多只是暂时利用你而已，当你真的跟主管领导发生矛盾时，他会为了你而抛弃一个部门的利益吗？之前的一些暗示与许诺到时都会空渺如风。所以，一般情况下，不要"越级"行事。必须"越级"时，要慎重行事，规范"越级"行为的内容，讲究方式方法。

领导者做人智慧：

人们所说的靠山，大多只是暂时利用你而已，当你真的跟主管领导发生矛盾时，他会为了你而抛弃一个部门的利益吗？之前的一些暗示与许诺到时都会空渺如风。

132. 并不是所有的山头都一定要铲平

一个企业就是一个小社会，免不了会有若干个明争暗斗的利益小团体。这种帮派和山头的形成，不仅会影响一个单位或部门正常工作的开展，更会造成成员之间的矛盾和冲突。对那些已经影响到日常工作正常运转，并且可能引起严重后果的山头，领导者决不要手下留情，而是下狠心铲平之以绝后患。

凡是有资格、有能力拉起山头的人都颇有"背景"。他们或者是因为在单位里工作时间较长，或者是"开国元老"，或者是某方面的专家，或者是有真本事而自己认为没有得到重用的人,如此等等。一般说来,这些人的周围都有一批人,这批人是他们忠实的或者不忠实的追随者。他们往往有着自己小团体的利益,这种小团体未必是组织的某一个部门或者某一个分支机构,他们因不同的缘由而划分。这就是所谓的拉帮结派。

山头之间往往是矛盾重重甚至势不两立,一旦组织的决策影响到某一个山头的利益,"山大王"就会找管理者讨说法,管理者也就有了很多的麻烦,组织甚至会因此造成四分五裂的局面而不可收拾。因此,对待这些妨碍大局的山头,领导者决不能等闲视之,必须下狠心予以清除。

而清除的有效办法就是"挖墙脚"和"掺沙子"。把主要首脑调出这个部门,叫"挖墙脚";派新的员工进入这个领导班子,叫"掺沙子"。当帮派问题刚露头时,可以只"挖墙脚";稍严重一些,可以"掺沙子"。问题很严重了,就需要双管齐下。

当然,并不是所有的山头都一定要铲平的。如果多个山头在你的领导下可以获得良性发展,那么组织的整体规模就会不断地壮大。有一句话说得好"山头再高也高不过庙"。如果管理者能够俯瞰和控制全局,"一览众山小",那么,还担心什么山头呢!

领导者做人智慧:

有一句话说得好"山头再高也高不过庙"。如果管理者能够俯瞰和控制全局,"一览众山小",那么,还担心什么山头呢!

133. 任期过长也是弊病

美国学者库克提出了一种称作"人才创造周期"的理论,他认为人才的创造力在一个工作岗位上呈现出一个由低到高,到达巅峰后又逐渐衰落的过程,其创造力高峰期可维持3~5年。人才创造周期可分为摸索期、发展期、

滞留期和下滑期四个阶段。库克认为，在衰退期到来之前适时变换工作岗位，更能发挥人才的最佳效益。

美国著名企业家艾柯卡在1978年就任克莱斯勒公司总裁。他用了三年时间把公司从破产边缘挽救了回来，创造了辉煌炫目的业绩，从此名声大振。但是到了1989年第四季度，即在相隔七年之后，公司再度出现亏损。此后企业开始陷入困境，连续出现巨额亏损，公司人心涣散，巨头相继离去。艾柯卡回天乏力，被赶下台。

有人认为，艾柯卡在总裁位置干得太久了，这样弊多利少。连任多年，势必在公司内部产生不满。还有人认为，艾柯卡从福特公司带到克莱斯勒公司的几员干将，也因长期在其手下工作而失去忠于公司的精神。这是艾柯卡第二次大跌落。第一次是在福特汽车公司，他已经升到总经理的位置，正春风得意，却被赶走了，当时他伤心至极。但感情是一回事，事实是另一回事。

艾柯卡的失败不能不说是多方面原因造成的，一些曾经是美国的大企业，尤其是汽车公司都出现过巨额亏损，但我们从他的跌落中不难看出任期过长的确也是弊病。因此，要根据人才创造周期理论，让那些在企业中任期过长而失去创造力的人及时"下岗"。

领导者做人智慧：

要根据人才创造周期理论，让那些在企业中任期过长而失去创造力的人及时"下岗"。

134. 为继任者着想

唐太宗知道自己快要死了，就把贤臣李勣贬到偏远的地方，并且下令说，如果李勣不肯到那地方上任就杀死他。李勣一接到命令，就无可奈何地赴任了。

李勣就任以后，唐太宗告诉太子李治："我把李勣贬到偏远边区，是因为他的才能卓越。你即帝位以后，要马上把他召回京里予以重用。这样他就会对你心存感激，成为忠心不二的股肱之臣。"

不久，唐太宗去世，唐高宗即位。他照着父王的话去做，立即召回李勣加以重用。果然如唐太宗所言，李勣为了感谢唐高宗的洪恩，尽忠职守。

一个全心全意为企业发展而考虑的管理者，他会把企业可持续发展作为自己的责任。在他任职期间，他不仅会恪尽职守，而且也会为企业以后的发展着想。因此，他在选择人才时就将此视为一重要因素。

领导者做人智慧：

一个全心全意为企业发展而考虑的管理者，他会把企业可持续发展作为自己的责任。

135. 不要轻易将自己推在最前面

郑板桥的一句"难得糊涂"，对于领导者来说，堪称制胜法宝。使古今中外多少掌权者渡过了难关，使他们进可攻退可守，处理事情游刃有余。

一些管理者往往认为，如果事必躬亲，所有功劳将会归于自己。但是他们没有想到，每一个决定都是有风险的，成功了是功劳，失败了是错误，光想成功而不想失败，未免有点过于天真。

将自己推在最前面，固然可以在成功时独领风骚，可是失败时也会成为众矢之的。撇开个人得失不讲，这样对企业毫无好处。如果将权力下放给部下，自己退到第二线，对自己未必没有利。

如果部下成功了，这功劳自然少不了自己一份。即便不是领导有方，至少也是用人得当；如果部下失败了，自己还可以挽回局面，可以干预、调

整,若能转败为胜,仍不失英明。当上级领导追查下来时,还可以起一种责任缓和层的作用,例如,可以说:"这事不是我亲自抓的,不太清楚。""我调查一下,由我处理吧!"如果再加上一句"这事我也要负责任",那么还可以令下属感激涕零。

管理者应学会难得"糊涂",在有些并非主要的问题上"糊涂"一点,做到进可攻退可守,处理问题游刃有余,就是人们常说的"大智若愚"。

领导者做人智慧:

将自己推在最前面,固然可以在成功时独领风骚,可是失败时也会成为众矢之的。

136. 疏于琐事,必勤于思考

美国著名的管理顾问比尔·翁肯,曾提出过一个十分有趣的理论——"背上的猴子"。在这一理论中,"猴子"就是指组织中各成员的职责。对于任何一个组织来说,每个成员都有自己的职责,当他们加入组织以后,管理者就按照下属的职责,分配给他们不同的"猴子"。组织成员的工作就是完成自己的职责,也就是喂养自己的"猴子"。

在"猴子理论"中,企业的成功,归根结底取决于"猴子"的健康。显然,如果组织成员能够出色地完成自己的职责,他所喂养的"猴子"就是健康的;但若他无法胜任自己的工作,不能履行自己的职责,他所照料的"猴子"就会生病。"猴子"生病无疑会影响组织的整体竞争力。而要想使"猴子"健康起来,关键在于协助员工完成自己的职责,提高其工作能力,或者将其调离,让能够胜任的人来承担这一职责。

然而很多管理者却在这一问题上跌了跟头。他们一看到有"猴子"生病了,就迫不及待地把它接过来,亲自喂养。他们认为这样可以使"猴子"尽快康复，殊不知这种做法却会使更多的"猴子"变得脆弱不堪。

替下属"背猴子"的做法从眼前来看，似乎使解决问题的速度加快了，但若从长远的角度来看，管理者直接接管下属的工作，会阻碍下属的成长，剥夺下属独立解决问题的权利。长此以往，下属就会丧失解决问题的能力，就会变得事事处处"听命令、等指示"的"应声虫"，失去主动性和独立性。

诸葛亮是个很好的谋臣，但却不是一个好的管理者，他"事必躬亲，呕心沥血"，为蜀国之事业奋斗终生。但却没有培养出一个能够独当一面的领导团队，以致在他死后"蜀中无大将"，从而使得国家倾覆。

第二次世界大战时，有人问一位将军："什么人适合当头儿？"将军回答说："聪明而懒惰的人。"管理者的主要工作是什么呢？不是替下属"背猴子"，而是杰出的管理大师们口中所说的：找到正确的方法，找到正确的人去实施。

只有不替下属"背猴子"，你才能不被"琐碎的多数问题"所纠缠，而有充足的时间去思考和处理"重要的少数问题"。一个成功的管理者不是整天忙得团团转的人，而是悠然自得地掌控一切的人。

领导者做人智慧：

事有缓急轻重之分，胡子眉毛一把抓，只能越抓越乱。一个成功的管理者不是整天忙得团团转的人，而是悠然自得地掌控一切的人。

137. 轻易道歉，不见得是好事

所谓"知错能改，善莫大焉"，是劝告大家：发现错误时，就要改正。但是，领导者太过轻易的道歉，却也不见得是件好事。

一个领导者对人说"对不起"，那就意味着他做错了。如果偶尔为之，

下属也许会认为他光明磊落，知错就改。如果他总是这样，下属就会对他的能力产生怀疑，长此以往，会有损领导在下属心目中的威望与形象。

"不要随便道歉"这句话，更深一层的解释应该是：做什么事之前要深思熟虑，不要等到问题出现了，才去仓促面对，这样于己于人都没有好处。

保持这种工作态度的领导者，一定会得到下属们的信任。

领导者做人智慧：

一句"对不起"，说起来很容易，但说出来就要负责。员工眼里的好领导未必就是毫无瑕疵的，但绝不是一无是处的。

138. 无原则的官兵平等是危险的

也许你会遇到这样的员工，当你要求晚上加班时，他会说："我今天有特别重要的事，必须早走一会。"如果你一再坚持时，他会说："领导也应该尊重人权呀！我今天不能加班，你没有理由逼迫我加班。而且，拒绝不想做的事又有什么不对呢？"假如你要知道他的理由，他则会耸耸肩："请你不要干涉我的个人隐私。"

在这一关键时刻，你一定要强硬对待。你得让他们知道很多事情是没得商量的。比如加班问题，你一定要用"只此一次，下不为例"的态度强调："这次小杨帮你做了，但下周二晚上你一定要补回来。"不要让他以为自己的小计谋能次次得逞。一定要让喜欢耍小聪明的人明白，一个在工作中投机取巧偷懒耍滑的人是不会被重用的，脚踏实地地工作才是唯一的发展之路。

虽然，你不能因为自己是领导就可以对别人颐指气使，吆五喝六，但也不能因此就去讨好他们，让他们与你"平等"到瞧不起你，不把你当回事儿的程度。否则，你的领导位置也肯定坐不长久。作为领导者，你应该既和蔼可亲、平易近人，又令行禁止、威严有度。

**领导者做人智慧：**

一定要让喜欢耍小聪明的人明白，一个在工作中投机取巧偷懒耍滑的人是不会被重用的，脚踏实地地工作才是唯一的发展之路。

139. 向你的对手敬杯酒

对手是什么？最简单地说，你是一匹赛马，那么对手就是逐鹿场上的另一些赛马。如果没有他们的存在，也就无所谓你的胜出。所以说，在某种程度上，你的竞争对手，是你前进路上不可缺少的一份子。

清朝康熙皇帝在继位执政 60 周年之际，特举行"千叟宴"以示庆贺。在宴会上，康熙敬了三杯酒。第一杯敬孝庄皇太后，感谢孝庄辅佐他登上皇位，一统江山。第二杯酒敬众大臣和天下万民，感谢众臣齐心协力尽忠朝廷，万民俯首农桑，天下昌盛。接下来，康熙端起第三杯酒说："这杯酒敬朕的敌人，吴三桂、郑经、噶尔丹，还有鳌拜。"宴会上的众大臣目瞪口呆。康熙接着说："是他们逼着朕建立了丰功伟绩。没有他们，就没有今天的朕。朕感谢他们！"

如果没有吴三桂这些敌人，康熙会有一番丰功伟绩吗？历史不能假设，但有一句话说得好："一个人的身价高低，就看他的对手。"没有对手，你看不出自己的价值，显示不出你的能力。对手总会给你带来压力，逼迫你努力地投入到"斗争"中，并想办法成为胜利者。在同对手的对抗中，你才能真正磨炼自己，就这层意义而言，你的对手是你前进的推动力，是你成功的催化剂。

有时，一个产品的开发、一个市场的拓展，正是由于对手的存在才得以实现的。对手之间的公平竞争和精彩对决，创造出令人目不暇接的商业神话，才使我们这个商业世界热闹非凡、市面繁荣，充满了勃勃生机。"冷酷

成功领导者的自我修养

打击,坚决消灭",这几乎是中国企业对待同行竞争对手的共同作风。然而,这种"对手观",正是中国市场无法步入健康期的最大障碍。

学会尊重对手,是中国企业家与领导者亟待补上的一课。

 领导者做人智慧:

生于忧患,死于安乐。如果你不想一生平庸,就微笑地迎接一切挑战吧,向你的对手敬杯酒,感谢他们给了你成就自己的机会。

140. 让被解雇者体面地离开

有时在别无选择的情况下,你必须解雇某些人,但我建议你,一定要尽量使这个过程富有建设性。

比如说,你聘请了一个人,但是几个月以后,你发现你犯了一个错误——因为他从来不肯尽力工作。这时你可以坦白地告诉他,"兄弟,你被解雇了。你的表现并不能让我们满意,所以我们必须请你离开。"但如果这样做的话,他就会对你怀恨在心,而且对于整个公司的看法也会很糟糕——毕竟,他已经在这里工作了一段时间,和我们的一些员工及客户或潜在客户都建立了一定的关系。如果他四处宣扬你无情的话,这对整个公司都没有好处。

或者你可以给他打个电话,告诉他:"你好,兄弟。我们俩都犯了一个错误。我当初可能并没有向你详细解释这份工作的要求,而你的表现也不能令人满意。我认为我们双方都应该做出一些牺牲来弥补由于我们的过错而造成的损失。首先,我会给你一年的薪水,因为这件事我也有责任。第二,如果某人要我推荐你,我也不会对他撒谎,我会告诉他们你在某些方面并没有达到我们的要求,但我肯定不会造谣中伤你。第三,我们会尽量以一种体面的方式让你离开公司。"

他可能说:"领导,我想辞职。我会说是自己希望改变一下工作。"你可以告诉他："我们都知道你并没有辞职，但如果你愿意这样的话，我们也不反对。"

让人们以一种体面的方式离开自己的工作岗位，是强化公司执行文化的一个重要手段。

 **领导者做人智慧：**

换一种方式，让对方来做决定，再难的事情也就好办多了。

141. 不要让其他人随便指挥你的下属

每个人都有自己的势力范围，不管你是多么小的一个领导。就如同我小时候家里的一群鸡——说是一群，却只有一只公鸡，一只母鸡，然而，当无论有人或什么动物走近它的母鸡的时候，那只勇敢的公鸡总是最先迎上去——一副不容侵犯的样子。它深深地知道，那是它的势力范围。

也许用这个比喻不是很恰当，但道理是绝对一样的。

假使某位员工同时接受各部门的命令，他很可能会迷惑，可能会不知道自己该听从谁的命令，要不然就是忙得快要崩溃了。

越级的命令重复地发生，甚至形成一种习惯，这会对你的职务与职权产生影响。

因此，当其他部门的科长对你的下属下命令时，你必须提出抗议，并且断然拒绝："你若要对他下命令，必须先经过我的同意。"否则，没有了兵，你这个将也没有了存在的价值。

 领导者做人智慧：

明确你的势力范围，警惕任何一个入侵者。

142. 绝对不可卷入桃色新闻

办公室里异性之间的微妙关系,一直是人们茶余饭后津津乐道的话题。只要一有风吹草动,当事人本身尚未理清彼此感觉,旁观者的敏锐嗅觉却早已发挥威力,传闻已不胫而走。

为避免使自己成为绯闻的主角,平日在言谈举止方面就应当谨守规范。

最好你的办公室不要安排异性,你办公室的门也不要经常关着,说话要尽量大声,以免别人怀疑。

现代心理学研究证明,人际交往中的生理距离的不同会带来心理效果上的不同。人与人之间的距离代表着不同的亲密程度。

特别是男女之间的交往,更应加以注意。如果男性领导在与女下属交往过程中,突破了正常的人际距离,闯入到亲密的距离范围内,彼此的呼吸可听,彼此的气味可闻,眼神、表情的细微变化也历历在目,势必会形成某种刺激,引起不当的心理活动。

领导者做人智慧:

绝对不可卷入桃色新闻。所谓好事不出门,坏事传千里,绯闻是传播速度最快的新闻。

143. 不要让酒色误了你的事业

众多的人在一起喝酒,很多的时候必有男有女。酒后若在男女关系上有所闪失，更是牵涉到名誉的大问题。

喝酒易于近色，历来"酒色"并称，大概纵酒易于纵情，纵情必易于纵欲。若领导者酒后失态，坐在一女子身旁狎昵，女方或许不便回绝，他人或许会知趣躲开。对于此等风流韵事，一旦有人别有用心，加以利用，那就危害不浅了。

喝酒过多，酒精会对大脑造成暂时的麻醉，很多人往往便失去理智，管不住自己，胡言乱语，不堪入耳。虽是平日敬服你的人，此时心中也不免生厌。这大大影响你日后的形象。

人们常说："酒后吐真言。"一旦在醉意朦胧之下，不管面前是谁，轻易向他说出你心中的秘密，或者你轻易答应别人的请求，日后必会后悔万分。正所谓"祸从口出"，这也正为醉酒者所忌。

世界上究竟有没有圣人未可知，但起码你我都不是。只要是俗人，就有七情六欲，以前我们回避这个问题，总想把人都塑造成完美无瑕的英雄式人物，结果越是藏着掖着，反而情况越是糟糕，问题越多。就酒色这一点来说，柳下惠并不是我们的偶像，况且无情也未必真豪杰。但什么事情终究要有个度，先知不可为而后有所为。

领导者做人智慧：

酒一定要喝，但要以不醉为度；情一定要有，但不可滥用情。

144. 要看清大势所趋，人心所向

所谓的有见识，最重要一条，就是要看清大势所趋，人心所向，顺应历史发展，适应时代潮流的需要。

俗话说，机不可失，时不再来、时事造英雄，三分人才、七分机遇。能够顺应历史潮流，具有战略眼光，善抓机遇，这是成功者获得成功的关键因

素。人只有捕捉到机遇，被时代潮流推上某个最能施展才华的位置，才能成就一番事业。反之，如果缺乏远见卓识，尽管你具有突出的才学水平，也会误入歧途，最后落个一无是处的下场。古今中外，此类例子数不胜数。楚汉相争时期的项羽、三国时期的吕布，都具有一流的军事才能，由于逆时代潮流而动，缺乏清醒的"认识"，最终都逃脱不了彻底失败的结局。

对于领导者而言，有没有先见之明，是影响其成功的极大因素。时代不断的变迁，所有昨天还认为正确的事，也许今天已经不适合潮流了。

日本松下电器公司对于领导艺术有一句名言："领导者要有认清时代潮流的眼光和预知环境变迁的能力，才能想出因势利导的方法，有先声夺人的态势。"一个领导者，必须认清潮流的方向，预知环境的变迁，并想好应该采取的对策。"看清方向，顺应潮流，具有远见卓识"，这是领导者必备的条件。

当年鲁冠球在办米面加工厂的时候，被扣上"办资本主义地下工厂"的帽子，所以在他接管"宁围公社农机修配厂"时，就变得聪明了许多，知道在那样一个"割资本主义尾巴"的年代，个体经济是绝对搞不起来的。所以1970年，他带着下属投奔了镇政府，父亲哪能不管儿子？于是，他的工厂在政策上占尽了优惠，很容易就发展壮大了。

领导者做人智慧：

对于领导者而言，有没有先见之明，是影响其成功的极大因素。时代不断的变迁，所有昨天还认为正确的事，也许今天已经不适合潮流了。

145. 做大事不能靠哥们义气

1990年，西安的冬天特别冷，冷得让荣海终身难忘。

年底，一直在深圳忙着跑生意的荣海回到西安。不料等待他的却是公司

3个副手趁他不在的时候早已酝酿成熟的瓜分公司的计划。理由就是荣海在创建公司时曾经说过的那句话:"海星是大家的,大家都有份。"

荣海恪守了自己当初的诺言,虽然在当初创立海星时,3个副手并没投过一分钱。他怀着痛苦而超然的心情对"哥们儿"说:"钱尽可以分,但牌子得留下。"于是,公司核心层4个人走了3个,他们除瓜分了海星几年来积累的100万自有资金,还带走了大部分客户。普通员工20人走了一半。给荣海留下的仅有海星这块牌子和一些旧机器。当然留下的还有部分对海星眷恋万分的普通员工和他们之间的精诚团结。

就凭着这些,9年以后,海星集团的总资产已逾26亿,海内外直属子公司18家,二级公司40余家。然而,那次"内阁"的哗变毕竟是惨痛的。所以后来荣海总结:做事情一开始就先要把话讲清楚,不能靠哥们义气;决策要集中,重大事情不能以少数和多数来决定,公司只能有一种声音;留下来的人,可以给很高的工资,但全都与产权无关。

领导者做人智慧:

我们生活在一个物质的世界,每个人都不可能独立于欲望之外。在金钱面前,数量少的,也许还会有人顾念起情感,但在大钱面前,几乎没有人能抗拒诱惑。如果说一个人能在金钱面前不动声色,究其原因,只有一点,那是因为钱的数量还不够多。

146. 宁落一群,不落一人

据《圣经》记载,耶稣曾经讲过这样一个"雇工"的比喻:

天国有一个农场主,清晨出去为自己的葡萄园雇工人。他与工人议定一天一个"德纳尔",就派他们到葡萄园里去了。

约在第3个时辰,他又出去,看见另有些人在街上闲立着,就对他们

说:"你们也到我的葡萄园里去吧!一天我给你们一个'德纳尔'。"他们就去了。

约在第6和第9个时辰,他又出去,也照样做了。

约在第11个时辰,他又出去,看见还有些人站在那里,就对他们说:"为什么你们整天站在这里闲着?"

那些人对他说:"因为没有人雇我们。"

他对他们说:"你们也到我的葡萄园里去吧!"

到了晚上,葡萄园的主人对他的管事人说:"你叫他们来,分给他们工资,由最后的开始,直到最先的。"

那些约在第11个时辰来的人,每人领了一个"德纳尔"。

那些最早雇来的,心想自己必会多领,但他们也只领了一个"德纳尔"。

他们一领到钱,就抱怨农场主,说:"这些最后雇的人,不过工作了一个时辰,而你竟把他们与我们这一整天受苦受热的同等看待,这公平吗?"

他答复其中的一个说:"朋友!我并没有亏负你,你不是和我议定了一个'德纳尔'吗?拿你的走吧!我愿意给这最后来的和给你的一样。难道不许我拿我所有的财物,行我所愿意的事吗?是因为我对别人好,你就眼红吗?"

对此,约翰·斯塔希·亚当斯提出了公平理论。该理论认为,一个人对他所得的报酬是否满意不是只看其绝对值,而是进行社会比较或历史比较,看相对值。即每个人都把个人的报酬与贡献的比率同他人的比率作比较,如果比率相等,则认为公平合理而感到满意,因此心情舒畅,努力工作。否则就会感到不公平、不合理而影响工作情绪。

你的下属有没有过"雇工"的想法呢?

领导者做人智慧:

在进行报酬分配时,要进行多方面考虑。古语"宁落一群,不落一人"是有道理的。

147. 不做"老好人"

周末，一个渔夫在他的船边发现有条蛇咬住一只青蛙，他替青蛙感到难过，就过去轻轻把青蛙从蛇嘴里拿出来，并把它放走。但他又替饥饿的蛇感到难过，由于没有食物，他取出一瓶威士忌酒，倒了几口在蛇的嘴里。蛇愉快地游走了，渔夫也为自己的善行感到快乐。他认为一切都很妥当，但在几分钟后，他听到有东西碰船边的声音，便低头向下看，令人不敢相信的是，那条蛇又游回来了——嘴里叼着两只青蛙。

这就是我们企业常见的"照顾主义"、"大锅饭"现象。

我们本应该鼓励员工正确的行为，给他们掌声、鲜花和提拔，对不正确的行为要冷落、批评和惩罚。但现实中我们并不是激励不够，而是激励错了——正确的行为被忽视或被惩罚，而错误的行为却被奖励。就像那个渔夫一样，奖励了错误的事情——那条蛇因错误而得到奖励。

如此，你所成就的，只是一场不公平的游戏。

领导者做人智慧：

一心想做好人、不得罪人，只能会让你离权力越来越远。

148. 要忍就忍得悄无声息

耐心等待是制胜一大法宝，其成功率可列谋事之首。

问题是在等待过程中，要学会当孙子。人们都不愿当孙子，而想高高在

上万人簇拥。辩证唯物主义告诉我们，事情的发展是需要过程的，任何人的实力都有一个从小到大由弱到强的过程，小且弱称"孙子"，此为世间定论也。否则，无论你用何种方式，不忍耐都是没有机会变大变强。即使再聪明的人，为了在自己的圈子中脱颖而出或击毙比自己强的对手都要善于隐忍，等待时机。忍耐是一种优秀的做人做事态度，知道忍耐是为了伺机打败对手，然后做"爷"。"忍"是为了"发"。忍而不发，是窝囊；忍而早发，是轻率。

在时机不成熟时，大家都知隐忍，这个道理很简单。可是要隐忍得不露痕迹，却不是人人都能做得到的。如果别人都看得出你在有意"忍"，以图等时机成熟时"出手"，那么再周密的构想都会提前被人扼杀在摇篮之中。

领导者做人智慧：

在时机不成熟时，大家都知隐忍，这个道理很简单。可是要隐忍得不露痕迹，却不是人人都能做得到的。

149. "不念旧恶"是成大事者的一个特征

有一句名言说："生气是用别人的过错来惩罚自己。"老是"念念不忘"别人的"坏处"，实际上最受其害的就是自己的心灵，搞得自己痛苦不堪，何必？这种人，轻则自我折磨，重则就可能导致疯狂的报复了。

有一天，一个人向禅师诉说自己受到了别人的伤害及自己心中如何的痛苦。

"超越伤痛的唯一办法，就是原谅伤害你的人。"禅师说。

"这样，未免太便宜他了！"

禅师反问："你真的相信自己气得愈久，对他的折磨就愈厉害？"

"至少我不会让他好过。"

"假如你想提一袋垃圾给对方，是谁一路上闻着垃圾的臭味？是你，不是吗？"禅师接着说，"紧握着忿恨不放，就像是自己扛着臭垃圾，却期望熏死别人一样，这不是很可笑吗？"

善于忘记是成大事者的一个特征，既往不咎的人，才可能甩掉沉重的包袱，而大踏步地前进。人要有点"不念旧恶"的精神，况且在很多情况下，别人的"恶"是因为没有符合我们的标准而我们给他们下的定义，别人很多的"恶"是由我们对他们的不满而衍生和想象出来的，并把它们夸大了。即使对方真的做了对不起我们的事，忘掉又如何，何必拿着已经过去的事来折磨自己？

 **领导者做人智慧：**

既往不咎的人，才可能甩掉沉重的包袱，大踏步地前进。

150. 如果你还没有成功，请先保留你的个性

我们可以看到，许多名人都有非常突出的个性，不管他是一个科学家，还是一个艺术家或者军事家。爱因斯坦在日常生活中非常不拘小节，巴顿将军性格极其粗暴，画家凡高是一个缺少理性、充满了艺术妄想的人。

名人因为有突出的成就，所以他们的许多怪异行为往往被社会广为宣传，以致某些人甚至产生这样的错觉：怪异的行为正是名人和天才人物的标志，是其成功的秘诀。对此我们只要分析一下就会发现，这种想法是十分荒谬的。

巴顿将军性格粗暴，他之所以能被周围的人接受，原因是他是一个优秀的将军，他能打仗，否则他也会因为性格的粗暴而遭到社会的排斥。

所以我们应该明白：社会需要的是被公众所接受的个性，只有你的个性能融合到创造性的才华和能力之中，这种个性才能够被社会接受。如果你的

个性没有表现出一种相容性，仅仅表现为一种脾气，它往往只能给你带来不好的结果。

要想成就一番事业，你应该把个性表现在创造性的才能中，尽可能与周围的人协调一些，这是一种成熟、明智的选择。

领导者做人智慧：

社会需要的是被公众所接受的个性，只有你的个性能融合到创造性的才华和能力之中，这种个性才能够被社会接受。如果你的个性没有表现出一种相容性，仅仅表现为一种脾气，它往往只能给你带来不好的结果。

151. 不在其位，不谋其职

孔子的弟子子路在做郈令时，见到挖沟建渠的人们很辛苦，就主动拿出自己的俸禄，做了稀饭慰劳民工，他当时一定觉得这会受到老师表扬的。万万想不到的是，孔子不但没有给以赞许，还急忙派了子贡跑到子路那里，"覆其饭，击毁其器"，并大嚷道："鲁君有民，子奚为乃食之？"这子路就不明白了，我行善事，犯的哪门子法？

原来，子路行善有"夺人之美"的嫌疑，而这被"夺"的不是别人，正是国君，那么，这也就有了"犯上"的味道。作为臣子，你就应该规规矩矩，安分守己，干好你自己应该干的事情，犯上作乱不行，越级行善也不行。

由行善而赢得民心、扩大势力，最终压倒国君甚至取而代之的事情是时有发生的。

这在领导学方面的意义在于，领导者应不在其位，不谋其职，不干分外之事，这也应算是恪尽职守的一个方面吧。设想，如果人人都能做到这一点，那么，无论一个国家、一个组织、一个企业都能自然达到整体的和谐。

领导者做人智慧：

干好你自己应该干的事情，"一个萝卜一个坑"，你做了别人应该做的事情，你只能得到虚伪的谢意和忌恨。

152. 凡事切勿盲目下定论

1830 年，法国"七月革命"爆发，在经过 3 天的暴乱后，老迈的政治家塔里兰站在他巴黎住宅的窗边，聆听宣告暴动结束的响亮钟声，之后，他回头对一名助手说："噢，听那钟声！我们赢了！"

"我们是谁？"助手问。

他做了个保持安静的手势回答："别说话！明天我会告诉你'我们'是谁。"

他清楚地了解，只有傻子才会急急忙忙确定自己的立场——过早地依附某一方，会使自己丧失机动性和主动权。

凡事切勿盲目下定论。

如果让别人觉得他们都能够支配你，你就会失去影响力。保持一定的距离，就会增加他们的注意力，从而使自己获得更高的威望。

当你保留自己独立的立场时，不但不会激起愤怒，反而会受到尊敬，会使自己看起来比较有权势，因为你让别人无法掌握。你不像绝大部分人那样，屈从于团体或关系。随着你独立的名声逐渐响亮，就会有越来越多的人想要拉拢你，希望你加入他们当中。

一旦将自己的行为和思想确定下来，你的魅力就会消失殆尽，就会变得跟其他人没什么两样。通常，人们试着用各种各样的手段，想让你依附于他们。他们会送你礼物，给予你许多恩惠……这一切都是为了留住你。一开始，你应该鼓励这样的关注、激发他们的兴趣，但又要不惜任何代价保持独立。

当冲突爆发时，人们会倾向于靠拢较强的一方或者是以明显的利益诱惑你结盟的一方。注意！这可是一项危险的交易。

首先，一开始就想预测哪一方会获得最终的胜利，往往是很困难的，而且即使猜对了，与较强的一方结成联盟，你会发现自己最终会一败涂地——胜利者会把你一脚踢开，所谓"兔死狗烹"，历史上的教训屡见不鲜。

如果与力量弱的一方站在同一阵线上，危险性更大。

所以，你一定要懂得这个生存的哲学，以免得到一滴水而失去了一片海，或者让自己处于被动的境地。

领导者做人智慧：

当你保留自己独立的立场时，不但不会激起愤怒，反而会受到尊敬，会使自己看起来比较有权势，因为你让别人无法掌握。

153. 只有先摆平自己，才能摆平他人

社会上绝大多数人都是居于平民阶层的普通人。那些居于高位的人，如果没有保持低调做人的本色，就会与大多数人产生距离甚至隔阂，其间就像多了一层隔板，在沟通上造成障碍。所以，从这一意义上说，地位越高的人，越应该保持低调做人的本色。只有收住自己的心，才能收住人心，只有摆平自己，才能摆平他人。

由于工作关系，周恩来到北京饭店的次数特别多。每次去，他总喜欢在饭店内走动，同店里的领导、服务人员见见面，打打招呼，了解他们的工作和生活情况。饭店里所有的职工都对周恩来有一种特殊的感情。和周恩来共事的人，除了把他看成领袖，还会从内心把他当成良师益友。中南海摄影师徐肖冰说，周恩来与人交往时，并不把自己当作官，他发自内心地把自己看作普通人中间的一员。和周恩来谈话，无须"仰着脸"。他不是高高在上，

他就在你我中间。

人人都无法离群索居，你一生都得与人相处。在家庭、学校和社会中，你都是其中的成员、分子、角色之一。你必须在你的环境内与其他人平等融洽地相处，这样你才会拥有幸福快乐的成功人生。

翘起嘴角，放松眉头，用你可爱的笑脸去面对周围所有的人。因为你的形象不是用高傲的架子支起来的，而是用平易的心态铺就而成的。

领导者做人智慧：

人人都无法离群索居，你一生都得与人相处。你若想过上快乐的生活，拥有成功的人生，就必须收起那张不讨人喜欢的高傲面孔。

154. 守信是领导者第一要义

作为领导者，对下属也必须要讲信用，在这方面，诸葛亮是严守信义的表率。在第五次出兵祁山时，他听从长史杨仪分兵轮战的建议，将部队分成两批，以百日为期，作一个轮换，以此使兵力不乏。在一次轮换之际，魏兵又来进攻，部将力劝诸葛亮将这班人马留下，待下班兵马到了之后再返回。但诸葛亮说："吾用兵命将，以信为本，既有令在先，岂可失信？"于是下令这班人马当日离开。当众军听说此事后，激起了他们的战斗情绪，纷纷表示不杀魏兵，决不回家。于是杀得敌人尸横遍野，血流成河。

管理者守信才能取得下属的信任，而信任本身就是一种战斗力。人的精神力量就是这样怪，当它受到感情冲动时，可以激发出加倍的能量，无法用数字来统计。在大敌当前的情况下，诸葛亮要求士兵坚守一阵子，无论怎么说也是不过分的。但那样会使部队产生消极的情绪，使战斗力下降。而如此一来，不仅自己保持了信誉，还使战斗力大增。

高明的管理者的高明之处就在于这些地方，还有的管理者为了使下属能

遵守规章制度，就先自己主动违反，然后主动认罚。这样一来，敢不遵守的下属也少多了。还有的人到了一个新单位，就向还不太熟悉的同事借几十百把块钱，说是有急用，但只是在枕头下压一晚上，第二天就还给了别人。这也是一种取信于人的方法。

领导者做人智慧：

管理者守信才能取得下属的信任，而信任本身就是一种战斗力。

155. 来说是非者，便是是非人

在识人用人的问题上，为了避免疑心用人的错误，管理者一定要从客观实际出发，多层次、多侧面地去了解、考察识别对象，不能因为所识对象有小过而毫无根据地怀疑其有大问题，也不能因所用之人犯有前科而胡乱猜测。还有些人认为是耳闻目睹就千真万确了，其实很多时候，亲眼所见、亲耳所闻的东西也不一定能反映事实。

有一群因重大变故不得不横穿一段荒芜地区的人，他们只剩下了一袋大米，大家就推选了一个忠厚老实的人负责保管大米和烧水做饭。这群人的长者在活动筋骨的时候，发现那做饭的小伙子正在偷吃米饭。长者有点难过，认为一向诚实的人也会因身处危难之中而失去本性。长者没有张扬此事，但心中对那小伙子的看法已有了彻底的转变。后来小伙子牺牲在战场上，长者重提此事时，有一个曾随行的人告诉他，那个小伙子当时并非在偷吃米饭，而是鸟屎掉在了锅里，他不忍浪费，悄悄地拣了那团米饭吃了。长者听了以后，呆呆地坐了良久。

管理者如果对人多怀有疑心，那么，形形色色的离间术就会乘虚而入。离间术能扩大人与人之间的分歧，加深误会。他们编造谎言、制造矛盾来破坏人们的团结。离间术的目的就是使人人为己，抑人扬己，损人利己。作为管理者，在对下属产生怀疑时，一定要警惕离间术乘虚而入。"来说是非者，便是是非人。"对离间术的破译方法是，要建立在对怀疑对象的行为特征综合分析的基础之上，既不能盲目猜疑，又不可掉以轻心，不能抱着"宁可信其有，不可信其无"的态度，而是要让事实来说话。

**领导者做人智慧：**

管理者如果对人多怀有疑心，那么，形形色色的离间术就会乘虚而入。

156. 圆而不方，难成大事

所谓方圆，圆为灵活，方为原则。

一个人为人处事如果只圆不方，就像打"太极拳"，奉前迎后，方向不清。说话态度不鲜明，模棱两可；做事不果断，犹犹豫豫。这样只圆不方的人，没有个性，缺少魄力，不会得到别人的敬重，更难成就一番事业。

大凡立德立功立言者，总是要有个主张，心牵挂于物便役使于物，心牵挂于名便役使于名，心牵挂于利便役使于利，心牵挂于欲便役使于欲。无所不挂，就无所不役，无所不役就无所不病。如果外受物欲役使，内心方寸已乱，哪能做半分主宰？

办实事的人求实效，求实效的人一就是一，二就是二，方就是方，圆就是圆。集中精力在一点，是千古以来所有伟大人物成功的要诀之一，也就是道家的"凝神集一"的功夫，在心性修养中，妙用无穷。

领导者做人智慧：

办实事的人求实效，求实效的人一就是一，二就是二，方就是方，圆就是圆。集中精力在一点，是千古以来所有伟大人物成功的要诀之一。

157. 只有权杖在手，你才是国王

狮子爱上了一只年轻的母斑马，向它求婚。母斑马不愿意把终身托付给猛兽，又不敢拒绝，就想了一个办法。

于是，母斑马对狮子说："你是动物王国的英雄，我很愿意嫁给你。但是，我很害怕你的尖牙利爪，如果你能拔掉尖牙、磨平利爪，我将立即与你结婚。"

狮子立刻答应回去拔掉尖牙、磨平利爪。可是如此一来，母斑马就再也不怕狮子了。当狮子再次来到它的心上人跟前时，母斑马居然转过身去，用后腿一下子把踢倒在地。

狮子放弃了自己的权力，以为可以得到梦寐以求的爱情，是一种多么愚蠢的行为！在这个世界上，只有当你牢牢地拥有权力的时候，才可以得到你想得到的东西。

记住，时时刻刻紧握你的权杖，只有它在你的手中，你才是国王。

领导者做人智慧：

时时刻刻紧握你的权杖，只有它在你的手中，你才是国王。

158. 不做暴君

心存"顺我者昌，逆我者亡"思想的领导，在下属眼里是不会有好印象的，"专横跋扈"会成为这类领导的代名词。作为领导，不管是处世，还是待人，都要坚持以理服人的原则，不能胡乱而为。

有"顺我者昌，逆我者亡"思想的领导凡事好搞专权，喜欢把下属们管得严严实实，让他们服服帖帖。在具体事情上，喜欢对下属工作吹毛求疵，甚至过问干涉他们的私事，所有这些都是不明智的。

追求自由是人的天性，没有人喜欢被别人严格控制。一般人都会对这种专制型的做法持逆反心理，把这样的领导认作与暴君无异。如果总是干涉下属们的私事，向他们提出不甚合理的要求，久而久之，他们会对你采取抵制、敌视态度，正所谓"假做真时真亦假"。你的一些公务上的合理的要求与建议也许一并被他们置之不理，或许他们还会在工作中搞些小聪明来"回敬"你，让你防不胜防，最终吃亏的还是你。

过分的固执和专权，必然会引起下属们的反感。长时间的"顺我者昌，逆我者亡"，必然会引起你的下属们的报复，到那时候，恐怕你是无法再和你的下属们一起工作了。

领导者做人智慧：

做人，想要所有人都认可几乎是不可能的，但也不要得罪所有的人，历史上的暴君都没有好下场。

159. 与狗争路，不如让它先走

天底下只有一种能在争论中获胜的方式，那就是避免争论。避免争论，要像你避免响尾蛇和地震那样。

十之八九，争论的结果会使双方比以前更相信自己绝对正确。你赢不了争论。要是输了，当然你就输了；即使赢了，但实际上你还是输了。为什么？如果你的胜利，使对方的论点被攻击得千疮百孔，证明他一无是处，那又怎样？你会觉得洋洋自得；但他呢？他会自惭形秽，你伤了他的自尊，他

会怨恨你的胜利。而且——

"一个人即使口服，但心里并不服。"

潘恩互助人寿保险公司立了一项规矩："不要争论！"

真正的说服艺术不是争论。甚至最不露痕迹的争论也要不得。人的意愿是不会因为争论而改变的。

释迦牟尼说："恨不消恨，端赖爱止。"争强疾辩不可能消除误会，而只能靠技巧、协调、宽容以及用同情的眼光去改变别人的观点。

林肯有一次斥责一位和同事发生激烈争吵的青年军官，他说："任何决心有所成就的人，决不会在私人争执上耗时间，争执的后果，不是他所能承担得起的。而后果包括发脾气、失去自制。要在跟别人拥有相等权利的事物上，多让步一点；而那些显然是你对的事情，就让得少一点。与其跟狗争道，被它咬一口，不如让它先走。因为，就算宰了它，也治不好你的咬伤。"

领导者做人智慧：

真正的说服艺术不是争论。甚至最不露痕迹的争论也要不得。人的意愿是不会因为争论而改变的。

160. 赏得太滥就失去了诱惑力

在事业上，一旦你飞黄腾达，面对昔日的同事或者原来的上司，千万别有什么不好意思，脸上平静如常，并且必要时一点也别手软，更不能留情面。因为以新的身份与过去的同事打交道，该不好意思的应该是他们而不是你。同样，对下属的使用和提拔要用技巧，正所谓"小功不赏，则大功不立"，因而要给下属点好处，但是要一点点给，绝对不能让他们一次吃饱。因为人都没有满足的时候，你的下属也是人，也不会有满足的时候。另外，立点小功就给你部下吃饱了，那么他下次再立功时，你也就不知道再拿什么来奖励他了。

有一个车夫为了使拉车的驴子跑得快些，就将一把鲜嫩的青草拴在前面，恰巧离驴的嘴巴有半尺远。驴子为了得到那把绿茵茵的青草，便拼命地向前跑，可无论怎样用力，那把青草也到不了嘴里。官场上毕竟是僧多粥少，官位就像是一把"青草"，不可能随意授人，再说如果封得太滥，也就不值钱，失去了诱惑力。太平天国后期，为了挽回败局和鼓舞士气，洪秀全先后封了2700多个王。然而数量一多，时间一长，这一招也就不灵了。

领导者做人智慧：

要给下属点好处，但是要一点点给，绝对不能让他们一次吃饱。因为人都没有满足的时候。

161. 众人皆醉，你应独醒

吉布林娶了一个维尔蒙的女子，在布拉陀布造了一所漂亮的房子，准备在那儿安度余生。他的舅舅比提·巴里斯特成了他最好的朋友，他们俩一起工作，一起游戏。

后来，吉布林从巴里斯特那里买了一块地，事先商量好巴里斯特可以每季度在那块地上割草。一天，巴里斯特发现吉布林在那片草地上开出一个花园，这样他就无法得到预想的一车干草了。他生起气来，暴跳如雷，吉布林反唇相讥，弄得大家不欢而散。

几天后，吉布林骑自行车出去时，被巴里斯特的马车撞倒在地上。这位曾经写过"众人皆醉，你应独醒"的名人也昏了头，告了官。巴里斯特被抓了起来。接下去是一场热闹的官司，结果使吉布林携妻永远离开了美丽的家。而这一切，只不过为了一件很小的事——一车干草。

我们的失败，往往是因为我们不能控制自己的情绪所造成的，如果我们

能够掌握自己的情绪，那么我们就更容易掌握命运。每一个成功的人都是能够控制自己情绪的高手，他们不会被自己的情绪所左右，所以，成功也更容易被他们得到。

如果你是个不易控制情绪的人，不如在事情发生前，赶快离开现场，等情绪好了再回来。假如没有地方可暂时"躲避"，那就深呼吸，不要说话，这一招对克制生气特别有效。同时，寻找你生气的原因也是必不可少的。情绪陷入低潮时，我们会不自觉地压抑情绪，有时还会迁怒于他人。生某个人的气时，我们真正气的可能是自己。很多情况下当你一直受困于某种负面情绪时，就必须改变想法，想想造成你不良情绪的是否有其他原因，而不要只是一味地钻牛角尖。

只要找到原因，就会有办法处理情绪。我们可以采用前述第一种排除负面情绪的方法，问问自己什么事情让你悲伤。当找到悲伤的原因时，怒气就会慢慢消失，你也会变得宽容了。有了宽容心之后，你就能变得更开朗、更体谅别人。

领导者做人智慧：

每一个成功的人都是能够控制自己情绪的高手，他们不会被自己的情绪所左右，所以，成功也更容易被他们得到。

162. 不要给人以"心机很深"的印象

人一不老实，马上就会被他人发现，一旦人们察觉他做人做事没有原则，那么世界上通往成功的所有道路就会永远地对他关闭。

大家会避免和所有有人格问题的人打交道。

不管一个人多么笑容可掬、彬彬有礼、殷勤周到，如果我们怀疑他"心机很深"的话，我们都不敢和他沾上什么关系。

老老实实不仅是事业成功的基本条件,而且在其他任何领域都是一样的道理。毫不妥协地维护自己的人格和尊严是弥足珍贵的美德。诚实不仅使人心态平和安宁,而且使生活充满生趣快乐。这些幸福的感觉,不诚实的人是永远体会不到的——这是钱财、房屋和土地等等财富都无法买到的。

领导者做人智慧:

不管一个人多么笑容可掬、彬彬有礼、殷勤周到,如果我们怀疑他"心机很深"的话,我们都不敢和他沾上什么关系。

163. 留一半路给人走

"看破浮生过半,半之受用无边。"现在很多企业管理者都犯了一个致命的错误,那就是在管理的过程中刻意追求完美,这种苛刻求全的心理会使企业患上"焦虑症"。实际上管理是无法完美的,好的管理哲学是"半半主义"。

清代学者李密庵有一首《半半歌》:

看破浮生过半,半之受用无边。半中岁月尽幽闲,半里乾坤宽展。半廓半乡村舍,半山半水田园。半耕半读半经廛,半士半民姻眷。半雅半粗器具,半华半实庭轩。衾裳半素半轻鲜,肴馔半丰半俭。童仆半能半拙,妻儿半朴半贤。心情半佛半神仙,姓字半藏半显。一半还之天地,让将一半人间。半思后代与沧田,半想阎罗怎见?酒饮半酣正好,花开半吐偏妍。帆张半扇免翻颠,马放半缰稳便。半少却饶滋味,半多反厌纠缠。百年苦乐半相参,会占便宜只半。

这首《半半歌》,几百年来人们对它的评价也是不一而足:有的人说它很中庸和避世;有的人说它体现了一种豁达的哲学境界。不可否认的是,它很值得体味,很有意思,是一种养生的妙法。这种"吃饭吃个半饱,饮酒饮

到微醺"的境界就是"半半主义"的境界。

所谓的半半主义,并不是真的什么都只做一半,虎头蛇尾,而是说做事要留有余地。

实际上管理是没有完美的,好的管理要在方方面面都留有余地,让所有的事情都顺理成章、和谐有序。这样的管理才能具有适当的弹性和应变的能力,在速度上也才能取胜。

领导者做人智慧:

在方方面面都要留有余地,让所有事情都顺理成章、和谐有序。这样的管理才具有适当的弹性,才能具有应变的能力。

164. 及早拆散小圈子

小圈子一词中的"小"不是指其能量小,人数少,而是针对它只为少数人谋私利,在组织上排斥大部分人,只注重自己群体的利益,不管全局的利益而言的。有时候,"小"圈子实际上人数众多,其成员大多占据要位,活动能量很大。

管理者一旦纵容小圈子的发展,任其势力膨胀而不加干预的话,那它就会变大,或割据一方,搞独立王国,或藐视领导,公然向领导挑战。这种尾大不掉之势一旦形成就很难处理了。有时管理者即使发现了小圈子的存在,由于气候已成,处理时也不免投鼠忌器,难以下手。

小圈子之于整个组织,就如肿瘤之于人体,一旦肿瘤恶性膨胀,就有吞噬整个机体的危险,就会形成癌症,威胁人的生命。所以管理者决不能容忍小圈子的存在。

具体做法就是要么剔除小圈子中的头目,要么整个小圈子一并拔除。总之,不能坐视不理,要及早发现,及早处理。

 **领导者做人智慧：**

小圈子之于整个组织，就如肿瘤之于人体，一旦肿瘤恶性膨胀，就有吞噬整个机体的危险，就会形成癌症，威胁人的生命。所以管理者决不能容忍小圈子的存在。

165. 避开亡命之徒

亡命徒的典型语言就是"今天不是你死，就是我亡，有我没你，有你没我"、"只要给我留一口气，总有一天毁了你"。这样的人为不大一点事，就敢下毒手，拼个你死我活。惹上亡命徒就会给我们带来数不清的麻烦和损失。在亡命徒眼中，伦理道德、正义、法律一钱不值。他们无所顾忌，没有什么东西能够压服他们。

不跟亡命徒较劲，主要原因是为了不搅乱我们的正常工作与生活，而不是因为懦弱害怕。为了避免一些不必要的麻烦，就不能与这类人较劲，否则会耽误了大事。与亡命徒计较是最没有价值可言的，这种人视生命如儿戏，置公理于不顾，与这种人发生冲突一点好处也不会有。

聪明人不会作无谓的牺牲，不会卷入没有价值的冲突。社会自有正义，秩序自有法律来维持，亡命徒迟早会受到惩罚的。但我们在日常交往中，还是尽量去识别亡命徒、避开亡命徒为妙。

领导者做人智慧：

聪明人不会作无谓的牺牲，不会卷入没有价值的冲突。

166. 信任要有一个必要的过程

法国启蒙思想家孟德斯鸠说过:"权力会滋生腐败。"所以对于人才,既要大胆使用又要严密监控。否则,只会把信任变成放任,最终给企业带来巨大的损失。

"疑"并不等于不相信人,客观的、相对的"疑"恰恰是最现实的信任,这也是对人才的爱护。领导的信任是一点一点给的,这要看一个人的表现,表现了多少,领导就给多少。不要奢望企业一下子就相信一个人,这样反而是企业危机的开始。

用人在于考察,清代雍正皇帝的主张是"以临事经验方可信任"。中国的大多数国企和私企都认为录用员工时查阅人事档案,了解个人的基本信息和教育背景就足够了。但事实上,完整的背景核查远不止这么简单,它真正要考察的是候选人的信誉度和职业操守。

领导者做人智慧:

"疑"并不等于不相信人,客观的、相对的"疑"恰恰是最现实的信任,这也是对人才的爱护。

167. 打狗要看主人

有时候,有的事发生在你的职权范围内,但你未必管得了;有的人为你所属,但其实是指挥不动的"大人物"。世事错综复杂,险象环生,危机四

伏，原因就在于有一套"潜规则"。

"一朝权在手，便把令来行。"听起来很过瘾，但我告诉你，有时候千万别当真。战国时期，以"变法"而名垂青史的商鞅，就是因为把这句话当真了，他一味杀罚，就连太子老师的鼻子都敢割，结果在功成之后被五马分尸。

现实生活中，可能有时你的下属不是皇亲就是国戚，那么你一旦把权行，不小心得罪了这些养尊处优的公子哥儿，也许过一段时间，你就由于关照不好这位下属而付出沉重的代价，很有可能乌纱不保，或者连降三级。因而你行使权力的时候，一定要理解"打狗要看主人"的说法。

领导者做人智慧：

"一朝权在手，便把令来行。"听起来很过瘾，但我告诉你，有时候千万别当真。

168. 荣誉就像玩具，只能玩玩而已

一天，居里夫人的一个女友来她家做客。忽然看见她的小女儿正在玩英国皇家学会刚刚颁给她的一枚金质奖章，于是大吃一惊地问："这是极高的荣誉，你怎么给孩子玩呢？"

居里夫人笑笑说："我是想让孩子从小就知道，荣誉就像玩具，只能玩玩而已，绝不能守着，否则将一事无成。"

名誉毕竟是人的身外之物，虽然很重要，但是，人的生命更重要。为了追求身外之物的名誉，甚至送掉性命，就是舍本逐末。我们社会上有很多先进人物、知名人士，他们常常在这种名誉下，生活得很苦很累，失去了常人生活的乐趣。他们总是想着自己的一言一行、一举一动都要符合自己的身份，这就像给自己带上了名誉的枷锁，失去了生活的自由。

不为虚名所累，就是不把名看得太重，该怎么做就怎么做，该追求自己的人生目标，就不要被花环、桂冠迷住了眼睛。你应该毫不犹豫地抛开这一切身外之物，走自己的路，干自己的事，不因小成就妨碍自己的大成功，这样，才能使你获得真正的荣誉。

领导者做人智慧：

荣誉就像玩具，只能玩玩而已，绝不能守着，否则将一事无成。

169. 帮助别人得到他想要的

韩国某财团研究决定，向获得诺贝尔和平奖的金大中总统献一份礼物。可究竟献一份什么样的礼物才好呢？他们想起一句老话："赠人以良言，胜于赠人以珠宝。"于是，他们最终拿定主意，不惜花重金购买美国民主制度的经验，以此为厚礼，献给金大中总统。

英国剑桥大学的纽纳姆学院，在总统的研究方面具有很高的知名度，于是韩国财团便把这一课题交给他们。

纽纳姆学院接受这一课题之后，在卷帙浩繁的资料中追根溯源，从美国当代的民主制度一直研究到美国第一任总统华盛顿的民主建国思想。在研究华盛顿民主建国思想的来源时，他们追溯到了"一棵苹果树"的故事。

华盛顿14岁的时候，在自家的后院栽了一棵苹果树。他父亲见到后对他说："你若想将来吃到苹果，就应该把它种在有阳光的地方，并且不断地给它浇水施肥。"在转身离开的时候，父亲又加了一句："如果你帮助别人得到他想要的，你就能得到你想要的。"

纽纳姆学院的研究结论强调指出，史料上明确记载，华盛顿在1787年费城立宪大会上，曾反复使用了他父亲当时说过的这句话，正是这句话，影响了华盛顿一生的奋斗方向，促进了美国民主制度的诞生——这句话正是美国民主制度完善经验的精华和核心。

韩国某财团向纽纳姆学院支付了200万美元，买下了苹果树下的这句话——"如果你帮助别人得到他想要的，你就能得到一切你想要的"，并将它赠送给金大中总统。

这一消息在韩国披露后反响热烈，得到了有识之士的高度评价。从此，韩国财团花200万美元买来的这句话，成为家喻户晓人人皆知的名言，成为许多韩国人指导自己生活的行为准则。

在这个世界上，100%的人都想得到，其中99%的人希望自己得到，而别人得不到；只有1%的人愿意让别人先得到，然后自己得到，结果，只有1%的人获得了真正的成功。

领导者做人智慧：

先让别人得到的人，自己得到了很多；不让别人得到的人，自己也什么都得不到。

170. 识时务者为俊杰

历史上凡是阻碍大局的人，没有不遭祸害的。因为阻碍与被阻碍是两个方向相反的力，它们之间不存在共同的利益。刘备杀张裕，诸葛亮为他求情，刘备说："芳草和兰草有什么罪！罪就在生长得不是地方。"宋太祖（赵匡胤）讨伐南唐李煜，徐铉请求暂缓用兵，太祖说："卧榻之侧，岂容他人酣睡！"酣睡有什么罪？罪在睡的不是地方。

狂人的后代花氏兄弟二人，对上不向周天子称臣，对下不同诸侯结交来往。自己在原野上耕种，吃从它上面长出来的东西；自己在原野上凿了口井，喝从它里面拎上来的水。这明明是空谷幽兰，明明是酣睡在自己家榻上，似乎可以免掉祸害了。但姜太公来到营丘后，首先就把他们杀了。这是

什么道理呢？因为太公在这个时候，正想用官爵俸禄驱使豪杰，偏偏有两个不肯接受官爵俸禄的人横空拦阻在前面。这显然是阻碍了路线，如何容得他们？

逄蒙杀死后羿，是先生阻碍了学生的路；吴起杀死妻子，是妻子阻碍了丈夫的路；乐羊子吃羹（儿子的肉做的），是儿子阻碍了父亲的路；周公杀管叔鲜、蔡叔度，唐太宗杀李建成，是哥哥阻碍了弟弟的路。

可见路线冲突了，即使是父子兄弟夫妇，都要起杀机的，更有何义气可谈！

领导者做人智慧：

历史上凡是阻碍大局的人，没有不遭祸害的。因为阻碍与被阻碍是两个方向相反的力，它们之间不存在共同的利益。

171. 用切身利益拴住合作者

世人各为自己打算，真心的合作是非常难的。要想对方死心塌地与你合作，最好的办法就是一根绳子拴两只蚂蚱，跑不了我，也蹦不了你。将两个人的利益紧紧地绑在一起。这恰如孙子所说的"夫吴人与越人相恶也，当其同舟共济，遇风，其相救也，如左右手"。这就是"拴羊吃草"的内涵。如何拴住"羊"呢？方法就是"断其下翎"。"夫驯鸟者断其下翎焉。断其下翎，则必恃人而食，焉得不驯乎？夫明主牧臣亦然，令臣不得不利君之禄，不得无服上之名。夫利君之禄，服上之名，焉得不服？"

"夫妻本是同林鸟，大难临头各自飞。"被人誉为一生风雨同行的夫妻尚且如此，更何况其他与你生死无关痛痒的人，在利益面前又怎能保证不出卖你。所以，"同舟共济"的意义是指在困难面前，彼此能够互相救援，同心协力。而通常情况下，同舟之人可以齐心协力，但天下没有不散的宴席，建立在一定利益基础之上的"同舟",总有各奔东西的一天。

世上不乏这样的人:当你得势时,他恭维你、追随你,信誓旦旦愿意为你赴汤蹈火,但同时也在暗中窥视你、算计你、搜寻和积累着你的失言、失行,作为有朝一日打击你、陷害你并取而代之的秘密武器。公开的、明显的对手,你可以防备他,像这种以心腹、密友的面目出现的对手,实在令人防不胜防。

 领导者做人智慧:

要想对方死心塌地与你合作,最好的办法就是一根绳子拴两只蚂蚱,跑不了我,也蹦不了你。

172. 不要给对手反咬一口的机会

社会是现实的,竞争是残酷的,对自己的对手心慈手软,下不了手,就是对自己的残忍。

心慈手软对政治家、军事家来说,都应该算是致命的弱点。他们面对的是你死我活、你上我下的斗争,对敌人的仁慈就是对自己的残忍,这个道理是显而易见的。比如楚汉之争,本来是你死我活的事情,项羽在关键时刻,却来个"妇人之仁",放刘邦一马。放的结果是虎归山、龙入海,结局只能是"霸王别姬"。

对于已经被"赶走"的竞争对手,并不能放任不管,也不能放虎归山,而应该紧紧地尾随其后,稍松一些,不过分紧逼罢了。而不紧逼的目的是为了"疲其气力,消其斗志",进而减退其势,达到最后消灭的目的。

如果你对已经被"赶走"的竞争对手不能将之彻底打垮,就等于放虎归山,后果将不堪设想,往往等对手喘过气之后还会反咬一口。

每个人都知道"人在矮檐下,不得不低头"的道理,那只是他在失势时

的一种不得已，然而他一旦翻过身来，就会让你好看。对于品性恶劣而又心怀叵测的下属来说，领导者决不可面慈心软。你看历史上成大事的人，有几个靠温柔取得天下？

 领导者做人智慧：

心慈手软对政治家、军事家来说，都应该算是致命的弱点。他们面对的是你死我活、你上我下的斗争，对敌人的仁慈就是对自己的残忍。

173. 有大勇者，猝然临之而不惊

苏东坡曾总结成大事者的心理素质时说："天下有大勇者，猝然临之而不惊，无故加之而不怒。"就是说，这些人不论在多么困难、危险的情况下，不论遇到多大的打击，都不会惊慌失措，而是能保持冷静，不乱方寸，以平静的心态去应对。

许多人在紧急关头，往往仓促变化，结果反而自暴其短。此时如果保持平静，稳住阵脚，根本不需要什么变化，反而更有利。即使变化，也应站稳脚跟，计议成熟才可付诸实行。一般情况下，变化之中，要坚守"稳"字和"慎"字。稳则不失根本，慎则不轻举妄动。曾国藩无论用兵为政，都把这两个字视为基本原则，一再告诫部下切记不忘。

曾国藩的性格就十分谨慎，这恐怕也是所有大人物的共同特征。因为他们所关心的多是大事，享有大名，握有大权，稍有不慎，其结果就非同小可。所以，越是居高位的人，越容易谨慎。

李鸿章就曾指出曾国藩行事"懦缓"，也就是胆子小。其实说胆小未免过当，因为曾国藩办事常常"生死以之"，已将生死置之度外，为官则"弃官如履"，对权力并非孜孜以求，他又怕什么呢？"懦缓"，说明他心有顾忌，不敢过于放纵，以至于造成恶劣后果。

曾国藩曾说，聪明之人，往往觉得天下事都很容易办，实则恰恰相反。对于一个人来说，自己的聪明才智毕竟是有限的，而天下之大，事变之多，绝非一两个人的才智所能解决。因此儒家传统思想常常提醒人们，要时时有临渊履薄的谨慎，这样才不至于犯下太大的过错。

左宗棠、李鸿章都属于自负聪明之人，他们的行事风格与曾国藩就不一样。左宗棠为人刚猛狂傲，很少忌讳，他对曾国藩过于谨慎的风格也很看不惯，一度十分鄙视。他行事则大胆率直，办了很多大事。但也正因为这种性格，使他一度还有性命之忧，后来更吃了大亏。李鸿章与之相比更多机智狡诈，因此青云直上，操纵晚清政局20余年，但诚如有的人所说，他要的聪明多是小聪明，掌权时间虽长，却无重大建树，反而背上了骂名，至今也无法洗清。曾国藩的谨慎，正使他避免了这两个人的毛病。

**领导者做人智慧：**

变化之中，要坚守"稳慎"二字。

174. 树立一个不好惹的形象

如果你看起来软弱可欺，最终也必然为人所欺。因为一个人表面上的软弱，事实上也助长和纵容了别人侵犯你的欲望。

行世者应该有一点锋芒，虽然没必要像刺猬那样浑身带刺，至少也要像那些凶猛的动物一样，让人觉得你不好惹才是，这样才能保护自己的利益。特别是对于那些没事找事的恶人，更应如此。树立一个不好惹的形象，可以确保自己不受欺侮。因为这一形象在时刻提醒别人，招惹你是要承担后果并付出更大的代价的。

因此，通过某些形式、某种物品、某个动作，给小人一种暗示，自己绝对不是好惹的，更不是好欺负的。实际上是告诉小人，一旦被逼急了，羔羊

也会变成猛虎,"兔子急了还会咬人",更何况人!这里,虽然没有明火执仗的对抗,没有拳脚相见的冲突,但它也是一种较量,是一种力量和意志、人格的显示。

树立一个不好惹、不受气甚至敢玩命的形象是很重要的。有了这一形象,就再也不用担心别人敢平白无故地欺侮和招惹你,你的权利也自然就保住了!

领导者做人智慧:

树立一个不好惹的形象,可以确保自己不受欺侮。因为这一形象在时刻提醒别人,招惹你是要承担后果并付出更大的代价的。

175. 慈不掌兵

一个杰出领导者的经验是:一旦采取坚决的措施,就变得冷酷无情。即使当他们不得不解雇某人时,也并不因内疚而变得犹豫不决。一旦认准时机,便要出手利落,坚决果断,毫不容情,决不犹豫不定,反复无常,拖沓累赘。这样做也是在众人面前显示:我的做法是完全正确的,适宜的,我对我的做法毫不后悔,充满信心,这是最好的选择。同时要加强对员工的约束,有强化纪律的书面规范,保证下属受到公平的对待,避免一时冲动给他们不恰当的惩罚。

管理者要有"狠心肠",才能使被罚者有切肤之痛,并让其他人受到警示,避免犯同样的错误。面对一个犯错误的部属,一旦姑息,下次别的人犯同样的错误时,也就无法斥责了。渐渐地你的刀口越来越钝,没有了锋芒,最后你会落得谁也不敢批评的境地,无法继续领导部属。领导要站在公司的立场上向员工摊牌,详细说明开除的原因,即使当时员工接受不了,相信你客观公正的态度也不会让任何人有异议。当然,开除员工这样重大的事情一定要慎重，同时还要照顾到大家的情绪。

 **领导者做人智慧：**

管理者要有"狠心肠"，才能使被罚者有切肤之痛，并让其他人受到警示，避免犯同样的错误。

176. 好汉不提当年勇

许多主管一开口，就喜欢以"我年轻时……"或"我当你这么大的时候……"等话，作为自我吹嘘的材料。他深知，对方绝不可能会有与他相同的经验去加以证实。因此，他乐于此道。

然而他忽略了一点，那就是别人在听这些话时，一点也不觉得有趣，聆听他人的失败经验，或许还能获得"他山之石，可以攻玉"的效果，而听一些自我吹嘘、自我夸饰的话，则是毫无所得。可笑的是，许多年轻的领导，最容易犯这个毛病。

"又开始了"，多数下属会在暗地里嘀咕，而表面仍装着仔细在听，所以这些领导就更不知趣地滔滔不绝了。

这种自我表现的欲望，不只是未成熟的年轻人才有，即使那些德高望重的年长者，也有这种情况。

实力是一种具体存在的东西，不经自我宣传，别人也会察觉。

一个真正有涵养的人，往往也是最谦虚的人。所谓"愈成熟的稻穗愈往下垂"便是这个道理。

 **领导者做人智慧：**

实力是一种具体存在的东西，不经自我宣传，别人也会察觉。

177. 重用有情有义的人

明英宗时，都指挥使马良深受英宗的赏识。有一年，他的妻子死了，英宗便派人去安慰他，得知他已数日不出门。英宗惊问其故，有知内情的人说："马良正在办喜事，新娶了一个妻子。"于是英宗心想："这家伙对前妻如此无情无义，又怎会忠心于我？"因而从此疏远马良。事实也是这样，一个连爱妻之心都没有的人又何谈爱人？更无须谈爱国忠君了，这样的人又怎么能重用呢？

人们交友，爱交有情有义之人，用人亦是如此。用有情有义之人，他们会尽职尽责地把工作做好，同时他们为报知遇之恩，也会鞠躬尽瘁。有一大批有情有义的下属，攻城不怕城不破，办事不怕事不成。这些人一旦被领导予以重任，便会竭尽全力地工作，成为领导的得力助手。所以，要想振兴企业，创造辉煌，做领导的一定要重用有情义的人。

领导者做人智慧：

有情才能有义，无情者无义。

178. 不以出身论英雄

把出身作为一种选人、用人的主要条件，是一种陈腐的用人观念。以出身取人的用人者，门第观念十分严重，这些用人者不问人的德才如何，只关心人的身份家世。在他们看来，"龙生龙，凤生凤，老鼠生儿会打洞。"人的出身决定了他的能力，理当成为一个人被任用与否的重要条件。

出身高贵的未必德行高尚，许多王公将相世代公卿，在民族危亡之际，想的不是力挽狂澜，救民于水火，而是怎么样苟且自保，甚至卖国求荣；出身卑贱的未必品德卑劣，历史上舍生取义、铁骨铮铮的汉子，多来自于下层。出身富贵的未必知识丰富，出身贫贱的未必才干拙劣，这是人所共知的道理。

领导者不想在识人的过程中出现失误，就必须改变自己的识人之法，打破传统观念，以企业的实际需要去观察人才、考验人才，这样才能有所作为。相反，如果光是用教条的办法评判下属，肯定是自己给自己堵死了一条活路，更谈不上识准人才了。

出身卑贱的未必品德卑劣，历史上就舍生取义、铁骨铮铮的汉子，多来自于下层。

179. 不施霹雳手段，难显菩萨心肠

一般人都喜欢温暖而厌恶寒冷，喜欢凉爽而厌恶炎热。然而如果冬天不冷，夏天不热，那么不仅万物无法生长，人也容易患上各种疾病。领导者如果在执行规章制度的过程中过分仁慈，实际上是在诱导员工违章受罚。以过分宽大开始，往往会以十分严厉结束；追求少用处罚的人，将来必然导致频繁处罚。

佛家有一句话叫："不施霹雳手段，难显菩萨心肠。"所谓"霹雳手段"，就是对存在的违规行为，依法治理，绝不手软；所谓"菩萨心肠"，就是在严格管理之中，体现对员工根本利益的尊重和维护，该严则严，该宽则宽，该帮的则一定要帮。只有如此，领导者才能与员工形成根本利益上的一致

性，使可能出现的矛盾在这个基础上得到化解。

我们都知道孙武为吴王训练女兵，为正军纪而杀吴王爱姬的故事。如果他心慈手软，对各种违反军中规定的行为不加以惩罚，特别是对皇帝宠姬的犯规行为加以纵容甚至刻意讨好，那么必然会军纪废弛，军心涣散。这样一支军队上了战场，必然会溃不成军，损失惨重，不知有多少士兵要因此而丢掉性命。

这样的话，本来想讨下属喜欢的领导者，反而会落得天怒人怨的下场。一个对员工滥施"妇人之仁"的领导者，并不是真正的关心和爱护员工，而是在拿企业和员工的前途做代价，维持一时的绥靖。

领导者做人智慧：

一个对员工滥施"妇人之仁"的领导者，并不是真正的关心和爱护员工，而是在拿企业和员工的前途做代价，维持一时的绥靖。

180. 妇人之仁要不得

女人的特点之一是心肠特别软，她们容易感动，意志容易受到情绪影响而动摇。这种特色在有孩子的妇女身上尤其明显，因为她们全身的血液流着一种母性的爱。当孩子犯错误流着眼泪时，妇女都会抱着他，原谅他。这种爱有时显得很没原则，很不理性，甚至是非不分。古人便将有这种特性的爱称之为"妇人之仁"。

一个人的恶行因为你的"妇人之仁"获得了宽容，但有时你的"妇人之仁"不但没有感动他，反而让他有另外的机会犯下恶行，对别人造成伤害。

因此，"妇人之仁"不是好事，可是，天生心软的人怎么办？难道注定在人性丛林里做个被剥削、被凌辱者？这种人应该训练自己的思考与判断，用理性与智慧来指引自己的行为，而不要让感情牵动。这需要时间，也需要面对"挥泪斩情丝"的痛苦。

"妇人之仁"的风险和代价很高，如果不能去除这种感情物质，那么你只好庆幸自己还没有遇到坏人了。

领导者做人智慧：

一个人的恶行因为你的"妇人之仁"获得了宽容，你的"妇人之仁"不但没有感动他，反而让他有另外的机会犯下恶行，对别人造成伤害。

181. 以德报怨，应该缓行

什么是"以德报怨"？就是别人对我有怨恨，我不但不报复，还用恩惠来对待他。

唐朝时有一个人叫娄师德，官至宰相。他的弟弟要去代州当官。临行前，娄师德对弟弟说："我没有多少才能，现位居宰相，如今你又做了州官。得的多了，会引起别人的嫉恨，你该如何对待？"

他的弟弟回答："假如今后有人往我脸上啐唾沫，我也不说什么，自己擦了就是。"

娄师德说："这正是我担心的。别人啐你，是对你有怨恨。你把唾沫擦了，这就是抵挡别人发泄怒气。唾沫不擦，自己也会干的，倒不如笑而接受呢。"

娄师德的做法，就是"以德报怨"。

"以德报怨"好不好？也好，也不好。说它好，是因为这种做法可以避免激化矛盾，还可能感化对方，化敌为友。说它不好，是因为有时候对方不但不领情，反而还认为你软弱可欺，于是变本加厉伤害你。

如果对方明明不对，你还"以德报怨"，那就会助长他的气焰，使他在错误的路上越走越远。而你实际上是在纵容、鼓励他的错误，你就有罪过

了。

《论语·宪问篇》记载,有人对孔子说:"拿恩惠来回答怨恨,怎么样?"孔子说道:"那拿什么来酬答恩惠呢?应该是以直报怨,就是拿公平正直来回答怨恨;以德报德,就是拿恩惠来酬答恩惠。"(原文是:"或曰:'以德报怨,何如?'子曰:'何以报德?以直报怨,以德报德。'")

当别人做了对不起我们的事,或者对我们有怨恨,我们既不去做相应的报复,你打我一拳,我就踢你一脚;也不委曲隐忍,人家打了我们左脸,我们不但不生气,还把右脸送过去让他打。我们要以正直之道来回应他。

有小人嫉妒我们,怨恨我们,造我们的谣,我们不要"以其人之道还治其人之身",反造他的谣,也不要吃哑巴亏,一味忍让。我们要在适当的场合,适当的时机,采取适当的方式揭露他,要他赔偿我们的名誉损失。

应该说,"以德报怨"不失为一种处理人际关系的方法。当我们在一些无关原则的问题上与人产生矛盾时,我们"大人不计小人过",迁就、忍让,用恩惠来回答对方的无理举止,这显示出了我们的涵养、度量,也能够使人际关系的矛盾得到缓和。但是,事关原则,我们依然迁就、忍让,就是是非不分了。

领导者做人智慧:

对待侵犯我们的人,要以直报怨,在适当的时机让他知道你的厉害。

182. 远离诚信危机

信誉是什么?就是忠诚,不欺骗。《论语》中说:"吾日三省吾身:为人谋而不忠乎?与朋友交而不信乎?传不习乎?"古人特别讲究"为人谋"要忠诚,"与朋友交"要讲信誉。

对领导者来说,信誉是一种资本,是一种"金不换"的资本。有信誉就可以聚合队伍，可以取信于人。在很多时候，办企业和做人一样，实际上是一个永无止境挣信誉的过程。因此，一位知名企业家曾感叹天底下最容易挣的是钱，最难挣的是信誉。为什么这样讲？因为他认为钱是那种靠技巧和力气就可以挣到的东西，无非是挣多挣少的问题。而信誉是不能靠技巧挣到的，要靠内在的品质与自觉。因此，一个政府、企业或者个人，如果透支信誉，必定会付出惨重的代价。

由香港影星成龙演绎的那则广告，使"爱多"几乎家喻户晓。在胡志标这个年仅30岁的广东青年带领下，爱多公司创建了中国VCD市场最响亮的牌子。

到2000年，历经了债务堆积、广告停播、股东危机、法院封楼、员工离开等一系列的打击后，红极一时的爱多终因欠巨额债务而陷入了困境，破产在即。到了4月份，爱多危机爆发一年整，胡志标又出了事，因涉嫌商业欺诈，被警方刑事拘留。因此，有理由问一下，号称"我们一直在努力"的爱多和它的领导者胡志标"一直在往哪儿努力"？

爱多走到今天，其中一个最低级的错误，便是缺乏最基本的商业信用。1999年初，在爱多初现病象的时候，据《中国企业家》杂志披露，爱多连起码的商业信誉都不讲。爱多的一位供应商曾说，他们公司与爱多合作几年了，当初为了争取爱多的订单下了不少的工夫，认为与爱多合作是一次好机会。谁知好景不长，从1997年底开始，爱多先后占用该公司资金800多万元，现在还欠着500多万元。另一家公司也反映，在与爱多公司合作的几年中，对方从一开始就未能按时履约支付货款，至今仍有240多万元货款未还。这位供应商还表示，爱多林老板（胡志标妻）曾经亲口表示："我公司作出如下承诺：12月（1998年）结束前40万元的期票兑现给贵公司；1月（1999年）前付出85万元，春节前付清余款，还望贵公司能接受此计划。"可是，直到现在还是一分钱未还。尤其让这位供应商不解的是，1998年12月19日，爱多还开出了一张40万元的空头支票！同样收到空头支票的另一位供应商直言不讳地批评说，爱多工作效率低，与合作方没有诚意。

写到这里，即使读者不知道爱多为何会有今天的尴尬，也能理解爱多为什么会衰落，一个不讲信誉的公司迟早会被市场所淘汰。

作为中央电视台的标王、VCD的龙头老大，通过广告轰炸，爱多在人们

心目中已经树立起了非常好的品牌形象，可以这么说，爱多在人们心目中的地位是超出一般的VCD品牌的。由于人们对爱多的期望偏高，而爱多本身的技术和管理却跟不上，与一般品牌的VCD技术没有差别，这必然导致其在人们心目中的地位的滑坡。可以说，爱多夺得标王，进行广告轰炸，其实质是在透支其信誉，透支爱多这个品牌，而这种透支的结果，迟早会给企业、给胡志标带来巨大的不幸。

而且，胡志标本人涉嫌商业诈骗行为，被警方拘留，这样的事情也不多见。在中国比较知名的民营企业家当中，胡志标好像是破天荒的第一人，成了"第一个吃螃蟹的企业家"。如果大家都这样吃螃蟹，中国肯定没的救了，更别说"播种爱心，创造未来"。胡志标曾经抱怨："所有的人都对不起我，都是请来的咨询策划人害了我！"却极少反省自己，他应该好好问一问自己："我对得起别人吗？我有信誉吗？"

 领导者做人智慧：

天底下最容易挣的是钱，最难挣的是信誉。一个政府、企业或者个人，如果透支信誉，必定会付出惨重的代价。

183. 许多伟大的领导者都是"独行侠"

在许多人的观念里，领导者必是善交际、有口才、热情开朗的人，其实，许多伟大的领导者都是"独行侠"，他们经常需要长时间独处，以思考和筹划。

审视一些伟人，如佛罗伦斯、南丁格尔、丘吉尔、拿破仑、戴高乐等，就不难发现，正是这种特立独行的性格使他们成为与众不同的人，使他们取得了令世人瞩目的巨大成就。

领导者似乎需要很多独处的经历。小汤姆·卜法曾以500美元的投资赚得大笔财富。他发现，每周一天独自跑步或独处对他的生意十分有益。他通常在海边别墅度过安静的周末，以确保他能静心思考所面临的问题。卡尔·桑德堡推测，林肯之所以如此伟大，部分原因是来自那几年在树林独处、以斧为伴的生活。

《圣经》中有一个故事，说耶稣在每次忙碌的医治与教导开始之前，都趁着天未亮到旷野里祷告。一天清晨，彼得找到正在祷告的耶稣，说了一句有名的话："老师，众人都在找你。"这个故事说明，时常从群众中抽身而出的独立思考者，往往是群众最想追随的人，因为他是个有决策能力的人。

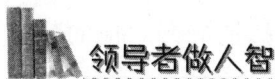

正是这种特立独行的性格，使领导者成为与众不同的人，使他们取得了令世人瞩目的巨大成就。

184. 战胜"成为领头者"的压力

成为一名领导者，很多未知的领域有很多未知的问题等待着你，要你一个人独自面对——虽然你有一些下属，但他们都在看着你，等待着你的决定。在一群羊中，压力最大的是领头者，它不但要行走，更要思索，并且为后果负责。一个很大的压力，有时甚至有积极的影响——它促使你发生质的变化，成为一名真正的领导者。

经历改变感知，这种理论在斯蒂芬·克莱恩的小说《红色英勇勋章》中得到了阐述。它以美国南北战争为背景，讲述了联邦军队一名年轻新兵和他初次作战的故事。

那时，和其他年轻人一样，亨利·弗莱明渴望荣誉，他不顾母亲的反对加入了联邦军队。在他参加的第一次战斗的准备期间，亨利考虑到自己可能会因太害怕而不能作战的可能性，但是他排除了这个念头。他一生中都在梦

想着战斗，而现在机会来了。在一系列错误的警报之后，亨利最终经历了真正的、惨烈的战斗。他周围的士兵或阵亡或受伤，这与他希望的敌人伤亡、我军大胜的梦想正好相反。正当他庆幸战斗结束时，敌人再一次发动进攻。这对亨利·弗莱明来说压力太大了。他扔掉了枪，像兔子一样无耻地逃跑了。

他的脸上充满着恐惧。他逃离了战斗，他的害怕就更加剧了。

在恐惧和迷惑中，亨利在战场边上的一座森林里盲目地走着。他试图询问另一个联邦军队的逃兵该怎么办，但是，那个吓坏了的人神经质地用枪托对他猛击，把他打晕在地。恢复知觉后，亨利重新回到前线加入了他的部队——他的战友错误地认为，他头上的伤口是与敌军作战造成的。他的精神则被他们对他敬佩的态度所鼓舞。

不久，亨利重新陷入激烈的战斗中。然而这一次，他变了一个人似的。他已经遭遇了战争的恐怖并幸存了下来，这个经历改变了他。现在，与因恐慌而逃走相反，他像一只猎豹一样英勇作战。

当掌旗军士被击倒后，亨利抓过旗帜并吹起冲锋号。他因英勇而受到了表彰，当他胜利离开战场时，亨利思索着他经历的深刻变化：他曾经差点就光荣牺牲，当他经历了鲜血和愤怒的痛苦后，他的灵魂发生了变化。他从硝烟弥漫的战场憧憬着宁静生活的前景，就好像弥漫的战火已不存在，伤疤像鲜花一样消退……他摆脱了战争的恐惧，可怕的噩梦已成往事。

另外，在对参加越战的美国士兵的研究中发现，一些军人的压力激素水平，在激烈的战斗中比不在战场时要低。那些经过高度训练并有很强组织凝聚力的精英部队更是如此。在军事医学中，部队离"第一线"越近，他们越不可能抱怨生病和各种苦恼（当然重伤和死亡是另一回事）。忧心忡忡的后方人员，实际上会比前线突击队员感觉更糟。

领导者做人智慧：

一个很大的压力，有时甚至有积极的影响——它促使你发生质的变化，成为一名真正的领导者。

185. 不患寡而患不均

当一个人做出成绩并取得报酬以后，他不仅关心自己所得报酬的绝对量，而且关心自己所得报酬的相对量。因此，他要进行种种比较来确定自己所获报酬是否合理。一种比较称为横向比较，即将自己获得的"报偿"与自己"投入"的比值与组织内其他人做比较，只有相等时，才认为公平。另一种比较是纵向比较，即把自己目前投入的努力与目前所获得报偿的比值，同自己过去投入的努力与过去所获报偿的比值进行比较，只有相等时他才认为公平。还有一种是本组织内的人与组织外的人相比较而产生的对公平的判断。

员工通过以上比较，来判断自己是否受到了公平的待遇。这种判断直接影响到他的情绪，他的工作行为。不公平感的消极作用是十分明显的，它不仅压抑一个人健康向上的良好心境，而且影响他的聪明才智与创造才能的发挥。最近一项研究证实，如果从上级那里得到公正待遇，那么员工的血压会维持在低水平，心脏病的发病率也比受到不公平待遇的人低30%。因此，专家认为，公正能使企业员工慢性压力减小，也意味着员工患冠心病的风险减小。

为体现公平、公正的原则，必须反对平均主义，克服"一刀切"的简单做法。平均主义与激励是"冰炭不同器，水火不相容"的，正是因为多年的平均主义，才使中国企业效率低下，员工懒散。据调查，实行平均奖励，奖金与工作态度的相关性只有20%，而进行差别奖励，则奖金与工作态度的相关性达到80%。差别性是激励的重要原则。实行公平、公正激励，还必须对全体员工一视同仁，不偏不倚。不能允许有人借助权力因素或私人感情搞特殊化。否则，将产生严重的负面效应，影响员工队伍的稳定，损害组织的利益。

古人云"不患寡而患不均"。如果不是把这个"均"理解为绝对平均，

而是理解为获得与投入相匹配的报偿,那将是一种理想状态。在这种状态下,员工的心态最为平衡,效率与效益也最高,压力感也最小。

领导者做人智慧:

不公平感的消极作用是十分明显的,它不仅压抑一个人健康向上的良好心境,而且影响他的聪明才智与创造才能的发挥。

186. 有人说讨厌恭维、愿听批评,别信以为真

有的人说自己讨厌恭维,愿听批评,这是他的门面语,你如果信以为真,毫不客气直率地批评他的缺点,他表面上未必有所表示,但内心却是十分不高兴,对你的感情,只会淡薄,而绝不会增进。

汲黯是汉朝出名的贤人,文帝是汉朝出名的贤君,汲黯说文帝"内多欲而外施仁义",文帝深觉不悦,汲黯因此终生不曾得志。所以会说话,是处世的本领,是一门艺术。

德皇威廉二世派人将一艘军舰的设计图交给一位造船界的权威人士,请他评估一下。他在所附的信件上告诉对方,这是他花了许多年、耗费不少精力才研究出来的成果,希望能仔细鉴定一下。

几个星期之后,威廉二世接到了这位权威人士的报告。这份报告附有十分详细的分析推论。文字报告是这样写的:"陛下,非常高兴能见到一幅美妙的军舰设计图,能为它作评论是在下莫大的荣幸。可以看得出来这艘军舰威武壮观、性能超强,可以说是全世界绝无仅有的'海上雄狮',它的超高速度前所未有,而武器配备可以说是举世无敌,配有世上射程最远的大炮、最高的桅杆;至于舰内的各种设施,将使全舰的官兵如同住进一间豪华旅馆。但这艘举世无双的超级军舰还有一个小缺点,那就是如果一下水,马上就会像只铅铸的鸭子般沉入水底。"

本来就是玩票性质的威廉二世，看到了这个报告，不禁会神地笑了。

其实这位造船界的权威人士的意思就是：这张设计图根本是张废纸。但他如果真直言不讳地说："陛下，你的设计图一点儿也不适用，只是一个空架子。"结果会怎样呢？你用脚指头想都知道了。

如果说话没有分寸不讲技巧，是很难让别人心平气和地接受的，哪怕出发点是好的，是为别人着想。因此你在劝告别人时需要给话语裹上一层糖衣，让别人如沐春风，你也必定拥有一个处于春天的人生。

 领导者做人智慧：

如果说话没有分寸不讲技巧，是很难让别人心平气和地接受的，哪怕出发点是好的，是为别人着想。

187. 算得太精明了，反而赚不到钱

台湾"塑胶大王"王永庆说："买的也要吃饭，卖的也要吃饭。"如果买方恨不得卖方出血，卖方恨不得一块烂铜卖成金子的价钱，这就是不给别人留余地了！

所以，华人首富李嘉诚说："一单生意只有自己赚，而对方一点不赚，这样的生意绝对不能干。"

对谋利而言，算得太精明了，反而赚不到钱。

这是什么原因呢？因为大家都好利，你只要把牢大处，小处有一两分便宜给人，别人尝到甜头，自然乐意与你交易。只要"水"天天从你这里过，你永远不会缺水。若是太精明，滴水不漏，别人跟你打交道，得不到什么好处，反而一不小心就上当，那么他在跟你打交道时，会变得越来越谨慎，甚至断绝跟你的交易。大家都改了水道，不从你的水库里过，你怎能不水干见底呢？

王永庆的管理理念是：点点滴滴求其合理化。他领导的台塑集团，经常投资建厂，对建筑成本的核算几乎到了精确入微的程度，其成本核算手册足有一本书厚，对于各项材料和人力使用的标准都一一陈列分明。所以，台塑的建筑成本控制居世界顶级水平。假设美国人要100元来建的房子，日本人需要80元，而台塑只需要70元。仅此一项，就为台塑节省数十亿台币。

但在与客户合作方面，王永庆并不大算。比如有一年，因石油危机，导致台塑生产成本大幅升高，其他同类公司纷纷提高产品售价，但王永庆为了保障客户的利润，决定降低本公司的利润目标，维持原价不变。他的想法是，这样做台塑短期受损，却长期有利：把一元钱留给客户赚，客户发展壮大了，多跟台塑做生意，就可能为台塑带来两元钱的利润。既然如此，何必怕客户赚钱呢？

做生意即是做人。人生是奇妙的，要做出艺术水准，或者至少高于一般水准，确实需要用慧心去领悟其道。赚少多得，赚多少得，看似不合逻辑，但其中肯定有某种必然如此的道吧！这种道只有智者能够领悟并奉行之，所以成大事的总是这些人。

领导者做人智慧：

若是太精明，滴水不漏，别人跟你打交道，得不到什么好处，反而一不小心就上当，那么他在跟你打交道时，会变得越来越谨慎，甚至断绝跟你的交易。

188. 不要过早地决定接班人

对于公司经营发展前途，公司的后继接班人选是件相当重要的事。接班人问题，是任何公司都要面临的问题，只是面对的形式不同而已。领导者不论是有任职期限的还是没有明确任职期限的，都要在在位时物色培养好自己的接班人，否则在你任职期满或退休后，公司就会陷入混乱，甚至使公司一蹶不振。

接班人不应只有一个，而应是多数。当然，到最后只能有一个。但未到最后关头，不要做出这个决定。过早决定接班人，除了不利于自己今后的管理工作之外，还会影响其他人的士气。接班人如果已内定，自己再奋斗也就无价值了——这是人们普遍的想法。而且对接班者本人，也容易滋长骄傲情绪，甚至萌发野心提前"抢班夺权"，使一个原本优秀的人才毁于一旦。

要多选几个候选人，告诉他们都有做接班人的机会，但要经过观察和锻炼。这几个人就会奋力争先，相互竞争。公司再以增强扩充个人的经验为由，不停地互调职位。这不但具有训练的效果，更会显露出各人的才能和短处。

可以在适当的时候给接班人独当大任的机会。看他是否会为所欲为。这种实习对接班人是绝对必要的。

领导者做人智慧：

过早决定接班人，除了不利于自己今后的管理工作之外，还会影响其他人的士气。

189. 树立一个"虽然脾气不好，但心肠很热"的形象

领导者在工作中，不免有生气发怒的时候，这足以显示领导者的威严与权势，对下属形成一种震慑的效果。应该说，对那种"吃硬不吃软"的下属，适时发火施威，常常胜于苦口婆心和"温情脉脉"。

适度、适时发火是必须的，特别是涉及原则问题或在公开场合碰钉子时，或对有过错的人帮助教育无效时，必须以发火压住对方。况且领导者确

实为下属着想，为工作着想，领导的火气，也能被下属所理解。

即使你所发之火是完全正确的，但也应注意发火的尺度。

首先，发火不宜把话说过头，不能把事情做绝，而要注意留下感情补偿的余地。领导者一言九鼎，在大庭广众之下，一言既出，驷马难追。而一旦把话说过头，则事后便骑虎难下，不好收场了。

其次，发火宜虚实相间。对有些人应当众说服，不动肝火，这既能防止和制止其错误行为，也能显示出领导人运用威慑的力量，设置了防患于未然的"第一道防线"。但对有些人则不宜真动肝火，而应以半开玩笑半认真的方式去进行这种虚中有实、情意双关的表达，使对方既不能翻脸又不敢轻视，内心往往存有顾忌。

另外，发火时要注意树立一种被人理解的"热心"形象，要大事认真，小事随和，轻易不发火，一旦发火就要叫人服气，长此以往，领导者才能在下属中树立起令人敬畏的形象。从日常观察中可见，令人服气的发火总是和热诚的关心帮助联系在一起。领导者应给下属留下自己虽然脾气不好但心肠很热的印象，从而使发火得到人们的理解和赞同。

最后，发火应不忘善后。领导者发火，不论怎样高明总是要伤人的，只是伤人轻重不同而已。艺术地善后应体现出明暗相济的特点。"明"即是领导者亲自登门谈心、解释甚至"道歉"，对方有了面子，一般会顺势和解。"暗"是指对器量小者发火过了头，如果面谈也不易挽回时，便采用"拐弯抹角"或"借东风"的方法，例如在其他场合，故意对第三者讲他的好话，并适当说些自责之言，使这种"善后语言"间接地传入他的耳中，这种背后的好话很容易打动、感化他。另外，也可以在他困难的时候暗中帮忙。这些暗中善后，会使他对领导者由衷地感激。

领导者处理任何问题时，都应该遵循对事不对人的原则。这样不仅真正地做到了尊重下属，而且也有利于问题的解决。

发火时要注意树立一种被人理解的"热心"形象，要大事认真，小事随和，轻易不发火，一旦发火就要叫人服气。

190. 退让而不退步，失位而不失势

对于上司来说，好的员工就要具备好的执行力，而不找借口就是执行力的最佳表现。无论做什么事情，都要记住自己的责任，无论在什么样的工作岗位上，都要对自己的工作负责，不找任何借口地去执行。

如果你不幸与上司发生了冲突，那么你要做的是消除与上司之间的隔阂，因为毕竟你还要与其相处。所以，最好自己主动伸出橄榄枝。如果是你错了，就要有认错的勇气，找出造成自己与上司冲突的症结，向上司解释，并对其做合适的恭维，表明自己在以后工作中会以此为鉴，希望继续得到上司的支持。假若是上司的原因，你就不需要那么郑重其事地向其汇报，可以找个适当的时间和场合，以婉转的方式把自己的想法与他沟通一下。你也可以用是自己一时冲动或是方法欠佳等原因，无伤大雅地请求上司谅解，这样既可以达到相互沟通的目的，又可以给上司一个体面的台阶，有利于恢复上下级之间的良好关系。

人总是在磕碰中、在挫折中慢慢成长的。成长的标志之一，就是懂得退让，懂得在适当的时机退让。退让而不退步，选择在适当的时机退让，是一种失位而不失势的人生哲学。一个人能力出众固然好，但锋芒毕露不见得是一件好事儿。中华民族推崇"中庸之道"，中庸并不等于平凡，成功或成就感的获取，不一定要把他人踩于脚下。敢于与别人讲和，既可避免你争我夺的危险，又可享受一团和气的好处。有道是"得人心者得天下"，而人心所向的道路，是由"和"的智慧去贯彻的。

领导者做人智慧：

敢于与别人讲和，既可避免你争我夺的危险，又可享受一团和气的好处。

成功领导者的自我修养

191. 不可预测是令人畏惧的武器

为什么我们如此害怕地震与龙卷风？因为我们不知道它们什么时候会来袭。一场地震过后，我们惊骇地等待下一次的余震，虽然程度没那么严重，但是不可预测性常常会在我们心里投下深深的阴影。

动物的行为有既定模式，因此人类才得以猎杀它们。鳄鱼每次上岸捕猎后，总是沿着原路返回到水里。猎人们便根据它们的这种习性，在它们来时的路上插上锋利的尖刀，这样就能轻而易举地捕获住凶猛的鳄鱼。

人们总是在努力判断和了解你行为背后的动机，所以，一旦你做出一个完全让他们无法解释的行为时，他们就会落居守势。人们对于不了解的人和事物，常常会表现出心慌意乱而不知所措。

画家毕加索说："最好的算计就是不要算计。一旦你有了一定的知名度，其他人都会猜想你所做的事必定有一个聪明的理由。事先过分审慎筹划你的举动是很愚蠢的，你最好的方法就是行事漫无章法。"

毕加索与艺术经纪人罗森堡共事多年。起初，毕加索赋予经纪人相当大的自由来处理他的作品。但是有一天，没有任何明显的理由，毕加索告诉罗森堡，他的画不再让他卖了。后来，毕加索对此事做出这样的解释："罗森堡接下来两天会绞尽脑汁想要知道为什么，我是不是收了其他经纪人的好处？我会继续工作、睡觉，而罗森堡所有的时间都在猜测我的居心。两天之后他就会回来，精神焦躁、忧心忡忡地说：'好朋友，如果我给你更多的钱，更好的条件来代理你卖这些画，你会拒绝吗？'"于是，毕加索达到了自己的目的。

不可预测不仅仅是令人畏惧的武器，打破日常行为的模式更会引起周围人的骚动，激发别人对你的兴趣。人们会谈论你，对你的言论和行为做各种猜测和解释，使得人们无法遗忘你。这时，你就会获得越多的敬重，影响力也会越来越广泛。

领导者做人智慧：

不可预测不仅仅是令人畏惧的武器，打破日常行为的模式更会引起周围人的骚动，激发别人对你的兴趣。

192. 你的隐私可能成为他人攻击你的武器

你的同事既是合作伙伴，又是竞争对手，关系比较特殊，无疑不能像在家人或朋友面前那样畅所欲言，无所不谈。通常，涉及到如下几个方面的问题时，说与不说，需慎重考虑：

你的家庭背景是否会对你的工作产生不良影响？比如，家庭贫困、离异等不理想的状况，都可能引起势力眼的同事轻视或猜疑。

你与某些亲人或者朋友的关系是否不宜别人知道？比如，有位学生，不愿捡垃圾的父亲来学校看他，虽有不孝的指责，但也有可理解的苦衷，因为他的父亲可能降低他在同学们心目中的形象。

你的历史记录是否会让人怀疑你的道德品质？过去做过蠢事，不等于将来还会做蠢事，但不少成见很深的人却喜欢用别人的过去推断他的将来。

你的独特思想是否会让人产生误解？在工作场合要求同存异。如果你的那些与众不同的见解可能使你受到排挤孤立，就不要发表。"众人昏昏我独醒"未必明智，反而是"众人皆醉我不独醒"更合生存之道。

你的生活方式是否与传统相悖？每个团队都有其独特的文化，最好让自己融入团队文化之中，除非你打算抛弃这个团队或被这个团队抛弃。

你与老板的私交是否不利于同事对你的评价？有些人可能认为你的业绩和提升是抱老板大腿的结果，在这种人面前，不必炫耀你跟老板的特殊关系。

尽量不要在公司范围内谈论私生活，无论是办公室、洗手间还是走廊。

成功领导者的自我修养

老板听见了,可能认为你"身在曹营心在汉",无心于本职工作;同事听见了,可能嫉妒你的得意而轻视你的失意,难免横生枝节。

即使是私下里,也不要随便对同事谈论自己的隐秘思想。被对手了解太深,不是好事。除非你已经离开,才可能和从前的同事变成知交。

不要疏远一些同事而跟另一些同事走得特别近,这样会带来拉帮结派的非议,而且还极易引起别人对你偏颇的看法或产生防范心理。

对特别喜欢打听别人隐私的同事,既要守口如瓶,又要有礼有节。你的隐私可能成为他攻击你的炮弹,你的不恭又会成为他攻击你的借口。所以,在这种被称之为"小人"的家伙面前,有必要慎之又慎。

领导者做人智慧:

对特别喜欢打听别人隐私的同事,既要守口如瓶,又要有礼有节。

193. 慎搞"一朝天子一朝臣"

无论什么时候,领导就是领导,即使你们的关系很不一般,也并不意味着你能把他当成朋友来看待。事实上,想通过与领导做朋友这种"捷径",而获取工作上的便利乃至在公司的提升,是一种不可取的方式。不可否认,与领导增加交流对你的工作会有很大的帮助,但是任何事情都是有尺度的,一旦超越正常的上下级关系,反而会产生不良的后果。

在一个公司中,如果你把精力都用在和领导的周旋上,关系过于亲近,就会被认为是领导的人,被同事看作领导的心腹和安插在他们之中的间谍,自然会引起同事们对你的戒备,以及种种不必要的猜测。即使你"君子坦荡荡",也总有"小人常戚戚"。

况且,"一朝天子一朝臣",领导层的变动不可避免地会波及下属的职位变动,新任管理层一般会在人事上来个"大换血"。如果你在别人的印象里是前任领导的人，那么，这时也许你该做好走人的准备了。

领导者做人智慧：

任何事情都是有尺度的，一旦超越正常的上下级关系，反而会产生不良的后果。

194. 做大事，须统观全局

要做大事，须统观全局，不可纠缠在小事之中。要统筹全局就不能局限于眼前的一点儿小利益，被目前的景象所迷惑。

《淮南子》中"九方皋相马"的故事就是一个很好的例子。

秦穆公对伯乐说："您的年纪大了，您的家里有能去寻找千里马的人吗？"伯乐回答说："好马可以从外貌、筋骨上看出来。但千里马很难捉摸，其特点若隐若现，若有若无。我的儿子们都是才能低下的人，我可以告诉他们什么是好马，但没办法告诉他们什么是千里马。我有一个朋友，名字叫九方皋，他相马的本领不比我差，请您召见他吧！"

于是，秦穆公召见了九方皋，派遣他去寻找千里马。

三个月之后，九方皋回来了，向秦穆公报告说："千里马已经找到了，在沙丘那个地方。"秦穆公问他："是一匹什么样的马呢？"九方皋回答说："是一匹黄色的母马。"秦穆公派人去看，结果是一匹公马，而且是黑色的。秦穆公非常不高兴，于是将伯乐召来，对他说："真是糟糕，您推荐的那个寻找千里马的人，连马的颜色和雌雄都分辨不出来，又怎么能知道什么样的是千里马呢？"伯乐长叹一声说道："他相马的本领竟然高到了这种程度！这正是他超过我的原因啊！他抓住了千里马的主要特征，而忽略了它的表面现象；注意到了它的本领，而忘记了它的外表。他看到他应该看到的，而没有看到不必要看到的；他观察到了他所要观察的，而放弃了他所不必观察的。

像九方皋这样相马的人，才真正达到了最高的境界啊！"那匹马牵来了，果然是天下难得的千里马。

因此，在处理事情的时候，一味地强调细枝末节，以偏赅全，就会抓不住要害问题。没有重点，头绪杂乱，就不知道从哪里下手而做不成任何事情。须知金无足赤，人无完人。在用人方面，我们要用的是一个人的才能，而不是他的过失。忍小节，就是不去纠缠于小节、小问题，要宽恕待人，用人之长。因此，无论是用人还是做事，都应注意主要方面，不要因为一点儿小事而妨碍了事业的发展。

领导者做人智慧：

在处理事情的时候，一味地强调细枝末节，以偏赅全，就会抓不住要害问题。

195. 让自己站在竞争者中间

要想提高自己的身价，单靠才能与品德还是远远不够的。就像出售商品一样，如果单以质量取胜，不足以赢得过多的顾客；一味降价，更是费力不讨好的事。最好的办法莫过于——不断涨价，并使顾客感到货很抢手，如果不赶快行动，有钱也买不到了。简而言之，就是站在竞争者中间，给他们以竞争压力。

毕加索在历经早年的贫困后，终于成为全世界最成功的艺术家之一。但是很长时间，他没有将自己全权委托给任何一位经纪人，虽然这些人从四面八方包围着他，个个都以吸引人的价格和条件的承诺诱惑他。他没有上钩，反而表现出对他们的服务毫无兴趣的样子。这套伎俩可把那些经纪人逼疯了，就在他们为他而竞争时，作品价格也就自然节节高涨了。

如果你渴望权力和影响力，那就让自己站在竞争者中间，审时度势。当竞争的双方或多方争相争取你的关注时，你立刻就会成为抢手货，看起来非常有影响力。这种策略会让你增加自己的分量，获得更多的权力。

更完美地施行这套策略，必须保持内心的自由，不要受情感的牵绊，作自己的主人，而不是为别人摇旗呐喊。

  领导者做人智慧：

当竞争的双方或多方争相争取你的关注时，你立刻就会成为抢手货，看起来非常有影响力。

196. 解聘一旦决定，就要当机立断

对一个老板而言，在经营管理工作中，最难做的就是解聘员工了。如果解聘的方法不正确，很可能会给企业带来严重的后遗症。例如，被解聘的人会认为老板对他不公平，因而采取一些过激的行为，或者留任的人员情绪受到影响，形成人人自危的局面。这些对公司都是极为不利的。

那么，在解聘员工时应注意哪些问题呢？

首先，解聘员工的工作并不是从宣布解聘之日开始做的，而是在这之前。也就是说，在最初聘用员工时，老板就应考虑到将来可能解聘的事。这样，你就会有准备地、比较自然地、顺理成章地在你认为需要时解聘某人。当然，这并不是要你每天找员工的错误，而是要建立一个能够准确无误地评价员工工作能力和成绩的机制，包括检查小组、规章制度、年度考绩表等，使被解聘者自己"解聘"自己。

如果到了该决定的时候了，这时老板们应牢记一点：解聘员工必须果断。有一位老板说过，他在管理中犯过的一个大错误，就是迟迟没有解聘一个不称职的员工。只要你聘用人，就得解聘人。你拖延解聘的时间，并不能给他带来什么益处。他在你这里已经没有继续做好、升迁的可能了，你为什

么不放他到另一家公司去寻找发展机会呢？

解聘某人，常常是不得已而为之的事。一旦你决定了，就要当机立断，绝不拖延，绝不要被眼泪、恐吓和愧疚感所吓倒。

当然，在宣布解聘决定前，也有一些细节不能忽视。你应该尽可能地把这件容易激化矛盾的事情处理得更稳妥一些。

你要了解一下，这个人是否在短时间内就要退休？他的家庭情况如何？无论怎样，不要在你宣布完解聘决定后，你才知道他的妻子已住院好几个月了。

你还要看看当初和此人签的聘用合约，不要让他控告你违反合约。

现在可以宣布解聘决定了。应该由你来亲自宣布，可以有一些适当的人在场，作为谈话的证人。要注意谈话的地点，最好是在一个没有倾向性的场合，如会议室、休息室。因为让一个从未进过经理室的员工进经理室，他会有一种恐惧感。也要注意选择谈话的日子，切忌在被解聘者的生日、结婚纪念日等时间宣布决定，不然会使对方产生一种强烈的被伤害感。

谈话时要注意不要刺伤对方的自尊心，但也不要拐弯抹角，要开门见山，要让他明白他被解聘了，并无可挽回。你可以表示同情，但不可过头，以致他认为还有挽回的余地。在气氛有些缓和之时，再将遣散费、补助金给他，还可以给他一封信，信中写明解聘他的原因。

总之，你要让他感到公司对他是仁至义尽了。解聘他，不是出于你个人的好恶，而是出于对公司利益、工作的考虑，也出于对他本人前途的考虑。

你解聘了一个人，你卸下了一个包袱，你将一个可能变为你的敌人的人又转化为朋友或一般人，你也以此警戒了留任的员工。这就是成功的解聘。

领导者做人智慧：

解聘某人，常常是不得已而为之的事。一旦你决定了，就要当机立断，绝不拖延，绝不要被眼泪、恐吓和愧疚感所吓倒。

197. 讲话要因人而异

当众讲话，面对的听众身份复杂，这就要求讲话者有强烈的对象意识，以便区别对待。正所谓"射箭要看靶子，弹琴要看听众"。

春秋时的邓析说："夫言之术，与智者言，依于博；与辩者言，依于要；与贵者言，依于势；与富者言，依于豪；与贫者言，依于利；与勇者言，依于敢；与愚者言，依于说。"邓析的话，归结到一点，就是要针对不同的对象和对象的不同情况，采取不同的对策，说话因人而异，区别对待。

日本社会心理学家古烟和孝说得十分中肯："即或是最有效的发送者传播最有效的信息内容，如果不考虑接受者方面的态度及其条件，也不能指望获得最大效果。"

讲话因人而异、区别对待，首先要区别听话人的文化知识水平。

一个人口普查员问一位乡村老太太："有配偶吗？"老人愣了半天，然后反问："什么是配偶？"普查员只得换一种说法："就是老伴呗。"老太太笑了，说："你说老伴不就得了，俺们哪懂你们文化人说的什么配偶呢？"

那么在我们当众讲话时，由于通常面对的广大听众，人员构成复杂，知识水平参差不齐，因此就要求我们更要考虑这一点，顾及听众中大多数人的最低文化水平，尽量用简朴的语言说明一个复杂的道理。例如一位科学家为了消除群众中比较普遍存在的对核污染的恐惧心理作了如下说明：

"核电站在建立的过程中，已采取了一系列严密的防范措施，因此对周围环境的放射性影响微乎其微，核电站附近居民每年所受的放射剂量只有0.3毫雷姆，还不如戴一年夜光表所受到的剂量大，而每天吸10支烟就有50～100毫雷姆。煤电站除排放有毒气体和烟灰外，也有放射污染。通过对包括核能、煤炭、石油、水力、风力、太阳能等在内的11种能源的危险性进行的系统比较，核能是除天然气以外最安全的一种能源……"

在这个说明中，核科学家将晦涩的核专业知识与大众耳熟能详的日常知

识相比较,根据听众的知识水平,使缺乏基本科学知识的人,也会对核电站的安全性深信不疑。

说话时仅仅因人而异,区别对待还不够,你还要准确洞悉听话人的思想状况和情感需要。

19世纪,维也纳上层社会的妇女中,时兴一种筒高、檐宽的帽子,而且在帽檐上装饰着五颜六色的羽翎。女士们一进入剧场,她们后排的观众就只能看到她们戴的帽子,而看不见舞台。剧场经理在无可奈何的情况下,只好一再请求女士们脱下帽子,可谁也不予理睬。有一天经理灵机一动,根据女士们爱美、爱年轻的心理特点说:"年纪老一点的女士可以不脱帽。"

话一出口,女士们竟纷纷脱下帽子。因为她们面临着"美女"与"老妇"的选择,维也纳的上层妇女们,当然谁也不愿意做老妇,她们戴那种筒高、檐宽的帽子,不也是为了追求美吗?

洞察、预测对方的心理,只是为最佳说话形式的选择做准备,而绝不是为了将他人的情感秘密一一暴露,因此言语交际的策略应当是察而不扰。可见,掌握了人们内心变化规律,并对症下药,就能切中要害,一击中的,产生良好的讲话效果。

领导者做人智慧:

要针对不同的对象和对象的不同情况,采取不同的对策,说话因人而异,区别对待。

198. 切勿站错队、上错车

春秋时期著名的五羖大夫百里奚,三十多岁时外出找做官的机遇。他先来到齐国,由于无人引见,因而见不到齐襄公,只好靠讨饭度日。后来流落到宋国,见到了隐士蹇叔,二人结为兄弟,蹇叔家境贫寒,百里奚就替人养

牛糊口。

不久，齐国公子无知杀了襄公自立为君，到处张榜招贤，百里奚认为这是一个应招的"好机会"，而蹇叔则认为无知弑君夺位，必然自取灭亡，便劝阻了百里奚。果然，过了一个多月，无知在一次出游中被杀。由于蹇叔的劝告，百里奚免于一场劫难。

后来百里奚听说东周的公子颓喜欢养牛，便告别蹇叔，蹇叔告诫他："丈夫不可轻身失于人。仕而弃之，则不忠，与同患难，则不智。"百里奚到了东周都城洛邑，以养牛专家的身份自荐于公子颓，公子颓正想起用百里奚为家臣时，蹇叔又赶来劝阻百里奚，认为他不是可以辅佐的人，百里奚又听了蹇叔的话，两人离开周到虞国。事实证明，蹇叔的判断非常正确，后来周室内乱，百里奚避免了一场灾祸。

在虞国，大夫宫之奇请二人做官，蹇叔说，虞国的君主不顾大局，爱贪小便宜，不像有作为的国君。百里奚为了摆脱贫困，这次没听蹇叔之劝告，在虞国做了大夫。后来晋国灭了虞国，国君与百里奚都成了俘虏。百里奚不愿为晋所用，便逃到楚国当奴隶。秦穆公听说百里奚有才能，便用五张羊皮将其换回当了相国。百里奚的三次"机遇"，每次都是陷阱。

当人们大抓机遇的时候，我们不得不忠告那些成功心切的人，切勿站错队，上错车，否则很难摆脱失势遭殃的结局。

领导者做人智慧：

当人们大抓机遇的时候，我们不得不忠告那些成功心切的人，切勿站错队，上错车。

199."孺子可教"胜过"老马识途"

资历高的经验型人才"老马识途"，可以解决企业的燃眉之急，但是由

成功领导者的自我修养

于其年龄、经验、阅历等原因可能更多地形成了思维定势和固执的价值观念，难以改弦更张，进行塑造；而出道不久的年轻人就像一张洁白的纸，更容易涂上美丽的色彩，"孺子可教"，其可塑性使他们能够成为企业文化的传承者、推动者、创新者。

年轻人虽然年轻气盛，好高骛远，有时也会犯眼高手低的毛病，但是他们思维活跃敏捷，又受过多年正规系统的教育，掌握了较深的专业知识，对公司的未来具有重要意义。

清朝的雍正帝可谓是一反传统、大胆革新之人。他曾大批选拔新人，但遭到保守势力的反对，他们力陈"新人经验不足"。对此，雍正形象地比喻说："未有先学养子而后嫁者。"意思是说，没有先学养孩子而后再嫁人的。经验不足完全可以在实践中学习。他对湖广总督杨宗仁说，如果遇到有作为的贤能之员，即行越格提拔，不要按奖励升转。对宠臣田文镜也谈到："朕从来用人，不是全看资格，有时即使官阶级别悬殊较大，也是无妨的。"还对广东总督郝玉麟讲："在用人问题上，万不可拘泥一法一策也。"

所以，古今有识之士，都会打破资历、年龄的限制，只要有才智，不管其背景、资格和学历，都委以重任。让能者先上，大胆提拔能力强、有实干精神的人才，把他们任命到重要的位置上。

领导者做人智慧：

古今有识之士，都会打破资历、年龄的限制，只要有才智，不管其背景、资格和学历，都委以重任。

200. 切勿过于耿直

如果总是把自己的心思透露给别人，就如同透明体一样，好事坏事明明白白，好事不能使其得益，坏事又往往成为别人攻击的最好理由。

说话直来直去，往往讨不了人的喜欢。比如，看见上司把公家东西据为己有，就会直接说给别人听，厉害点的就当面指出上司的不是；看见姑娘长得胖，不懂得换个婉转的说法，或者避开这个问题，开口就说人家胖，能有几个姑娘爱听呢？这叫"缺心眼儿"，这种人非常容易成为利益争斗场上的便利工具。因此，即使心里想什么，嘴里也不要说出来。

当要实施某项计划时，表面上一定要装得若无其事，宣传上要友好，让对手找不到破绽，从而安下心来，丧失警惕。俗语说"祸从口出"就是这个道理。

领导者做人智慧：

说话直来直去，不但讨不了人的喜欢，往往还会授人以柄。

201. 结交一流的人物

朋友对我们就像书籍一样。真正的朋友总不忍坐视我们的颓丧，而时常鼓励我们，使我们增加勇气。

要和人相识，并不像通常所想象的那么困难，就是要结交地位较高的人也是如此。尤其是年轻人，可以无所顾虑地和地位较高的人亲近。

怀特是美国印第安纳州小乡镇上的铁道电信事务所的新雇员。16岁时，他便决心要独树一帜。27岁他当上了管理所所长。后来，他先成为西部合同电信公司经理，接着成为俄亥俄州铁路局局长。

当他的儿子上学就读时，他给儿子的忠告是："在学校要和一流人物结交，有能力的人不管做什么都会成功……"

一些人也许会觉得这句话太庸俗。但请别误会，把有能力的人作为自己的榜样并不可耻。朋友与书籍一样，好的朋友不仅是良伴，也是我们的老师。要与伟大的朋友缔结友情，跟第一次就想赚百万美元一样，是相当困难

的事。这原因并非在于伟人们的出类拔萃，而是我们自己容易忐忑不安。年轻人之所以容易失败，是因为不善于和前辈交际。第一次世界大战中法兰西的陆军元帅福煦曾说过："青年人至少要认识一位善通世故的老年人，请他做顾问。"

不少人总是乐于和比自己差的人交际，因为在与这些人交际时，能产生优越感。可是从不如自己的人当中，显然是学不到什么的。而结交比自己优秀的朋友，能促使我们更加成熟。

我们可以从劣于我们的朋友中得到慰藉，但也必须获得优秀的朋友给我们的刺激，以助长勇气。

领导者做人智慧：

不少人总是乐于和比自己差的人交际，因为在与这些人交际时，能产生优越感。可是从不如自己的人当中，显然是学不到什么的。

202. 使对方陷入与你一样无法全身而退的困境

伍子胥是春秋时期楚国杰出的军事家，少年时即好文习武，勇而多谋。伍子胥祖父伍举、父亲伍奢和兄长伍尚俱是楚国忠臣。周景王二十三年，楚平王怀疑太子"外交诸侯，将入为乱"，遂迁怒于太子太傅伍奢，将伍奢和伍尚骗到郢都杀害，伍子胥只身逃往吴国。

在逃亡中，伍子胥在边境上被守关的斥候抓住了。斥候对他说："你是逃犯，必须将你抓去面见楚王！"伍子胥说："楚王确实正在抓我，但是你知道楚王为什么要抓我吗？是因为有人跟楚王说，我有一颗宝珠。楚王一心想得到我的宝珠，可我的宝珠已经丢失了。楚王不相信，以为我在欺骗他。我没有办法了，只好逃跑。现在你抓住了我，还要把我交给楚王，那我将在楚王面前说是你夺去了我的宝珠，并吞到肚子里去了。楚王为了得到宝珠就一定会先把你杀掉,并且还会剖开你的肚子,把你的肠子一寸一寸地剪断来寻找宝珠。这样我活不成,而你会死得更惨。"斥候信以为真,非常恐惧,赶紧把伍子胥放了。

在被斥候抓住以后,伍子胥是处于一种绝对劣势地位,要想改善这一局面,必须采取一个策略。伍子胥便明确地告诉斥候,如果他选择押送,他就会选择诬陷。因为对于伍子胥来说,在这种情况下无论是否诬陷,自己的结局是不变的。对于这一点,斥候也十分清楚。因此,伍子胥的威胁是可信的。

面对可能出现的潜在危机,人们总是抱着"宁可信其有,不可信其无"的态度,这是一种预期的支付,以保证自己能够免于陷入困境。这种预期支付心理,恰恰给了处于显性困境者以机会,或用欺骗方式,或夸大其词,让对方做出预期支付,帮助自己摆脱困境。

这对于我们每个人在处于劣势时转换思维方式,是很有启示的。制造一种危机,使对方陷入与你一样无法全身而退的困境,那么即便在这种困境出现之前,他本来拥有拿走你所有的一切的优势,此时他也只能被迫进行理性的决策,与你合作。

领导者做人智慧:

制造一种危机,使对方陷入与你一样无法全身而退的困境,那么即便在这种困境出现之前,他本来拥有拿走你所有的一切的优势,此时他也只能被迫进行理性的决策,与你合作。

203. 胡萝卜加鞭子

自古以来,驾驭马有两项必备之物,那就是胡萝卜和鞭子。
但是,只有胡萝卜和鞭子并不一定就能把马驾驭得很好,这还得看御者

懂不懂得如何运用这两样东西。换言之，驾驭的要点有3项——赏、罚及赏罚的运用之术。

①胡萝卜是用来引诱马的，当马表现得好的时候，便赏它一根胡萝卜，这就和人表现得好的时候，给他称赞或奖励一样。

②鞭子用来鞭策马，当马表现得不如人意时就给它一鞭子，这就如同人表现得不好时加以处罚一样。

③这赏罚之术如果运用得当的话，御马者就能让马心服，而领导人亦能让人心服。

以上三者就是御马和管人的原理。这从实际的经验中也不难得到印证。

领导者做人智慧：

做人要有方有圆，有软有硬，不能一根筋。"胡萝卜加鞭子"，不只用于管理，在我们生活的方方面面，细细品味，都是一个颠扑不破的做人做事真理。

204. 成大事者，自制第一

对于情绪的控制，无论是在管理还是在做人方面，都尤为重要。

"骤然临之而不惊，无故加之而不怒"是领导者必备的修养，做不到这一点的领导是不会有什么作为的。用隐忍代替怒发冲冠，以理性克制想当然，这套功夫，现在叫"情绪管理"，也叫EQ。

孙权为儿子向关羽女儿求婚，关羽以"犬子哪能配虎女"的辞令回拒，何其爽快；攻襄樊，水淹七军，吓得曹操想迁都以避其锋，此时的关羽威震华夏，何其威风！然而这是最后的疯狂，是回光返照。吕蒙白衣渡江，使得关羽败走麦城。

世人说关羽是"大意失荆州"，倒不如说他情绪管理不当，是骄矜狂妄所致。

一个有修养的人绝不会像疯子一样对待他人，他会冷静地面对棘手问题。当一个人飞扬跋扈、为所欲为时，这个人离失败就不远了。

领导者做人智慧：

一个有修养的人绝不会像疯子一样对待他人，他会冷静地面对棘手问题。当一个人飞扬跋扈、为所欲为时，这个人离失败就不远了。

205. 大事明白，小事糊涂

在管理学中上有句话叫"大事明白，小事糊涂"，其实"大事明白"者，怎么可能"小事糊涂"呢？须知大事就是小事积聚起来的啊！所谓小事糊涂，只是装糊涂而已，因为真正的智者不屑在小事上浪费时间和精力。

人的精力是有限的，如果事必躬亲会活得很累。诸葛亮在中国人的心目中是智慧的象征，但是他治理蜀国事必躬亲，最后活活累死了。而他死后不久，"蜀中无大将，廖化作先锋"，使蜀在三国中最先灭亡。

在处理大事与小事的关系上，有人提出了一种论点：大事小事都精明——少；大事精明小事糊涂——好；大事糊涂小事精明——糟。在古罗马律法中就有"行政长官不宜过问细节"一条。在现实生活中，不仅仅是领导者，普通人也时时面对一些所谓的大事和小事，我们就没必要在鸡毛蒜皮的事情上耗着。

何为大事？影响全局的事为大事，决定整体的事为大事，范围内的工作之重为大事，也就是说以结果来评价事之大小，而不是以事之大小决定结果。对于一个企业管理者来讲，不管其工作性质如何，内容多寡，其工作程序和本质是不变的。工作的关键环节和关键行为应当做重点来看待，在这些问题上，思路必须清楚，不能糊涂。

领导者做人智慧：

人的精力是有限的，如果事必躬亲会活得很累。

206. 良好的气质本身就是一种力量

毛泽东有一张新民主主义革命时期的照片：双手插腰，两腿叉开，双唇紧闭，头稍扬，微微眯起的眼睛透着奕奕神采。他那自信的神态望起来令人肃然，人们从中可以感受到他对中国革命充满着必胜的信心及中国革命的希望之光。他高大的身材、稳健的步伐、爽朗的笑声都给人以豪放雄健之美感，而他那深邃的目光、沉稳的面部表情又为之平添了老练和深沉。

于1972年陪同尼克松访华的基辛格曾被毛泽东的潇洒风度所倾倒，被他的人格魅力所折服。他曾这样描述："我从未见过一个人像他那样散发出粗犷而凝聚的意志力……大多数国家都是用富丽堂皇的排场使领导人增添一定的威严。但他不是这样，而是靠着他身上散发出来的压倒一切的精神力量来胜过对方……"

巴顿相信仪表很重要。他特殊的穿着包括一顶闪亮的头盔，臀部两边各挂一把手枪，甚至在战场上还系着领带。这让官兵老远就认得出他来。

蒙哥马利元帅以他的"贝雷帽"装扮著称。他在这种扁软羊毛质料的小帽上，缀上他指挥上下主要单位的队徽，还随时穿着一件套头衬衫。他树立了一个随便、舒适的形象，哪怕是在战斗最激烈之际。官兵们只要见到一位头上戴着缀满队徽的软帽、穿着一件套头衬衫的人，立刻就知道是他们的司令官来了。

领导者是企业的领头人物，他内在的智慧、气质和外在形象的好坏对他的工作有很大的影响。很难想象一个外形猥琐、精神委靡的领导者会得到人们的认同和尊敬。虽然外表和形象与个人能力、素质相比，不过是外在因素而已，但是有时这种外在因素也会影响领导者工作的开展。

因此，培养领导者的个人魅力是必不可少的环节，个人魅力是领导者树立领导威信和培养影响力的重要因素。培养个人魅力，能加深员工对领导者的尊敬，能对树立企业形象起到模范作用，能给团队凝聚力注入强大的黏合力。

领导者做人智慧：

培养领导者的个人魅力是必不可少的环节，很难想象一个外形猥琐、精神委靡的领导者会得到人们的认同和尊敬。

207. 裁员不是最好的办法

昭和四年（1929 年），日本的经济不景气，造成物价下跌与商品销路不佳，各商家几乎都面临着工厂关闭与解雇员工的厄运。

松下电器这时也面临着商品滞销的命运。而此时，松下先生因病正在休养中。负责人进植先生与武久先生商量后，做出裁员半数的决定并向松下先生请示。松下先生听了，马上就提起精神说：

"即日起生产减半，工厂只上半天班，不裁员，但员工薪资仍发给全薪。另一方面，店员必须放弃休假，全面地促销。"

松下先生之所以做出这样的决断，是因为他希望松下电器在日后能逐渐扩大发展，如果在这个时候为了解除眼前的危机而解雇员工，一定会让员工的情绪动摇。面临这样不景气的环境，如果领导者能站在部属的立场考虑，让部下产生高昂的士气，一定能够让大家提起精神来，同心协力地度过不景气的危机。

进植先生和武久先生听了松下先生的决断非常高兴，立刻召集全体员工，告知大家公司的决策方针。大家听了也都非常高兴，许下誓言愿全力拓展业务。结果，仓库内的库存不到3个月就卖完了。自此，非但不用再上半天班，就是拼命地生产也不敷需求。

领导者做人智慧：

在你企业困难的时候，把人当做了累赘，恨不得一脚都踢出去。在你企业步步高升的时候，又把人招回来，要求为你卖力。没有人愿意在没有安全感的环境里，被人招之即来挥之即去。在这样的企业里，又有谁会努力工作？这种行为，在为人处世上叫"唯利是图"。在做人上你唯利是图，路就会越走越窄，最后为人所不齿；在做企业上你唯利是图，就会变得孤家寡人，无人可用。

208. 不可在下属背后说三道四

人们都讨厌背后说自己"坏话"的人，如果这个人恰好是自己的上司，员工的感受是显而易见的。

人人都希望在工作岗位上能互相帮助，取长补短，愉快地工作。但是，这种和谐的群体气氛，常会被一些无聊的小事所破坏，使大家的心里蒙上一层阴云。

当某人不在场时对其说三道四，这是破坏群体和谐的大敌。虽然言者未必怀有恶意，然而，由于谈论的是一个不在场的人，言论很易出格，让人听起来不无诽谤之感。

而这些背后议论人的言论，传来传去常常在无形中被夸大，尽管传话的人可能并无恶意，但一旦被受议论者听到后，足以使其伤透心。

人类最难控制的器官是舌头，最难压抑的欲望是说话。想要堵住一个人的嘴巴，恐怕是不可能的。更何况这些背后议论的话语几经相传，最后被本人听见时，已经是恶意话语之集大成了。相形之下，被议论者对那些背后议论之人的反感和气愤程度，是可以想象的。随之而来会产生永远不再与那些议论自己的人说话、共事的想法，也是毫不奇怪的。这样一来，和谐的群体气氛必然遭到破坏。

某人不在场时，绝对不要对这个人的行为做任何不负责任的评论。这是作为组织中的一员应有的起码修养。哪怕是没有一点恶意的议论，也是绝对不允许的。因为这会给集体造成难以估量的损失。

领导者做人智慧：

有话讲在当面，特别当你是领导的时候，随意做小人，代价是很惨重的。

209. 让部属安安静静地做事情

领导者的唠唠叨叨，大多情况下是不受部属欢迎的。尽管有的领导者完全出于对部属的关心和爱护，但部属往往不领情。

领导者必须用全力建立起对部属的信任与理解，真诚地把部属当作自己志同道合的战友，而不是当作自己的"工具"或"附属物"，更不能幻想部属与自己建立起一种人身依附关系。如果那样，性质就变了，上下级之间的团结共事就会失去政治基础。

三国时的杨颙说过一句话："为治有体，上下不可相侵。"意思是说，为了使领导工作有秩序，有层次，上下级之间不可互相干扰，互相打搅。从这个意义上说，领导者就要干领导者的事。领导者在做出决策和部署之后，就要让部属安安静静地做事，就要放手让他们独立思考，独自根据实际情况狠抓工作落实。领导者可以跟踪督促检查，但绝对不需要天天追问，天天检查。如果那样，部属就无法静心思考自己的工作，就无法发挥主观能动性和创造性，也就谈不上对领导者负责。

少说些，也许对做好领导工作更有利。

领导者做人智慧：

唠叨除了让人讨厌之外，简直是一无所获。

210. 不要把弦绷得太紧

从某种意义上说，物极必反也是自然界的一条规律。

人的精力是有限的，不可能像机器一样无限度地高速运转，否则，非出问题不可。何况，人是有感情的，心情舒畅时，精力充沛时，其工作效率也会相应地提高。因此，领导者在部署工作任务时，要注意留有余地，不要使部属始终处于紧张状态。从实施科学领导的角度看，该放松时要适当让部属放松些。什么时候该放松些呢？可以从以下三方面着手：

一是完成重大任务后可以适当放松些。因为在集中力量完成重大任务时大家全力以赴，始终处于亢奋状态，一门心思做工作。一旦任务完成了，从心理上和体力上来说，部属都需要"松口气"，"歇歇脚"。这时候，领导者应体察下情，适时地做出安排，使大家尽快地得到休整。

二是在节假日前要适当放松些。比如，春节即将临近，人心思"节"，有的同志可能还急于回家。这时候，如果领导者仍然像往常一样给部属布置许多任务，那就显得"不合时宜"，部属接受任务时就可能不会像平时那样愉快和乐意。即使勉强接受任务，完成任务的质量也会打折扣。因此，在节假日前最好让大家放松些。

三是工作中受到挫折时要注意让大家精神放松些，以便更好地总结经验教训，做好下一步的工作。如果在工作中出现挫折后，领导者急于设法弥补，一直追加工作量，则很有可能造成大家的逆反心理，出现欲速则不达的结果。

领导者做人智慧：

放松是一切创意与灵感的前提，没有一个轻松的心情，你什么也做不好。

211. 不要偏袒女下属

管理女职员，要特别注意公平对待，不能偏袒其中任何一个。女性感情细腻，发现受到不公平对待就易产生不满情绪。如果管理者过多袒护自己喜欢的女职员，也有损自己的形象，招致周围同事的非议。

管理者在分配较困难的工作给女职员时，她们为了逃避责任，往往会来上一句："我们女人无法做。"在这种情况下，管理者应当严格要求，不能任这种不良态度放纵下去。

 领导者做人智慧：

毫无原则地袒护自己喜欢的女职员，必招致非议。

212. 做到大权独揽，小权分散

在指派工作的同时，管理者应对下属授予履行工作所需的权力，这就是"授权"。主管所授予的权力应以刚好能够完成指派的工作为限度，倘若授予的权力超过执行工作的需要，则势必将导致下属滥用权力。

领导者应该做到：大权独揽，小权分散；绝不可权力过于集中，事必躬亲。善于分配工作，并进行有效的指导和控制，使下属有相应的自主权。

领导者授权后，仍然对下属所履行的工作的成效负全部责任。这就是说，当下属无法做好指派的工作时，领导者将要承担其后果，因为前者的缺陷将被视同后者的缺陷。另一方面，为确保指派的工作顺利完成，领导者在授权的时候必须为授予权力的下属订下完成工作的责任。下属若无法圆满地执行任务，则授予权力的领导者将唯他是问。

主动承担责任，他们将更加信任你。

领导者做人智慧：

授权并不是最后的终结，还需要做必要的追踪、修正，甚至收回权力。如果一个企业没有一个权威，没有一个能最后做决策拍板的人，这个企业就可能是一盘散沙。

213. 让3个人做5个人的事，领4个人的薪水

一次，台塑公司总裁王永庆到一家工厂视察，看到3个工人在铺草皮，他们停停做做，十分懈怠。王永庆问其原因，他们说工资太低，一天只有60元，还不够维持生计。王永庆说，假如给你们加一倍工资，能否铺更多的草皮？3个工人立即回答，说那样他们可以做3倍的工作，而结果3个人竟做了原来3倍半的工作。王永庆只多付60元钱，所得到的工作成果是原来的3.5倍，生产出210元的价值，双方各有所获，何乐而不为呢？后来，台塑公司总管理处就选定几个单位试行绩效资金制度。几个月后，每个试点单位产量都倍增，人的智力也得到了充分有效的发挥。

那么，这就出现了我们标题的问题：让3个人做5个人的事，领4个人的薪水。

这是一道最简单的数学题，连小学生都能告诉你正确答案。但这又并不简单：什么样的 3 个人才能做 5 个人的事？什么样的 5 个人做的事 3 个人就能完成？这 3 个人领的又是什么样的 4 个人的薪水？

一般的企业总是 5 个人做 5 个人的事，大家的工作分量不是很重，领的薪水也合乎所求，员工做起事来没什么精神。而管理差一点的企业，5 个人做 3 个人的事，领的仍是 4 个人的薪水，一方面造成公司资源的损失，另一方面，员工也会因为一样是上 8 小时的班，领的薪水少而不开心。

所以，如能仔细地规划，将工作分类，职责细分，让 3 个人能够做 5 个人的事，那么公司即使发 4 个人的薪水也划算得多。员工领的薪水越多，激励作用越大。

现在人们挂在嘴边上的"双赢"，说的也许就是这种情况吧。

**领导者做人智慧：**

充分调动人的积极性，把工作细化。

214. 不要往自己的井里吐痰

英特尔公司总裁安迪·葛洛夫，曾经应邀为加州大学伯克利分校的毕业生发表演讲，他对毕业生们提出了非常积极的建议："不管你到哪里工作，都不应该只把自己当成员工——应该把公司看作自己开的一样。"作为一名员工，就应如他所说的，首先要有一个企业属于自己的心态，要把公司当作自己开的，以老板的心态对待公司，你就会成为一个值得信赖的人，老板将会乐于雇用你，乐于给你升职的机会。这就是在职场中出人头地的重要秘诀。

你一定要把公司当作自己的公司，当作自己衣食所需、精神所托的地方，这样才能做好自己的工作，才能使自己的内心和生活因为公司的发展而

充实起来。很多跨国公司的员工，他们无论在公司做什么工作，都有一个共同点，那就是一谈到自己就职的公司，总是充满信心和自豪，为自己能够成为这样一个公司的一员而感到光荣。他们也有从这个公司跳槽到另外一个公司的现象，但是，当谈到以往就职的公司，他们也总是表现出对原公司和原公司老板的敬意。这不能不说是一种令人尊重的历练和职业操守！

正如俗话说："不要往自己的井里吐痰！"对于公司的员工，这同样是一种最基本的职业道德要求。无论你是公司的一名普通员工，还是某个机构的一个职员，对于你所在的组织，都不要诽谤它，更不要伤害它，因为轻视自己所就职的机构就等于轻视你自己。除了一些个体户老板是自营经济组织外，绝大多数人都要在一个社会组织中奠定自己的职业生涯。到公司上班是多数人的选择，只要你是公司的一员，你就应当将全部身心彻底融入公司，对公司尽职尽责，抛开任何借口。

以老板的心态来工作，站在老板的角度思考问题。如果你这样做了，就能在工作中赢得更多成长的机会。

领导者做人智慧：

你一定要把公司当作自己的公司，当作自己衣食所需、精神所托的地方，这样才能做好自己的工作。

215. 不要在下属面前流露悲观的情绪

悲观会让人失去信心，失去奋斗的勇气，一个悲观的领导不会有积极的员工。因此，领导不要在下属面前流露悲观的情绪。

一个对公司前途悲观失望、缺乏热情的主管，是不会成为下属学习的榜样的，下属的悲剧总是领导一手造成的。自然界同样有这样的例子。德国动物学家霍斯特研究过，鲦鱼因个体弱小而常常群居，并以强健者为自然首领。将一只稍强的鲦鱼脑后控制行为的部分割除后，此鱼便失去自制力，行为也发生紊乱，但其它鲦鱼却仍像从前一样盲目追随。下属也一样，他们觉得最没劲的事是跟随了一个没劲的上司。要想改变自己的形象，你必须永远乐观向上，对工作充满热情。

如果你控制不住脾气，或者长期陷入沮丧的状态，那么你永远也控制不了别人。实际上，你永远也得不到下级的忠诚和尊敬。

不要在自己的下属面前流露悲观的情绪，否则他们不但不会以你为榜样，反而会看不起你。

 领导者做人智慧：

不要在自己的下属面前流露悲观的情绪，否则他们不但不会以你为榜样，反而会看不起你。

216. 不要总提及自己曾经给人的恩惠

如果你必须向盟友寻求帮忙，不要惹人厌烦地去提醒他过去你给予他的帮助和恩惠，否则他一定会找到借口不予理睬。相反，指出你的请求和合作对他有利的地方，而且要大大地强调这一点，一旦他想到自己的利益就会热诚地给予回应。

要赢得对方的心，最迅速的方法就是尽量以最简单的方式向他阐明你的行动如何让他受惠。自我利益是最强烈的动机：伟大的主张或许会俘获人心，然而一旦最初的激动心情平息后，利益就成为惟一的旗帜，自利是最稳固的基石。晓以大义能诱惑他人的合作动机，但是自利才能最终保障交易的完成。

14世纪初，年轻人卡斯楚西奥跃升为意大利城卢加的城主。城里势力最强大的一个家族波吉奥在卡斯楚西奥充满背叛与流血事件的攀爬过程中出了

大力,但是在卡斯楚西奥获得权力后,他们感觉遭到了遗弃——他的野心容不下任何感激。1325年,正当卡斯楚西奥出城与卢加的大敌佛罗伦萨作战时,波吉奥家族与城里其他贵族却在密谋除掉这位野心勃勃的城主。

阴谋者发动叛变,攻击并且杀害了卡斯楚西奥留下来代理政事的官员。然而在战争一触即发的时刻,波吉奥家族辈分最高的史蒂芬诺出面干预,让双方放下武器。

当叛变消息传到卡斯楚西奥耳朵里时,他迅速赶回卢加。然而等他回城时,战斗已经平息了。史蒂芬诺以为卡斯楚西奥会感激他平息了叛变,因此去拜见君王,向他解释他是如何带来和平的,他还提及自己的家族昔日对卡斯楚西奥的慷慨支援等等。

卡斯楚西奥耐心地聆听他的诉说,看不出有丝毫生气或怨恨的样子,他请史蒂芬诺将整个家族的人带到王室来,倾吐他们的牢骚。当天晚上,波吉奥家族来到王室,卡斯楚西奥立刻下令囚禁他们,几天之后全部处决,包括史蒂芬诺。

实际上,对待像卡斯楚西奥这样的只懂得玩弄权术与自我利益的人,应该晓之以利,比如提供金钱给他,许下未来的承诺,指出波吉奥家族仍然有可以为他效力的地方等等,才有可能真正打动他,获得赦免。

然而,史蒂芬诺却希望动之以情,诉说些陈年往事,以及不具有约束力的恩情,这是最危险而不明智的举动。人家非但不会感恩图报,往往认为恩情是除去而后快的沉重包袱,以免除自己对他们所负的义务。

在现实生活中,千万不要天真地认为,提及自己曾经与人的恩惠就会感动别人。通常情况下,这种恩惠诉求会给人带来压力,进而引起别人的反感,最终以悲剧收场。

领导者做人智慧:

千万不要天真地认为,提及自己曾经与人的恩惠就会感动别人。通常情况下,这种恩惠诉求会给人带来压力,进而引起别人的反感。

217. 对下属具体、区别地对待

蒋介石不是军事家，领兵打仗多有失败，但他却有政客的手腕，在用人统御方面，很有一套，恩威并济，软硬兼施，收买人心，独具一格。

蒋介石有一个小本子，里面记载着国民党师级以上长官的字号、籍贯、亲友及常人不大注意的细节。凡是少将以上的军官，他都要请到家里吃饭，每次都是四菜一汤，简朴至极。作陪的往往只有蒋经国，采用这种家宴的方式显得格外亲热。同时，简单的饭菜也给他的部下留下清廉的印象。

蒋介石请下属吃饭后，总要合一张影。他与孙中山有一张合影相片，孙中山先生坐着，他站在孙先生背后。他与下属合影也摆这个姿势，其中的用意不讲自明。他常对下属说："叫我校长吧！你们都是我的学生。"

如果不是黄埔生，他也很慷慨："哦，予以七期登记吧！"这样就抬高了下属的身价，起到了收买拉拢的作用。

蒋介石给下属写信，除了一律称兄道弟外，还用字号，以示亲近，可以说他很懂得人情世故。

蒋介石不仅熟记下属的名号、生辰、籍贯，而且对其父母的生日也记得很准。有时，他与某将领谈话，往往在他提起该将领的父母的生日时，都使该将领受宠若惊，十分激动，深为委员长的关怀所震撼。

不仅如此，蒋介石对下属都能做到有所区别，具体对待，爱官的给官，爱钱的给钱，爱地盘的给地盘。像陈布雷这样不爱官，也不爱钱的旧知识分子，他又区别对待。在陈布雷50岁生日时，他为陈亲手书写一条幅："宁静致远，淡泊明志"八个大字，并附书："战时无以祝寿，特写联语以赠，略表向慕之意也。"

蒋介石这一招正投陈布雷所好，效果非常理想。"宁静致远，淡泊明志"八字出自诸葛亮。在陈布雷收到蒋介石亲书的这八个字时，感慨万千。他常说："蒋先生给我这八个字，使我特别感奋！淡泊以立身之本，宁静为处世

成功领导者的自我修养

要着,淡泊则与世无争,宁静则坚忍不拔,和我平日自勉正直平凡相表里。能守正,则不致为环境所左右,为他物所引诱,自然宁静;甘平凡,则透彻了解本身之能力志趣,以谋对国家社会做出适当的贡献。"

平平淡淡的八个字,使陈布雷认为蒋介石对他"知其最深"。

"士为知己者死",这是古代的知识分子的人生追求。后来,陈布雷在遗书中说:"布雷追随20年,受知深切,任何痛苦均应承担,以期无负教诲……我心地纯洁质直,除忠于我公之外,毫无其他私心。"陈布雷一生兢兢业业为蒋效力,在蒋家王朝日渐没落时,陈布雷还以自杀表示了他对蒋的忠诚,足见蒋介石拉拢人的手段之高明。

领导者做人智慧:

用人手段高超就能占据上风,对人施于手段就能壮大。

218. "暗示"是一种良好的管理方法

皮革马利翁是古希腊神话里的塞浦路斯国王,他爱上了自己雕塑的一尊少女像,并且真诚地期望自己的爱能被接受。真挚的爱情和真切的期望感动了爱神阿芙罗狄忒,于是她就给了雕像以生命,皮革马利翁的幻想也变成了现实,并娶了少女为妻。

在管理工作中,如果管理者善于使用积极的暗示,通过鼓励和赞美下属做得好的部分,暗示下属把其余部分也做得像好的部分一样,既表达了对下属的肯定,又提出了工作要求,比批评、惩罚、威胁等方法效果强许多。

"暗示"是一种良好的管理方法,它委婉、含蓄、富于启发性,如果运用得当,一定能"润物细无声"、取得事半功倍的效果。

管理中国的企业,这种激励暗示可以稍稍带有中国的风俗,符合中国人图吉利、爱喜庆的心理特点。所以,管理者可以在一些细节方面"造势",

用一些好的口彩和兆头来进行暗示，控制消极的信息，调动下属的情绪，增强他们的自信心，从而提高他们的工作效率，达到预期的效果。

比如，在喜庆的日子把奖金以红包的形式发放给员工，印上一些吉祥祝福的话语，打造一种人情化亲情化的企业文化氛围；在员工加班工作赶重要任务的时候为其送上印有"必胜"字样的红头巾；过年过节走访探望一下员工家属，为其送些年货，这些都是中国人比较喜欢的一种沟通交流方式，同时还会给职工一种被上司"看好"的暗示信息。

这种蕴含中国特色的暗示激励，符合中国人的气质和心理倾向。莎士比亚说过："一个人往往因为遇事畏缩的缘故而失去了成功的机会！"所以，当下属执行重要任务而又不怎么有信心的时候，管理者可以运用多种良性的暗示手段来进行鼓励和激励，注意控制并消除一些消极的心理暗示，增强下属克服困难的勇气和信心。

领导者做人智慧：

通过鼓励和赞美下属做得好的部分，暗示下属把其余部分也做得像好的部分一样，既表达了对下属的肯定，又提出了工作要求，比批评、惩罚、威胁等方法效果强许多。

219. 临事而惧，好谋而成

有一次，子路问孔子："老师您如果统帅军队，会找什么样的人共事？"

孔子回答："像那种赤手空拳和老虎搏斗，不用船就去贸然渡河，这样死了都不后悔的人，我是不会和他共事的。我所要的共事之人，一定是面临任务便恐惧小心，善于谋略而能成事的人。"

在这里，孔子提出了两条重要的做事准则，一是"临事而惧"，一是"好谋而成"。

惧即恐惧，胆小，常被人诟病。其实，恐惧作为一种心理反应，是人类的一种自我保护机能。遇到危险，面对自己尚不了解的情况，不是大大咧咧，贸然行事，而是心存恐惧，小心应对，这是谨慎的表现，是聪明人的做法，可以避免无谓的牺牲和损失。孔子曾经与弟子一道经过一座城门。这城门因年久失修，破败不堪。孔子拉着弟子急步通过。弟子笑孔子说："这城门朽坏已很久了，不见得马上会倒塌。"孔子说道："止因为它朽坏的久了，才会随时有倒塌的可能，所以，不能不防。"孔子在这里表现的"惧"，正是一种明智的做法。

王朔写了一本书，叫《无知者无畏》。且不管王朔的用意是什么，就"无知者无畏"这句话来讲，如果"无畏"是建立在"无知"的基础上的，那么这种"无畏"不过是一种傻大胆，只会成事不足，败事有余。比如你做投资、买股票或办公司，你无所畏惧，对可能出现的风险一点儿也不恐惧，你就很可能血本无归，一败涂地。

当然，孔子讲"临事而惧"，并不是一味怕事，而是一事当前，首先考虑可不可行。如果可行，还要考虑到可能出现的各种困难，所谓"从最坏处打算"，采取谨慎的态度。

领导者做人智慧：

如果"无畏"是建立在"无知"的基础上的，那么这种"无畏"不过是一种傻大胆，只会成事不足，败事有余。

220. 巧妙地对上司施加影响

二战中，作为苏联党和国家领导人的斯大林，由于受反常的"自我尊严"的驱使，变得很难接受别人的意见。"唯我独尊"的个性使他不能允许别人比他高明。莫斯科保卫战前夕，大本营总参谋长朱可夫将军曾建议"放弃基辅城"，以免遭德军的"合围"。这本来是一个很有战略眼光的建议，但斯大林听不进去，当面骂朱可夫"胡说八道"，并一怒之下把朱可夫赶出大本营。

不久，基辅城果然遭德军合围，守城的红军精锐部队全军覆没。等到斯大林对朱可夫说"你是对的"时，已经是马后炮了。但是，一度当了苏军大本营总参谋长的华西里耶夫斯基，却往往能使斯大林不知不觉中采纳他的正确作战计划，从而发挥出巨大的作用。

在斯大林的办公室，每当斯大林与华西里耶夫斯基谈天说地似的"闲聊"时，华西里耶夫斯基往往"不经意"地"顺便"说说军事问题，既不郑重其事，也不头头是道。可奇妙的是，等他走了以后，往往使斯大林想起一个好计划。过不了多久，斯大林就会在军事会议上陈述这个计划。大家都惊讶于斯大林的深谋远虑，纷纷称赞。斯大林自然十分高兴。再看看华西里耶夫斯基本人，也与大家一样显得惊异并且与众人一道表示赞叹折服。这样一来，没有人想到这是华西里耶夫斯基的主意，甚至斯大林本人也不这样想。但是，上帝最清楚，统帅部实施的毕竟还是华西里耶夫斯基的计划。

华西里耶夫斯基也会在最高军事会议上发表自己的见解，但那方式方法更是令人啼笑皆非。他首先讲三条正确的意见，但口齿不清，用词不当，前后重复，没有条理，声音含混，因为他的座位通常靠近斯大林，所以只要使斯大林一个人明白他的意思就行了。接着他又画蛇添足地讲两条错误的意见。这会儿，他来了精神，条理清楚，声音洪亮，振振有词，必须使这两条错误意见的全部荒谬性都昭然若揭才肯罢休。这往往使在场的人心惊胆战。

等到斯大林定夺时，自然首先批判华西里耶夫斯基那两条错误意见。斯大林往往批判得痛快淋漓，心情舒畅。接着，斯大林逐条逐句，清晰明白地阐述他的决策。他当然完全不像华西里耶夫斯基那样词不达意，含混不清。但华西里耶夫斯基心里明白，斯大林正在阐述他刚刚表达的那几点意见，当然是经过加工、润色了的，不过，谁也不清楚斯大林的意见是从哪里来的。这样一来，华西里耶夫斯基的意见也就因为已移植到斯大林心里，变成斯大林的东西，而付诸实施。

事后，曾有人嘲讽华西里耶夫斯基神经有毛病，是个"受虐狂"，每次不让斯大林骂一顿心里不好受。华西里耶夫斯基往往是笑而不答。只是有一

成功领导者的自我修养

次，他对过分嘲讽他的人回敬道："我如果也像你一样聪明，一样正常，一样期望受到最高统帅的当面赞赏，那我的意见也就会像你的意见一样，被丢到垃圾桶里去了。我只想我的进言被采纳，我只想前线将士少流血，我只想我军打胜仗，我认为这比讨好斯大林当面赞赏重要得多。"

当华西里耶夫斯基把他的真实想法告诉别人时，人们这时才明白这位军事天才的苦衷和策略。

领导者做人智慧：

作为一名中层管理者，有的时候，如何向上管理，显得比管理下属重要得多。

221. 给别人一个成为"大人物"的机会

挑起对方争胜的欲望，是一种最有效的激励。当年，罗斯福刚从古巴回来，便被推举为纽约州州长的候选人。可是他的反对党——指出罗斯福已不是纽约合法的居民，他知道这情形后，十分恐慌，准备退出。

这时，他的竞选同伴伯拉德转身向罗斯福大声地说："难道圣巨恩山的英雄，竟是这样一个弱者？"也就是这一句话，成就了罗斯福，这件事也随之被载入了史册。

在美国，有一座恶名远扬的"星星监狱"。这座监狱没有狱长，里面凶狠的犯人无人管束，随时都可能发生危险。为了解决这个危机，汉森需要一位坚毅、勇敢的人去治理"星星监狱"。可是谁能胜任这个职位呢？他把一名叫劳斯的男子叫了来。

当劳斯站在他面前时，他轻快地问："去照顾'星星'如何？那里需要一个经验丰富的人！"劳斯感到很窘迫，他知道"星星监狱"的情形，也清楚那是个多么危险的地方——随时会受到政治变化的影响。去那里的狱长，一再地更换，从来没有一个能够干上3个星期的，他要考虑到自己的终身事业，这个险是否值得冒呢？

见到他犹疑不决的样子，汉森便微笑着说："年轻人，我不怪你会感到害怕。是的，那边确实不是一个太平的地方，那是需要一个大人物去镇住的地方。只有富有才干的人，才能有这份魄力去做这项工作。"

你看，汉森是不是提出了一个挑战？听了这番话，劳斯心中立时涌起了一股冲动，他想要尝试做一个"大人物"的工作。

于是，劳斯去了，而且在那里长久地干了下去。结果，他成为了最著名的"星星监狱"的狱长。并且根据自己的亲身体验，写出了一本关于监狱管理与狱中故事的纪实体小说。小说出版后，一时间洛阳纸贵，畅销全美国，不仅报纸电台竞相宣传，而且根据书中讲述的故事，还拍了许多部电影。劳斯对罪犯"人道化"的管理，后来成了许多监狱改革的典范。

菲斯顿橡皮公司的创办人菲斯顿，曾这样说："别以为用高额的薪金，就可以聚集人才替你工作。只有竞争，才能发挥他们的工作效能。"

挑战，是任何一个成功人士都喜爱的竞技！因为这给他提供了一个表现自己的机会，一个证明自己的价值胜过别人的机会。

领导者做人智慧：

别以为用高额的薪金，就可以聚集人才替你工作。只有竞争，才能发挥他们的工作效能。

222. 对杰出人才要做出适当让步

进取心强的员工是公司最富有价值的、积极的资产，这一类型的员工往往具有很强的自我表现欲，当管理者无法满足他们实现自我价值的要求时，就会感到自己的价值取向和公司的价值取向存在较大的差距，因而抱怨得不

到公司充分的重视和支持，而有可能另寻更加重视、更能发挥他们才华的环境。所以，挽留这类人才，最简单的方法是做出适当让步，为能够充分发挥其才华创造条件。

获得博士学位后，杰克·韦尔奇进入了 GE 公司，主要负责 PPO 材料的研制工作，他以极大的热情，努力去克服一个又一个的难题。

韦尔奇成功地推出 PPO 材料时，他被公认为 GE 公司塑胶部门的一颗脱颖而出的新星，成为众多化工公司关注的焦点，于是有猎头公司开始盯上他了。就在韦尔奇雄心勃勃地要大展宏图之时，他发现 GE 公司存在着严重的官僚主义，首先体现在薪酬管理问题上。年底时，公司给韦尔奇加了 1000 美元的薪水，他为此感到很高兴。但很快，韦尔奇发现无论员工表现好与坏，在工作的第一年年终时，每一个人都获得 1000 美元的加薪。

生性要强的韦尔奇无法忍受 GE 公司对人才的偏见，他认为既然付出了努力，就应该得到等额的回报。而他也相信自己应该获得更高的薪水，所以他毅然向 GE 公司塑胶部门主管提出了辞职。当时位于芝加哥的国际矿物化学公司十分欣赏韦尔奇的才华，他们向韦尔奇提出，只要他愿意加入 IMC 做一名化学工程师，他就能获得 2.5 万美元的年薪，相当于韦尔奇在 GE 公司的两倍。韦尔奇略做考虑，就接受了这个职位。

就在韦尔奇准备动身的这一天，正在麻州考察的 GE 公司副总裁鲁本·加托夫闻讯赶到了塑胶部门。他对这位年轻的化工博士早有耳闻，尤其是他研制出 PPO 材料以后，塑胶部门的业绩直线上升。加托夫意识到，GE 公司应该留住像韦尔奇这样的人才并委以重用，不然对公司是一大损失，同时会增加竞争对手的锐气。

加托夫找到韦尔奇，极力劝他留在塑胶部门。他知道年轻人的脾气，便许诺给他以三倍于现薪的薪酬作为他的年薪，工作出色还有奖励，并且答应他只要他工作再出成绩，就委以更高的职位。

加托夫使用更高的薪水和更高的职位使韦尔奇重新回到 GE 公司上班，他成功了。这个来公司不到一年就想跳槽的小个子青年在之后的 40 年内一心一意地在 GE 公司工作。并在 1981 年成了公司的总裁，领导 GE 公司雄踞全球企业 500 强之首。

事实证明 GE 公司副总裁竭力挽留韦尔奇是个英明无比的决定。

领导者做人智慧：

进取心强的员工是公司最富有价值的、积极的资产，这一类型的员工往往具有很强的自我表现欲。

223. 金钱不是万能的，没有金钱是万万不能的

拿破仑虽然说过"金钱并不能购买勇敢"，但为了激励和保持部队的高昂士气，他总是及时慷慨地奖赏立下战功的官兵们。在征服普鲁士、打败沙俄，签订了《提尔西特和约》后，拿破仑一次就奖给达乌元帅30万法郎，其他的将官和参战士兵，都得到了奖赏。

俗话道："金钱不是万能的，没有金钱是万万不能的。"人人都有一些与生俱来的需要，如生存、稳定的收入、被人接受、希望别人尊重自己、渴望成功等。在企业中，金钱是员工最根本的需求之一。要想拥有更多积极努力、充分发挥才智为企业创效益的员工，首要的任务就是满足员工的物质需求。

虽然有人认为金钱激励有一定的负面影响，但是无论对谁，更高的收入总是很有诱惑力的。对于具有进取心的人、赚钱狂和追求成就者，金钱激励就更为有效。

要让员工更加努力，就要奖励员工的出色工作。为了获得最好的效果，就必须付给员工恰当的报酬，这样才能留住最好的员工。可是很多领导却总是把支出的工资维持在最低水平。他们认为员工工资是成本的一部分，并且只想到如何最大限度地减少成本，以保证利润最大化，至于报酬与效果之间的关系，他们却视而不见。

在工作之中，必须让员工感受到自己的价值得到了他人的承认。不管你使用多么美妙的言辞表示感激，不管你提供多么良好的培训，他们最终期望

的是得到自己应得的报酬，让自己的价值得到体现。

员工会按照市场情况和一些合适的对象进行比较，他们的收入影响着他们对工作的态度。不管一个人多么高尚，即使可能会因谋求个人的发展而牺牲个人收入，但不可能长期如此，因为他们要生存。最好的老板总是在员工要求增加工资前做好考虑，他们积极主动调查市场，保证自己员工的报酬比其他公司要高。这样可以让员工的宝贵精力和智慧用于实现最好的效果，而不是计较个人的报酬。聪明的管理者会积极主动地支付报酬，而不是等待员工提出要求。

企业要想具有最强的竞争力，首先必须拥有最好的员工队伍，并根据其贡献大小给予最合理的报酬。尽可能让员工将个人利益与自己的努力结合起来。同时，也应尽量使报酬支付的形式简单化，将事情弄得越复杂，越容易导致不满和争议。

领导者做人智慧：

不管一个人多么高尚，即使可能会因谋求个人的发展而牺牲个人收入，但不可能长期如此。

224. 尽量避免在同志关系上，夹杂过于浓厚的个人感情

毛泽东是个有大情大义的人，对党外的人，他不但有朋友，还总是热情接送，甚至搀扶、宴请，但对党内的人却全然不同。

毛泽东卫士李银桥说过："与党内同志交往，除非久别重逢，毛泽东很少表现出亲热。对于党内同志，毛泽东不搞迎送客之类礼节。对于较长时间没有见过的老同志，毛泽东要起身迎送握手，但是决不迈出门坎。毛泽东似乎有意约束自己，不要同某一个或几个重要的党政军负责人，发展起超出同

志和战友关系的私人情谊。同志关系就是同志关系，尽量避免在同志关系上夹杂过于浓厚的个人感情。"

一些企业家不交朋友，也决不对他身边的人掏心里话。我们不管这里有多少道理，是不是就应该这样。但他们对事业的严肃态度却是对的，他们决不让身边的人左右自己的行动。毛泽东说过一句耐人寻味的心里话："当领袖是很不自由的。"

特别是握有重要权力的人，为了把握住事情的真相，为了做出科学的判断，他就不能不切断来自各方面的一切干扰，郑重地行使严肃的权力。尤其是要干大事的人，这一点是必须的。

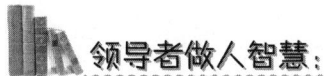

领导者做人智慧：

毛泽东说过一句耐人寻味的心里话："当领袖是很不自由的。"

225. 劝过于暗室，扬善于公堂

一天，在广州一家著名的大酒店里，一位外宾吃完最后一道菜后，顺手将一双精美的景泰蓝食筷悄悄地"插入"自己的西装内衣口袋。正要走时，一位服务员小姐不动声色地走上前去，双手擎着一只装有一双景泰蓝食筷的绸面小匣说："我发现先生在用餐时，对我国景泰蓝颇有爱不释手之意。非常感谢您对这种精细工艺品的赏识。为了表达我们的感激之情，经餐厅主管批准，我代表中国大酒家，将这双图案最为精美并且经严格消毒处理过的景泰蓝食筷送给您，并按照大酒家的优惠价格记在您的账单上，您看好吗？"服务员小姐的委婉陈辞使那位外宾很快明白了这些话的弦外音，在表示了谢意之后，他称自己多喝了两杯，头有点发晕，顺手将食筷插入内衣口袋里了，并聪明地借势下台，说道："既然这种食筷不消毒不好使用，我就以旧换新吧！"说着取出口袋里的筷子，恭恭敬敬地放回桌上，然后接过服务员

小姐给他的小匣不失风度地向付账处走去。一个很棘手的问题就这样解决了。

"劝过于暗室，扬善于公堂"是交际常用的一种技巧，是隐蔽地给人以启示。从心理学角度来看，暗示是在无对抗的条件下用含蓄、间接的方法对人的心理和行为产生影响。这种影响表现为使人按一定的方式去行动或接受一定的意见，它是一种被主观意愿肯定了的假设，不一定有根据，但由于主观上已肯定了它的存在，便使人的心理尽力趋向于这项内容。特别是在某种交际场合，因种种原因语义不能明说，但必须要传递的情况下，使用暗示能起到不同凡响的效果。这在企业管理领域中有着极其重要的意义。

在大多数的组织里，主管们花很多的时间在挑部属的错误，然后再花时间批评他的不是。一位企业的管理者如果经常重复做这样的事情，最容易导致部属自暴自弃，造成上下怨恨，两败俱伤。

人人喜欢被赞美，不喜欢被批评。戴尔·卡耐基曾这样说过："当我们想改变别人时，为什么不用赞美来代替责备呢？"纵然部属只有一点点进步，我们也应该称赞他。因为，那样才能激励别人不断地改进自己。

如果你想到处树敌或使你的威信降低，不妨在大庭广众之下指出某个人的错误。你会使这个人感到困窘，以后他不但不愿跟随你，可能一辈子也不会原谅你！

领导者做人智慧：

如果你想到处树敌或使你的威信降低，不妨在大庭广众之下指出某个人的错误。

226. 公司不是交友俱乐部

在电视剧《雍正王朝》里，人们一定很费解，康熙为什么传位于四阿哥而不是八阿哥呢？

八阿哥八面玲珑，精明干练，在朝野上下深得众望，皇子中附从者也甚多。而康熙却认为，善长拉关系者不能根除其晚年因精力不济而留下的种种积弊，故出人意料地传位给了敢作敢当、不怕得罪人的四皇子。雍正登基后，励精图治，痛下杀手刷新吏治，出色地完成了康熙的遗愿。

搞好关系是重要的，但为了工作不能怕得罪人，如果本末倒置的话，即使在群众中有个好印象，也不能得到领导的真正重用。除了少数私心很重的领导外，绝大多数领导在用人时是一切从工作出发的，因为企业毕竟不是交友俱乐部。

 领导者做人智慧：

除了少数私心很重的领导外，绝大多数领导在用人时是一切从工作出发的。

227. 打掉门牙和血吞

有一天，苏格拉底和一位朋友在雅典街头散步。这时来了一个青年，莫名其妙地用棍子打了他一下就跑了。朋友立刻要去追那个青年算账。苏格拉底拉住朋友，不要他去。朋友就问："难道你怕这个人吗？"苏格拉底说："不。"朋友又问："那你为什么不还手？"苏格拉底笑着说："难道一头驴子踢了你一脚，你也要踢它一脚吗？"

你始终要记住你的最终目标是什么，把所有来自外界的冷嘲热讽、人格侮辱等，都看作是成功道路上少不了的考验。不要和小人一般见识，你要继续赶路，不要和他们纠缠，也不要过分认真地和他们争一时之长。你要学会忍，学会使自己的心态平静，把注意力集中到更有价值的事情上。这样，你就会养成一种明智的处世态度。

《孔子家语》中,记载了孔子对子路的一番话,对"忍"作了很好的解说。孔子说:"君子处世,要达成自己的目标,可以屈则屈,可以伸则伸。"屈是因为有所期待,求伸要把握时机。因此,虽忍耐受屈,但决不以毁坏节操为代价。要实现自己的志向,也不能拿原则做交易。这就是"受屈而不毁其节,志达而不犯于义"。

尺蠖屈身,是为了前进;龙蛇蛰伏,是为了飞腾。忍,不是目的,而是手段。为了达到目的,我们当忍而忍。

"小不忍,则乱大谋。"而要做到能忍,会忍,忍得合乎道义,一是要把原则性和灵活性结合起来,善于审时度势;二是要有很好的修养,要有很强的自制力。说实在的,有时一事当前,要忍得住,还真不那么容易。曾国藩说到自己的"忍"功,那是"打掉门牙和血吞"。宋人程颐说得好:"忍所不能忍,容所不能容,唯识量过人者能之。"

领导者做人智慧:

不要和小人一般见识,你要继续赶路,不要和他们纠缠,也不要过分认真地和他们争一时之长。

228. 让别人对你产生依赖

许多人误以为权力是独立的,是不偏不倚的,其实权力牵涉到人际之间的关系,你永远需要别人作为盟友。完完全全独立自主的人可以住在森林中的小屋里,他拥有来去自如的自由,但是他不会拥有权力。你能期盼的最好状况是其他人越来越依赖你,因此你能够享受某种独立:他人对你的需要使你得以自由。

法国国王路易十一酷爱占星术。他有了一名宫廷占星师,并对其佩服万分。有一天,这名占星师预言宫中一名贵妇会在8天之内死亡。预言果然应验了，路易也吓坏了。他想，要不是占星师谋杀了贵妇以证明他的准确性，就是他太精于此道了。而不管是哪一种情况，他的法力威胁到了路易本人，这名占星师必须得死。

一天晚上路易召见占星师。在占星师到来之前，国王告诉埋伏在周围的士兵们，一旦他给了暗号，就冲出来抓住占星师，把他从窗户上丢到数百尺下的地面摔死。

不久，占星师来了，在下达讯号之前，路易决定问他最后一个问题："你声称了解占星术而且清楚别人的命运，那么告诉我你自己的命运如何，你能活多久？"

"我会在陛下驾崩前3天去世。"占星师回答说。

国王一直没有下达暗号。占星师的命不但保住了，而且在他有生之年国王不仅全力保护他，慷慨地赏赐他，还聘请高明的宫廷医生来照顾他的健康。最后占星师甚至比路易还多活了好几年，虽然他否定了他的预言能力，但却证明了他操控权力的一流手腕。

让别人相信除掉你可能会招来灾难，甚至死亡，他们就不敢冒此大险找出答案，这才是占星师真正的法力。

领导者做人智慧：

你能期盼的最好状况是其他人越来越依赖你，因此你能够享受某种独立：他人对你的需要使你得以自由。

229. 聆听越多，你就会变得越聪明

杰出的心理学家卡尔·罗杰斯，在他的《如何做人》一书中写道："当你尝试去了解别人的时候，我发现这真是太有价值了。我这样说，你或许会觉得很奇怪。我们真的有必要这样做吗？我认为这是必要的。在我们听别人

说话的时候，大部分的反应是评估或判断，而不是试着了解这些话。"

聆听，会给你智慧的灵光与启迪，使你的思维流转自若。当我们明心见性，达到内外如一、心物合一的境界时，我们便能从任何细微事物中获得启示。

心情浮躁的人不会聆听，利欲熏心的人也不会聆听，精于算计的人更不会聆听。他们过于浅薄，过于功利，他们已没有了儿时的天真，缺少了颖悟的耐心和舒展的心情。

聆听越多，你就会变得越聪明，就会被更多的人喜爱，就会成为更好的谈话伙伴。

歌德曾经说过："我要做的事，不过是伸手去收割旁人替我播种的庄稼而已。"其实，善于聆听的人才是最会收割的人。

生活中没有什么比做一名好听众，能更有效地帮助你。而且聆听还可以避免日常交际场合中"言多必失"的后果，相反，静心倾听倒是可以兼听则明，容易给人留下谦虚好学、专心稳重、诚实可靠的印象。

领导者做人智慧：

聆听越多，你就会变得越聪明，就会被更多的人喜爱，就会成为更好的谈话伙伴。

230. 男性领导不要轻易地去女性下属家里

我们每个人都有这样的经验：当交际双方的关系已相处到一定程度时，才应该或有可能到对方的家里去做客。因为家是一个人的个人生活空间，它并不是一个工作场所。男性到另一位女性家里，往往意味着某一方或双方愿意使彼此的工作友谊更进一步，上升到私人友谊，甚至是更深。

所以，男性领导不要轻易地去女性下属家里。一方面因为它超越了上下级工作关系的人际距离，容易让下属误会，以为你在有意靠近她；另一方面，也容易给心术不正的下属创造实现不良企图的机会，出现种种问题。而且，女性下属与男性领导之间这种私下的接近，还会造成不良的社会舆论，影响彼此正常的生活。

有一位男领导，家离一位女下属的家非常近。有时为了工作上的事，他就直接去这位下属家里谈。因为他们谈的都是有关工作的事，加之这两位坚信"身正不怕影子歪"，所以就对彼此的距离未做太多的考虑。然而时间一长，这位领导的夫人就起了疑心，认为他们之间肯定有什么不可告人的秘密，因此同自己的丈夫吵了好几次，一时间搞得满城风雨。

那位男领导为了表明自己的清白，开始主动疏远这位妇女下属，重要的工作不交给她做，增资奖励也没有她的份儿，这更使得这位女士的处境举步维艰。

最后，她只好打报告请求调到另一个单位去工作。然而，其名誉的损失却是无法弥补的，这成为她一个巨大的精神负担。

说起来，只是因为不注意保持适当的上下级距离，结果却造成不良的影响，使双方受到了不应有的伤害。

领导者做人智慧：

因为家是一个人的个人生活空间，它并不是一个工作场所。男性到另一位女性家里，往往意味着某一方或双方愿意使彼此的工作友谊更进一步，上升到私人友谊，甚至是更深。

231. 非零和博弈

一个冬天的上午，几位读者正在一个社区的图书室看书。这时，一位读者站起来说："这屋子里空气实在是太闷了，最好打开窗户透透气。"说着，

他就走到窗户旁边,准备推开窗户。但是他的举动遭到了正好坐在窗户旁边的一位读者的反对。那位读者说:"大冬天的,外面的风太冲了,一开窗户准冻感冒了。"于是,一位坚持要开,一位坚决不让开,两个人发生了争执。图书室的管理员闻声走了过来,问明原因,笑着劝这两位脸红脖子粗的读者各自坐下,然后快步走到走廊,把走廊里的窗户打开了一扇,一个看似无法通融解决的矛盾就这样迎刃而解了。

经济学家茅于轼曾经说:"在市场经济以前,人类自利是妨碍别人的,是损人利己的。"他举了个例子说,过去的帝王与将相就是这样一种博弈,他可以剥削你,抄你的家;你可以造他的反,夺他的天下。一方得利,一方受损,那是零和博弈。事实上也正是因为这种零和博弈反复上演,才使中国历史的每一页都写满了阴谋与血腥,并且使"无毒不丈夫"的文化观念深入到每一个中国人的意识中。

然而到了今天,除了权力斗争和军事冲突之外,现实生活中一般很少出现"有你没我"的局面。因为在市场经济下,你要想得到好处,就要跟别人合作,这样才可以得到双赢的结果,不但你得到好处,你的对手也得到好处。所以市场经济最奥妙的地方,就在于它是双方同意的,任何一个买卖都要经过双方认可,买方赚钱,卖方也赚钱,财富就创造出来了,这就是非零和博弈。

所谓非零和博弈,是既有对抗又有合作的博弈,各参与者的目标不完全对立,对局表现为各种各样的情况。有时候参与者只按本身的利害关系单方面做出决策,有时为了共同利益而合作。其结局收益总和是可变的,参与者可以同时有所得也有所失。

领导者做人智慧:

在市场经济下,你要想得到好处,就要跟别人合作,这样才可以得到双赢的结果,不但你得到好处,你的对手也得到好处。

232. 把对方当做重要人物

已故的维也纳著名心理学家亚德勒，他在一本名为《人生对你的意识》的书中写道："不对别人感兴趣的人，他一生中的困难最多，对别人伤害也最大。所有人类的失败都出于这种人。"

如果你希望别人喜欢你，就要抓住其中的诀窍：了解对方的兴趣，针对他所喜欢的话题与他聊天。

许多曾经拜访过罗斯福的人，都会惊讶于他的博学。不论你是个小牛仔、政治家还是外交官，他都能针对你的特长而谈。其实这个道理很简单，当罗斯福知道访客的特殊兴趣后，他会研读这方面的资料以此作为话题。

因为罗斯福知道，抓住人心的最佳方法就是谈论对方所感兴趣的事情。

对一件事感兴趣便是关注，带有感情的关注便是关切。关切跟其他人际关系一样，必须是诚挚的。关切是条双向道，它的施予者和接受者都会受益。

美国最大的橡胶公司的董事长比洛说："一个人除非对自己的事业很感兴趣，否则将很难成功。"这位实业界的领袖对单靠寒窗苦读就可成名的古训并无信心，"我认识一些人，他们成功了，因为他们创业的时候满怀兴趣。后来，许多人变成了工作的奴隶，他们对工作的兴趣丧失了，他们从中再也找不到成就感了，因此失败了。"

确实，要想获得成就感和满足感，必须有持久的兴趣。所以，在与人相处时，你要尽量让他明白，他是个重要人物。

领导者做人智慧：

不对别人感兴趣的人，他一生中的困难最多，对别人伤害也最大。所有人类的失败都出于这种人。

成功领导者的自我修养

233. 警惕有能力而又奉承你的人

对于那些确有较强能力却也喜好溜须拍马的人，你一定要小心对待，这些人可是巨型"炸弹"，弄不好会造成极大的麻烦。

对待这种人，首先你要依据他的实际能力委以相应的职务。起码在他们的眼中，你不能成为不识才的领导者。但一定要明察秋毫，对于用心险恶的人决不可重用，以免养虎贻患，悔之莫及。

另外，你应当保持清醒的头脑。哪些是实事求是的评价之辞，哪些又是阿谀奉承之辞；在阿谀奉承之中，哪些人是出于真心而稍稍过分地赞美几句，哪些人又是企图通过恭维领导而达到自己的某种目的；哪些奉承之辞中含有可吸取的内容，哪些奉承话都是凭空捏造、子虚乌有等等，诸如此类，绝对不能糊涂。

领导者做人智慧：

有才无德的人是最危险的。

234. 不要穿得过于名贵

不要穿得过于名贵，尤其不要穿得比上司还要好。身为下属，如果穿得比上司还要体面的话，会让别人产生误解，以为下属才是主事者。因为在谈判的时候，对方多多少少都会从一个人的外貌、衣着来判断一个人是不是主管。下属要是穿得过于体面，会抢去上司的风头，让对方对下属的态度过好，而忽略了上司。

如果本身已经招致了上司的嫉妒，那就更要注意了，更不能穿得过于体面，这会让上司更加憎恶你。有时候，上司会因为下属的穿着而对下属产生反感，上司一旦对下属印象不好，那下属以前的业绩在上司看来也没有什么价值了。

所以，一定要注意自己在公司里的穿着，尤其是在那些公众场合或者是重要场合，一定不能让自己的锋芒盖过上司，适时降低自己的姿态，最终的受益者还是你自己。

有一个笑话，说某局的局长长得瘦瘦小小的，却有一个肥头大耳的司机，每次出去开会或者吃饭，所有的人都把司机当成了局长，而把真正的局长撇在了一边。一次，两次，司机还会不断地解释，时间久了，司机也开始洋洋得意起来，有时候就真的把自己当成了局长，去什么地方总是指手画脚，不把局长放在眼里。事情的结果可想而知，这个司机不久就被调走了，局长找了一个比自己还要瘦小的人当司机，大家也就不会弄错了。

这个司机错就错在没有弄清楚自己的位置，得意了一两次，就开始自我膨胀，分不清东南西北，忘记了他的本职工作，忘记了他只是一个司机。哪个上司都不愿意自己有这样的下属，这种人最终的命运就是"走人"。

领导者做人智慧：

一定要注意自己在公司里的穿着，尤其是在那些公众场合或者是重要场合，一定不能让自己的锋芒盖过上司。

235. 有十分的把握，说七分的话

为人处世，应当讲究言而有信，行而有果，领导者更是如此。因此，许愿不可随意为之，信口开河。明智者事先会充分地估计客观条件，尽可能不

做那些没有把握的许愿。

如果你对情况把握不是很大,就应把话说灵活一点,使之有伸缩的余地。你在许愿中可采用延缓时间的办法,即把兑现诺言的时间说长一点,给自己留下为实现诺言创造条件的余地。

如果你的承诺不能自己单独完成,还要谋求别人的配合,那么你在许愿中可带一定的限制词语。

领导者做人智慧:

做任何事情,都要给自己留下机动的余地。

236. 感化恃才傲物者

在一些单位里,有的下属仗着自己才高,就目空一切,恃才傲物。谁都看不起,包括自己的领导。但他又有一手好技术或绝活,单位离不开他。因此,与这种下属相处,领导者掌握了他们的心理后,就要有的放矢,采取有效的方法来和他们接触。

要用其所长,切忌压制打击或排挤。领导者在看到他不好的一面时,一定要耐心地与他相处,要视其专长而给予任用。每碰到这种人,就要想想刘备为求人才三顾茅庐的故事,毕竟你是在为整个企业的利益,而不是为你个人的利益在和他接触。因此,在这种人面前即使屈尊一下也不算跌份儿。

除此之外,领导安排一两件做起来比较吃力,或者估计完不成的工作让他做。如果他在限定的时间内做不出,领导仍然安慰他,那么,他就一定会意识到自己先前的狂妄是错误的,并会从此改正。

所谓恃才傲物者,一般多是有才华、有主见、有棱角,但又不太好驾驭的人。大体可分为两种:一种是确实有才学,但性格孤僻者。英国著名政治家鲁艾姆说过:"受过教育的人容易领导,但不容易进行压制;容易管理,但不能进行奴役。"这种人一般都有主见，善于钻研问题，不肯轻易放弃科学上有根据的东西，甚至有点"固执己见"。

另一种是因为工作性质原因，联系群众较少，也易被人们称之为"孤芳自赏"、"清高自傲"者。如果不加分析一概视他们为"恃才傲物"，则是片面的。

对于那些真正有才华的恃才傲物的员工，管理者要能做到虚怀若谷，从善如流。

**领导者做人智慧：**

有人把人才分成三等：一等人有才气没脾气，二等人有才气有脾气，三等人是没才气有脾气。有才的人，往往都有些怪脾气。有才有脾气没关系，怕就怕没啥才气还浑身臭脾气的人。

237. 雇用完整的人

德鲁克提出了"雇用完整的人"的思想，他认为，人们不能只"雇用一只手"，手的所有者总是与手在一起。"没有多少种关系能像一个人与他的工作的关系那样将一个人的整个身心完全地包含在里面了。"因此，他得出结论，人才与工作是不可分的，自然与公司企业也是不可分的。

的确，一家公司的好坏只取决于该公司的人才。大多数公司会说，它们的资产负债表中记录着自己最重要的资产。总部设在达拉斯的全球500强之一的玛丽·凯化妆品公司，则认为人才是最重要的资产。正如该公司总裁所说："许多公司的经理向证券分析家吹嘘自己的生产线、新建高层建筑物以及最快速、最先进的制造设备，可是从来不提自己公司里的人才。尽管固定资产对公司的发展十分重要，但人才是最重要的。我们会见证券分析家时，谈话的一个主要题目是我们公司拥有的奇才。"

研究任何一家大型企业都会发现，使该公司超过别的公司的是该公司的人才。例如，有一家大公司买下了一家生意兴隆的快餐连锁公司，解雇了该公司的经理人员，用自己的人去取而代之。一年半后，这家本来利润很高的企业竟出现了赤字！买方公司未能意识到，他们应该买下的，不是卖方公司下属的几百家饭馆及设备，而是卖方公司最宝贵的资产——管理这个快餐连锁公司的经理队伍。不把这些人买下来，马上就会看出这笔买卖得不偿失。还有很多家公司也犯过同样的错误。

公司和人才是一个不可分割的整体。如果把一家公司的人才轰走，那就会严重危及该公司有效运转的能力。今天，比较现实的方法是：买方公司坚持要求卖方的公司经理留任一段时间，并常常用优厚的条件来鼓励这些经验丰富的经理人员继续增加营业额和利润。并且，在此期间，把自己的人才队伍迅速地建立起来。

领导者做人智慧：

要学会尊重别人，特别是地位较低的人，毕竟不是只有领导者才有智慧！

238. 不合理的晋升，对于双方都是一种折磨

1969 年，美国著名的管理学家劳伦斯·彼德在分析了数百件工作上不能胜任的案例后，公布了他著名的"彼得原理"。

"彼得原理"若用一句话来表述，就是："在层级组织里，每位员工都将晋升到自己不能胜任的阶层。"

在现实生活中，"彼得原理"所示的现象无处不在：一名称职的教授被提升为大学校长后，却无法胜任；一个优秀的技术人员被提升为主管研发的经理后，而无所作为。即一旦员工在低一级职位上干得很好，组织就会将其

提升到较高一级的职位上来，一直将员工提升到一个他所不能胜任的职位上之后，组织才会停止对他的晋升。

结果本来可以在低一级职位施展才华的人，却不得不处在一个自己所不能胜任而级别却较高的职位上，并且要在这个职位上一直熬到退休。这种状况不仅不是对本人的奖励，使其无法很好地发挥才能，反而也给企业带来损失。

一个人被提拔到更高的职位，并不意味着就具备胜任该职位的能力和素质。你可能在中层中是一流的人才，但被提到高层位置上时就可能不称职，甚至变成一个平庸者、一个废物。

在一个企业里，一个人不能因为干得好就被重用、被提升。如果一个人因为干得好就提，即使不胜任、不称职仍占据较高的职位，以至于最后整个企业、整个组织的每一个职位都被一个不称职的人所霸占，而真正胜任的人却因为没有机会、没有位置而得不到晋升。

"彼德原理"还强调了学习的重要性。如果一个人不学习、不提高素质，那么就会停留在原来的素质和职位上；相反，如果能在较低职位上加强学习，提前主动学习，不断提高个人素质，就有可能得以晋升，并胜任更高一级的职务，成为一个名副其实的称职者。

领导者做人智慧：

一个人被提拔到更高的职位，并不意味着就具备胜任该职位的能力和素质。你可能在中层中是一流的人才，但被提到高层位置上时就可能不称职，甚至变成一个平庸者、一个废物。

239. 对付小人的秘诀：敬而远之

作为一名领导，下属对你的议论会通过各种途径传到你上司的耳朵里，

你当然不喜欢这些议论是对你的贬低，甚至于诋毁。要让下属少说一些你的坏话，你需要从自身做起。

有些下属的心胸比较狭窄，遇事总爱斤斤计较，对这种人要学会忍让，尽量不去触怒他。在分配工作任务时，不要面对面直接分配给他，最好集体一块儿分配，让他明白任务的分配公平、合理，使他的心理能得以平衡，不会因为任务的轻重不一而生出意见来。但是，一旦下属的行为确实触犯了部门的利益，你就要按原则去办事了，和他诚恳地讲清道理，说明原因，该怎么处理就怎么处理，千万不能姑息迁就。

另外，即使是反对者也要和他打招呼。如果对方仍然坚持转过头去，你也不要急，终究还是会出现曙光的。再一次呼唤他，当他有了善意的回应时，不要忘了，就是这个时候，是转换人际关系的最好机会。至少这个努力，可以防止人际关系再度恶化。

领导者做人智慧：

绝对不要和小人争斗，因为在与小人的战争中，你不会成为赢家。

240. 平易近人者，人皆近之

一个人想成就大事就要善于凝聚人心，让与之相关的人心甘情愿地帮助和追随自己。而凝聚人心最有效的方法就是做到平易近人。

有一本介绍心理技巧的书，其中讲了在美国田纳西州的州长选举中，兄弟二人双双出马竞选州长的事。哥哥以婴儿的微笑战术来扩大支持者；相对的，弟弟却对于这些漂亮的姿势一概不采用。当他站在讲台上时，边摸着口袋边对听众说："你们谁可以给我一支香烟？"

结果是弟弟大胜。

选民们因为政治家的平易近人、能向普通百姓要香烟而对他投以更多的支持。

能够跟大人物这么近乎地打交道，在普通人看来是一件很荣耀的事。领导者有时故意做出某个举动，把自己降到普通人的地位，甚至通过语言的印象让对方感到自己格外受尊重，这是借着立场的逆转挑起对方的虚荣心。

人往往有一种逆反心理，越是强硬的命令，越是不愿意服从。然而，同样是上司的命令，如果用"拜托"这句话来置换彼此的身份，人的逆反心理便会减少，常常不会感觉出这是命令。

总之，在工作场所，为了有效地调动部属，让他们帮你成就大事，你就要尽量将领导工作中的指挥、命令行为降低格调。不要在下属面前总是板着老板的面孔，要经常听取他们的建议。这也是领导者低调做人和平易近人的表现。

 **领导者做人智慧：**

人往往有一种逆反心理，越是强硬的命令，越是不愿意服从。然而，同样是上司的命令，如果用"拜托"这句话来置换彼此的身份，人的逆反心理便会减少，常常不会感觉出这是命令。

241. 不要把失误暴露于外，给别有用心的人抓住把柄

由于领导者工作没有做好，导致了一些无谓的分歧，使自己陷入了阻力重重的境地。这会使领导者背上包袱，失去自我，有些人还故意掩盖矛盾，最后导致了积重难返。

在这种情况下，领导者就不可能大胆地开展工作，就不可能大胆地纠正下级的错误。这样不仅领导者失去了自我，手脚被错误所捆住，很可能在单位中还形成一种敢于犯错误的不良氛围，领导者面对此境，将会无能为力。

不承认错误的人，一旦被人发现了错误，就会授人以柄，成为受制于人的因素。对此，唯一正确的做法就是承认错误，改正错误。错误所造成的不良影响，只有在公开承认、自觉改正之后才能消除。承认了改正了，群众也就谅解了。

别有用心的人也就不能再利用你的这一错误来攻击你了。

领导者做人智慧：

不承认错误的人，一旦被人发现了错误，就会授人以柄，成为受制于人的因素。所以最好的办法是：如果不能悄无声息地掩藏它，就爽快地承认。

242. 随波逐流者已经不再安全

《新约·马太福音》中有这么一个故事：

一个国王交给10个仆人每人1锭银子，吩咐他们去做生意。一段时间后，国王把那10个仆人叫到跟前，要他们报告赚了多少钱。

一个仆人回答说赚了10锭，国王赏他管理10座城邑；一个仆人说赚了5锭，国王赏他管理5座城邑；一个仆人则唯恐这锭银子丢失，所以原封未动地包在手巾里存着，于是国王收回了他的那锭银子，赏给赚了10锭银子的仆人。

身边的人迷惑不解地问国王："他已经赚了10锭了，为什么还要给他？"国王语重心长地说："凡是少的，就连他仅有的，也要夺过来；凡是多的，我要给他更多，多多益善。"

这个故事听起来似乎有点残酷，然而在这个弱肉强食、贫富分化的世界上，像《马太福音》所预言的"贫者越贫，富者越富"的现象，集中体现在人类资源分配上，可以说是随处可见的。20世纪60年代，著名社会学家莫顿首次将这一现象归纳为"马太效应"。

马太效应意味着什么呢？简单地说就是"赢家通吃"。促使它产生的首要原因是，在某种程度上，世界变得简单化了，变"小"了。过去人们的竞争只局限于一个地区、一个国家或一个大洲之中，竞争场所虽多但相互隔绝，所以能同时并存很多个"赢家"。而今天，原有的隔绝被打破了，日新月异的科学技术已经把整个世界紧密地联系在一起，世界成为唯一的竞技场，其结果就是赢家更少，而他们赢得的战利品却更多。这意味着我们如果不是胜利者，那就只能是失败者，胜利者将享有很多金钱、荣誉以及更大的成功。它还意味着赢家只能是少数人，在这个时代，做一个随波逐流者已经不再安全了。

"赢家通吃"的另一个重要原因是：它可以借助自身的优势，成为市场竞争规则的制订者。这在国际竞争中尤其明显，一个最好的例子就是联合国五大常任理事国所拥有的否决权。

领导者做人智慧：

我们如果不是胜利者，那就只能是失败者。胜利者将享有更多的金钱、荣誉以及更大的成功，失败者将一无所有。

243. 赋予下属更大的权力

清康熙年间，乘吴三桂、耿精忠、尚之信先后起兵反清之际，占据台湾的郑成功之子郑经也渡过海峡，占领了泉、漳、温州等地。消息传到北京那天，康熙皇帝正率领诸皇子在畅春园练习射箭。康熙得到报告后，似乎毫不在意，继续教皇子们射箭，只说了句"知道了"。不一会儿，战报又来，说郑氏军队正在攻打台州。康熙仍然没有停下来，轻描淡写地说："知道了。"又过了一会儿，战报带来了更坏的消息：整个台州失陷了！康熙皇帝仍然不慌不忙地指挥皇子们射箭。诸皇子都沉不住气了，放了弓矢跪在康熙的面

前，请求父皇降旨，指挥却敌。康熙镇静自若，唤起了诸皇子，要他们继续练习射箭。皇子们不敢抗旨，但心里充满了疑惑。

射毕回宫后，康熙把皇子召到跟前，对他们说："福建离京有数千里之遥，消息传递需要时间不说，盲目地指挥前方的将领，那圣旨怎能完全符合当地的情形呢？前方督抚如果不遵旨而行吧，是违抗圣旨；遵旨而行吧，就难免误事。平时派遣督抚镇守地方，就是为有事让他们及时采取相应对策。如今不降旨，正是为了让督抚便宜行事啊。"

诸皇子恍然大悟。

不久，"三藩之乱"平息，台州也被收复，郑氏军队全部撤回了台湾。

作为管理者，你所要做的工作只是宏观把握，高瞻远瞩，而不是关心那些具体的细枝末节。因此，你所决定的只是告诉你的手下去做什么事，至于具体怎样去做，你应该放心地由属下去思考，切忌搞独断专行，不管大事小事，什么都是自己说了算，那简直是管理者最大的禁忌。

 领导者做人智慧：

作为管理者，你所要做的工作只是宏观把握，高瞻远瞩，而不是关心那些具体的细枝末节。

244. 留个缝儿，不要把事情做得太满了

一位著名企业家在作报告时，有位听众问："你在事业上取得了巨大的成功，请问，对你来说，最重要的是什么？"

企业家没有直接回答，他拿起粉笔在黑板上画了一个圈，只是并没有画满，留下一个缺口。他反问道："这是什么？"

"零？""圈？""未完成的事业？""成功？"台下的听众七嘴八舌地答道。

他对这些回答未置可否。"其实，这只是一个未画完整的句号。你们问

我为什么会取得辉煌的业绩，道理很简单，我不会把事情做得很圆满，就像画个句号，一定要留个缺口，让我的下属去填满它。"

目前中国很多企业的老总都是第一代创业者。这些人就好比是当年的马上皇帝，自认为是文武全才，在各个方面都争强好胜，结果造成了拒人才于千里之外的局面。

可靠的属下往往不是招聘来的，而是培养出来的。没有机会锻炼，一个再好的人才也只能去纸上谈兵。即使谈得再好，在实战的时候，也会像赵括一样一败涂地。所以这个时候，留下一个"缺口"让属下去完善就显得异常必要。

领导者做人智慧：

可靠的属下往往不是招聘来的，而是培养出来的。没有机会锻炼，一个再好的人才也只能去纸上谈兵。

245. 给别人留个余地，给自己留条后路

如果得理便穷追猛打，逼得对方走投无路，就有可能激起对方"求生"的意志。既然是"求生"，就有可能"不择手段"，这对你自己将造成伤害。好比老鼠关在房间内，不让其逃出，老鼠为了求生，将咬坏你家的器物，放它一条生路，它"逃命"要紧，便不会对你造成伤害。

而且，你给对方留有一定的余地，他会因此心存感激，来日自当图报。就算不如此，也不太可能再度与你为敌，这是人性。

不留余地，伤了对方，有时也连带伤了他的家人，甚至毁了对方，这有失厚道。人海茫茫，但常"后会有期"。你今天得理不饶人，焉知他日不狭路相逢？若届时他势旺你势弱，你就有可能吃亏。给别人留余地，这也是为自己留条后路。

领导者做人智慧：

所谓关门打狗，的确值得商榷。

246. 留意下一个当权者

商鞅在秦国实行变法之初，反对者数以千计，连太子也不以为然，一再犯法。商鞅说："变法的法令之所以不能贯彻执行，是由于上层有人故意反抗。"于是想拿太子开刀。可是太子是国君的接班人，是不能施刑的，结果便拿太子的老师公子虔和公孙贾当替罪羊，一个被割掉了鼻子，一个在脸上刺了字。当时商鞅甚得秦孝公的宠信，权势极盛，太子拿他也无可奈何。

然而，正当商鞅的权势如日中天之时，秦孝公死了，太子继位，是为秦惠文王，他一上台，他的老师——那个被割掉了鼻子的公子虔便出面告发，说商鞅想要谋反。

商鞅这才是真正的作法自毙，他走投无路，被车裂（即五马分尸）于咸阳街头，家人也被灭族。

常言道，人无远虑，必有近忧。商鞅其人，作为一个改革家，在政治上是极具远见的，但他长于谋国，拙于做人。他没有想到，宠信他的秦孝公不可能陪他一辈子，未来的天下毕竟还是太子的，这样的人怎么可以得罪呢？熟谙为官之道的人都明白，你不要只迎合今日的当权者，还要留意明日的权势者，就像一个老于棋道的棋手一样，当走出第一步棋之后，还要想到第二步、第三步如何走，走一看二眼观三，这样你才能在瞬息万变的政治舞台上，始终立于不败之地。而商鞅却一步把棋走绝，没有给自己留下抽身退步之地。在改革大业上他是一个英雄，在如何做人上，他却是个失败者。

欲在社会上立于不败之地，就要广交朋友，引以为援。但若只顾眼光向上，不及其余，他日靠山一倒，所谓墙倒众人推，必遭众人攻击，使自己身陷险境。

做人的艺术，其实是一个平衡的艺术，既要左顾右盼，照顾到方方面面的利益，又要瞻前顾后，考虑到事情未来的发展与变化。不能只在一棵树上上吊，也不能一条道走到黑。

 领导者做人智慧：

你不要只迎合今日的当权者，还要留意明日的权势者，就像一个老于棋道的棋手一样，当走出第一步棋之后，还要想到第二步、第三步如何走。

247. 不要重用告密者

"告密者"看准了上司需要人在公司内充当他的耳目，把办公室里的小道消息或情报传递给他，让他更了解公司内部人事的实际情况。于是他便选择了这条途径，来取得上司的信任。

这类下属一般的特性是喜欢四处刺探同事之间的秘密，连一句闲言碎语也不放过。因为，这便是他向上司汇报的材料。

他们这样做的最大目的，就是要在上司心目中建立起忠心耿耿的形象。说他们甘当上司的鹰犬也不为过。

据说，的确有些主管喜欢有这类下属在机构内充当"探子"，借此知道职员对公司、对自己的态度。他们相信，这种情报对他们更好地管理下属有一定的帮助。

即使告密型下属能充分博取上司的欢心和信任，若上司是一名精明能干的人，他断不会考虑提拔告密型下属成为自己的接班人。因为这类告密型下属在办事能力方面肯定不会太突出，所以才走捷径，做探子，博取上司的青睐。

如果主管贸然地把告密型下属升上自己的位置，除了引起公司内职员的

反感外,也显示出这名上司的天真无能。试问,一个全公司的职员都提防甚至讨厌的人,怎能当一名令人信服的好主管?

领导者做人智慧:

即使告密型下属能充分博取上司的欢心和信任,若上司是一名精明能干的人,他断不会考虑提拔告密型下属成为自己的接班人。

248. 不要让人知道你是在笼络人心

当你将功劳让给下属时,切勿要求下属报恩,也不要摆出施恩者的架势。因为下属可能会感到自尊心受损,甚至因此闹别扭,采取反抗的行动,如此反而得不偿失。

你应该心甘情愿地把功劳让给属下,并且对其表达感谢之意。换言之,你该换个角度想,由于你身在一个可以使你"施恩"的公司,并且拥有值得你"相让"的下属,你才能尝到满足的滋味,这一切都是值得珍视的。如果你能持有这种心态,相信你所得到的喜悦将是不可限量的。

把功劳让给下属,不过是小恩小惠,但就是这滴水之恩,却可以令下属以涌泉相报。即使仅有一次受惠经历的下属,也必定会将此恩惠牢记在心,在公司出问题时积极发挥作用,而在平时下属也会体谅上司。在如此充满和谐气氛的公司,下属与上司绝不会发生摩擦。

领导者做人智慧:

把功劳让给下属,不过是小恩小惠,但就是这滴水之恩,却可以令下属以涌泉相报。

249. 不做超人，也不做傻瓜

"保证完成任务"，是很多下属在领命时常说的一句话，也是所有上司在下达命令、交代任务时最愿意听到的一句话。然而，有必要提醒领命下属的是，"挑担子"一定要量力而行，也就是说，在接受任务之前要掂一掂自己的分量，更要掂一掂可能出现的困难的分量——这绝不是拈轻怕重，更不是讨价还价，而是对任务、对上司、对所在团体负责任的表现。这就是所谓的"未思进，先思退"。

只有事先认识到困难，才能在执行任务的过程中克服困难、排除困难，进而完成任务。困难不可怕，可怕的是对困难的轻视。

当老板一块一块往你身上"加砖"时，他并不是不知道"砖"的重量，只是因为把工作交给一个不懂拒绝的人最省心。但是，可别梦想你理所当然比别人薪水更高、升迁更快。老板当然无数次想过给你加薪、升职，然而当办公室"狠人"当道，他摆不平时，你将是首选的牺牲者。

你不需要一本正经地拒绝老总，只需要摆出你的难处——最好的拒绝方式是摆出时间或精力上的困难。让他明白：你既不是超人，也不是傻瓜。

领导者做人智慧：

在接受任务之前要掂一掂自己的分量，更要掂一掂可能出现的困难的分量——这绝不是拈轻怕重，更不是讨价还价，而是对任务、对上司、对所在团体负责任的表现。

成功领导者的自我修养

250. 不要过分相信第一印象

第一印象往往具有一些欺骗性。因此，在招聘员工时，不要完全指望第一次面试。

多研究一下他们的应聘材料，了解一下有关他们的背景，充分进行面试。你可以带上你所挑中的候选人员去参观一下公司，观察他们对公司的兴趣程度，询问他们一些问题，让他们讲一下自己所做的事情，让他们每个人表述一下自己。最后，你一定会发现最合适的人。

当然，你也不能完全依靠自己的判断，你应让更多的人参与录用工作。你应当仔细倾听上司、同事和员工的意见，而不仅仅是自己的意见。

领导者做人智慧：

第一印象往往具有一些欺骗性。因此，在招聘员工时，不要完全指望第一次面试。

251. 不乱开空头支票

乱开空头支票，用文雅一点的话来说，就叫"轻诺寡信"，即很轻易答应别人的要求，实际上却无法做到。

从理论上来说，"轻诺"必然是"寡信"的。身为领导，手中当然握有一定的权力，但谁的权力也不是至高无上的。领导本身也受着种种制约，很多事情都不是一个人能说了算的。

轻易对别人许诺，说明你根本就没考虑所办的事情可能遇到的种种困难。困难一来，你就只会干瞪眼，给人留下"不守信用"的印象，许诺越多，问题就越多。所以"轻诺"对于领导是不可取的。

领导首先要避免的是随心所欲，不乱开空头支票。

古人说："事之难易，不在大小，务知其时。"在表态时，就要讲究火候分寸问题。既要掌握"尺度"，又要讲究"分寸"。

领导者做人智慧：

从理论上来说，"轻诺"必然是"寡信"的。

252. 让拒绝执行命令的下属适当地"靠边站"一下

你的下属拒绝按你的要求去行事，遇到这样的情况，不要吹胡子瞪眼，拍桌子发脾气，也不要训斥下属。要保持头脑冷静，仔细思考一下到底发生了什么事情。

反问自我，我让下属做的事情他有把握完成吗？我能肯定他理解我所说的话吗？他执意拒绝工作是否有某些我不知道的原因？如果实在搞不清楚他为什么不执行你的指令，你可以向他当面询问："你有什么意见？你为什么不理会我的建议？"下属不执行你的指令可能有充分的理由，不论什么原因，你去问他就是给他机会让他讲出理由。也许你说明某些内容或说话的方式会"激怒"、"惹恼"了他，通过询问，也是给他一个发泄感情的机会，让他讲出来，然后他会心情较好地去按你的要求做事。

如果下属仍然拒绝听从你的指令、拒绝合作，做为领导该怎么办？

当然，如果条件允许的话，你可以处罚他或者立刻将他解职。但是，这是一种惩罚性行为，必然会导致不良后果，可能影响其他员工，并难以说服

受罚的员工。如果他是一位好员工，你较明智的行为应是转而求助另一位愿意执行命令的人。这样你可以使他"靠边站一下"，先回去工作，待他冷静些，你再通过解释性的方法与他私下交换意见。

作为领导，你的职责就是通过他人的帮助来完成工作。解雇或惩罚员工或恶化你与员工之间的关系是不能完成工作的。你是在与他一起工作，而不是与他作对。

如果你仁至义尽，他依然屡教不改，这就需要让他知道，如果他不再与你合作，将来只能给予恰当的处分或是解雇了。但是这是最后一张王牌，不到万不得已时，千万不要妄加使用。

领导者做人智慧：

作为领导，你的职责就是通过他人的帮助来完成工作。解雇或惩罚员工或恶化你与员工之间的关系是不能完成工作的。你是在与他一起工作，而不是与他作对。

253. 用人不可凭个人一时之喜恶

领导在用人时，只凭个人感觉，凭个人喜好，不察明他的本质，就有可能看不清楚人才的真相。

战国时卫国有一个臣子叫弥子瑕，因为生得俊美而得卫王宠爱。一次，因母亲生了急病，弥子瑕私下驾卫王的马车回家探视，触犯了卫国律法，应受刖刑。卫王不仅没有处罚他，反而称赞弥子瑕有孝心，为了母亲忘记了刖刑！

又一次，弥子瑕与卫王游园，弥子瑕摘下一个桃子吃了一半，觉得味美，遂把剩下的一半送给卫王。卫王非常高兴并赞道："弥子瑕真爱我呀，碰到味道好的桃子，就是只剩下一半也想着献给我。"

后来，弥子瑕年老色衰，因一小事而得罪卫王，卫王便说："弥子瑕曾私驾寡人马车，违犯律法；又拿吃剩下的桃子给我，侮慢寡人。"于是便免去了弥子瑕的官。

卫王反复无常，喜欢对方时，对方什么都好；厌恶对方时，对方一切都坏。如此用人实是在受个人喜好左右，这样又怎能任用真正的人才呢？

**领导者做人智慧：**

人是感情动物，所以很多事情都会受情感的支配，如此便容易偏离理性的轨道，做出与事实相违的判断。

254. 一升米养一个恩人，一斗米养一个仇人

再伟大的人也是人，都有平庸琐碎的一面，要让人对你保持敬畏，最稳妥的办法就是只让人看到应该看到的。所以，老板绝不要和下属真正打成一片，上级也不要和下级整天称兄道弟。规矩一旦破坏了，局面就难以收拾。

古语所说的"一升米养一个恩人，一斗米养一个仇人"，就是这个道理。一个人在饥寒交迫的时候，你给他一升米，就是解决了他的大问题，他会感恩不尽。但是，你如果继续给他一升米，他就会觉得理所当然了。一升米不够，二升米不够，三升四升还是不够，再一联想到你那堆满了仓的米，他会觉得你给得太少，凭什么你有满仓的米，他却只有几升米，而且就这几升米，还要对你千恩万谢？有了想法，麻烦就来了。一个下属，如果你偶尔给他一个赞许，是对他的莫大鼓励。但是如果你每天和他混在一起，成了酒肉朋友，他心里就把你看低了。

太过亲近，也就有了人情，你欠我的，我欠你的，纠缠不清。于是，你的就成了我的，我的也成了你的，淡漠了"你我"的概念，不仅敬畏感消失，还可能因此心生怨恨和不满。

领导者做人智慧：

一个下属，如果你偶尔给他一个赞许，是对他的莫大鼓励。但是如果你每天和他混在一起，成了酒肉朋友，他心里就把你看低了。

255. 暴躁不是权力，而是一种无能为力

1809年1月，拿破仑忧心忡忡地从西班牙的战事中抽身出来，赶回巴黎。他听到了一则消息——外交大臣塔里兰与警察富歇联合起来密谋反对他。一抵达巴黎，这名如惊弓之鸟的皇帝立刻召集所有的大臣入殿，开会时拿破仑坐立不安，含糊其辞地闲扯阴谋者反对他的话题。

在拿破仑喋喋不休时，塔里兰靠在壁炉上，看起来无动于衷。面对着表现得如此冷静的塔里兰，拿破仑按捺不住自己的情绪，突然嚷道："许多大臣居心叵测，密谋叛国！"说到"叛国"这个字眼时，拿破仑期待他的大臣会害怕，然而塔里兰只是笑了一下，沉着的表情显示出他对会议的蔑视。看到塔里兰在面对可能被吊死的指控时仍然镇定无比时，拿破仑更加慌乱了。他忽然上前一步逼近塔里兰说："有些大臣希望我死掉！"但塔里兰依然不为所动地回视他。终于拿破仑忍不住爆发了。

"你这个懦夫！"他对着塔里兰尖叫，"你这个不诚实的人，我赏赐你无数的财富，你竟然如此伤害我。"其他大臣难以置信地面面相觑，他们从来没有见过这位无畏的将军、威严的皇帝、整个欧洲的征服者如此失控过。

"你应该像玻璃一样，被碾成碎片！"拿破仑生气地跺脚，"我有权力这么做，但是我太瞧不起你了，不愿意太费事……为什么我不将你吊死在土伊勒里宫的大门上呢？没关系，我还有时间这么做。""你这个人什么都不是，只不过是穿着丝袜的一团狗屎……至于你的妻子，你从来没有告诉我卡洛斯是你妻子的情夫……"他大吼大叫，前言不搭后语。

"是的，陛下！我从来没有想到过这项情报会牵涉到您的荣誉和我自己的荣誉。"塔里兰冷静而且泰然自若。拿破仑又丢了几句侮辱的话语之后，气匆匆地走开了。塔里兰慢慢穿过房间，以他特有的缓慢的步伐移动着。一名侍者帮他穿上斗篷，他转过身面对其他大臣说："真遗憾，各位绅士，如此伟大的人物竟然如此没礼貌。"

尽管愤怒，拿破仑并没有逮捕他的外交大臣，而只是解除了塔里兰的职务，将他逐出宫廷。拿破仑相信对塔里兰而言，屈辱就足够惩罚他了。然而流言迅速传播开来——皇帝是如何完全失控，塔里兰如何保持镇定与尊严。从某种意义上讲，真正遭受羞辱的是拿破仑自己。

伟大的皇帝在压力下失去冷静，人们开始普遍感觉到他已经开始走下坡路了。如同塔里兰事后所言："这是结束的开端。"

愤怒的人通常看来荒唐可笑，他们往往小题大做，把事情看得过于认真，夸张了所受的伤害和侮辱。而更可笑的是他们认为只有表现出自己的愤怒才能证明自己的权力。事实正好相反：暴躁不是权力，而是无能为力的表现。人们或许会因为你发脾气一时之间吓倒了，但是会由此失去对你的敬意，将你看成是一个缺乏自制力的人而倍加轻视。

领导者做人智慧：

愤怒的人通常看来荒唐可笑，他们往往小题大做，把事情看得过于认真，夸张了所受的伤害和侮辱。而更可笑的是他们认为只有表现出自己的愤怒才能证明自己的权力。

256. 远离心机和计谋

南怀瑾先生说不喜欢用心机整人。这是个做人的原则，这一点也代表中国文化的一种精神。从旧体小说里就可以看到，中国人打斗很不喜欢用暗

器。常用的暗器是所谓的"镖",万不得已要发镖时必定同时大喝一声:"看镖!"表示先打了招呼。

孔子历来是主张做人要光明磊落的。他说:"君子坦荡荡,小人常戚戚。"君子心地坦荡,所以乐观自在。而小人心胸狭隘,整天在那里琢磨人事,所以免不了忧愁烦恼。就是说人生在世,当然要谋求成功,谋求财富,但不能靠耍手段,搞欺诈,或者靠"巧言令色"。与人交往,也不能光斗心眼,工于心计。那样做,可能一时得逞,但早晚会搬起石头砸自己的脚。

著名翻译家傅雷在写给儿子的信中说:"我一生做事,总是第一坦白,第二坦白,第三还是坦白。绕圈子,躲躲闪闪,反易叫人疑心。你要手段,倒不如光明正大,实话实说。只要态度诚恳、谦卑、恭敬,无论如何人家不会对你怎么样。我的经验,和一个爱耍手段的人打交道,永远以自己的本来面目对付,他也不会用手段对付你,倒反看重你了……"

孔子和傅雷都是没有"心机"的人。他们可能因此而被有"心机"的人占了些便宜,自己吃了些亏,可这不但无损于他们的人品,反而更显出他们的高尚。他们不为个人私利工于心计,不用心机整人,他们就更能全身心地干成事业,赢得人们的尊敬,这才是真正的成功的领导者。

领导者做人智慧:

心机与计谋只能用于一时,得到的只是暂时的小便宜。要想成就大事或长久地立足于社会,就要脚踏实地地诚实做人。

257. 不要将猜疑表现于外

猜疑之心犹如蝙蝠,它总是在黑暗中起飞。

猜疑者未必是由于怯懦,却往往是由于缺乏判断力。所以,一个很果敢的人有时也会陷入这种情感。猜疑的根源产生于对事物的缺乏认识,所以多了解情况是解除疑心的有效办法。当你产生了猜疑时，你最好还是有所警惕，但又不要表露于外。这样，当这种猜疑有道理时，你已经预作了准备而不受其害；当这种猜疑无道理时，你又可避免因此而误会了好人。

人尤其要警惕由别人传播来的猜疑，因为这很可能是一根有毒的挑拨之刺。如果可能的话，最好能和你所怀疑的对象开诚布公地谈一谈，以便由此解除或者证实你的猜疑。但是对于那种卑劣的小人，这种方法是不行的。因为他们一旦发现自己正在被怀疑，就可能制造出更多的骗局来。

领导者做人智慧：

当你产生了猜疑时，你最好还是有所警惕，但又不要表露于外。

258. 使当事者体面地"下台阶"

社交中，常会进行一些带有比赛性、竞争性的娱乐活动，比如棋类比赛、乒乓球赛、羽毛球赛等。尽管这是一些文娱活动，但大家都希望成为胜利者。有经验的社交者，在自己能绝对取胜的情况下，往往并不使对方败得很惨而且狼狈不堪，反倒是在意让对方胜一两局，这样既不妨碍自己总体上的获胜，又不使对方太失面子。其实，作为社交活动，并非正式比赛，对输赢不必那么认真，主要目的还是交流感情，增进友谊，满足文化生活的需要。否则，计较起来，会给对方造成不佳的心情。

据说国民党元老胡汉民极爱下象棋，又把输赢看得很重。在一次宴会后与棋艺不凡的陈景夷对弈时，本来已一比一平局，却要下第三局，在残局时被对方打了个死车，顷刻间胡汉民脸色苍白，大汗淋漓，又急又恼，当场晕厥，三天后竟因脑溢血死亡。

我们不但要尽量避免因自己的不慎造成别人下不了台，而且要学会在对方可能不好下台时，巧妙及时地为其提供一个"台阶"。但一定要巧妙自然，

否则，很可能会由于方法不当，本来是帮助对方下台，结果反而弄得对方更尴尬。

既能使当事者体面地"下台阶"，又尽量不使在场的旁人觉察，这才是巧妙的"台阶"。有一则报道很能启发人。一次，一位外国客人在天津水晶宫饭店请客，请10个人要3瓶酒，饭店女服务员小丁知道10个人5道菜起码得有5瓶酒，看来客人手头不那么宽裕。于是，她不动声色地亲自给客人斟酒。5道菜后，客人们的酒杯还满着。这位外宾脸上很光彩，感激小丁给他圆了场，临走时表示下次还来这里。如果小丁想让这位外宾"出洋相"是太容易了，但那样就会失去一位"回头客"。善于交往的人往往都会不动声色地帮助对方摆脱窘境，这样自然会赢得人心。

领导者做人智慧：

善于交往的人往往都会不动声色地帮助对方摆脱窘境，这样自然赢会得人心。

259. 不要给新人安排重要工作

德鲁克说过："不要给新来的人安排新的重要工作，因为这样做只是意味着冒险。应把新的重要的工作交给那些你对他们的行为、习惯都了解，他们已在你的组织中获取了信任的人。把高水平的新来者，先安排到一个既有职位上。在该职位上，人们对他的期望是一目了然的，他所需要的帮助是容易获得的。"

德鲁克的话有道理。做重要的工作，受望过重，就难以得到帮助了：人们会以看的方式对待他，甚至冷眼相望。一个大学毕业生，在头半年里就获得一个重要的设计工作，因几次通不过方案而失落，竟以自杀做了结局。这是个教训。

领导者做人智慧：

应把新的重要的工作交给那些你对他们的行为、习惯都了解，他们已在你的组织中获取了信任的人。

260. 别让人看到你枯槁的面容

几乎所有的人都是以貌取人的，通过别人的服饰来判断其身份地位，并采取相应的尊卑态度。人们通常对那些衣着协调、高雅、庄重、整洁的人，流露出敬意和重视；而对衣着怪异、肮脏破旧的人则采取轻慢和鄙夷的态度。

1974年，心理学家兰德和赛格尔做了一个实验。他们把实验对象分成两组，让其中一组被试者阅读附有作者照片的一些文章，文章有的水平高，有的水平低，作者有的漂亮，有的不漂亮。而让另一组被试者只看没有作者照片的文章。看完后让两组的被试者评价文章水平的高低。结果发现，第二组的评价比较客观，而第一组对漂亮作者的文章评价偏高，对不漂亮的评价偏低。

这在商品销售中也有独特的意义。人们走进商店选购的往往是包装精美、价格偏高的商品；认为里面的东西会像精美的包装一样好，会和偏高的价格相一致。

汉武帝刘彻在中国历史上是一位有作为的皇帝。李夫人原是一个卑微的歌女，民间相传她非常漂亮，刘彻听说后将她召进宫，一见果然美丽无比，刘彻对她十分宠爱，几乎到了形影不离的程度。

后来，李夫人生下一子，由于产后中风，不久以后李夫人便病倒在床，病情日益加重。刘彻听说后，就去后宫看望她，李氏一听说皇帝驾到，并没有急于接驾，而是用被子把头蒙住，向刘彻哭着说："臣妾生病太久，憔悴

不成人形,不能相见。现把幼子与我的两个哥哥托付于你,求君王善为照顾。"

刘彻觉得很不是滋味,她越是不让见,他偏是想见。逼得没办法,李氏只好转向内侧,蒙头一味痛哭,索性不再说话。刘彻本为帝王之尊,如今却碰了钉子,勃然大怒,拂袖而去,只留下李夫人在哭泣。

李夫人死后,果然如其所言,刘彻仍记着她昔日如花似玉的容颜,于是擢升他的大哥李广利为将军,二哥李延年为协律都尉。

李夫人的确是个聪明绝顶的女人。她深知武帝之所以对自己恩宠有加,是因为她的容貌倾城倾国如花似玉,这是她最重要的凭借和令武帝另眼相看的优势。而当李氏重病在身,形容枯槁,花容失色时,如果与武帝相见,她可怕的病容,一定会破坏原先深印在武帝头脑中美好的形象。正如李夫人自己所说:"夫以色事人者,色衰而爱弛,爱弛则恩绝。"武帝必会生厌而去,那么李夫人的一切愿望都会落空。李夫人的选择是明智的,她宁肯狠心暂时得罪刘彻,也不肯与他相见。这样让自己从前娇美的形象深深印在武帝的脑海里,并且产生长期的、经久不衰的效应。

在人际交往时,要注意自己的仪表、体态、语言,给别人留下一个美好的印象,这是交际成败的关键所在。

领导者做人智慧:

几乎所有的人都是以貌取人的,通过别人的服饰来判断其身份地位,并采取相应的尊卑态度。人们通常对那些衣着协调、高雅、庄重、整洁的人,流露出敬意和重视;而对衣着怪异、肮脏破旧的人则采取轻慢和鄙夷的态度。

261. 要有狮子的勇气、狐狸的智慧

有智慧谓之"英",有魄力谓之"雄"。

英才与英才会一见如故、惺惺相惜；雄才与雄才会意气相投、生死不渝。英有余而雄不足，难以驯服雄才；雄有余而英不足，又招纳不了英才。因此要英雄兼备，才能招揽天下各类人才，把人才的力量变成自己的力量，如此才能成就一番大事业。否则，只凭一个人的力量或一个家庭的力量，虽可创业一方，风光一时，但一旦面临发展，面临竞争就会显得后劲不足而逐渐落伍。一个单位或公司，如果人才缺乏或人才结构单一，就不能以现代的管理模式来经营管理。

改革开放以来，各地有不少民营企业也曾风光一时，但是其管理者只是家庭中的几个人，或本乡本土的几个人，又不会招纳人才，所以到了后来，这样的企业大多数就销声匿迹了。究其原因，恐怕还是创业之初以雄才的特性打天下，有了一定的成绩规模后却不能用英才的特性招才。即或招聘了几个高学历的人才也只是做做样子，将此作为广告来宣扬自己是"现代企业家"，而对他们的建议、规划不屑一顾，束之高阁，没能真正发挥他们的作用，这也恐怕是由其自身素质所决定的吧。因此，人才重要，而主管者本身的胸襟气度、知人识人能力也是断然糊涂不得的。

领导者做人智慧：

智勇兼备，才能招揽天下各类人才，把人才的力量变成自己的力量，如此才能成就一番大事业。

262. 重视任何一个挑战者

当你的企业成为行业的领先者，在业内享有广泛的知名度，被别人羡慕的称为"成功企业"的时候，也就是越来越多的竞争者向你发起挑战的时候。

20世纪70年代的美国航空产业，美联航、大陆航空等老牌劲旅已经取

得了霸主的地位，但是随着航空管制的解除，给了刚刚建立的西南航空一个发展的机会。这时候，一个很有趣的问题产生了：对于这些刚刚起步的竞争对手，行业领先者首先是看不见这些新的竞争对手，就是我们经常讲的这些企业"不在雷达范围之内"——他自己这么成功，占有市场那么多份额，他根本没有看到新的竞争对手的存在。

但是，总有人在默默地想办法，企图从你那边挖去一块奶酪，你最初是"看不见"，等到有竞争对手开始成长起来了的时候，这时候的态度往往是"看不起"——西南航空公司有什么了不起的，不就做了一个小的支线直航，德州就让给你玩嘛，可能也玩不出什么花样。在戴尔公司刚刚发展的时候，没有谁瞧得起一个退学的大学本科生在自己家里搞的PC直销业务，IBM、惠普、康柏这些企业，根本不会把小小的戴尔放在眼里。

但是，在你"看不起"他们的时候，这些竞争者在默默地努力，5年、10年，总有一些挑战者会发展起来。这时候，行业领先者从"看不起"变成了"看不懂"，他们无法理解，这些快速崛起的企业所采用的商业模式为什么会被市场接受？20世纪90年代中期，美联航、大陆航空就在苦苦地寻找答案，西南航空为什么能够一下子做得这么大、这么成功？他成功的原因究竟在哪里？

行业领先者先是看不见、看不起、看不懂，感觉到恐惧之后开始想学习、想模仿竞争对手的成功模式，但这时却发现——学不会。大陆航空、美联航花了很大的力气去琢磨，去模仿，去学习西南航空，但无论是用这种方法，还是那种方法，反正学不会。到这时候，企业就开始真正走向了末路，你会发现别人的进攻你根本挡不住，正所谓"兵败如山倒"。

你是不是能看见这些新的挑战者？是不是能够尽早地把他们扼杀在摇篮里？或者当他们崛起以后，你至少能够看得懂，挡得住。

你是不是能看见这些新的挑战者？是不是能够尽早地把他们扼杀在摇篮里？或者当他们崛起以后，你至少能够看得懂，挡得住。

263. 凡做人坚忍者，必成大事

在商界中，能做最大的生意、有最多的主顾、行销最多的商品的是那种不灰心、能忍耐的人，那种有忍耐的精神、谦和的态度，足以使别人感到难拂其意的人。

领导者必须具有一流的耐性。他对人对事都应如此，即使追随者有许多缺点，麻烦不断，领导者也应克制，在暂时的障碍与压力下，仍要保持前瞻性。

美国杰出的领袖林肯就是一个很有耐性的人。美国南北战争的头几周，年轻俊美的麦克里兰将军带着20门大炮和一架手提印刷机开入西维吉尼亚，打败了几股南军。这只是几场小仗罢了，但却是北方第一次打胜仗，所以显得意义非凡。麦克里兰更特意扩大这种声势，他以手提印刷机发出几十份精彩又夸张的快报，向国民宣布他的成果。

再过几年也许他的荒唐行径会被人耻笑，不过在当时，人民心慌意乱，渴望领袖人物的出现，所以他们十分听信这位青年军官对自己夸张的评价。国会决定感谢他，人们也称他为"小拿破仑"。

无知与狂妄让麦克里兰对林肯总统也十分无礼。总统来看他，他竟叫总统在前厅等上半个钟头。有一次，他晚上11点才回到家里，佣人告诉他林肯已经等候数小时了，等着要见他。麦克里兰在林肯坐的房间门外走过，不理不睬地直接上楼，再派人对林肯说，他已经上楼睡觉了。这件事被报纸大肆宣传，华盛顿人人议论不休。林肯太太泪流满面，求林肯撤换掉"那个可怕的空谈专家"。林肯答道："太太，我知道他不对，但是在这种时候，我不能只顾虑自己的好恶。只要麦克里兰能为我们打胜仗，我愿意替他提鞋子。"

也正因为林肯有如此大的肚量，才使他日后获得这么大的成功。同时还可看出，一个优秀的领导者应该随时随地在不牺牲原则的条件下，对部下保持高度的耐性，这也是领导者涵养的要点之一。

领导者做人智慧：

一个优秀的领导者应该随时随地在不牺牲原则的条件下，对部下保持高度的耐性，这也是领导者涵养的要点之一。

264. 三思而后行，谋定而后动

不论你有多么正当的理由，怒火攻心永远是一种失败的表现。虚火上升，智力下降，形象丑恶，举措失当，伤及无辜，亲者痛而仇者快，必是这样一连串发展。

"三思而后行，谋定而后动"是克服冲动的最佳良药，是古代先贤留下的不朽名言。这两条警句不但应该让那些冲动型的人熟记，而且也应该让所有领导者都深刻领悟。

三思而后行，思考些什么东西呢？思考的是问题的根源和起因。问题发生后，就需要知道发生问题的根源是什么，导致问题的诱因是什么。只有当这些问题的答案都找到后，才能考虑解决的方法。

之所以要三思，是因为导致问题发生的原因很多，其背景是复杂的，单凭直觉很难得出正确的结论，往往需要一段时间的分析归纳或者调查研究，才能理出头绪。而且也有人为的假象，提供虚假线索的可能，一不小心就有误入歧途的危险。所以，思维必须要精细缜密。思考一遍还不够，还需要检查一遍，然后在行动之前再复查一遍，确保行动万无一失。

三思以后，在问题的方案上，还要再考虑。这就是"谋定而后动"的道理。谋，就是计划，是解决问题的方针和策略。只有行动方针确定了，才能采取行动。这种行动方针是经过思考的，而不是那种本能冲动型行动。谋略思考是为了寻找合适的方案。本能冲动型的人总是只想到一种行动，只考虑解决表面上的问题，对后续行动和影响却不考虑。仔细考虑对策后，就有可能既把问题解决，又避免了出现副作用。

 **领导者做人智慧：**

导致问题发生的原因很多，其背景是复杂的，单凭直觉很难得出正确的结论，往往需要一段时间的分析归纳或者调查研究，才能理出头绪。

265. 不要简单地追求利益最大化

IBM总裁郭士纳曾说过："环视整个行业，我发现在我的眼睛所及之处，那些高级经理们过去和现在都在忙着努力使自己的利润最大化。但无论是过去还是现在，我都认为，这或许在短期内可以帮助公司，但从长远来看，它会损害公司的名誉和客户的信任。"其实，这个道理很简单，不首先满足客户和社会的利益，人心浮动，利润的最大化只能南辕北辙。

那么为什么人们还要犯简单的错误呢，这会有多种原因，但最主要的就是利益。大多数人只能看见眼前的利益，被看得见的利益挡住了视线，便再也看不见远处了。这就像你无论怎么提醒，骗子总能大行其道一样。

其次，许多领导者并不是看不到远处，但他不能不迁就为眼前利益而呼叫的多数人。

华为集团总裁任正非说："什么叫领导？什么叫政客？这次以色列选举，让我看到了犹太人的短视。拉宾（以色列前总理，被犹太复国主义极端分子暗杀）意识到以色列是一个小国，处在几亿阿拉伯人的包围之中。尽管几次中东战争以色列都战胜了，但不能说50年、100年以后，阿拉伯人不会发展起来。今天不以土地换和平、划定边界、与周边和平相处，那么一旦阿拉伯人强大起来，他们又会重新流离失所。要是这样，犹太人再过2000年还回不回得来，就不一定了。而大多数人，只看重眼前利益，会争得近期利益，人们就拥护他。"

以色列的情况，你只要想一想，实际上在我们人生中和事业上随处可见。

领导者做人智慧：

大多数人只能看见眼前的利益，被看得见的利益挡住了视线，便再也看不见远处了。这就像你无论怎么提醒，骗子总能大行其道一样。

266. 江山易改，本性难移

"性格"一词源于希腊语，意为印记、雕刻。本性雕刻在我们身上的东西，我们能抹掉它吗？这是一个复杂的问题。如果我有一只鹰钩鼻子和一双猫眼睛，我能用面罩把它们隐藏起来，然而对于自然赋予我们的性格，我们能隐藏得更好吗？

有一个天生性格暴躁、行为凶残的人去晋见法国国王弗朗索瓦一世，诉说一件不公正的事。国王的表情，大臣们的恭敬举止，以及此人所处的位置，在他身上产生了强有力的效应：他不自觉地低下眼睛，粗糙的声音变得温和了，他谦卑地说出了自己的请求。人们会相信他天生就像大臣们一样文雅（至少在这个时刻）。在大臣中间，他甚至感到手足无措。可是如果弗朗索瓦一世善于观察表情，那么就会很容易地从他虽然低下却燃烧着隐蔽的火花的眼睛里，从他肌肉紧绷的脸上，从他紧闭的嘴唇上发现，这人不像他被迫伪装的那样温和。

后来，此人跟国王去了帕维亚，和国王一起被俘，一起被带到马德里囚禁起来。弗朗索瓦一世的威严再也不能对他施加任何的影响了，因为他和他尊敬的对象混得很熟。一天，他给国王脱马靴时，让国王很不舒服，由于不幸而变得性情乖僻的国王发怒了，于是，这个人把国王送上了西天，把他的靴子扔到了窗外。

识别人的本性,是每一位领导者的必修课。

领导者做人智慧:

每个人的本性是很难改变的,不要被外表所迷惑。

267. 如果你的水不够深,就不要去养大鱼

在职场中,流行一句话叫"骑驴找马",也就是求职者对你的工作不是很满意,但又临时没有什么好的选择,就只好先做着,等机会来临,拍屁股走人。

常有一些应届大学生在大学四年级就来公司求职,而一旦被公司录用,他们就常常借故请假,实际上并没有给企业做多少事。其中的很多人只不过是为了取得学分,同时又有薪水可领,加上还可以积累一定的工作经验,毕业后一旦有更好的机会,就会马上跳槽走人。

一些未毕业的大学生应聘时,往往不对老板讲清楚,有的老板也不怀疑,并且把他们当成公司新兵积极培养。但是一旦录用之后,问题也陆续产生:

首先,这些谎称已经毕业的学生所领取的薪水往往并非是实习生的薪水,而如果老板知道他们是在校学生,本来可以大大降低员工成本,而且还可以省去花在他们身上的培训费用。

其次,实习阶段的学生必须常请假回学校,就会出现一些相关事项,比如写实习报告或搞毕业设计或毕业论文,以及一些必要的考试,这样必然对公司的工作进度和业绩有所影响。

第三,雇主也许会忍气吞声,辛辛苦苦训练他们直到毕业,期盼他们可以全心全力为公司打拼,但是,这种美妙算盘往往打错了,一旦他们找到好的工作机会,就会马上跳槽。到头来你才发现,原来自己的公司是他们骑驴

找马的那头驴。

尽量不要去选择那些有很多人争的人才，因为他的选择余地越大，对公司的忠诚度就越小，这是人的本性，没有办法克服。如果你的水不够深，就不要去养大鱼，这是我的经验之谈。

领导者做人智慧：

我们要的是忠诚的人才，我们会提供人才发展的平台，但我们绝不做人才的跳板。

268. 切勿口无遮拦

法国有一句谚语："语言伤人比刺刀伤人要可怕得多。"尖刻的话语，可能会使对方无地自容，因此，要求人们必须有很强的自制力，尽量不说出这些话来。布雷默夫人在《家》一书中说："老天爷不允许我们说伤人肺腑的话，因为这会比锋利的刀剑更伤人心，甚至会使人一辈子都感到撕心裂肺的疼痛。"

所以，伟人在说话时，时刻注意控制自己的情绪。明智的人和知道自我克制的人，说话时总会小心谨慎，顾及他人的情绪，三思而后言；但缺乏理智的人却会口无遮拦，无所顾忌，因此而失去许多朋友。所罗门说："明智的人的嘴，代表着他的心灵，愚昧的人则把心灵挂在嘴上。"

但是，生活中也有很多智商高的人，却缺乏责任感和忍耐力，很容易冲动，不能控制自己。他们虽然思维敏捷，但说话十分尖刻，而且容易沉迷于各种欢呼和喝彩声中，夸夸其谈，骄傲自满，这可能给他带来无穷的后患和伤害。边沁曾说："一句话的表达方式，可能会决定一个人的命运，甚至可以决定国家的命运。"所以，我们要好好克制自己的言行，尽量避免写一些尖锐的批评文章。西班牙有句格言说："一支鹅毛笔，会比狮子的爪子还要锋利。"

我们经常会听说,有些拥有丰富阅历的人经常会为自己说过的一些话而感到懊悔不已,但从不后悔自己曾经保持过的沉默。毕达戈拉斯说:"如果不能保持沉默,就一定要说得恰如其分。"乔治·赫伯特也说:"要么恰如其分地说出来,要么明智地保持沉默。"被称为"绅士圣人"的圣弗朗西斯·德·沙列斯说:"沉默总比口无遮拦好,口无遮拦就像把一道精美的菜肴败坏掉的调味品一样。"

当然,不可否认,在某些适当的场合或时间,释放和发泄愤怒是合理的,也是必要的。具有正义感的人会对卑鄙、自私和残忍的行为愤怒不已。

然而,我们必须时刻警惕自己的急躁情绪。培养容忍、宽大的个性,这是成为杰出人物所不可缺少的人格。

领导者做人智慧:

有些拥有丰富阅历的人经常会为自己说过的一些话而感到懊悔不已,但从不后悔自己曾经保持过的沉默。

269. 不要与有"裙带关系"者竞争

不要与有"裙带关系"者竞争,若你的同级主管利用这种关系巩固自己的地位,而你目前的力量还抵制不了这种不良的现象,你就得暂时避开他们。

在晋升竞争中,要先克制自己的欲望,不要过分冲动,把自己的急切心情溢于言表,更不要过早地卷入竞争之中,那将给自己的工作带来不利。冷静的态度可以使你做出一些比较客观的判断,若发现自己在竞争中并没有把握取胜,或者不可能取胜,则可以潇洒地退出竞争。

在风流的领导面前,不要与卖弄风骚的异性竞争。如果你的上级是个喜

欢风流的人，其身边有漂亮的异性同事，并且和你形成了竞争关系，他们若运用异性的力量与你展开激烈的竞争，那你还不如干脆退出竞争，趁早让步。

领导者做人智慧：

在晋升竞争中，要先克制自己的欲望，不要过分冲动，把自己的急切心情溢于言表。

270. 规矩越多，管理成本也就越高

有一天，一只青蛙哲学家看到一只蜈蚣在走路。

它看看自己的四只脚，又看看蜈蚣数不清的脚，心里困惑不已。于是它叫住蜈蚣并说出了自己的疑问："蜈蚣先生，我用四只脚走路已经够麻烦的了，可你却用一百只脚。我不明白，你是怎么协调哪只脚先走，哪只脚后走的呢？"

蜈蚣也诧异了："我从生下来就开始这样走路，但从没有想过这个问题。你得让我好好想想才能回答你的问题。"可蜈蚣站在那儿好几分钟，也没想出个所以然。结果反倒发现自己动不了了，摇摇晃晃地迈不出一步。

人们在谈到管理的时候常常喜欢引用一句"没有规矩不成方圆"。但却往往忽视这样一个事实：规矩越多，管理成本也就越高，员工的积极性也就难以充分地调动起来。

人们谈管理，尤其是对人的管理，常常过多地强调了"约束"和"压制"，事实上这样的管理往往适得其反。因此有人认为，企业管理最起码的一条规矩就是对人的尊重。在管理实践中，企业应该给员工具体行动的自由，让他们依据自己的风格习惯和行为方式去做事，这个时候，理由并不重要。

领导者做人智慧：

企业应该给员工具体行动的自由，让他们依据自己的风格习惯和行为方式去做事，这个时候，理由并不重要。

271. 左右摇摆，难成大事

领导者在决策过程中，应该虚怀若谷、从谏如流，广泛听取大家的意见。但是很多情况下，大家的想法并非一致。如果下属意见纷纭，各执一词，工作的进展必然会受到阻挠。为了使工作能顺利进行下去，领导者需要力排众议，果断决策。如果优柔寡断，摇摆不定，必然会对工作的正常开展产生不利影响。

周朝建国之后，姜子牙想网罗天下贤才为国效力。齐国有一位贤人颇受当地人敬仰。姜太公慕名而来，诚恳地请他出山为周王管理天下，贡献才能。没想到姜太公亲自登门拜访了三次都吃了闭门羹。

姜太公二话不说，决定把他杀掉。百姓纷纷为这位贤士求情，但姜太公丝毫没有动摇。周王去求情也不管用，他便问姜子牙："这位贤士不求富贵显达，自己掘井而饮，耕田而食，正所谓隐居者无累于世，你为什么还要把他杀了呢？"姜太公回答道："四海之内，莫非王土；率土之滨，莫非王臣。在天下大定之时，人人应为国家出力。只能有两种立场，不是拥护，就是反对，我绝不允许有犹豫或中立的思想存在。如果人人都学这个人不合作的态度，那普天之下还有什么可用之民，可纳之饷呢？所以把他杀了，目的在于杀一儆百！"果然，从此以后，那些贤才再也不敢自视清高、孤芳自赏了，纷纷主动投到周王身边，为周朝的治国大业献计献策。

不仅治理国家的政治家们决策时要果断，同样管理组织的领导者也应如此，这样才能有利于组织的长远发展。

三分管人 七分做人 精华版

法国空中客车公司的执行总裁诺尔弗加德，决策时的果断有点类似于姜子牙。他说："一旦需要身为领导者的你做出选择和取舍时，你就得变得冷酷无情……即使当我不得不解雇某个我比较看重的员工时，我也不能因为强烈的内疚而变得犹豫不决。这样做是在向员工们显示我的做法是正确的、适宜的，我对我所做出的决定没有丝毫反悔的意思，并且充满信心，这样才是一个领导的最佳选择。"

"一朝权在手，便把令来行"。领导者在决策时应该在全面了解情况、分析各种意见之后，果断地拍板定案，这有助于提高领导者的感召力、影响力，赢得下属的赞赏与信赖。切忌优柔寡断，左右摇摆，或者议而不决，决而不行。否则，不仅难成大事，也会遭到下属的耻笑。

在某些特殊、紧急的情况下，领导者甚至有时明知道决策有所欠缺，也要斩钉截铁，让下属无条件地服从，以此树立领导者的权威。工作上的失误今后还有机会纠正，但领导者失去了权威，就再难以开展团队的工作了。还是那句古话说得好："天下之事，虑之贵详，行之贵力，谋在于众，断在于独。"

领导者做人智慧：

领导者在决策时应该在全面了解情况、分析各种意见之后，果断地拍板定案，这有助于提高领导者的感召力、影响力，赢得下属的赞赏与信赖。

272. 原则是绝对不可以逾越的

一只年轻的猴子历经千辛万苦，终于击败了众多对手，当上了猴王。为了赢得大家的好感，对于违反猴群规矩的猴子，他都假装看不见，更别说对那些猴子加以惩戒了。起初，猴子们对猴王还有所忌惮，但时间长了，猴子们逐渐发现它们的猴王根本就没有什么威严可惧。于是，它们经常在猴王面前互相争夺食物，甚至连猴王手中的食物也不放过。慢慢地，猴群已无纪律可循。

猴群的纪律越来越坏了，猴王终于发现事态的严重，于是它决心重建猴群的秩序。因此，它不断地要求猴子们遵守以前的制度，对那些违反规定的猴子，也决不再纵容。可是，惯于安逸的猴子哪里还会理会猴王的要求？相反，猴王一反常态的举动反而带来了更多的反击。最大的反击终于来临了，在一次王位争夺战中，猴王终于失去了它的王位，还被赶出了猴群。

制度犹如一个组织的骨架，往往只是微小的、不经意的让步也会造成对"骨架"的巨大侵蚀和伤害，所以，制度中的有些原则是绝对不可以逾越的。作为管理者更应该清楚，你所维护的哪怕是一条最无关紧要的制度，也都是在维护自己的权威，维护组织的良性运转。

无论是"激励"员工，还是"讨好"员工，都绝对不可以以破坏制度为代价。

领导者做人智慧：

管理者更应该清楚，你所维护的哪怕是一条最无关紧要的制度，也都是在维护自己的权威。

273. 考试是选拔人才最好的办法

"家族式"的班子带来的弊大于利。很多时候，家族式领导班子的组合是不合理的，比如在重大的决策的时候，很容易倾向于班子中有威望的家族长辈，给人一种排挤外人的感觉，令少数非家族成员没有太大的发挥空间，合理化建议也得不到采纳。

现代管理学之父德鲁克认为，如果让平庸的、甚至更糟的家族成员进入企业的领导班子，会使那些非家族的班子成员以及员工感到不快，整个员工

队伍也会对领导班子的信任度大打折扣。有时班子中的那些非家族成员会很快跳槽，使班子的战斗力锐减。

孙中山先生是我国民主革命的先行者，他在选用领导班子成员时就考虑到了这一点。

孙中山先生的哥哥孙眉，早年侨居美国，经营商业，并有大片牧场和农场。为支持孙中山的革命活动，他拿出了全部家产，并加入了兴中会，亲自参加了组织武装起义等革命活动。此外，他也是个有学问，且颇有名气的人。

1912年元旦，孙中山先生出任中华民国临时大总统，可谓掌握了中国的大权。恰巧这时广东都督陈炯明多次扬言要辞职，很多人举荐孙眉担任广东都督，就连当时的教育总长、孙中山先生所尊敬的蔡元培先生也是举荐者之一。

论才能和民望，孙眉确实是广东都督的合适人选，但孙先生考虑到，一旦哥哥担任了广东都督，那不是"弟荫兄"吗？他从革命的大局来出发，认为孙眉还是不当广东都督为好。于是他毫不含糊地逐一复函给各位，声明自己反对用人唯亲的传统陋习。

孙中山坚持认为考试是最好的选拔官员的办法。他认为考试的目的是为了避免封建恩赐官职、只凭君主一人喜怒的腐败；是为了避免某些国家滥用选举制，"对于被选的，人民就没有办法可以知道谁是适当的"而盲目滥选；是为了避免政党分肥制，"凡是委任官都是跟着大统领进退"的弊病；是为了克服常任文官制度"只考试普通文官"、"只能用于下级官吏"的局限，从而保证"把国家的大事托付给有本领的人"。

孙中山先生领导的民主革命最后虽然失败了，他所倡导的考试制度也未能实现，但他的种种努力——比如任人唯贤，努力避免领导者私见和个人利益对人才选拔的影响，并试图将其落实到制度层面等，都是值得企业管理者参考与思索的。

如果让平庸的、甚至更糟的家族成员进入企业的领导班子，会使那些非家族的班子成员以及员工感到不快，整个员工队伍也会对领导班子的信任度大打折扣。

274. 勿临渴掘井

人走了，岗位空了，手里拿着上百份简历，却找不到合适的应聘者替代——现在不少企业都面临中高级人才"断档"的尴尬，特别是紧要时刻，如果出现集体跳槽，企业可能会损失惨重。

2005年，TCL手机事业部高层集体跳槽到长虹，其前任总裁万明坚也出乎大家意料地加盟了长虹旗下的国虹通讯。这一集体跳槽事件给了TCL管理层致命的打击，不仅严重影响了公司的生产经营和日常管理，而且更严重地破坏了公司的形象和商誉，造成的损失短时间内很难弥补。TCL通讯2004年在中国市场以TCL品牌仅售出670万部手机，仅第四季度就巨亏3.784亿港元，而在2003年第四季度的时候，TCL通讯的净利润还是2.323亿港元。

在北京现代城和中国第一商城的销售精英争夺战中，也现出了同样的问题，但结果却截然不同。现代城是如何应对的呢？当时的中国第一商城把现代城的6个高级销售经理，连经理带副总裁一夜之间都以高薪挖走。而第二天早晨，正是现代城的SOHO商住楼开盘的日子，但是6个经理一夜之间全跑光了。这时该怎么办呢？公司有可能正常运作，也有可能完全在一夜之间垮掉。后来，SOHO的旺销场面证明了他们的人才储备工作是正确而有效的。这取决于什么呢？取决于跑掉的这些经理后面已有备份，而这个备份就叫做"人才储备"。

不论是祸起萧墙而导致的分崩离析，还是外部利诱而造成的集体大转移，上述案例中的两个企业，都遭受了中坚力量集体流失的严峻考验，TCL为此付出了惨重的代价，而北京现代城却由于实施了良好的人才储备计划而有备无患，处惊不乱。缺乏储备人才，重要岗位后继无人，岗位空缺后无马上可用的超级替补，这无异是一件令企业大伤脑筋、头痛不已的事情。是临渴掘井，等到关键岗位人员离职后再急急地招聘人员来应对，还是未雨绸缪，在日常管理中将人才储备工作做好，一旦有变，应付自如？

一个部门因某一个人突然离开了而工作没法继续下去，那是部门领导的失败，是公司人力资源的失败，是企业的失败！任何部门的重要岗位，包含部门负责人，都应该有一个能够接替的人员，如此，才能保证业务的顺利进行。作为部门领导要善于发现人才、培养人才，使自己有更好的发展，而不是一再地压制下属。作为人力管理，要做到不会因人员的离职而使工作业务出现断层，做好人才储备很重要！

领导者做人智慧：

一个部门因某一个人突然离开了而工作没法继续下去，那是部门领导的失败，是公司人力资源的失败，是企业的失败！

275. 善治人者能自治

"善为人者能自为，善治人者能自治。"作为企业的管理者，不能自律，就无法以德服人、以力御人，如果无法取得他人的信赖和认可，将必败无疑。好的领导者必须懂得，要求下级和员工做到的事，自己必须首先做到。只有严于律己的领导，才能调动下属的自觉性并影响他们朝着良性的方向发展。领导自己做不到的事，就不要要求下属去做。要求下属去掉坏毛病，首先自己就要去改正坏习惯。

要成为好的管理者，首先要管好自己，为员工们树立一个良好的榜样。言教再多也不如身教有效。行为有时比语言更重要，领导的力量，很多往往不是由语言，而是由行为动作体现出来的，聪明的管理者尤其如此。在一个组织里，领袖当然是众人的榜样，你的言行举止众人都看在眼里，只要懂得以身作则来影响下属，管理起来就会得心应手了。

联想在柳传志的带领下，由一个只有20万元的企业发展为今天拥有上百亿资产的大企业，成为了中国电子工业的龙头老大，而柳传志也被人们看作民族精英，成为一个具有崇高威望的企业领导人。这一切靠的是什么？联想能有今天，与柳传志以身作则的人格魅力和高尚的品格是分不开的。

在联想的发展过程中，曾经有这样一件事。联想有一项规定，开二十几个人以上的会迟到要罚站一分钟。这一分钟是很严肃的一分钟，不这样的话，会就没法开了。第一个被罚站的人是柳传志原来的老领导。罚站的时候他本人紧张得不得了，浑身是汗，柳传志本人也浑身是汗。柳传志跟他的老领导说，你先在这儿站一分钟，今天晚上我到你家里给你站一分钟。柳传志本人也被罚过三次，其中有一次是电梯坏了，他被困在电梯里，咚咚敲门，叫别人去给他请假，结果没找到人，还是被罚站了。

正是柳传志的这种以身作则，联想的其他领导人都以他为榜样，自觉地遵守着各种有益于公司发展的"天条"，才使得联想的事业得以蒸蒸日上。

著名管理学家帕瑞克说："除非你能管理'自我'，否则，你不能管理任何人或任何东西。"示范的力量是惊人的。管理者要想管好下属就必须以身作则，事事为先、严格要求自己，做到"己所不欲，勿施于人"。一旦通过表率树立起的在员工中的威望，将会使上下同心，大大提高团队的整体战斗力。

领导者做人智慧：

除非你能管理"自我"，否则，你不能管理任何人或任何东西。

276. 权威不是"上帝"

2005年1月1日，全球实现纺织品贸易自由化。

在"中国入世和纺织品贸易配额取消后，中国将成为最大的受惠国"的"权威"暗示下，中国纺织企业的管理者都认为在2005年1月1日欧美放开纺织品贸易的那一刻，将是中国的纺织品在欧美市场畅行无阻的时刻。于

是，几乎所有的中国纺织企业都在疯狂地扩军备战。

然而，随之而来的却是欧盟与美国专门针对中国的"WTO 特别保护条款"，并对华纺织品的一次次设限。一时间，中国的许多纺织品企业被这种没有预计到的打击砸晕了。大量的货物积压，使中国的纺织行业遭遇了"滑铁卢"。

其中，浙江雄狮集团是一个经过几十年发展的大型集团公司。到 2000 年时，该集团公司已拥有职工 1000 多名，年营业额达到了 1.2 亿元。但经过这次纺织品贸易打击后，仅仅因为银行要收回 400 万贷款，它就彻底倒下了。

其实，与其说是欧盟与美国的设限和"特保"让中国诸多的纺织企业陷入了低谷，倒不如说是"权威"的暗示让它们陷入了今天的艰难境地。这些企业显然没有进一步去分析问题：各方普遍认为中国将会是最大的纺织品贸易一体化的受惠国，那么，中国必然也是新一轮贸易保护主义的首要打击对象。

遗憾的是，中国大多数的纺织企业都深陷权威暗示的影响，失去了自己的判断力。这里，我们需要了解人们的这样一种心理：人们常常会迷失自我，受到周围信息的暗示，并把他人的言行作为自己行动的参照。在某些情况下，人们还会因为权威的影响而做出倾向于权威的错误判断。在管理者或权威人士的暗示下，评估者很容易接受他们的看法而改变自己原来的看法，这样就可能造成评估误差的暗示效应。

反过来说，权威之所以是权威，就在于权威具有某一方面的强势影响力和话语权，但权威不是"上帝"，不是放之四海而皆准的真理，他们并不总是完全正确的。面对权威，我们可以尊敬，可以看重，但必须保持自己独立的观察和思考。我们必须因时、因地、因人进行分析和辨别，并且在某些情况下坚持自己的判断。

领导者做人智慧：

面对权威，我们可以尊敬，可以看重，但必须保持自己独立的观察和思考。

277. 财散则人聚，财聚则人散

李存勖建立后唐帝国，定都洛阳，先后消灭了前蜀等分裂势力，其它各地方势力十分震恐，纷纷向后唐王朝进贡。

李存勖把国家的财赋分为内外二府，州县税收上交的入外府，做国家经费；而各个地方势力贡献的入宫中的内府，供皇帝宴席游玩以及赏赐左右使用。外府的费用经常短缺无余，而内府的财赋则堆积如山。中原连年大旱，那些血战数十年的沙陀将士没有粮食，父母妻儿不得不到郊外挖掘草根充饥。可是李存勖夫妇却毫不在意，游猎享乐如故。

宰相警觉到事态的严重，便建议暂时借用皇宫里堆积如山的金银绸缎，发给将士养家救死，等国库充足时再如数归还。李存勖的妻子刘玉娘听后大发雷霆，命人把自己的梳妆用具、三个银盆以及三个儿子抱到外面，告诉宰相说："人们都说宫中的积蓄多，但四面八方来的贡品随时都赏赐下去，所剩下的只有这些了，请你卖作军饷吧！"

宰相对于这个回答目瞪口呆，再也不敢开口了。士卒更加怨声载道，军心动摇。大将李嗣源在邺都叛变。李存勖亲自出征，可是伤透了心的将士早已解体，纷纷逃向叛军投降。李存勖拿出一些金帛赏赐给各路军队，沿途不断下马跟将士握手拍肩，声言即行颁发赏赐。但这种小动作已不再灵光，将士们直率地回答说："父母妻子都已饿死，纵有什么赏赐，也不能救回他们的性命，拿上这些东西有什么用呢？"

李存勖回到洛阳，城内发生兵变，他便派人急召一位率兵的将军进城保卫，但是这位将军根本就没来，而是领兵在北邙山的树林中休息。李存勖身边的禁卫兵都丢盔弃甲逃跑，他也被流箭射中，全族被屠。

在现代社会中，这种思想也仍然可以在一些成功的管理案例中反应出来，几乎所有愿意将经营成果分享出去的公司，最后都得到了进一步的扩展，而成为数一数二的公司。

成功领导者的自我修养

这种激励部属的方式，会让员工更加努力地为公司工作。对于在基层工作的员工而言，当他们看到为公司奋斗的结果是可以获得高额的奖赏时，会激发他们对公司的向心力，更加投入地工作。

要让员工感觉到工作一定能够得到回报，这是所有激励措施的一个重要目标。比如当某个或某些员工改进了工作或者节约了公司成本，那么，就应该同他们分享因此而得到的好处。这可以通过给员工一笔固定奖金或按节约下来的成本的一定比例的奖金来实现。

不仅要懂得奖赏员工，也要把握住奖赏员工的最佳时机。员工的绩效出来时，一定要在最短的时间内奖赏员工，如此才能对员工才产生最大的激励效果。在最短的时间内奖赏员工的另一个目的是，让公司内其他的员工也能一并感受到公司对有功人员的奖赏，此举可激发其他员工对公司的向心力，激励他们付出更多的努力。

领导者做人智慧：

要让员工感觉到工作一定能够得到回报，这是所有激励措施的一个重要目标。

278. 借别人的势，成自己的事

咸丰十年，正当湘军与太平军对峙的紧要关头，英法联军进逼北京，咸丰皇帝自北京出奔前夕，下旨要曾国藩手下的大将鲍超率兵北援。此举使曾国藩陷入进退两难之境——北援"勤王"无可推诿，但此时正当与太平军对峙的关键时刻，鲍超若立即北援，将使湘军军力大减，会错失大捷的良机，湘军多年的经营毁于一旦。

就在曾国藩举棋不定之际，李鸿章向他做了精准的分析，英法联军进军北京，结果一定是"金帛议和，断无他变"。因此他提出一项大胆的主张：

"按兵请旨，且无稍动。"也就是，表面上遵奉朝廷的命令，但实际上却按兵不动静观其变。

果然，曾国藩不久就接到朝廷"议和已成，毋庸北上"的旨令。湘军没多久就围攻太平军的大本营金陵，取得战略上的优势。许多闻旨北上的将领，错失一次封功的契机。

曾国藩是八股科举考试出身，既不是什么军事天才，在带兵讨伐太平天国之前也没有什么军旅生涯的实践经验，但他是凭借什么消灭洪秀全的呢？

答案在于：曾国藩善于用别人的智慧，成就自己的事业。他的用人也可以从他空前繁盛的幕府人才中略见一斑，他的直属幕僚最多曾高达400人，而且可谓人才济济，并且都提出过许多至关重要的战略性建议。例如，幕僚容闳建议，派留学生出国，使曾国藩成为推动洋务运动的领袖；又如幕僚郭嵩焘建议，设立水师，成为战胜太平军的契机之一。

后人评析曾国藩以一介儒臣督师剿灭太平天国，其中很重要的原因是，"幕府多才，集思广益所致"。而最可反映幕僚作用的，莫过于上面这个故事中，李鸿章对曾国藩度过"勤王"危机时的出色谋划。

石达开是太平天国中少有的有战略头脑的将领之一，他在评析曾国藩时指出："曾氏不以善战名，而能识拔贤将。"此语可谓一语道破曾国藩成功的原因不是精于战事，而在于用人。据湘军志中记载，在剿灭太平天国的战役中，曾国藩"用将则胜，自将则败"。也就是说，他亲自督军的阵仗都以惨败收场，而他麾下的将领率兵出征，则大多凯旋而归。

很多领导者都觉得自己已经具备了多年的管理经验，或者是拥有了深厚的基础功底，因此就觉得没有必要再听取别人的意见了。领导者在成功的基础上，要想进一步提高自己，使组织能够稳定持续地发展，就必须跳出对自己固有模式的执着，完全不想自己，而是通过从别人的智慧中汲取营养，实现从优秀到卓越的跨越。

领导者做人智慧：

要想进一步提高自己，使组织能够稳定持续地发展，必须跳出对自己固有模式的执着，通过从别人的智慧中汲取营养。

279. 君子一言，驷马难追

西周初年，周武王姬发驾崩。太子姬诵年幼，在周公姬旦的扶助下做了国君，史称周成王。有一天，姬诵和弟弟叔虞一起在宫中玩耍，姬诵随手捡起了一片落在地上的桐叶，把它剪成玉圭形，送给了叔虞，并且对他说："这个玉圭是我送给你的，我要封你到唐国去做诸侯。"

史官们听后，把这件事告诉了周公。周公见到姬诵，问道："你要分封叔虞吗？"

姬诵说："怎么会呢？那是我跟弟弟说着玩的。"周公却认真地说："天子无戏言啊！"

后来姬诵只得选择吉日，把叔虞正式封为唐国的诸侯，史称唐叔虞。不过，叔虞长大后，励精图治，以自己的智慧和才能，带领百姓兴修水利，改良农田，大力发展农业，使唐国百姓逐渐过上了安居乐业的生活，成为唐人爱戴的封建郡主，同时也壮大了西周的经济实力。

周成王因剪桐叶为戏而使西周兴盛，但是到了后来，周幽王因举烽火为戏而使西周灭亡，这个故事已经为大家所熟悉，这里不再赘述。剪桐叶是游戏，点燃烽火集结诸侯也是游戏，但结果却有着使国家兴盛和衰亡的差别，这就是讲信用与不讲信用的结果。

美国兰德咨询公司的高级顾问弗兰西斯·福山写过一本书叫《信任——社会道德与繁荣创造》。福山先生认为，信任不仅仅是口号，而是塑造世界经济的主轴，如果一个企业里的员工都遵循共同的伦理规范，彼此信任，那么企业的经营成本就会降低很多。

在现代成熟的市场经济体系中，诚实信用都是降低交易费用，从而使合作成功的一个基本要求。哪怕有时这种信用会使自己的短期利益受到损失，也不能动摇。

诺贝尔和平奖得主特里莎修女说过："如果守规矩，讲良心，有道德会

让你吃亏，会使你蒙受损失，遭到打击，那不是你错了，而一定是这个社会出了问题。"

在商业社会中，信用是每一位领导者在社会银行的无形存款，我们可以运用，但是千万不要恶意透支，因为这将带来无法承受的后果。

 **领导者做人智慧：**

如果守规矩，讲良心，有道德会让你吃亏，会使你蒙受损失，遭到打击，那不是你错了，而一定是这个社会出了问题。

280. 一山难容二虎

《三国演义》中说"卧龙与凤雏，得一可得天下"，可是刘备得了，而且两个都得了，却没有统一天下——这是一个调和内部关系失当的例子。在这样的情况下，往往是"二人得其一，可安天下"的另一面：二人皆得，反而"难安天下"。民间传说中有孔明和庞统下棋斗气而互咒"我一炮打你落凤坡"、"我一马蹬你五丈远"，导致二人一人死于落凤坡，一人死于五丈原的故事。虽然属于牵强附会，但却反映了一山难容二虎这样一种规律性现象。

这就像《淮南子》中所说的那个故事：楚王身佩玉珏外出打猎，结果由于在追逐兔子的时候奔跑过快，玉珏被撞碎了。古人认为佩玉是一种身份的象征，没有玉佩是一种不体面的事情。因此第二次打猎的时候，为了防止玉珏被撞破而无玉可带，楚王特地带了两块玉。然而，不幸的是，两块玉珏由于放在一起相互撞击，破损得更快。

为防止玉珏撞碎而做相应的"备份"，这种思路是没错的。但错就错在带的方式上。这就像一些管理者在用人的过程中，原本想要使用良性竞争的策略，同时培养两个势均力敌的人才，以便在选拔时有更多的余地，但是却安排不当，结果导致两败俱伤的情况出现。

晋国由于重用六卿而亡国；齐简公因为重用田成子和阚止导致被杀；魏王由于重用犀首和张仪而丧失西河外的领土……归根结底，都是因为同一个原因：团队内部起了冲突。

在任何一个团队中，都会出现一些冲突。有时这种冲突与团队内部竞争纠缠在一起，不容易分清。而要避免上述情况的发生，我们有必要分清什么是竞争，什么是冲突。

领导者做人智慧：

要分清什么是竞争，什么是冲突。

281. 没事不找事，有事不怕事

在抗美援朝开战之前，中国外交部部长周恩来就曾严正警告美国："中国人民热爱和平，但为了保卫和平，从不也永不害怕反抗侵略战争。中国人民绝不能容忍外国的侵略，也不能听任帝国主义者对自己的邻人肆行侵略而置之不理。"但美国人对此置若罔闻，于是，中朝两国在战场上狠狠地打击了美国人的嚣张气焰。

有句话说："人不犯我，我不犯人；人若犯我，我必犯人！"处理国家关系是这样，为人处世亦是同理。世界上总是有一些人喜欢无事生非，总是不愿意世界和平，如果我们只一味地想无事，那肯定是不现实的。我们没事的时候不要找事，有事的时候更不要怕事。俗话说："到什么山唱什么歌。"兵来将挡，水来土掩。对待善人，我们当然得用善招，对待恶人，我们就只能用恶招了。

俗话说："你不仁，就休怪我不义。"让到无路可退时，就该反攻了。就如同朱可夫当年在莫斯科保卫战中对众将士大声疾呼："不能再退了，后面就是莫斯科！"对待那些得寸进尺、登着鼻子上脸的人，你根本就不用顾及太多，针锋相对毫不客气地展开进攻就可以了，而且火力越猛，效果越好。

记得有人曾问，狗咬了你，你还要咬狗一口吗？我们当然不能去咬，因为我们的牙齿没有狗牙那样尖利，但也不能听任恶狗来任意享用我们的大腿呀！我们可以去踢啊，踢到它再也不敢咬你的时候方可罢休！圣经上也有句话："有人打你左脸，你就把右脸也给他打。"我觉得这不能体现真诚。圣经里还有一句话："不要把你的珍珠扔给泥土地里的猪，它是不识货的啊！"所以遇到恶人、不讲理的人时，必须和他干到底，打得他一败涂地、六神无主，只要一提起你，他就魂飞魄散！这样他以后就再不敢轻易招惹你了。

 领导者做人智慧：

遇到恶人、不讲理的人时，必须和他干到底，打得他一败涂地、六神无主。

282. 给好处要"不轻给、不滥给、不吝给"

不要因为孩子"闹"就给"糖"吃，要让他明白胡闹可是要挨"板子"的吵得太厉害会挨打的——动物之所以能被人类驯服，只因为人类使用了两项法宝：一是使其挨饿，再用食物规范其行为；二是暴力，以肉体的痛苦来矫正其行为。

所以，要给人好处，就要给得"恰到好处"，也就是说，不轻给、不滥给、不吝给！

所谓"不轻给"，就是不轻易给对方"好处"，要让对方吃一些苦头，花一些心力之后再"得到"，这样子他才会珍惜。如果你因为身上有太多"好处"便随便给人，或想以"好处"来讨别人欢喜，那么他不但不会珍惜这些"好处"，而且对你也不会有任何感激之心，反而还会嫌少、嫌不够好，甚至一再向你要好处。你如不给或给得不如前次好、不如前次多，

对方便要怪你、恨你，比你不给他好处还怨得深、恨得厉害。你也要让他知道，你是如何费尽九牛二虎之力才促成这件事的，在这种情况下，在对方接受你的好处时，心里多少也会有压力，对你的感谢自然不在话下，而且也不会把你当成"傻子"，动不动就来向你开口，这样你给人好处才给得有价值、有意义。

"不滥给"，顾名思义就是"不乱给"。该给多少都要有准则，否则会出现和"轻给"一模一样的后遗症，而且还会造成是非不明的结果。

"不吝给"和"不轻给"、"不滥给"是没有矛盾的。"不吝给"是指应该给、必须给、不得不给时，就要毫不吝惜地给、慷慨大方地给，不怕给得多，只怕给得少。这种情形包括人家有恩于你时、奖赏有功的属下时、要重用某人时、要收买人心时，以及情势所迫时。如果你给得少，给得不干脆，那么这"好处"就不能显现出应有的效果！

领导者做人智慧：

不要因为孩子"闹"就给"糖"吃，还要让他明白胡闹可是要挨"板子"的。

283. 阴晴不定者，人皆避之

一个人的脾气好坏是个人修养的问题，旁人不好过多地评论或提出意见。但是如果你情绪阴晴不定，或者经常给人以情绪上的冲击，也会在很大程度上影响其他人的情绪，时间长了人们就会自觉地疏远你。

现代人面对工作的巨大压力，都会有心烦气躁的时候，都会遇到难以诉说的苦衷。这时候会有一种强烈的想向人发泄胸中闷气的愿望。但是这种闷气不能随便发泄，如果不分场合任意发泄，那后果将是无法想像的。如果冲着同事出气，同事会对你产生不满情绪。如果被上司知道，将有可能影响你升职加薪。领导们会想，一个连情绪都管理不好的员工能管理好一个部门或者对更重要的工作负责吗？一个情绪化的员工在别人看来都是难以合作的，这会直接影响公司的利益。一般情况下，上司不会用一个情绪化的员工去做管理工作。

所以，作为一个成熟的上司，一定要注意控制自己的情绪，即使你本身就是火爆脾气也要克制自己，不要让暴躁的情绪像海洋里令人讨厌的乌贼一样喷出一团巨大的墨汁，让周围的人都受到你不良情绪的影响。研究表明，人在愤怒或是激动的时候容易情绪偏激，对事物没有正确的分析，看别人的短处多，长处少，甚至容易做出违反常规的事情。而不加控制地直接宣泄自己的喜怒哀乐，也显示出自己的肤浅，没有城府。这样只会降低自己在众人心目中的地位，孤立自己。

此外，上司也要尊重下属。上司和下属只有分工上的不同，在人格上并没有差异。即使下属有失误，也不能穷追猛打，更不能在人格上侮辱他们，这样只会引起他们对你的反感。而且极有可能让你陷入孤立无援的境地，被下属联合起来"冷"一回。

领导者做人智慧：

不加控制地直接宣泄自己的喜怒哀乐，也显示出自己的肤浅，没有城府。这样只会降低自己在众人心目中的地位，孤立自己。

284. 建立严格的接班人制度

接班人的制度是接班人顺利产生、成长、接班的基本土壤和条件，如果对接班人的选定没有一个明确的说法和制度，必然造成无章可循，领导者凭感觉、凭喜好、凭关系亲疏或心血来潮选定接班人，势必影响接班人的质量，也极易造成内部权力争斗，产生内耗，甚至危及企业的命运。

香港传奇家族企业李锦记，从1888年创立，如今已经传到了第四代，企业仍在健康发展，挑战了家族企业"富不过三代"宿命论，这与李锦记的接班人制度是分不开的。

1972年，李锦记第三代传人李文达接掌企业。李文达认为，家庭不和睦，事业就会散掉。很多家族都是以生意为核心，结果家族出了问题，生意跟着受挫，而李锦记是以家族为核心，只把生意看成家族的一部分。所以李文达定下规矩：第一，结婚后只能有一个家庭，否则要退出董事局；第二，不能离婚，否则也要离开董事局，股份可以保留，但不得参与任何决策。目前，李氏家族的第五代正在成长，李文达特别规定，公司可以负担第五代的全部教育费用，但他们至少要读到大学毕业，并在其它公司工作三年，通过考试才能进入公司，而且必须从基层做起。

而通用公司的选择接班人制度和程序更是严密和系统。首先提前几年拟出一份候选人名单，这个名单是保密的，甚至连候选人本人往往都不知道自己被纳入了候选名单。这以后，公司会密切注意候选人的一切动向，所有董事都会对候选人选进行考察和打分。正是通过这种方法，韦尔奇最终选择了伊梅尔特作为自己的接班人，而这个过程早在1994年就开始了。在通用2001年股东大会上，杰克·韦尔奇在退休前向股东们作最后一次汇报，他充满激情地说："通用公司在全球搜寻、培养最优秀的人才，就我而言，十年以来我一直在寻找的一个最佳人选，就是谁将接任我成为公司下一任董事长。我日益坚信这十年来我找到的最佳人选，就是在你们各位董事的积极赞同之下推举杰夫·伊梅尔特，担任你们下一任董事长兼首席执行官。我相信杰夫和他的优秀班子，将把GE带到一个我们在今天还只能梦想的发展高度和优秀水平。"

孟子说："舜发于畎亩之中，傅说举于版筑之间，胶鬲举于鱼盐之中，管夷吾举于士，孙叔敖举于海，百里奚举于市。故天将降大任于是人也，必先苦其心志，劳其筋骨，饿其体肤，空乏其身，行拂乱其所为，所以动心忍性，增益其所不能。"一个卓越的未来领导者必须经历市场风雨的洗礼、锻炼甚至磨难，这是承担百年基业大任不可或缺的锻炼过程。所以，培养接班人既是对接班人能力和毅力的严峻考验，也是对领导者智慧和胸怀的严格检验。

接班人的制度是接班人顺利产生、成长、接班的基本土壤和条件。

285. 时来运转，莫忘"难兄难弟"

清道光年间，外敌入侵。年逾古稀的陈化成受命御敌，军队驻扎在宝山。一天夜里，狂风大作，暴雨倾盆，驻地附近的水塘迅速涨溢，大水漫向营区。随从的军官请求将帅帐移到高处，以免影响陈大帅的休息。陈化成说："我的大帐是士兵们的向导，一旦移动了，士兵们不明所以，必然会使军心动摇，影响士气。况且，士兵们都睡在泥水中，我却一个人高高在上，这怎么行！"他坚决不准移动帅帐。七十来岁的陈大帅坚持在水中处理军务，这件事感动了士兵们，士气因此大增，作战英勇无比。

一个老板，三五个下属，再加一两间陋室，几个人同心协力，白手起家。数年后，终于成就了自己的功业大厦。这样的创业故事，在商业史上不胜枚举，许多企业巨头由此产生。这些人的成功靠的是自己与下属的同甘共苦、患难与共。那时，上下的心往一块想，劲往一处使，还有什么困难不能够克服，还有什么能阻止他们成功呢？

其实，同下属患难与共，并不是一件困难的事。因为，危难情况下，同舟共济，共渡难关，往往是惟一的选择。但困难过后，苦尽甘来的时候，仍能与部下共享安乐的，就不是那么容易做得到了。

春秋战国时期，重耳在即位之前，深得介子推的帮助。他即位之后便论功行赏，功大的封邑，功小的晋爵，大家各得其所。但介子推不愿受封，重耳仍把"绵上"这个地方封为介子推的祭田。此后，众臣更加竭力相报，终于协助重耳打败楚国。

"以史为鉴，可以明得失"。作为一名领导者，在身处逆境时要与下属共

渡难关，在时来运转时千万不可居功自傲，独自享有成果。只有这样，才能赢得下属的爱戴，创造出自己的伟业。

哪个公司都有运气不佳之时，哪个领导者也都有身处逆境之日，这时，一个出色的领导者须扮演好舵手的角色，看准航道和航向，动员下属们共同努力，努力克服和解决困难。这时，千万不能摆架子，高高在上，指使别人。公司危险时，你也要尽一份力，否则浪打船翻，你自己也要掉进海里。

但在，时来运转，莫忘"难兄难弟"。当时来运转、春风得意之时，千万不能翻脸不认人，做所谓过河拆桥、忘恩负义的事。这样的领导者必会为人所不齿，谁愿意自己拼命保全的竟是一个忘恩负义的小人呢？一旦领导者的魅力丧失殆尽，且背上不义气的骂名，曾经的"难兄难弟"绝不会再为你效力，新来的人也会望风而逃。

领导者做人智慧：

作为一名领导者，在身处逆境时要与下属共渡难关，在时来运转时千万不可居功自傲，独自享有成果。只有这样，才能赢得下属的爱戴，创造出自己的伟业。

286. 不怕黑李逵，就怕笑刘备

有的时候，下属当着众人顶撞了你，或故意侮辱了你，你该怎么办？你是会利用自己做领导的权力，寻找一个机会，借此惩罚他呢，还是会找个时间，约他到咖啡馆，聊聊天，谈谈心，彼此沟通沟通，化解一下矛盾呢？

如果下属的一句话使你脸面无光，自尊心大受损伤，你就立即气冲牛斗，好像黑旋风李逵一样，生起气来怒不可遏，岂不更丢你做领导的面子？况且"以德报怨"与"以怨报怨"所收到的效果是截然不同的！

过激的宣泄方法，只能使你得到一时的情绪上的快意，但后果你又想过多少呢？如果你认为自己是对方的上级，自己没有必要弯下腰来，屈驾与下属进行感情沟通，或根本看不起对方，不屑于与对方谈谈心，那么，你就是一个失职的领导，或者说是一个失败的领导。

你怎样对待别人，反过来，别人就会怎样对待你，这里有修养的问题，也有工作方法的问题。

常言道："不怕黑李逵，就怕笑刘备！""软刀子杀人不见血，笑面虎最难对付！"古人把这些道理讲得再明白不过了。

领导者做人智慧：

过激的宣泄方法，只能使你得到一时的情绪上的快意，但后果你又想过多少呢？

287. 惩罚不当会令人记恨

惩罚要根据具体的情况，考虑是否可以网开一面。《三国演义》中曹洪与糜芳等免斩两件事很值得思考。

第一件事是糜芳、傅士仁免斩后被东吴劝降。

关羽受命出征，先锋糜芳、傅士仁深夜饮酒，帐后失火，烧掉了不少的火炮、军器和粮草。关羽大怒，喝令推出去斩首，司马费诗苦劝乃免。关羽余怒难消，先摘去先锋印绶，再对二人各杖四十，罚糜芳守南郡，傅士仁守公安，且警告说："稍有差池，等我得胜回来，二罪并罚。"不久，东吴袭取荆州，傅士仁、糜芳被劝降。

第二件事是曹洪免斩后舍命救曹操。

在与马超的对峙中，曹操命曹洪、徐晃坚守潼关，为期十日，十日内失关皆斩，十日外失关无事。曹洪、徐晃领命后，用心坚守关口。由于马超军队的辱骂与引诱，到了第九天时，曹洪一时性起，开关杀敌，中了马超的计

谋,失了潼关。曹洪罪当处死,然而众将极力劝免。

次日,曹操与马超对阵,曹操大败。曹操割须弃袍,一路上仓皇逃命,是曹洪的舍命相救,才免去死难。回营后,曹操感叹说:"幸亏没杀曹洪,否则,今日死于非命。唤曹洪来,厚加赏赐。"

同是不杀,糜、傅二人怀恨,最终背信投敌,而曹洪何以感恩,舍命救主呢?这里固然有他们之间品质的差异,但更重要的原因是由惩罚的真假决定的。糜芳等人严重失职,关羽要斩糜芳是真,放糜芳是无奈,放了以后还要"二罪并罚",而对糜、傅的斩罚则不明确。由此,两人觉得惩罚不当而含恨投降。曹洪当斩,但由于他是曹操的族侄,曹操对他要斩是假,想免是真。

从这两件事可以看出,惩罚不当便会怀恨;只有已经受重用的,还将继续受人重用,即使受罚,也不会怀恨背叛,甚至还会感恩效命。

因此,当因惩罚而引起争端、带来麻烦时,不妨改弦更张,变惩罚为奖励,这就是"假罚"。惩罚是必要的!但惩罚不当时,会引起恶性循环;惩罚过于频繁,下属对惩罚不再畏惧,惩罚就自然失去了效力。由此,当惩罚起不到应有的作用时,变惩罚为奖励也不失为一种好的方法,这样做可引起好的循环,达到"双胜共赢"。

领导者做人智慧:

当因惩罚而引起争端、带来麻烦时,不妨改弦更张,变惩罚为奖励,这就是"假罚"。

288. 到位而不越位

组织中经常鼓励成员参与一些决策,这是现代管理的一种方法,但这种参与是有限度的。有些骨干喜欢参与决策,甚至代替领导决策,这恰恰是组织和上级所不允许的。表态，就是表明人们对某件事的基本态度，是组织运转中经常要遇到的事情。但在组织中，表态所代表的是岗位，而不是"人"。超越岗位，随意表态，不仅是不负责任的表现，而且也是无效的。对带有实质性问题的表态，应该是领导或由领导授权才行，而有的骨干作为下属，却没能坚持这个原则。上级领导没有表态也没有授权，他却抢先表态，越俎代庖，陷领导于被动，领导不高兴也就是很自然的事了。工作中的越位很有点"自摆乌龙"的味道，这需要靠自己领悟。

著名历史学者李亚平先生在他的《帝国政界往事·大宋实录》中说，南宋岳飞掌握重兵后，曾主动谏言皇帝赵构设立太子。这属于武官干政，干涉了皇帝的家事，触痛了赵构的心病，令他大为不快。岳飞这个举动越位得太离谱了，为他后来的惨死埋下了祸根。

还有些人喜欢抢着干工作，实际上有些工作本来由上司出面更合适，你却抢先去做，从而造成工作越位，费力不讨好。

从骨干个人职业成长角度看，恪尽职守，也是职业素养和修炼。

中国有句俗话，叫做"干活不由东，累死也无功"。我们一些组织中的骨干往往把权力当成自己的"私有财产"，在思维中喜欢从自己的角度思考问题，常常做出从局部看有成绩，但从全局衡量又是个大失误的事情。骨干需要明白，权力是谁赋予的，搞清这个问题是树立大局意识的前提。

领导者做人智慧：

超越岗位，随意表态，不仅是不负责任的表现，而且也是无效的。

289. 提防突然客气起来的人

恭敬语在语言里一直担任着非常重要的角色，它可以在很大程度上协调人际关系。在社会生活中，我们有时候会听到许多运用不恰当的恭敬语，大

多数情况下,都不是由于人们不知道该如何使用恭敬语,而是有意要这么做,以此来表示心理的某种"不平衡"。

当然,在无关紧要或很熟悉的人际关系中,我们一般没有必要使用恭敬语。事实上,如果在很亲密的人际关系中,碰见有人突然运用恭敬语句,那你就要特别小心。

因此,如果有人过分使用恭敬语,就表示他怀有强烈的嫉妒、敌意、轻蔑或警戒心。

倘若无缘无故地对一个人表现得特别恭敬,那就等于有意拉大与对方的距离,甚至含有轻蔑与拒绝的意思。言语是探测谈话者双方心理距离的尺子。所以,在实际生活中,如果听到对方不断地向自己说出毕恭毕敬的话,那么,我们倒要小心提防他的用意。

有些人虽然彼此交往很久,相互之间的了解也很深,但是,双方依然使用客气的措辞,说话的语气也十分谨慎。在这种情况下,双方如果不是在心理上存在某种冲突与苦闷的情结,就是怀有敌意。

而另外一些故意使用谦逊与客气语言的人,是企图利用这种方式和态度窥探对方的内心世界,突破他的心理防线。事实上,他们的真正动机在于控制对方,实现自己居高临下的欲望,就如"王莽谦恭未篡时"。

领导者做人智慧:

如果在很亲密的人际关系中,碰见有人突然运用恭敬语句,那你就要特别小心。

290. 胸襟广大,宜从"平淡"二字用功

曾国藩这个人在历史上绝无仅有,他身前身后争议一直不断,而且是天壤之别。骂他的"谳之则为元凶",夸他的"誉之则为圣贤"。把唐宗、宋

祖、成吉思汗都不放在眼里的毛泽东却"愚于近人，独服曾文正"。他曾经在《讲堂录》中说过："在中国历史上，有很多建功立业的人，也有很多以思想品德来影响别人的人，但一身兼二任的人只有两个，一个是宋代的范仲淹，一个就是曾国藩。他们两个是办事兼传教之人。"毛泽东与老对手蒋介石可谓针锋相对了一辈子，两个人的修为、性格和经历南辕北辙，却都推崇曾国藩。蒋介石认为，可为后世传，并作为自己人生的楷模，处处效法。梁启超目空天下，唯独敬仰曾国藩，认为有他在，国家就有希望。

成功领导者的自我修养

曾国藩生活的时代正是晚清走向没落的动荡时期，旧秩序行将崩溃，国家这艘巨轮在茫茫大海上彷徨徘徊，找不到前进的方向。国内，太平天国烽火燃遍十余省，占据清王朝半壁江山；国外，列强船坚炮利，频叩国门。可谓内忧外患，百弊丛生。曾国藩自28岁中进士迈入官场，从小小的翰林院检讨做起，10年之中连升10级，在京师赢得了较好的声望。其悟性之高，为人之成熟可见一斑。之后曾国藩以一介儒生身份回乡创建湘军，白手起家，竟然打败了强大的太平军，使得垂死的大清王朝又残喘了几十年。他也因此成为清朝"中兴第一名臣"。更是因为其严于治军、治家、修身、养性，实践了立德、立功、立言的封建士大夫的最高追求，被后世视为道德修养的楷模。

任何成功或是失败都不是孤立的，有着内在和外在的诸多因素。观曾国藩一生，他注重修身养性、勤于理事、善于忍耐、自立立人、自达达人和功成身退的作为是其制胜的法宝。

以下是他修身十二款功课与养生之法：

修身十二款功课：一、持身敬肃；二、静坐养性；三、早早起床；四、读书专一；五、阅读史书；六、说话谨慎；七、保养真气；八、爱护身体；九、每天都应获知新学问；十、每月不可荒疏旧技能；十一、写字；十二、夜晚不出屋门。

养生之法约五事：一曰眠食有恒，二曰惩忿，三曰节欲，四曰每夜临睡前洗脚，五曰每日两饭后各行三千步。养生之道，"视"、"息"、"眠"、"食"四字最为要紧，所谓养病须知调卫之道。

曾国藩认为，养心修身最紧要的就是守约。古人患难忧虑的时候，正是他的品德、事业进步的时候，其功夫主要表现在胸怀坦荡上。他说："治心

之道，先去其毒。"所谓的毒是愤激，没有涵养。比如有一点儿长处即向人炫耀，有一点儿不顺就勃然大怒，这都不是有厚福之人所为。有襟怀、有气量、有品格的人，心如鼎镇，志如磐石，任何力量都不能为所动摇。他还主张"胸襟广大，宜从'平'、'淡'二字用功。凡人我之际须看得平，功名之际须看得淡，庶几胸怀日阔"。他强调："治心以'广大'二字为药，治身以'不药'二字为药。"

领导者做人智慧：

任何成功或是失败都不是孤立的，有着内在和外在的诸多因素。观曾国藩一生，他注重修身养性、勤于理事、善于忍耐、自立立人、自达达人和功成身退的作为是其制胜的法宝。

291. 适时地崇拜一位英雄

"告诉我你崇拜谁，"圣·彼得说，"我就能判断你是什么样的人，至少可以了解你的潜能、志趣和品格。"你崇拜卑鄙的人吗？那么，你自己也是个卑鄙的人；你崇拜有钱的人吗？那么你是个世俗的人，粗俗的人；你崇拜头衔吗？那么，你是个溜须拍马的人，或者说是个阿谀奉承的人；你崇拜诚实、勇敢和刚毅的人吗？那么你自己也是个诚实、勇敢和刚毅的人。

在青少年时期，品格正处于形成阶段，崇拜的热情也最高。随着年岁的增长，这种崇拜具体化为习惯，而不崇拜偶像往往成为他们的座右铭。当人的性格处于可塑阶段并容易接受影响时，最好是鼓励他们去崇拜伟大的品格——因为青少年需要有这样或那样的英雄——他们很可能把一个罪大恶极的人当成崇拜的偶像。因此，当学生对光辉的业绩表示崇拜，对某个人物或自然景观表现出极大的热情时，阿诺德博士会非常欣喜。"我认为，"他说，"'不崇拜偶像'是魔鬼最喜爱的教科书。"他找不到一个比这更深奥难解的学说来向学生们灌输了。因此，当一个学生失去了他的天性中最美好的部分，对一切低下、愚蠢的东西失去保护伞时，他往往会陷入混乱之中。

大多数心胸开阔的年轻人都崇拜英雄，特别是那些喜欢读书的人。因此，当阿伦·坎宁汉姆还在尼斯德尔当石匠学徒时，他曾步行到爱丁堡，惟一的目的就是想见一见在街头散步的瓦特·斯科特勋爵。我们敬佩这个小伙子的热情，敬佩他徒步远行的冲动。据说，当乔舒亚·雷诺兹还是个10岁的小孩时，他钻进等候教皇接见的人群之中，想见一见教皇，仿佛可从中获得某种美德似的。

与此相反，心胸狭隘、不够大度的人往往不会心悦诚服地崇拜别人。

领导者做人智慧：

大多数心胸开阔的年轻人都崇拜英雄，特别是那些喜欢读书的人。与此相反地，心胸狭隘、不够大度的人往往不会心悦诚服地崇拜别人。

292. 伟大的事业产生于伟大的信仰

一曲《敖包相会》使得内蒙古的敖包名扬天下。

去过内蒙你就会知道，原来此"敖包"并非蒙古包，而是一种由大小石块堆积而成的圆形的实心的包状"建筑"。在敖包上面竖有木幡杆，上面挂有一些五色彩带。在蒙古语中，敖包就是"堆"的意思。它通常建在山顶、湖畔或者滩中醒目之处。据说在敖包绕三圈，然后再捡三块石头放到包上，这样就会得到神灵的庇佑。每年阴历六月举行的"祭敖包"的宗教活动，也是蒙古人最隆重的仪式之一。

然而经过考证，敖包先于神学的意义却是一种草原中的导航标志。按理说，建造路标是人人得益的事情，并且，牧民每每遇到路标时奉献几块石头也不是什么难事。然而，放牧的同时要留意石块，并且一路携带，直到遇到

路标，的确是件辛苦的活。更何况有那么多人贡献，自己的几块石头也就无足轻重了。要是大家都这么想，路标建设成本的分担就变得棘手了。谁都需要路标，但是如果谁都有让别人去添砖加瓦自己坐享其成的心态，那么最终好事难成。

聪明的蒙古人的解决方法让人拍案叫绝，他们赋予了功能性的路标以宗教的意义，让路过的每个人，都自觉地对发挥路标功能的敖包进行建设，在祈福中，完成了自己的贡献。

敖包的故事告诉我们，没有信仰，制度就形同虚设；没有信仰，就不会产生执行力。所以说执行力也诞生于企业信仰。

领导者做人智慧：

没有信仰，制度就形同虚设；没有信仰，就不会产生执行力。

293. 别让自己过分情绪化

有些谈判者喜欢盛气凌人，从你踏进他的办公室开始，他就不断地向你发射诬蔑你的产品和公司的恶言。这是最无情的谈判策略，但却有人运用得出神入化，他的诋毁像水龙头一般开关自如。当你和他谈论新计划时，他总要翻旧账，挑出一百项细节中你们没有做好的一两项，但只要你能预测他要说的话就能很好地应付。当你每次和他会面时，你若先提起被归诸于你们这方的过失，他惟一的武器就没有了。

令人难以置信的是，有些人尤其是年轻和无经验的谈判者总是会落入这个陷阱里，其实这正是攻击者的目的。你最好不动声色，你永远不要为对方所说的话感到内疚，攻击对方只是他们设计好的策略，专门用来击溃你。要明白，那并不涉及个人，也不涉及感情，甚至根本就是虚晃招数。你只要自问：如果他对我们真的这么恼火，我们为什么还能交谈，为什么还能继续做生意？

　　记住，当你遭遇对方的攻击时，第一，不要反应过度；第二，别让自己过分情绪化，语言中带挑衅或侮辱意味；第三，不想要的不必勉强同意，因为许多情形下交易都有最低限度——逾越此限最好掉头离去。

　　他们的种种说辞与挑剔，无异于就是还想与你合作，还想捞到更多更大的好处与实惠。不用担心，这并不影响他与你的交易。你只要把握住自己的底线原则，让他在你的合约上签字，就万事大吉了，何必在乎多给他一点"上帝"的感觉呢！

  领导者做人智慧：

　　他们的种种说辞与挑剔，无异于就是还想与你合作，还想捞到更多更大的好处与实惠。不用担心，这并不影响他与你的交易。

294. 胆小的人绝不会成为领袖

　　大约40年前，哈佛大学医学院的一位教师在一次会议上生气地问道："我想问一问，这是怎么回事儿呢？我们医学院一直是按照老规矩处理自己的事务，而且处理得很好，这已经有80年了，现在为什么提出要改变它的运行模式呢？"

　　主持会议的是一位年轻人，叫埃利奥特，他说："我可以回答这位博士的问题——因为我们来了一位新校长。"

　　这位新上任的校长年仅35岁，他果断、无畏、自信，从不因为某种处理方式由来已久或从前曾采用过而将其奉为圭臬。关于如何管理一所大学，他有一套全新的思路，也有将其付诸实施的勇气和能力。不论他要打破什么先例，或是他要推翻谁的观点，他都决心为他已经被任命为校长的这所学校注入新鲜的血液和活力。

年轻的埃利奥特发现，哈佛大学的教育和宗教传统完全被传统覆盖着，但他具有毫不畏惧的胆识和卓尔不群的能力，足以打破这些传统。最后的结果是，这里原本是一所一神论的小学院，只有400名学生，在他的英明领导下，哈佛大学成为了全球最著名、最进步的大学之一，学生的数量达到了6000人。当他从校长的岗位上退休时，教师的数量已经超过了他就任校长时的学生的数量。

在近代史上，也许没有哪一位美国人能够像埃利奥特一样，能够称得上伟大的创造者、教育方式的革新者、教育传统和古老先例的打破者，而正是这些先例已经使得我们许多大学和学院陷入瘫痪状态。

人类的领袖们永远都是先例的打破者。胆小的人绝不会成为领袖，不论他的能力有多强。无畏和创新是所有进步人士的特征，他们不会仅仅因为其古老而对旧的东西顶礼膜拜，他们总是想着如何推动历史前进，如何在过去的基础上提高一步，而不是盲目地重复。

领导者做人智慧：

胆小的人绝不会成为领袖，不论他的能力有多强。无畏和创新是所有进步人士的特征。

295. 不做阴谋家

权谋家对现代企业的损害是毁灭性的，因为他们往往以企业、组织或者集体利益的名义，名正言顺地调动与运用各种资源，肆无忌惮地为实现一己之私服务。他们可以无视道德，破坏规则，甚至践踏法律，通过玩弄各种权术手段来实现目的。最终搞乱了企业，破坏了企业声誉，带坏了队伍，也给自己埋下了祸根。

余秋雨曾慨叹道："我们的历史太长、权谋太深、兵法太多、黑箱太大、内幕太厚、口舌太贪、眼光太杂、预计太险，因此，对一切都'构思'过度。"

许多凭借巧计奇谋迅速崛起的企业，转眼又同样迅速地陨落。"空手套白狼"有之，"四两拨千斤"有之，"明修栈道，暗渡陈仓"有之……个案中巧计奇谋的成功成为催化权谋兵法的变异激素，使之恶性循环，充盈着不断克隆复制这种侥幸成功的欲望。无数实践证明，把权谋诈道奉为经营宝典，把投机当机会，把侥幸当作成功的经验，以牺牲诚信的代价换取短期的辉煌，无异于饮鸩止渴，这样的成功注定不会长久，这样成功的企业绝不会走得太远。唐万新在德隆大厦将倾的时候进行了反思，其中一个重大失误就是"以毒攻毒"。

中国传统文化向来轻视规则和制度，崇尚强权与变通。过去老百姓总指望出现一位"青天"大人，能使人们不受欺负，百姓安居乐业。现在企业员工总希望摊上一个强势的企业家，给大家带来稳定的工作和丰厚的收入。赵晓教授指出："中国的商业文明并未超越传统文明进入到现代文明。中国企业家中的大多数仍然携带着诸多陈旧礼数和不适宜的做法，被裹挟进入新的时代而产生这样那样的冲突。"

环顾左右，世界上所有成功的企业家无不都是以诚信立身，视诚信为企业灵魂。中国当代企业家如果不能站在历史的高度，以全球的视角重新审视中国传统文化中充满权谋意识的人文生态，彻底批判权谋观念，及早走出权谋情绪，学会尊重法律，恪守市场规则，要想跨入真正现代企业家行列恐怕还是望尘莫及。

司马光早就告诫过："故用国者义立而王，信立而霸，权谋立而亡。"

成为企业家实业报国，实现自己的人生价值是许多人士的理想，然而这又是一条充满荆棘曲折之路，需要正直的品格，驾驭全局的能力和技巧，需要不断地修为。而一切的修行最终沉积于人格，一切内力来源于真诚。

领导者做人智慧：

把权谋诈道奉为经营宝典，把投机当机会，把侥幸当作成功的经验，以牺牲诚信的代价换取短期的辉煌，无异于饮鸩止渴。

296. 急则有失，怒则无智

人在发怒时常常失去理智，因此古人云："怒不可以兴师。"对于一个聪明的领导者来说，应做到避免怒而行事。每个人都会知道自己的心情如何，精明的领导更要懂得自己感到情绪不佳的时候决不采取任何行动，而要等到能够对自己面临的难题付之一笑时，才采取行动。愤怒时不采取任何行动，"三思方举步"，这是容易发怒者避免失误的妙法。一个高明的领导应做到使自己尽量少怒，尽可能不怒。

司马光是个有学问有涵养的人。一次，范祖禹和司马光都想奏请皇帝颁布乐律尺度的法令，两人反复讨论，书信往返数万言。他们从前都曾在秘书阁任职，在乐律方面有不同见解，于是两人常常就用下棋来决胜负，但司马光一直没有取胜过。过了二十年，司马光在京，范祖禹来看他，别的书都没带，只带了从前讨论过的八篇乐律。他们争论了好几天都没有结果，决定以投壶来决胜负。这次范祖禹没有取胜。司马光高兴地说："大乐还魂了！"他们二位讨论乐律为什么以下棋、投壶这些游戏来决定胜负呢？是为了平息自以为是的傲气。这种傲气很难平息，只有虚心才能讲清道理。如果争论激烈，用词尖锐，只能加深双方之间的矛盾。

松下幸之助认为，任何一个领导者，他总希望自己是理性的人，至少较多的是理性人，而不希望受到太多的情绪人的影响。

现代领导者参加的社交活动越多，对全局的整体了解越透彻，也越能排除情绪的影响。由于人与人之间长期的共同生活，很容易受到情绪的影响，彼此之间的憎恶、自私、非理性行为就容易暴露。为了排除组织内部情绪的影响，一个机构往往需要聘请外界的顾问来加以裁决。人们常说的"不识庐山真面目"，也就是这个道理。

事物是复杂的，任何领导者总是不断地陷入客观与主观、理性与情绪的漩涡之中。领导者的责任是力求减少情绪面，扩大理性面。为了达到这一目的，领导者就需要加强长远的智力投资，如普及哲学知识，心理学知识，提高自身的科学文化水平等，这样才能收到循序渐进的效果。

下属对于喜欢感情用事的领导评价不会很高，作为领导者应该努力做到宠辱不惊，喜怒不形于色，增加决策的理性成分，尽量减少感情和情绪因素对工作的影响。只有这样的领导才能做出正确的决策，才能赢得下属的尊敬。

领导者做人智慧：

下属对于喜欢感情用事的领导评价不会很高，作为领导者应该努力做到宠辱不惊，喜怒不形于色。

297. 成功首先是心胸大，才与德尚在其次

"曾左彭胡"是清朝中兴的四大名臣，胡林翼排名最后，很大程度上是因为他去世得早，实则他的功勋与前三位相比，不差多少，而且在前三位最艰难的时候，也都仰仗胡的大力扶持与帮助。胡林翼勇于任事，见识非凡，做事做官都很有一套。

当胡林翼在湖北任巡抚时，一把手湖北总督满人官文是个糊涂官，但很得朝廷的信任。胡林翼要全力支持曾国藩的前线战事，就必须同官文搞好关系，否则就很难办事。

某日，官文发帖，说要为夫人做寿。胡林翼备礼前往，及到门口，看见有些官员怒容满面，拂袖而去，这才知道官文是给五姨太做寿，而不是原配夫人。以当时风俗，姨太太是没有什么地位的，尽管官文很喜欢这位姨太太，可是有许多官员觉得难堪。

以胡林翼的身份名望，完全可以不去拜寿。但胡林翼不仅进府拜寿，还在席间提出，自己的母亲没有女儿，一直想认个干女儿，五姨太如此人品，老太太肯定满意。

官文和五姨太见胡林翼能赏脸光临，已是大大的高兴，再听此言，更是心花怒放，这样一来五姨太的出身地位就风光了许多。第二天，五姨太即前往胡林翼府拜见老太太，正式认亲。

在当时各省中，一般都是满人、汉人搭班子，多数合不来，互相牵制。唯有湖北，将相和睦，胡林翼得以全力做事，而官文不但不再添麻烦，还总在朝廷面前为胡林翼美言。

蒋介石曾评论说，清咸丰、同治年间，曾国藩、左宗棠、李鸿章都是政治家兼为军事家，这是大家所知道的。但当时政治才干最高、所做的事业最艰、最足效法的就是胡林翼。他是从州县出身，深悉民生疾苦，社会实情，对于育才、察吏、理财、剿匪等等都有最好的政绩。他的学识宏通，才能精实，经验又丰富，可算近百年以来干政治的第一好手。

对胡林翼的这一评价对错姑且不论，但是就上面这个故事来看，胡林翼作为一代名臣，为了顾全大局，构造一支和谐的团队，其不计小节的气度与屈己事人的良苦用心，确实值得后人叹服。

清末思想家李宗吾认为，凡人要想成功，首要的条件是气量要大，才与德尚在其次。他以楚汉争霸时期为例来例证，刘邦与项羽二人，德字都谈不上，项羽之才，胜过刘邦，所以才能胜多败少。而刘邦之气量，又大于项羽。韩信、陈平和英布等人，本来都是项羽方面的人，只因为项羽量小，这些人才都容纳不了，于是就都跑到刘邦这方面来。刘邦豁达大度，这些人并加以容纳使用。于是汉兴楚败，也就是顺理成章的事情了。

在任何团队中，都会有一些人个性非常强，缺点或弱点也比较明显，对待这些人一是要用其所长，让他们的能力充分发挥出来；二是要做好思想和情感沟通工作，对他们的成绩要充分肯定，对他们的工作中存在的问题也要不失时机地指出来，让他们感到领导的关怀和理解，他们就会兢兢业业地工作；三是要能够容忍他们的缺点，不能总盯着他们，否则就会束缚住他们的手脚。

 领导者做人智慧：

凡人要想成功，首要的条件是气量要大，才与德尚在其次。

298. 见可而进，知难而退

韩熙载，字叔言，后唐潍州北海（今山东潍坊）人。出身名门，性格豪放，诗文书画、音律乐器无不通晓，后唐末年同光年间登进士第，后逃往南方避乱，曾任中书侍郎、光政殿学士承旨等官。他博学多才，写得一手好文章。

早在李煜的父亲李璟在位时，韩熙载就因为其出色的才能受到了重用，面对北方的战乱，他力劝李璟励精图治，出兵中原，统一天下。然而生性懦弱的李璟除了和冯延巳等人，你夸奖我"小楼吹彻玉笙寒"意境优美，我夸奖你"吹皱了一池春水"构思奇巧之外，毫无雄心壮志来完成统一天下的历史使命，韩熙载陷入了壮志难酬的困境中。

不久，李璟死去，后主李煜继位。这给早已意灰心冷的韩熙载又重新点燃了理想的希望之火，但是很快诗词歌舞代替了刀剑斧戟，舞榭歌台代替了雄兵百万。君王与美人调情的谈笑风生打碎了韩熙载最后的一点儿政治希望。

韩熙载已经看到了南唐国势日衰的历史必然，面对这样的残局，纵使是孔明再世，也无力挽回，但是他毕竟没有孔明的执着，再加上朝中那些小人的排挤，于是他辞去了宰相的职位。然而事情并没有这么简单，韩熙载敏锐地感觉到李后主已经悄悄地把猜疑的利剑架在了他的脖子上。

为了迷惑李后主以保全自己，他一反正直敢谏的常态，假装成一个沉湎于酒色歌舞之中、已与南唐其他大臣同流合污的庸碌之辈。他请了长假，在戚家山"养疴"，成天与四十多个姬妾谈笑取乐。他领到俸禄后，尽数散发给这些妻妾，然后再穿着破衣衫，挎着破篮子，到各姬妾的院子中去乞讨，以博一笑。由于他对姬妾不加管束，由其来去，弄得满城人都以为他是个胸无大志，不问国事，成天围着女人转的昏官。朝中大臣也以此为话题取笑他。

李后主虽有所耳闻，但还是不放心，于是就派著名画家顾闳中到韩府探察。顾宏中到了韩家，看到韩熙载正拥着妻妾歌女宴饮取乐。回来后，他便画了一幅画，用五个场面勾画出韩当晚的活动情形，这便是著名的《韩熙载夜宴图》。

不久，韩熙载因病而死。李后主听到韩熙载的死讯后，心中非常高兴，但却假惺惺地哭着说："可惜啊，韩熙载死了，我再也不可能提拔他当宰相了。"还装模作样地追封他为"右仆射同平章事"，谥号"文靖"。

韩熙载的"糊涂"使他避免了横死的结局。政治斗争是复杂、难以琢磨的，因此该糊涂的时候千万不能聪明，否则杀身之祸就不远了。聪明人在处世时，不要涉身于一些根本就搅不清的事态中，难得糊涂，能保全地位，才是真正的聪明人。

领导者做人智慧：

"良禽择木而栖"——只有遇到了明主，忠臣才能有所作为。所以不要一意愚忠，那样，搭上了性命，也未见得做成事业。

299. 言语要坚决，但胸怀要大度

如果员工因拒绝执行你的命令而被你解职，必然会导致不良后果，可能影响其他雇员，并难以说服受罚的雇员，你较明智的行动应是转而求助另一位愿意执行命令的人。这样，你可以使他"靠边站一下"，先回去工作，待他冷静后，你再通过解释性的方法与他私下交换意见。

记住，你的职责是借助于他人的帮助来完成工作。解雇或惩罚雇员或恶化你与雇员之间的关系是不能完成工作的。你讲话要坚决，但要宽宏大度，你是在与他一起工作，而不是与他作对。

如果这些都做了，他依然有反对你的迹象，你就需要让他知道，如果他

再不与你合作,你将给予他适当的处分或是解雇。但是,这是最后手段,只有其它办法都无效时才使用。

领导者做人智慧:

记住,你的职责是借助于他人的帮助来完成工作。解雇或惩罚雇员或恶化你与雇员之间的关系是不能完成工作的。

300. 改变自己惯用的方式

如果要迷惑对手,激起他们的好奇心,分散他们的注意力,就要不断改变行事方法,尤其在对手是比较熟悉的人时,要知道他也同样很熟悉你。改变自己惯用的方式,让他摸不着头脑,他就会失去信心,乱了阵脚。

1974年,重量级拳王争霸赛在美国拳王阿里和福尔曼之间展开。大多数人都认为福尔曼将会用重拳把阿里打翻在地。在以往的比赛中,阿里总是跳跃穿梭,希望借此来消耗对方的体力,他一向是这样打拳的——十多年来从来没有改变过。

比赛之前,阿里扬言要将福尔曼用重拳击倒在地。这样的话就是傻瓜也不会相信,因为重拳是福尔曼的特长。在福尔曼面前用重拳无异于班门弄斧。没有人相信这回事,都认为这不过是个幌子。

但是,阿里真的就按照他说的做了。福尔曼还在等待他跳跃穿梭的时候——阿里直接走到他的面前,用重拳将福尔曼击倒了。

旧有模式在人们脑海中的印象实在是太深刻了,即使阿里宣布要改变策略,但还是没有人相信,福尔曼吃的就是这样的亏,他实际上被阿里愚弄了。

人类与动物的最大区别在于,人类可以有意识地改变自己的行为,不按照常规行事。而动物之所以能够被人捕杀,就是因为动物不具有这种能力。

然而更多的人依然固守自己的动物本性，所以，大多数人总是很平庸。而那些善用权术的人，抢得先机的秘诀就是尽可能地改变周围的环境，不按照常规行事，有时候也需要发动突然袭击，让别人在毫无准备的情况下束手就擒。

捕杀按直线飞行的鸟儿容易，捕杀时时变换飞行路线的鸟儿却很难。凡事反复两次，别人就会摸出其中的规律。不怀好意的人时常在算计你，你务必多一个心眼，才能棋高一着。棋艺高者绝不会走对手预计中的棋步，更不会让敌手牵着自己的鼻子走。

领导者做人智慧：

那些善用权术的人，抢得先机的秘诀就是尽可能地改变周围的环境，不按照常规行事。

301. 偏爱"不正常"的人

本田公司曾被日本权威经济刊物《日经商业》评为"优秀企业之一"。而公司创始人本田宗一郎更是才思敏捷，创业不到半世纪，就把本田发展成为世界级大公司。本田出身于铁匠之家，自小就酷爱机械。在不惑之年，他创立了本田公司。在选拔人才时，他有一个特点，就是偏爱"不正常"的人。

有一次，本田公司在招聘优秀人才时，主持招聘工作的领导者对两名应征者取舍不定，向老板本田请示，本田随口便答："录用那名不那么正常的人。"本田认为，正常的人发展有限，不正常的人发展反而不可限量，往往会有惊人之举。这种选人方法对本田公司发展成为跨国公司起到了相当大的作用。

没有个性鲜明的人才，就不会产生独具特色的商品。公司的研发机构专门招聘个性不同的"怪才"。本田手下的员工一般分为两种：一种是"本田迷"，即对本田车喜欢到了入迷的程度，他们不计较工资待遇，而是想亲手研制新型本田车；一种是"怪才"，他们或爱奇思异想，或爱提不同意见，或热衷于发明创造。

后来的事实也证明，在美国获汽车设计大奖的本田新车型，绝大多数都是那些被视为"怪才"的人设计的。

领导者做人智慧：

正常的人发展有限，不正常的人发展反而不可限量，往往会有惊人之举。

302. 领导者要有强健的体魄

1682年6月，沙皇伊凡五世去世后，俄国贵族地主在拥立新沙皇这个问题上发生重大分歧，主要分为两派：一部分拥立伊凡；一部分拥护彼得。后来两派妥协，共同拥立伊凡和彼得同时任沙皇，由于他们都还年幼，所以由姐姐索菲亚摄政。

在这个复杂的形势下，斗争首先在伊凡与彼得之间展开。伊凡身体条件极差，瘦小羸弱，痴愚无能，而彼得体格健壮，性情粗野，有人君之度，更多的时候是他临朝视事。由于身体和性格的优势，他还经常和伙伴们与当时俄军精锐射击军混在一块戏闹，因此，渐渐地得到元老重臣和军队的支持，于1689年彻底废除了伊凡的沙皇称号。以超凡的魄力和手段，年仅17岁的彼得，在军队的支持下粉碎了姐姐索菲亚的政变企图，夺回政权，亲理朝政。

彼得强健终为彼得大帝，伊凡羸弱而被废除。对于任何一名领导者来说，具有良好的身体状况，对他才能的充分发挥具有不可忽视的意义。

领导者的升降、调动、进退，无不与他的身体状况有着极为密切的联系。现代社会中，对领导者身体素质的要求日益提高。因此，领导者要对自己的身体状况给予允分的重视，无论从个人的健康还是从事业的发展角度看，都是大有裨益。

领导者做人智慧：

对于任何一名领导者来说，具有良好的身体状况，对他才能的充分发挥具有不可忽视的意义。

303. 与其喊破嗓子，不如做出样子

榜样激励在古今中外一直都行之有效，它是一种行为激励。通过榜样的示范来规范、引导下属的行为，从而形成合力，趋向共同的目标。运用榜样激励需要掌握以下几个方法和技巧。

首先，要树立不同的榜样，公务员有公务员的榜样，企业管理人员有企业管理人员的榜样，知识分子有知识分子的榜样；青年有青年的榜样，中年有中年的榜样，老年有老年的榜样。各行各业、各个年龄层次、各个地区部门都有自己的榜样。这样一来，人们对他们感到熟悉、亲切，具有可比性，就愿意向他们学习。

其次，树立榜样要实事求是，要真实可信。人为地拔高、过分地美化，不仅不能加大榜样的影响，反而会削弱榜样的力量。

最后，榜样不应终身制，不能几十年都是那一个榜样。时代在发展，社会在前进，环境变了，榜样也应随之更新。

在海尔，常听见"云燕镜子"、"晓玲扳手"等一些奇怪叫法，那是以员工名字命名的发明创造。这样做，一是对员工发明创造的认可，二是树立一个榜样，号召广大员工向他们学习。

宗庆后分析国民党为什么失败、共产党为什么成功时说，国民党的官喊的口号是"给我上"，士兵在流血，他们在花天酒地。而共产党的口号是"跟我上"，将军和士兵一起在枪林弹雨中冲锋陷阵。结果是国民党退守台湾，共产党的红旗插遍全中国。

宗庆后在工作中以身作则、率先垂范，居高位而不忘工人。他说，一个住五星级宾馆的老总怎么与工人对话？

榜样的力量是无穷的，与其喊破嗓子，不如做出样子。只有以身作则，以实际行动去影响人、激励人，才能起到事半功倍的效果。如果不学无术，夸夸其谈，说得多，做得少，就会使下属失望，挫伤下属的积极性，导致离心力增强。

"其身正，不令而行，其身不正，虽令不从"。领导者在树立榜样的同时，也要注意以身作则，以自己的行动去带动别人，实际上这是对越轨行为的无声批评，其效应是正面批评无法代替的。

领导者做人智慧：

有以身作则，以实际行动去影响人、激励人，才能起到事半功倍的效果。

304. 远离薄情寡义者

有一句民谚："薄情者寡义，无情者无义。"就是说，缺少亲情的人也缺少忠义，没有亲情的人也就没有忠义。

春秋时，乐羊子任魏国将军去讨伐中山国，当时，他的儿子乐舒正好在中山国做官。中山国的国君姬窟就让乐舒去劝乐羊子退军，乐羊子不答应。姬窟就将乐舒杀死，做成肉羹送给乐羊子。乐羊子为表示对魏文侯的忠诚，便当着中山使者的面，吃掉亲生儿子的肉。攻下中山国后，魏文侯虽对其功

劳给予了奖赏，但从此不再信任他，并罢了他的兵权。

明朝天顺年间，都指挥使马良很受明英宗的宠爱。他的妻子死了，皇上打算前去安慰，听闻他已数日不出门，皇上问其原因。左右的人说："马良正在办喜事，新娶了妻子。"皇上不高兴地说："这个家伙对妻子如此薄情，怎么会忠诚于我？"于是，把马良召来打了一顿，从此便疏远了他。

爱儿女、爱身体、爱父母这是人的天性，如果有人连自己的骨肉也忍心杀害，连自己的妻子也不恋惜，他还能爱别人吗？即使一时能爱别人，也是对别人有所图的，一旦目的达到或达不到，就会反目相害。从这点看，魏文侯和明英宗都是能够识人而有远见的。

日本企业巨子大山梅雄 1975 年就任津上株式会社社长。他曾说过："企业管理层的年轻化，是指使 40 岁左右的人担任企业的重要职务。但这并不是只要是年轻就可以，对于使之担任要职，既不感动也不领情的人，即使让他担任更重要的工作，他也不会真诚地去做。"短短的几句话，充分显示出大山梅雄的用人之道。

领导者做人智慧：

爱儿女、爱身体、爱父母这是人的天性，如果有人连自己的骨肉也忍心杀害，连自己的妻子也不恋惜，他还能爱别人吗？

305. 严师出高徒

在企业管理中，领导者的过分柔弱往往是致命的。丹佛萨拉斯维达拉工业公司总裁杰克·伦德伯格说："不要等太阳落山了，还做不出决定。不管做出什么样的决策，总会有一些人不满意。但是，如果拖延不决，那会使更多的人生气。反正你总得有所抉择。与其晚干，不如早干。"

娃哈哈的宗庆后就是一位崇尚强势领导的企业家。

宗庆后本人并不否认自己在娃哈哈集团乃至整个国内饮料行业的"强势地位"。他说：

"我和员工的关系概括为一句话就是：怕我不恨我。没有人怕你的话，这个企业绝对搞不好。但是你管他要管得有道理，同时也要关心他，那样他跟着你干才会觉得有前途。一个大企业，商场如战场，没有一个统一号令，没有一个统一行动，这个仗怎么打？根本打不了。

"强势领导并不是绝对领导。在公司里大的决策我们也会和中高层干部一起讨论，定下来就一定要执行。当然，由我来拍板。"

有一次开会的时候，他还提醒各位老总们，一定要理解一个道理，那就是古人讲的"严师出高徒"和"棍棒之下出孝子"，其中蕴含着很深的哲理。

在海信，周厚健也相信"慈不带兵"。他说："因为一个干部没有原则地做老好人，他所带的队伍一定是没有凝聚力的。企业的凝聚力一靠文化，二靠机制，两者是相互作用的，好的机制将丰富我们的企业文化。"周厚健不提倡发放平均分配的福利，也就是不提倡非激励性福利。他希望久而久之，海信会形成一种文化，亦即员工都认可的"海信信条"：得到一定要付出。

一般说来，上司和职员是平等的。但在公司体制内，上司与下属之间的关系，绝对不是平等的，而是上与下的关系。在对下属下达命令时，不可忽略了自己的立场。

昨天你仍和大家在同一岗位上，如今却只有你被擢升为领导，相信你必定有些顾虑。周围的同事亦习惯了以前的做法，在说话的语气和态度上，也不会有所改变。

起初由于众人无法适应新的转变，因此你亦不必太在意。但是，你必须尽早制造机会来明示你们之间的关系。若忽略了这一点，则有可能发生下属不服从命令的情形。

虽然你是以领导的口吻向下属交待工作态面对下属，然而对方却误以为你只是单纯地与他聊天或者商量某件事情而已。

我们经常可以听见下面这样的对话：

科长说："你认为 A 案和 B 案，哪一个比较妥当？"下属回答："A 案不是比较好吗？"于是那位科长说："好吧，那就请你做吧！"

虽然这位下属说话的用词并不妥当，但是那位科长的语气更犯了大错

误。因为无论你再如何地等待，下属也不会主动地去做事。此时，你应当明白地告诉他："那就这么决定了，你在这个星期内将它完成。"

只有该宽时宽，才能凝聚人心，调动积极性；该严时严，下属才不敢掉以轻心！

强势领导并不是绝对领导。在一些企业里面某些领导者总希望把自己看作是企业的大脑，其他都是没有大脑的人，这样他就可以支配所有的人了，这是不足取的。

领导者做人智慧：

只有该宽时宽，才能凝聚人心，调动积极性；该严时严，下属才不敢掉以轻心！

306. "尽力而为"还远远不够

有一次，泰勒牧师向全班郑重其事地承诺：谁要是能背出《圣经·马太福音》中第五章到第七章的全部内容，他就邀请谁去参加西雅图的"太空针"高塔餐厅免费聚餐会。

《圣经·马太福音》中第五章到第七章的全部内容有几万字，而且不押韵，要背诵其全文无疑有相当大的难度。尽管参加免费聚餐会是许多学生梦寐以求的事情，但是几乎所有的人都浅尝辄止，望而却步。

几天后，班上一个11岁的男孩，胸有成竹地站在泰勒牧师的面前，从头到尾按要求背了下来，竟然一字不落，没出一点差错，到了最后，简直成了声情并茂的朗诵。

泰勒牧师比任何人都清楚，就是在成年的信徒中，能背诵这么长篇幅的人也是罕见的，何况是一个孩子。泰勒牧师在赞叹男孩那惊人的记忆力的同时，不禁好奇地问："你为什么能背下这么长的文字呢？"

男孩不假思索地回答道:"我竭尽全力。"

16年后,那个男孩成了世界著名软件公司的老板,他就是比尔·盖茨。

每个人都有极大的潜能。著名的前苏联学者伊凡·叶夫里莫认为:人要是能够发挥一半的大脑功能,那么就可以轻易地学会40种语言、背诵整部百科全书、拿几个博士学位。现代科学研究表明,即使是像爱因斯坦那样伟大的科学家,也只开发了大脑的12%左右。绝大部分脑细胞仍处于失业状态。而一般人可能连1%的大脑也没用到。人人都拥有巨大的潜能,这意味着人人都能成就伟大的事业,创造非凡的奇迹。

**领导者做人智慧:**

谁要想创造奇迹,仅仅做到尽力而为还不够,必须竭尽全力才行。

307. 交谈时,看着对方的眼睛

如果你希望把自己的意思传达给他人,在交谈时就必须凝视对方的眼睛。当对方发现你在聚精会神地听他讲话时,他会很来劲,会更透彻、明白地讲出他的观点和陈述情况。这时对你只有好处,而没有害处。

糟糕的是,只有很少的人能够做到比较专心地听别人说话,而大多数的人不但做不到,他们还会在对方说话时犯一些毛病。比如:爱插嘴说话;太急于反驳对方的观点;不感兴趣和不喜欢的话,只当耳旁风;对那些技术性强或比较高深的东西懒得去听,思想分散,去注意其它的事情;在对方还没有说完之前,便下结论;对那些说话身份较低的人,更容易忽略他们的陈述,等等。实际上这样并不好,会让你失去很多可以把握住的机会或发现很多你正需要的情报。

与人谈话时,凝视对方的眼睛是基本的礼貌。但如果总是死盯着对方的眼睛,时间一久反而容易给对方造成一种压力。因此,为了不致造成过度尴尬，或想减轻这种压迫感，我们就必须让目光在一定范围内适当地移动，从头部到双肩的四方形范围内是视线移动的理想范围。

如果你还留心以下的细节，那就完全无可挑剔了：不可以不停地上下打量；千万不能在对方可能有所忌讳的地方——三角眼、雀斑、酒糟鼻、面部伤疤等处久留。

领导者做人智慧：

与人谈话时，凝视对方的眼睛是基本的礼貌。但如果总是死盯着对方的眼睛，时间一久反而容易给对方造成一种压力。

308. 要耐得住寂寞

专门研究大富翁成功秘笈的日本记者高田清史，在研究了众多日本富翁后认为，成功的经营者，必须具备的基本特质是：不说事实。

当他人问及自己的思考、想法、战略战术时，毫不犹豫地就老老实实地和盘托出的人，绝对不是一名精明的经营者。"不说事实"并不是说谎，而是不说出"真正的想法"。虽然今日社会是个提倡"情报公开"的时代，但是为了这种趋势而把"情报"逐一"公开"的话，这个经营者以及这家公司将会很快地从这个社会上消失。为什么呢？理由很简单，经营一个企业的最大目的，当然是为了赚钱，若是把赚钱的绝招及秘密武器毫无保留地发表出来，在这个信息化的社会中，一定马上会被竞争对手争相模仿，抢食市场蛋糕。优秀的经营者是不会坐视这样的情形发生的。

生意人"守口如瓶"的性格，并非只针对生意上来往的客户，从小到大的挚友、一起打高尔夫球的球友以及自己的部下亦是如此，甚至对自己的妻子、儿女也是如此。一定是一直到事后或者一举成名时，才可把事情仔仔细细地说个明白。所以，优秀的经营者实际上是"孤独"的，很多时候是有亲友在身边却无法对其倾诉心里的话。因此，他们必须是一个"耐得住孤寂"的人。

领导者做人智慧：

优秀的经营者实际上是"孤独"的，很多时候是有亲友在身边却无法对其倾诉心里的话。

309. 唯有执行才会出成果

有一天，一位在读的大学生向校长提出了若干改进本校制度弊端的建议，但他的意见最终没有被校长接受。于是，他做了一个重要的决定——自己办一所大学，自己来当校长，以消除这些弊端。

在当时，办大学至少需要100万美元。这可是一笔不小的数目，上哪儿找这么多的钱呢？等到毕业以后再挣，那太遥远了。

他将自己封闭起来，每天都待在寝室里，苦思冥想如何能赚取100万美元的各种方法。他坚信自己可以筹到这笔钱。对于他这个离奇的构想，同学们都认为他有精神病，讥讽他说："天上不会白白掉钱下来。"

终于有一天，他意识到，这样下去是永远也不会有答案的。于是，他决定不再思考，而是付出行动。他准备举行一个演讲，题目是《如果我有100万美元》。

他给无数家报社打了电话，说明他的想法，但是，没有一家报社理睬他，更有一些报社取笑他"天真无知"。最后，终于有一个报社社长，被他的诚意和精神打动，告诉他："后天有个慈善晚会，在晚会上，允许你发言，但时间只能是15分钟。"

那是一场盛大的慈善晚会，吸引了许多商界人士到场。

面对台下诸多成功人士，他鼓足勇气走上讲台，诚恳而充满激情地陈述

成功领导者的自我修养

了自己的宏伟构想。

待他演讲完毕，一个叫菲利普·亚默的商人站了起来："小伙子，你讲得非常好——我决定投资100万，就照你说的办。"

就这样，这个年轻人用这笔钱办了一所自己梦寐以求的大学，起名为"亚默理工学院"，也就是现在著名的伊利诺理工学院的前身。他终于实现了自己的梦想。

而这个青年，就是后来备受人们爱戴的哲学家、教育家冈索勒斯。

冈索勒斯给了我们最好的启示：有了一个好的想法，就应该马上去兑现它。否则，梦想就只是脑袋中的东西。

有时候，成功就这么简单——马上行动，赢在执行。过多地犹豫，反而会成为前进的阻碍。惟有执行，才能让人看到事情的结果。我们社会的大多数成功者，他们之所以能够成功，并不是因为他们有多少新奇的想法，而是因为他们自觉不自觉地做了一项最有效的事——执行。

执行才会有收获，执行才会出结果，迅速的执行更能保证我们得到想要的结果。戴尔是伟大的成功者，他曾把自己的成功秘诀"直销模式"写成书，书出版后广受世人好评。不少公司争相模仿，但没有一家企业能够超过戴尔公司。其原因只有一个，就是他们缺乏对这一模式的执行力。

领导者做人智慧：

有时候，成功就这么简单——马上行动，赢在执行。过多地犹豫，反而会成为前进的阻碍。

310. 给人以硬汉的形象

论长相，俄罗斯总统普京绝不是那种让人一见钟情的美男子，但在俄罗斯妇女的心目中，他却是全俄最性感、最有魅力的男人；论背景，在巨头林立的俄罗斯政坛上,他的资历无疑是最浅的,克格勃的生涯更是给他蒙上了一层神秘的面纱;论名气,普京的名字初次为人所知时,很多媒体常用"小个子"或"间谍"来代替他,当然现在已没有人再小觑他了。相反,媒体对这位颇具神秘感的总统的个人魅力的好奇已有了些追星的味道。一些媒体普遍认为普京不同寻常,让人捉摸不透。一些国家的外长纷纷到访莫斯科,以观察普京,试图摸清他的底细,但是没有一个人能摸透。

普京以其冷静、果断的处事方式,每每总能化危机于无形,使他成为俄罗斯支持率最高的领导人。他在俄罗斯政坛的迅速崛起,被认为是一个奇迹。他从圣彼得堡来到莫斯科3年时间,就成为俄国的新领袖。俄罗斯国内对他充满期望,民众对他的好评超过了叶利钦。英国首相布莱尔是第一位直接和普京打交道的西方领袖,他在第一次会见普京后就喋喋称赞。

普京的"魅力四射"曾经荣获俄罗斯人心目中的"年度风云先生"称号。在俄罗斯,人们可以随处看到普京的画像、胸像、普京T恤、普京儿童书籍,甚至着色的普京套娃。某年休假期间,他钓鱼时赤裸上身大秀身材更是引得全世界一片惊呼。期间他穿的狂野军装,也为诸多时尚评论家所称许。

俄罗斯电台曾播放了一首歌曲,在全国范围内迅速蹿红,成为各大电台的流行金曲。这首歌是三个女孩的合唱,内容是失恋女孩言说要找一个像普京一样的男朋友。它不仅曲调优美,歌词也朗朗上口,令人过耳不忘。这首歌的歌名——《嫁人就嫁普京这样的人》:

我的男友打了一场架,

打得遍体鳞伤,喝得酩酊大醉又沉沦毒海。

他简直令我无法忍受,

我把他逐离我的身旁,

我如今想要一个像普京的人。

昨天我在新闻上看到了他的身影,

他说,这个世界正处于十字路口。

他是那么具说服力,使我下定决心想要:

一个像普京的人,

一个像普京强而有力的人,

一个像普京不酗酒的人，

一个像普京不使我伤心的人，

一个像普京不会舍我而去的人。

每当歌迷们打开收音机，聆听着那动人的旋律，一个充满男性魅力的俄罗斯男子汉形象就会在脑海里久久萦绕。这究竟是一种什么魅力吸引着越来越多的人呢？除了那副冷峻的面孔、深邃的眼神，我们觉得更多的是他给了人们一种捉摸不透的神秘感。

 领导者做人智慧：

你要有副冷峻的面孔、深邃的眼神，还要有一种令人捉摸不透的神秘感。

311. 兵无常势，水无常形

中国传统文化中充满了阴阳辩证思想。相生相克，安危相济，祸福相倚，一张一弛，悲欢离合，恩威并施。一切事物都是相互关联、不停转化、此消彼长的。一会儿势不两立，一会儿握手言和；一会儿兵戎相见，一会儿结拜和亲。没有永远的朋友和敌人，没有长久的合作与对立。所以，罗贯中总结道："天下大势，分久必合，合久必分。"

我们观察宇宙，突出的特点就是一个"变"字。孟子说："至于四时的变化，五行的运转，物极必反，终则复始等现象，都是万物具有的本质。"斗转星移，四季轮换，春耕秋收，周而复始。古人认知的自然规律称为"天道"。老子说："万物负阴而抱阳，冲气以为和。"意思是，万物背阴而向阳，阴阳冲消而调和。

《易经》中说："易，穷则变，变则通，通则久。"

人个体的命运更是变化无常，所谓"祸，福之所倚；福，祸之所伏"。

忽而王侯将相，忽而阶下死囚；忽而弹冠相庆，忽而连坐充军。昨日黄土陇头送白骨，今宵红灯帐底卧鸳鸯。金满箱，银满箱，展眼乞丐人皆谤。因嫌纱帽小，致使锁枷杠，昨怜破袄寒，今嫌紫蟒长。

牛根生创建蒙牛的过程就是一个现代企业"由弱变强"谋略的很好例证。

1999年7月，伊利集团掌舵人郑俊怀"杯酒释兵权"，牛根生忍气吞声，黯然出局。不久牛根生在一些老部下的拥立下另起炉灶，于是，注册资金只有1000万元的"蒙牛"乳品公司在中国乳品巨无霸伊利的身边悄然诞生。这时伊利的固定资产已经是几十亿了，两者根本就不可能同日而语，因此伊利对蒙牛不屑一顾。

创业伊始的蒙牛既无市场又无自己的工厂，甚至没有奶源。掂量一下手里这点资金，牛根生决定"先建市场，后建工厂"，把别人的工厂变成自己的加工车间。狠狠心，牛根生拿出300多万元在呼和浩特进行广告宣传。一夜之间，呼和浩特的重要地段突然冒出了许多"蒙牛"的灯箱广告。但没过几天，40多个灯箱广告就在一夜之间让人给弄了个面目全非。广告宣传遭到了恶意的阻击，紧接着，蒙牛的奶车也时常被拦截，形势紧急。这时，牛根生，做为一个企业家的素质显现出来了。没有争吵、诉讼和对抗，只是蒙牛的广告语变成了："为民族工业争气，向伊利学习。"产品上印着"千里草原腾起伊利、兴发、蒙牛乳业"。从广告到产品上的宣传都在宣传伊利，自己跟在后面像个谦卑的小学生。

牛根生的聪明在于"和为贵"，不以弱碰强，把自己的利益融入到振兴内蒙古乳业的共同利益上，一下子接近了对手的心理距离，使社会广泛产生同情心。"向伊利学习"让老大哥不再恶语相向；"为民族工业争气，为草原争光"，使竞争对手在同一个大矛盾下只能选择站到一面旗帜下。

军事谋略的灵魂是一个"灵"字，就是机动灵活，变化多端，所谓"兵无常势，水无常形"。例如，在现代著名的英阿马岛之战中，阿根廷与英国军力悬殊，阿军为先声夺人争取主动，把打击目标锁定在英国当时最先进的"谢菲尔德"导弹驱逐舰上。他们先以老式的飞机做佯攻，声东击西，后以最先进的战机突然高速发起攻击，一举击沉了英舰，让全世界的观察家大跌眼镜。这是谋略在现代军事战术中的充分展现。

军事谋略忌讳死教条，就好像真正的良医，不在他能背出多少药方，而是在他能药到病除，使垂死的病人起死回生。毛泽东说："一上战场我就把兵书忘了。"历史上，纸上谈兵的赵括、熟读兵书的马谡、红军的"洋教头"李德都是因为死搬教条而造成巨大灾难性后果的典型例证。

领导者做人智慧：

军事谋略忌讳死教条，就好像真正的良医，不在他能背出多少药方，而是在他能药到病除，使垂死的病人起死回生。

312. 镇静自若是成功者的必修课

任何一个在事业上取得成功的人，遇事都能保持轻松从容的态度。

成功人士那种镇静从容的情形，就像一个合格的橄榄球员一样。当球员传球的时候，假如球意外地落到他的手中，他并不会因欣喜若狂而惊慌失措，他会紧抱着球跑过去，或者警觉而放松地转个方向，以免对手扑过来。而高明的商人也是一样，面对突发的新情况，并不会手忙脚乱，他能机敏地反应，他有办法掌握或对付新的情况。

有些刚开始做生意的人，就已具备这种镇静自若的能力，但是大多数的生意人，只有经过多次历练后，才能养成这种习惯。

"随时都要把你自己看成是一个在湖中翻了船的人！"一个资深的石油商人在盖蒂事业刚开始的时候忠告盖蒂，"如果你能保持镇静，你就可以游到岸边，至少在漂浮时有人来救起你。假如你失去了冷静，你就完蛋了。"

当一个人刚开始创业的时候，真有点像突然沉溺在湖中心的人，如果他保持镇静，他生存的机会就较大，否则他就很可能溺死。刚开始做生意的人或年轻的职员，都应该常常把这警句牢记在心里，这样，你就会养成镇静自著的习惯，而获得不少的帮助，也有办法应付突发情况。

不管在何种场合，如果能够保持从容不迫的态度，那么，对任何事情你都能应付自如。

一些伟大的人物都是"镇静"的高手，面对突然变故，仍然镇定自若。因为他们懂得，不能慌，慌则无法思考应付的妙招。如果他们慌了，那么周围的人更没有主见，更是慌作一团了。因此，他们大都大喝一声："慌什么？"这一半是对别人说的，一半则是自我暗示。

如果你感到慌张，你的大脑就失去了正常的思考能力，你就会丢三落四，语无伦次。许多人掉了重要的东西，或者说话说漏了嘴，就是因为心里有"鬼"，慌里慌张的缘故。这种时候，你要有意地放慢你的动作的节奏，越慢越好，并在心里说："不要慌！千万不要慌！"动作和语言的暗示会使你慢慢镇静。你的大脑就逐渐地恢复了正常的思考，以最恰当的方式方法来应付周围发生的事情。

没有见过大场面的人，一到人多的场所，就会周身不自在。克服这种心理的最好方法是把所有的人都当作朋友，点点头，大声招呼，别人自然也会致意回应。虽然他可能永远也无法想起曾经在哪儿认识你，但是你却因此消除了紧张。

 领导者做人智慧：

不管在何种场合，如果能够保持从容不迫的态度，那么，对任何事情你都能应付自如。

313. 高高举起，轻轻放下

首次惩罚，讲的是一个人在一个单位所受到的第一次批评、处分等。首次惩罚作为第一印象对人们今后的情绪、工作都会有重要的影响。一般来说，首次惩罚要个别进行，不宜公开点名；只要错误不太严重，处分要轻不

要重；语言要温和，不要尖刻。

惩罚不是目的，而是为了更好地教育下属和调动其积极性的手段，因此，要以防为主。防惩结合，教惩结合，不能为惩处而惩处。要从教育人、挽救人、调动人的积极性的目的出发，把教育与惩处紧密结合起来。

一定要坚持思想教育在先，惩罚在后；要坚持以思想教育为主，惩罚为辅。实施惩罚时，要"高高举起，轻轻放下"。平时教育从严，处罚从宽；思想批判从严，组织处罚从宽，重教轻罚。惩罚前，如果不先警告，势必使部下产生无过受罚之感，弄得人心惶惶，进而离心离德，背道而驰。所以，领导者要先教后罚，多教少罚，这样不仅能使犯错误的人减少，而且还能使人们心服口服。

领导者做人智慧：

一定要坚持思想教育在先，惩罚在后；要坚持以思想教育为主，惩罚为辅。

314. 好口才就是资本

美国人类行为科学研究者汤姆士指出："超常的说话的能力是成名的捷径。它能使人显赫，鹤立鸡群。能言善辩的人，往往使人尊敬，受人爱戴，得人拥护。它能使一个人的才学充分拓展，熠熠生辉，事半功倍，业绩卓著。"他甚至断言："发生在成功人物身上的奇迹，一半是由口才创造的。"美国资产阶级革命时期著名的政治家、外交家富兰克林也说过："说话和事业的进步有很大的关系。"如果你出言不慎，或无理跟别人争吵，那么，你将不可能获得很大的同情、别人的合作、别人的帮助。

1983年元旦，英国女王为多年来给首相撒切尔夫人担任顾问的戈登·里斯授予爵位。其主要功绩是：有效地提高了撒切尔夫人的演说能力和应答记者提问的能力；为撒切尔夫人撰写了深得人心的演讲稿……一句话，为英国塑造了一位崭新的"风韵绰约、雍容而不过度华贵、谈吐优雅和待人亲切自然的女首相形象"。由此可见，英国王室和政界对政治家是如何的重视。

在西方资本主义发达国家里，当前无不把说话水平作为衡量优秀人才的重要尺度，很多公司、企业在招聘各类人才时，都要进行口试。在日本，一些大公司在招聘人才进行面试方面，专门就说话能力规定了若干不予录用的条文。其中有：应聘者若声如蚊子，不予录用；说话没有抑扬顿挫者，不予录用；交谈时不得要领者，不予录用；交谈时不能干脆利落地回答问题者，不予录用；说话毫无生气者，不予录用；说话颠三倒四、不知所云者，不予录用……

日本大公司的这些规定反映了这样一个事实：说话与事业的关系至为密切，它是胜任本职工作最重要的条件之一。知识就是财富，口才就是资本。说话水平高，能说会道，你的才干就可以通过言语充分地展露出来，你的良好形象就可通过口才具体地表现出来，从而使得上司、同事、下属更加了解你，赞赏你，进一步信任你。领导也会提拔你到关键的岗位上，将更重要的任务托付给你，使你有脱颖而出、施展才华的机会，让你的事业一步步走向成功。

说话和事业的进步有很大的关系。

315. 不做李自成

李自成是明末的农民起义军领袖，他能征善战，屡次打败前来征讨的明军。他率领农民军攻入北京，崇祯皇帝在煤山自缢而死，明朝灭亡。农民军取得了极大的胜利。

　　李自成在进入北京之初，不少明朝官员都对农民军持观望态度。李自成却认为这些前明官员都是贪官污吏，于是订出一条"追赃助饷"的政策。只要是官员，不论所任何职，都得拿出家产来充为军费。如果不交，或交的数额不够，就要打板子，直到交够为止。此举固然能够惩治那些贪官，但一些清廉的官员也无辜受害，不得不想方设法的找出"赃款"来。而且，更为要命的是，这种行为使新政权在前明官员中大大失去了号召力，把他们推到了自己的敌对立场上去，农民军则由此而变得孤立起来。

　　但是，李自成并没有意识到这一点，他还沉浸在胜利的喜悦中，对这些隐藏的危机毫无所知。农民军的纪律本来不错，所以能取得不断的成功。可是入城之后，大家既然已经坐定天下，也就开始发起财来。那些从前明官员那里搜刮来的"赃款"，就这样做了农民军的"军饷"。

　　据记载，当时大顺军从将军至战士各有私囊，多的有千余金，少的也有三四百金。此外，由于对军队的管束不再那么严格，有些人在搜刮"贪官"之余，也会到民间找寻一二，这样，就不免波及到了一般的百姓。此时，大顺军攻占北京取代明朝后，处于四面受敌的被动地位，特别是北面的大清和江南的明室残余，构成了夹击大顺的严重形势。但李自成此时却忙着为自己做皇帝的登基大典准备，早已把严重的敌情置之度外。

　　明朝有个官僚叫吴襄，这时也被李自成手下的大将刘宗敏抄了家产，逮捕起来追赃。有人提醒李自成说，吴襄的儿子吴三桂是明朝的山海关总兵，手下还有几十万大军。如果把吴三桂招降了，就解除了北面的威胁，对于大顺政权是很有好处的。李自成采纳了这个意见，让吴襄给他儿子写信，劝说他向农民军投降。

　　吴三桂收到了父亲吴襄的劝降信后，开始犹豫起来，虽然他不愿意向李自成投降，但深知对方的军队勇猛善战，兵力强大，自己绝不是对手。他又想到北京城内还有家属财产，也舍不得丢掉。权衡再三，他还是决定先到北京看看再说。

　　在吴三桂去北京的路上，遇到了几个从就城里逃出来的人。吴三桂就找来这几个人询问情况。得知父亲吴襄已经被抓了起来，家产也全都让农民军抄走了，便恨得咬牙切齿。后来，又听说他最宠爱的小妾陈圆圆也被李自成手下的刘宗敏抢去，就更是气愤难平。当即命令军队退回山海关，发誓和李自成势不两立。

吴三桂自知不是李自成的对手，于是向原是自己敌人的清人借兵，使清军得以长驱直入。农民军在北京一心"发财"，战斗力已经大不如前，再加上吴三桂有清军相助，因此，李自成兵败，不得不退出北京。而清人则坐收渔利，得以占据北京，最后统一中国，建立了一个新的王朝。

三百年后，郭沫若有感李自成的失败，写过一篇《甲申三百年祭》，曾经成为中国共产党整风学习的重要材料。后来，当毛泽东从西柏坡到北京的时候，还特地强调：我们不做李自成。李自成的功败垂成，和他在取得胜利之后的得意忘形是很有关系的。正是因为太过得意，才使他不能对眼前的形势做正确分析，把许多本来可以争取的力量都变成了自己的敌人，使自己的地位一天天孤立起来，最后以失败而告终。所以，即使我们取得胜利，也不能因此得意高调，而应该保持清醒的头脑，低调做人，这样才能避免乐极生悲的后果。

领导者做人智慧：

即使我们取得胜利，也不能因此得意高调，而应该保持清醒的头脑，低调做人，这样才能避免乐极生悲的后果。

316. 对身边的工作人员要慎重选择

社会主义条件下，追随执掌权力的领导者左右，也是某些人梦寐以求之职。贪图名利"毛遂自荐"者有之；追求仕途"趋之若鹜"者有之；欲借此一展才华而无需"三顾茅庐"者也有之。因此，应该认真考察严格把关，将那些政治可靠、品行端正、业务娴熟、年富力强、忠于职守的人选拔到自己身边。

领导者选人时切忌：

①领导者不宜选择异性，特别是男性领导者不宜选择年轻貌美的女性为私人秘书；

②不能以亲故取人，让亲朋故旧、夫人子女为私人秘书、办公室主任等；

③不能以愚忠取人；

④不能以癖好取人。

同时，对身边的工作人员要严格要求。首先，要努力提高"近臣"的素质和能力。再次，不宜特别照顾。"近臣"是为领导者的功业作默默无闻的奉献和牺牲的。当其有了困难时，领导者应主动给予关心和照顾。但是，不能违背原则。

最后，要尊重他们的人格。领导者与身边工作人员在政治上是平等的同志关系。"敬人者，人恒敬之"，领导者只有出自内心的、真诚的，而不是口头上的、虚假地尊重"近臣"的人格、劳动和意见，才能真正赢得他们的拥戴。

领导者做人智慧：

"近臣"是为领导者的功业作默默无闻的奉献和牺牲的。当其有了困难时，领导者应主动给予关心和照顾。但是，不能违背原则。

317. 善待性格耿直的下属

有一类人被称做"硬汉"，就是那种很有个人原则、不轻易接受失败的人。这种人个性很强，有自己独立的见解，他们性格直率坦诚，说话从不拐弯抹角。

这种人一般不受领导喜欢，因为他爱当面提意见，并且毫不含蓄，批评领导也不避讳，常使领导感到难堪。

这种人头脑清晰，思维敏捷，遇事果断。他从不会被困难吓倒，他相信人能征服一切艰难险阻。所以，聪明的领导者不但会任用这种人才，而且还会栽培改造他，给他一些私人辅导，使他在接人待物，应付人际关系时掌握一定的技巧。

这种人一旦为领导所用，就会忠心耿耿，一往无前。

 领导者做人智慧：

这种人一般不受领导喜欢，但聪明的领导不但会任用这种人才，而且还会栽培改造他，让他为己所用。

318. 搞好生意，而不是搞垮对手

当嫉妒这种情绪进入竞争领域的时候，会变得极其有害，其危险之处是它使我们只想到自己好——不是通过搞好自己的生意，而是通过搞垮我们的对手。

犹太人认为，老是希望别人倒霉的人，在做生意上一定不是一个有进取心的人，很难取得更大的成功。别人垮掉了，除了满足了自己的自私欲望外，实际上你没有得到任何收益。犹太商人在这种情况下总是警戒自己："你仅仅是个小生意人而已！你并没有足够的力量改变整个市场的格局。"比如说，如果你经营的饭店价高、质劣、服务差，顾客自然都跑到你旁边的几家饭店去了。假如有那么一天你暗中的咒骂应验了，一场火烧了你旁边的几家饭店，你的营业也一定不会因此而好到哪里去，人们宁可多走几步，到远一点的饭店去。况且，过不了几个月，你就会发现，你旁边又重新冒出几家饭店，与你一较高低。你不妨忘掉你的竞争对手是一个人，而把他当作一个统计数字吧，如营业利润、财富积累等，这是一个你要超越的数字。数字比人更具体、更简单，以数字为目标只会激起你的斗志，而不会滋长你的嫉

妒。如果你不能在规模和分量上战胜他，那就在质量和用途上击败他们吧——那也只是你所要超越的简单数字。故此，生意人要想维持一定程度的价格和市场占有率，和竞争对手搏杀不是明智之举，反而应联合在一起，在价格、范围等方面达成一定的默契，才能共享其利，共存共荣。

如果大家绞尽脑汁相互拼杀，最后只能是两败俱伤。生意场有这样一个规则：如果你不让别人赚一千，你自己连那一百也赚不到。

领导者做人智慧：

如果大家绞尽脑汁相互拼杀，最后只能是两败俱伤。

319. 勿过分当众表扬

有些聪明的下属，在被当众称赞时，通常说声"谢谢"，就及时离开了——这与其说是害羞，倒不如说是想化解周围人妒忌的目光。

很多领导往往有一种误解，以为在众人面前夸赞下属，下属会心存感激，实则不然。

领导在众人面前过分表扬某个下属，会使很多人不快，被表扬的人也会感到不安，其余的人会产生妒忌。你的称赞越多、越重，他们的妒忌就会越强烈。如果你的表扬有些言过其实，会使他们鄙夷你，直至怀疑你的表扬是否别有用心。

领导者做人智慧：

领导在众人面前过分表扬某个下属，会使很多人不快，被表扬的人也会感到不安，其余的人会产生妒忌。

320. 过问不揽权，支持不包办

分工和职权范围一旦确定，每一个管理者就应该独立自主地履行自己的职权，只负责好自己分管的分内事务。这是对其他管理者充分信任和尊重的表现。无论是上级还是同级，都不应插手别的管理者的工作。

一个管理者在完成自己的本职工作后，在有能力和有必要的帮助他人工作时，自然要帮助他人，只是在帮助时要掌握分寸和尺度，把握好时机和方法，做到"过问不揽权，支持不包办"。

作为同级，如果经常插手别的管理者职权范围内的事，就会使他人产生一种不被重视的感觉，甚至产生一种被人"夺权"的想法，其自尊心受损自然会对你耿耿于怀了。当然，不插手同级的工作并不是对同级工作不闻不问，在同级遇到困难时，袖手旁观看热闹，这种做法也不可取。

领导者做人智慧：

无论是上级还是同级，都不应插手别的管理者的工作。

321. 思圆行方，柔中带刚

有一次，经济学家茅于轼陪一位外国朋友去首都机场转一圈，打了辆出租车。等到从机场回来，他发现司机做了小小的手脚：没有按"往返"计费，是按"单程"的标准来计价，多算了60元钱。

这时候有三种方法可以选择：一是向主管部门告发这个司机，那么他不

但收不到这笔车费，还将被处罚；二是认倒霉，算了；三是指出其错误行为，按应付的价钱付费。

外国朋友建议用第一种方法，茅于轼选择了第三种。他说：这是一种有原则的宽容，我不会以怨报怨，也不要去以德报怨，而是以直报怨。你错了，如我仅还以德，你还会错下去，实则在纵容你；我若还以怨，斤斤计较，大家的效率都低下；我指出你的错误，然后公平地对待你。

有些人的行为有出格越轨之处，但算不上大奸大恶，多是道德领域中的事情，不够法律的高度。就这样算了吧，心中又咽不下这口气；针锋相对，以牙还牙吧，本来就不是阶级敌人，让斗争冲突继续升级，最后很可能两败俱伤。他知道了你的厉害，也会在心中长久地种下仇恨和敌意，不定什么时候，又会卷土重来。

多一份宽容的胸怀，世界就是海阔天空，工作生活也就会少好多的烦恼，很多些许小事可以一笑置之，无须萦怀，潇洒前行就是了。

宽容不是纵容，我们不会让他们得寸进尺，把错误当成理所当然的权利，继续侵犯我们的领空。我们会把大家应遵守的原则挑明，柔中带刚，思圆行方。我们可以宽恕他们的行为，但他们要改正自己的错误。

领导者做人智慧：

我们会把大家应遵守的原则挑明，柔中带刚，思圆行方。我们可以宽恕他们的行为，但他们要改正自己的错误。

322. 让下属感觉到自己很重要

尊重下属是领导者应具备的品格，也是调动下属积极性的一种领导艺术。一个领导者必须学会尊重人，因为尊重是一种巨大的力量。国外有的企业家把尊重人当作是激励人的智慧、同心同德搞好企业的一条宗旨。这一点很值得我们借鉴。

在奥斯特利兹战役开始的前夕，拿破仑巡视全军，从这处营火堆走到另一处营火堆。每当他停下来，官兵们都上来围住他。拿破仑和他们谈笑，并对他们的忠贞表示感谢。他向士兵们保证明天这一仗一定会获胜，并说明他已经准备好了医疗急救，一旦有人受伤，绝对会立即受到照顾。

"答应我们，"一位老兵朝他高喊，"您自己要远离炮火！"

"我会的，"拿破仑满脸感激地回答说，"我会留在预备队中，直到你们需要我的时候。"

的确，尊重下属，就是要使下属感觉到他很重要，领导者非常看重他们。其实每一个人心中都有这种期待："让我感到自己重要。"这是每一位领导者面对下属的时候应该想象到的。

领导者做人智慧：

一个领导者必须学会尊重人，因为尊重有一种巨大的力量。国外有的企业家把尊重人当作是激励人的智慧、同心同德搞好企业的一条宗旨。

323. 做一个行动的巨人

世界第一 CEO 杰克·韦尔奇在上海演讲的时候，TCL 的总裁李东生问了他一个问题："我们如何才能预测企业 10 年后的发展方向？"

杰克·韦尔奇回答："预测一年后的情况都是很难的，预测 10 年后的情况是愚蠢的。"

一个人如果总想着有一个完美的人生规划再行动，那么这个人一辈子也做不了一件事情。

吉姆·柯林斯通过研究发现，多年来能排名世界 500 强的企业有几千家，但其中能持续 50 年以上的只有 18 家。他找出了这 18 家公司，并研究他们到

底有什么与众不同,结果他发现与人们的想象完全不同。这18家公司中,几乎没有哪一家开始就有一个长远规划或者伟大的构想,他们只是在不断地尝试,好的保留,不好的放弃。像达尔文的进化论所说的那样,适者生存,不适者淘汰,不断地进化成功的。

其实,任何一个人的发展,都是在做的过程中不断地思考、变化、发展,最终确定人生的方向。

开始,他们只是在做,做了再想如何发展壮大,只是有一颗永远向上的心,总在想着要发展自己,要不断地壮大自己。其实世界上最好的18家公司都是这样做出来的。开始从小事做起,不断地做大做强,不好的淘汰,好的就继续做下去。

当然不是说人生梦想要不得,也不是说人生中不需要长远规划,但那只是对人生的一种猜测,或一种大致方向的判断。周恩来说:"梦里行了千万里,醒来还是在床上。"比梦想、长远规划更重要的是行动,是开始。人生就像攀登高山,没有开始,你就永远不可能登上顶峰。

领导者做人智慧:

任何一个人的发展,都是在做的过程中,不断地思考、变化、发展,最终确定人生的方向。

324. 愤怒只会遮蔽了人的视线,让人产生偏见

愤怒同其他情绪一样,是思维在感情中的激发,是人们在事与愿违时所做出的情绪性反应,是一种失去控制的情感状态。愤怒并不能帮助人们解决任何问题。相反,无论在人际交往还是在身心健康上都会给人们带来不良的影响。

从心理学上讲,愤怒可以使人情绪消沉,可以阻碍人们之间的情感交

流；从生理学来讲，愤怒则可以导致高血压疾病的产生。也许有人会认为这是危言耸听，愤怒只不过是人的一种天性，至少发火比一个人独自生闷气有助于身心健康。但值得注意的是，在事与愿违的情况下，并不是除了愤怒和生闷气就别无他法。

人生不如意事十之八九，客观事物总是不以人们的意志为转移。无论自己的愿望多么美好，想法如何正确，在大多数情况下，都必须按客观情况来办事。你可以不喜欢一个人，但这个人并不会因为你的不喜欢而不存在；你也可以对一些事情有异议，但它们也不会因为这些异议而消失。

愤怒只会遮蔽了人的视线，让人产生偏见。

所以，在你即将发怒前，及时地转移自己的注意力，找一件轻松而有意义的事做一做、想一想。经过缓和情绪的心态调整之后，你肯定会发现发怒是件极其愚蠢的事情。

领导者做人智慧：

你可以不喜欢一个人，但这个人并不会因为你的不喜欢而不存在；你也可以对一些事情有异议，但它们也不会因为这些异议而消失。

325. 关照别人就是关照自己

美国黑人杰西克·库思，是当时美国一家名不见经传的小报记者。因为种族歧视，在那家报社中他感到四面楚歌、受人排挤。与别人交往更成了他最头疼的事。

当时，美国的石油大王哈默已蜚声世界，报社总编希望几位记者能够采访到哈默，以提高报纸的声誉与卖点。

杰西克便在心底暗暗发誓，一定要独立完成稿子，以便让他们不敢轻视自己。

有一天深夜，杰西克终于在一家大酒店门口拦住哈默，并诚恳地希望哈默能回答他的几个问题。

对杰西克的软磨硬缠，哈默没有动怒，只是和颜悦色地说："改天吧，我有要事在身。"

最后迫于无奈，哈默同意只回答他一个问题。杰西克想了想，问了一个最敏感的话题："为什么前一阵子阁下对东欧国家的石油输出量减少了，而你最大的竞争对手的石油输出量却略有增加。这似乎与你的大腕身份不符。"

哈默依旧不温不火，平静地回答道："关照别人就是关照自己。而那些想在竞争中出人头地的人如果知道，关照别人需要的只是一点点的理解与大度，却能赢来意想不到的收获，那他一定会追悔莫及。"关照，是一种最有力量的方式，也是最好的一条道路。

哈默离去后，杰西克怅然若失地站在街头。

从那以后，杰西克与报社的其他同事坦诚相待，他知道，理解和大度最容易缩短两颗敌视的心之间的距离，而关照就是两颗心之间的最美丽的桥梁。

同事们不再排挤他了，亲切地称呼他为"黑蛋"。而直到多年以后，他卸下报社主编的重担，一个人隐居在乡间安享晚年的时候，围着他周围蹦蹦跳跳的各种肤色的孩子依然叫他"黑蛋"。因为，他的邻居们已经不记得他叫什么名字了。

领导者做人智慧：

互相关照，是一种最有力量的方式，也是最好的一条道路。

326. 让别人有赚头，自己才会有赚头

"零和游戏"是指一项游戏中，游戏者有输有赢，一方所赢的正是另一

方所输的，游戏的总成绩永远为零。现在，"零和游戏"观念正逐渐被"双赢"观念所取代。人们开始认识到"利己"不一定要建立在"损人"的基础上，通过有效合作，皆大欢喜的结局是可能出现的。但从"零和游戏"走向"双赢"，要求各方面有真诚合作的精神和勇气，在合作中不要耍小聪明，不要总想占别人的小便宜，要遵守游戏规则，否则，"双赢"的局面就不可能出现，最终吃亏的还是你自己。

你输我赢游戏规则已逐渐退出商业舞台，商场中的竞争不再是"你死我活"，"共存共荣、相互合作、相互促进"的新型理念已深入人心。与下属、与员工、与竞争对手、与兄弟公司之间都应该发展成为合作伙伴的关系，这是时代对企业管理者的要求，也是企业发展的必然要求。

双赢法则就是"我赢你也赢"，即让你的客户、供应商、销售商、员工乃至顾客都成为"赢家"，而不是整天想着利益独占。

所以，双赢法则也包含多赢法则。

遵循双赢法则，实际上是要求企业必须树立这样的观念：要共同向市场要钱，而不是向合作者。

市场中必然存在激烈的竞争，但更重要的是合作。任何企业都不可能包打天下，都需要多种合作者，合作可以发挥整体效应，增强你的竞争能力。

但要想与人顺利合作，就必须让别人也"赢"才行。只想自己赢，不让别人赢，永远都不会拥有真正的合作伙伴，这样的企业迟早会自食损人利己的恶果。

利己不必损人，让别人有赚头，自己才会有赚头。这就是双赢法则的真义之所在。

领导者做人智慧：

遵循双赢法则，实际上是要求企业必须树立这样的观念：要共同向市场要钱，而不是向合作者。

327. 不做迂腐之人

　　古今成大事者，常常运用各种方式沽名钓誉，愚弄民众。他们满嘴是"道德准则"，可是，这些"道德准则"只有对他们有用的时候，他们才推崇。一旦没有用，他们会把它作为"臭狗屎"践踏在地。比如，得人才者得天下。围绕着笼络人才，在中国历史舞台上上演着一出出装模作样的活剧，演技高明的人，甚至让你分不清云里雾里。古代一些著名的"纳贤"之举，例如周公的"一沐三捉发，一饭三吐哺，起以待士"，曹操闻贤士谋臣来奔，"跣出迎之"，刘备"三顾茅庐"邀请诸葛亮出山等等，究竟在多大程度上是属于故作礼贤下士的姿态，其实是很难说得清的。

　　如果作为上司一味地相信用道德来自我约束，那么他顶多也就是像清朝道光帝那样克勤克俭而又碌碌无为的迂腐之人。像道光帝这样的人历史上并不多，这也就说明道德只是号召众人的口号而已。

　　可以多学学古代帝王的"沽名钓誉"之术，他们总是装出无比宽厚、仁慈、博爱和高尚，是伟大、圣明一切优秀品德的化身。面对这种上司，你能不服从，敢不服从吗？否则就给你一个"大逆不道"的罪名，你担当得起吗？

　　时时刻刻要把自己打扮成菩萨心肠、君父形象、圣贤品德，一定要利用各种沽名钓誉的机会。

　　比如，帝王面临重大政治危机时所采取的应急对策之一，就是下"罪己诏"。这不过是帝王为延续其统治而不得不使用的一种特殊的"沽名钓誉"之术。

　　正因为"罪己诏"是这样一种把戏，所以在上层争权夺利的斗争中，常常被作为工具来运用。还有许多帝王常常在逝世前留下的遗诏中"罪己"，他们并非真有"悔过之意"。如果有，生前改过的机会有的是，大可不必在死前作总检讨，而是生前"洞知其蔽"，却因"众所周知"的原因不愿改。

为了在身后留下个好名声,所以在临死前才来一番"罪己"悔过的把戏。

当普通人看到皇上这样"诚恳"的"自我批评",以为已经悔过了,道德相当高尚,是真心地为百姓着想,从而就会更加坚定他们"皇上圣明"的信念,并为此效忠,这就是"罪己诏"特有的沽名钓誉的效果。现代的上司们同样可以运用这一手法。

 领导者做人智慧:

古今成大事者,常常运用各种方式沽名钓誉,愚弄民众。他们满嘴是"道德准则",可是,这些"道德准则"只有对他们有用的时候,他们才推崇。一旦没有用,他们会把它作为"臭狗屎"践踏在地。

328. 以防为主,以救为辅

有一次,魏文王问名医扁鹊:"你们家兄弟三人,都精于医术,谁的医术最高呢?"扁鹊答道:"我大哥最好,二哥次之,我最差。"文王再问:"那么为什么你最出名呢?"扁鹊答:"我大哥治病,是治病于病情发作之前。由于一般人不知道他事先能铲除病因,所以他的名气无法传出;我二哥治病,是治病于病情初起时,一般人以为他只能治轻微的小病,所以他的名气只及本乡里;而我是治病于病情严重之时,一般人都看到我在经脉上扎针放血、在皮肤上敷药等动作,所以人们都认为我的医术最高明。"

同样,对待部属之间的矛盾,从管理学控制论的角度看,事后控制不如事中控制,事中控制不如事前控制,做到防患于未然。现实中许多企业负责人因忙于各种事务,在对待部属之间有矛盾时往往只是事后控制,如果是处理矛盾的艺术性不强,矛盾会越处理越多,越多越忙,越忙越乱,越乱越忙。结果是企业组织乱作一团,甚至根本无法正常运转。

所以说,不让矛盾发生是"防火"工作,矛盾出来后解决矛盾是"救火"工作。

 领导者做人智慧：

对待部属之间的矛盾，从管理学控制论的角度看，事后控制不如事中控制，事中控制不如事前控制，做到防患于未然。

329. 可以没有一切，但不能没有卓越的品格

在社会上，一个人可以没有文化，没有能力，没有财产和地位，然而，只要他具有纯正而卓越的品格，他就一定会产生影响，一定会赢得人们的尊重。

那些受人欢迎的人，那些极具个人魅力的人，在培养那些点点滴滴的受人欢迎的品质时都遭受过很多的磨难，经历过很多的痛苦。

那些天生不善交际的人，只要能像那些具有高贵品格的人一样，肯花费同样的心思，肯经受同样的磨砺，也会创造同样的奇迹。

另一方面，我们鄙视唾弃另外一种人，他们时时处心积虑想从你那儿得到什么，他们会在公共汽车或音乐厅里左挤右扛，为的是能在别人前面找到最好的位子，他们总去抢最舒服的座位，他们总是坐在餐桌上最容易伸手夹菜的位置。无论在餐厅，还是在旅馆，他们总是目中无人，抢占位置，让别人在他们后面排队等候。

而高贵的品格会给你带来最大的益处。

在法国大革命期间，愤怒的人们冲进了巴黎的监狱，单单这股汹涌的人流，就足以把那些贵族、神甫挤死，这些人成了人们狂热情绪的牺牲品。

就在一片血腥之中，一个名叫毛诺的平民突然发现了西卡尔神甫。

毛诺以前见过西卡尔神甫，知道他的为人与声望，知道他把自己全部的心血都奉献给了残疾人的教育事业，于是拦住众人说道："这是西卡尔神甫，

一个正直的公民。你们不认识他,但我知道。他是我们这里最仁慈、最有贡献的一个人,他把自己的爱都献给了那些残疾人。"

众人听了他的话,马上停止了攻击,而且一拥而上,争相与他拥抱,要抬他起来把他送回家。

可见,即使在这样满怀仇恨的暴民心中,一种高贵的品格仍然可以表现出至高无上的力量。

 领导者做人智慧:

在社会上,一个人可以没有文化、没有能力,没有财产和地位,然而,只要他具有纯正而卓越的品格,他就一定会产生影响,一定会赢得人们的尊重。

330. 斤斤计较,难成大事

《盐铁论·毁学》中有这样一句话:"君子怀德,小人怀土;贤士殉名,贪夫死利。"意思是说作为君子,不要像小人一样太贪恋那点蝇头小利,用通俗点的话来说,就是不要斤斤计较。

在人与人交往中,谁都不喜欢那些将什么都分得清清楚楚、不让自己吃一点亏的人。因为这种人让别人觉得,与他交往非常累,自身什么亏也不吃,做事太过于认真。

同样,在领导的交际活动中,有些人对他人要求十分苛刻,总是尽量想对自己有好处。一旦他人有困难,却不关心和帮助,甚至避而不见,这是典型的世俗习气,是不足取的。与人交往,气量要大一些,切忌斤斤计较。你敬我一尺,我敬你一丈,这样才有利于关系的密切发展。

不计报酬帮助别人,表面上看来,做这些事情并没有抱什么目的,在行动的过程中,不但你在发挥主观能动性,就是别人,也渐渐从行动中强烈地感受到了你的主动，自然也就被你的主动所征服了。

领导者做人智慧：

在任何场合中，谁都不喜欢那些将什么都分得清清楚楚、不让自己吃一点亏的人。

331. 避免使用令人不快的手势

有数据表明，街头罪犯经常选择那些步履迟缓、行动犹疑不定的人作为袭击对象。罪犯知道，人们走路的姿态从很大程度上表明了他们处理问题的能力，抢这些人的钱包或公文包，和抢步伐坚定有力的人相比，逃跑的机会要大得多。

政界候选人强烈地意识到走姿的重要性。比如说，一位候选人迈着坚定的步伐，以开朗的姿态走向讲台，或者热切地走向人群去和他们握手，人们会认为他自信又放松。投票人、观众及同事经常下意识地受步履稳健的人的影响。走路的姿态应该是优雅、自然而且简洁的。你可以把走路的姿态录下来，或者边走边看着对面镜子里的形象。然后自问，你会怎样看待像这样走路的人。

一个人的手势就像语言一样，深深地受到个性形成时期的影响。手势也是文化与个性的表现。在谈话时，如果能加上一定的手势和神态，就能表现出你积极热忱的态度。因此，如果想让对方了解你很有热情，那么带一些手势说话很值得效仿。

臭名昭著的希特勒是一个十分成功的演说家，他的演说具有很强的煽动性的原因之一就在于他在演说时常常带有夸张的表情和手势，从而显示出他与众不同的独特风格。

与人谈话时，首先，避免使用令人不快的手势。双手背在身后，挥动拳头或双臂抱胸表示生气，而用手指点则意味着指责。手插在口袋中玩弄小物件是不礼貌的，也是分散注意力和粗鲁烦躁的表现。绞动双手说明你很紧张。这些手势都有其隐含的意义，但大多数人意识不到他们正在做的这些手势。建议你看看自己的录像，你在录像中的表现往往和现实生活差不多。

 领导者做人智慧：

双手背在身后，挥动拳头或双臂抱胸表示生气，而用手指点则意味着指责。手插在口袋中玩弄小物件是不礼貌的，也是分散注意力和粗鲁烦躁的表现。绞动双手说明你很紧张。这些手势都有其隐含的意义，但大多数人意识不到他们正在做的这些手势。

332. 寻找德才兼备的人

曹操平定了袁绍之后，打算攻打刘表。他把驻守在外的曹仁叫回来商议。曹仁回来的时候，曹操正在睡觉。曹仁直接进了屋子来找曹操。曹操手下大将许诸奉命守护曹操，不放曹仁进去。曹仁大怒说："我是曹丞相的亲戚，你只是个外人，怎么敢挡我的去路？"许诸不急不恼地说："将军与丞相虽然是亲戚，可您现在却是领兵在外；许诸虽然不是曹丞相的亲族，现在却担当着丞相的贴身侍卫。我不能放你进去。"说着，手摁在剑柄上。曹仁不敢硬闯，只好等到曹操醒来才进见。曹操听了这件事后，对许诸大加赞赏。

在一般情况下，忠于职守的下属，比有才华的下属更忠心于领导。故此，领导更愿选择前者而放弃后者。这样做，有利于很好地把他们掌握在手中。曹操当年在白门楼抓住了吕布，吕布毫无疑问比许诸厉害，可曹操还是把吕布杀了，就是这个原因。

再者，提拔那些忠诚可靠但表现可能并不那么出众的职员、下级，这更利于公司的利益。同样的道理，如果领导选择了不忠诚的下属，这位下属总

是同公司对着干或者"身在曹营心在汉",那么这位下属的能力发挥得越充分,对公司的利益损害越大。

所以选择一个有才能但不忠于职守的人,无异于在身边埋下了一颗定时炸弹。

领导者做人智慧:

选择一个有才能但不忠于职守的人,无异于在身边埋下了一颗定时炸弹。

333. 先"处其位",而后才可"谋其政"

有些精英人物为了培养自己下一代的领袖气质,在孩子很小时就带着他们参加各种高层会晤,让他们耳濡目染,现场学习上层人士的行为举止。

在李泽钜和李泽楷八九岁时,李嘉诚便为他们专设小椅子,让他们列席公司的董事会。穿着上则钟情于双襟西装及吊带,显得非常洋化,很像富贵圈中骄纵的小公子;国民党荣誉主席连战在少年时期,他的父亲连震东经常带着他出入名门,参加名流聚会,养成了他的公子做派;河北巨力集团总裁杨子在他14岁时,也遵照父亲的要求穿着小西装,挂着胸牌,和长辈们一起参加公司高层会议。

西方有句名言:"你可以先装扮成'那个样子',直到你成为'那个样子'。"这在竞选过程中是绝对的真理。参选人首先要把自己当成领导者,然后选民才可能相信他能够作为领导者,并愿意投票给他。也就是说,只有先"处其位",而后才可能"谋其政"。这是一个提前上位的过程。不管是否当选,每个参选人在心理上都已经担任了一段时间的领导职务。

形象设计师英格丽·张告诫人们,像领导那样举止,像领导那样说话,那么,你就是领导。

大凡成功者都会有意识地运用这些独特符号，向外界传递自己的强势身份信息。而那些希望自己跃上一个更高台阶，希望在谈判交易中获得强势地位的人，也会以相应的方式"装腔作势"、"装模作样"。

**领导者做人智慧：**

像领导那样举止，像领导那样说话，那么，你就是领导。

334. 未出手的武器是最厉害的武器

暗器已经在手，但不知什么时候发出，这是最让人胆战心惊的局面。对受众来说，这种引而不发的缄默，是一种难以逃避的拷问和巨大的压迫，具有令人窒息的恐怖气息；而对缄默者来说，缄默让他保留最终的决定权和评判权，即使自己不是这方面的行家，但仍能因此占据一个游刃有余的优势地位。

很多以声音为业的音乐人懂得，有时候无声是比有声更锐利的武器。深圳一些喜欢古典音乐的听众对一个场面记忆犹新：20世纪90年代中期，著名小提琴演奏家吕思清到深圳演出。音乐进行中，观众席中接二连三地响起BP机的声音。吕思清停止演奏，一言不发、长时间地望着台下。吕思清的沉默比剧场的提示更有效，观众席中的BP机声和人声终于没有再响，吕思清从头拉起。

不难想象，吕思清沉默的一两分钟，对那些打开了BP机的听众是多么难熬。如果吕思清开口说话，提醒甚至批评，他们都会好受得多。但吕思清没有。

在政府部门，当权者审问违法嫌疑人或宣布处分决定时，也非常多地运用缄默手法。一般来说，权力越是密集的部门，运用这一手法越是老练。比如，组织干部宣布撤职或调离决定，公安人员调查有违法嫌疑的当事人，都

只是寥寥数语，然后凝视对方。当对方反应激烈之时，持续的沉默更显示出他们的权威与镇定。

领导者做人智慧：

暗器已经在手，但不知什么时候发出，这是最让人胆战心惊的局面。

335. 地位越高，脾气越大

在公众场合，权势人物发脾气的现象是很少见的，因为那毕竟有损于自己的风度。但在一个组织的内部，几乎大多数的领导者都是坏脾气（当然是针对自己压得住的下属）。万科集团董事长王石的坏脾气是企业界中有名的。曾经一段时间，王石在万科内部的外号是"王老虎"。据说从他的办公室里，经常传出地动山摇的拍桌子的声音，然后伴随着阵阵咆哮。最严重的时候，当他主动过去和职员们说话时，对方的双腿和声音都不由自主地发抖。

华为集团老板任正非的脾气也十分暴躁。曾任华为副总裁的李玉琢常看到一些干部被他骂得狗血喷头（高级干部尤甚）。他回忆说：

"有一天晚上，我陪他见一位电信局局长，吃饭吃到9点。在回来的路上我问他回公司还是回家，他说回公司，有干部正在准备第二天的汇报提纲。我陪他一起回了公司。到了会议室，他拿起几个副总裁准备的稿子，看了没两行，'啪'地一声扔到地上：'你们都写了些什么玩意儿！'于是骂了起来，后来把鞋脱下来，光着脚，像怪兽一样在地上走来走去，边走边骂，足足骂了半个小时。"

中国如此，在西方也不能例外。苹果公司创始人乔布斯早期的格言是："要么按我的方式去做，要么滚蛋。"他的同事们都害怕在电梯里碰见他，因为在电梯到达前可能会挨顿痛批，甚至被炒了鱿鱼；微软的比尔·盖茨和鲍尔默都是有名的坏脾气，盖茨的"咆哮"让李开复萌生了去意，鲍尔默的吼

声经常回荡在微软办公大楼的走廊之中；公认的"沟通大师"、美国通用电气前CEO杰克·韦尔奇，其实也不是一个善主，训起人来毫不留情。

有人说，喜欢发脾气、训斥人只是一种性格，或者是一时兴起，但是，这些人为什么从不在自己权力范围之外、公开论坛上、在政府官员面前发火呢？在那些场合，当他们面临不同的意见甚至争执时，为什么控制力就大大增强，反应得宽容大度甚至风趣幽默了呢？在下属或"乙方"面前，他们的大发雷霆不是一回两回，自己也肯定意识到了，为什么下一次依然故我？

王石承认："脾气和地位、权力有关。随着地位的提高、权力的加大，脾气也愈来愈大。在深圳的一些企业里，老板的脾气往往比一般员工来得大。"

有研究表明，在很多情况下，大发雷霆并不是由于一时的情绪失控，而是有意做给别人看的，或者是对自己习性的有意放纵。动物大声嘶吼，并不表示它想要打架，而是想以此吓退对手。

为什么这样做？一方面，显示自己的权力和决心，提醒对方"我才是老大"、"我已对此很在意"；另一方面，也试图让对方害怕和臣服，对相关的问题给予足够的重视。这种最古老、也最粗暴的领导方式，虽然一般不会受人喜欢，但在受人喜欢与受人服从之间，很多人宁愿选择后者。

领导者做人智慧：

在很多情况下，大发雷霆并不是由于一时的情绪失控，而是有意做给别人看的，或者是对自己习性的有意放纵。动物大声嘶吼，并不表示它想要打架，而是想以此吓退对手。

336. 不要既想当裁判，又想当进球的那个人

汉朝人张汤出身为长安小吏，却平步青云登上御史大夫的宝座，且深得

汉武帝信任。这得益于他独特的行为方式。每当有政事呈上,武帝不满,提出指责,张汤立刻谢罪遵办,并说:"圣上极是,我的属下也提出此意见,我却未采纳,一切都是我的错。"反之,若武帝夸奖他,他则大肆宣扬属下某某点子好、某某办事利落。如此得到了手下人的爱戴。

在荣誉到来之前,有些管理者常常利用自己的领导地位挺身而出,当仁不让,似乎这样才能表现出自己的高大形象,才能说明自己的成功。殊不知,一个管理者是否真正成功,得看他手下的人是不是成功了,只有下属成功了,才表明你这个管理者也成功了。请记住:不要既想当裁判,又想当进球的那个人。

管理者若只为私利,私自窃取下属的功劳,下属自然不会为你卖命效力。老子所谓:"长而不宰,为而不待,功成弗民。"这就是劝诫领导要能容人,共享繁荣。

然而,最难做到的是对下属让功,或公开表扬下属的才华功劳。管理者若有这样高的涵养,下属自会感恩图报。同样,当下属犯错,能挺身而出,承担责任,势必会得到下属的敬佩与爱戴。这是最高境界的管人方法。

领导者做人智慧:

天下好事,不可能你一人独占。有这样图谋的人,终是人们忌恨的对象。

337. 马上做出决定,就在现在

华裔电脑名人王安博士,声称影响他一生的最大教训,发生在他6岁之时。

有一天,王安外出玩耍,路经一棵大树的时候,突然有什么东西掉在他的头上。他伸手一抓,原来是个鸟巢。他怕鸟粪弄脏了衣服,于是赶紧用手拨开。鸟巢掉在了地上，从里面滚出一只嗷嗷待哺的小麻雀。他很喜欢它，决定把它带回去喂养，于是连鸟巢一起带回了家。

王安回到家，走到门口，忽然想起妈妈不允许他在家里养小动物。所以，他轻轻地把小麻雀放在门后，匆忙走进室内，请求妈妈的允许。在他的苦苦哀求下，妈妈破例答应了儿子的请求。王安兴奋地跑到门后，不料，小麻雀已经不见了。一只黑猫正在那里意犹未尽地擦拭着嘴巴。王安为此伤心了好久。

有些人一旦遇到棘手的事情，就一定要去和他人商量，这种优柔寡断的人，既不相信自己，也不会被别人所信赖。有些人简直优柔寡断到了无可救药的地步，他们不敢决定任何一件事情，不敢担负起应负的责任。而他们之所以这样，是因为他们不知道事情的结果会怎样——究竟是好是坏，是吉是凶。他们常常对自己的决断产生怀疑，不敢相信他们自己能解决重要的事情。因为犹豫不决，很多人错失了成功的大好机会。

就成功来说，犹豫不决、优柔寡断是一个最危险的仇敌，在它还没有对你施加影响、破坏你的机会之前，你就应该立即把这样的敌人置于死地。不要再犹豫，不要再思前想后，马上做出决定，就在现在。要逼迫自己做出决策，不要在选择面前无所适从。

领导者做人智慧：

只要是自己认为对的事情，绝不可优柔寡断，必须马上付诸行动。不能做决定的人，固然没有做错事的机会，但也失去了成功的可能。

338. 消除下属闲言碎语最简单的方法，就是别让他们闲着

消除下属闲言碎语最简单的方法，就是给他们工作干，别让他们闲着。这样，他们就没有工夫去琢磨对你不利的事情了。

北宋太平兴国年间，原先五代十国归降宋朝的数位君主纷纷不明不白地死去。那些跟随君主而降的旧臣常有人议论纷纷，口出怨言，对朝廷说三道四。于是，宋太宗把亡国故臣、失意之人纷纷网罗来，安置在馆阁里任职。宋制设昭文馆、史馆、集贤院三馆，另增设秘阁、龙图阁、天章阁等，分别掌管图书经籍及编国史等事务。这些人拿着皇家的钱粮俸禄，整天忙着编纂各种书籍。这些书本身卷帙浩繁，其性质都是杂采古代经卷，分门别类加以纂订编汇。翻检查阅图书的工作量比写下来的文字量更不知大多少倍。

《宋稗类钞·君范》说："役其心，后多老死于文字之间。"道破了宋太宗网罗旧文人的目的与他们的结局。这种手法虽消极，但更高明，虽不能充分利用文人旧士的思想为自己的统治服务，但可不用担心这些人再有什么不敬的言论，每日的书就够他们翻的了。把他们牢牢拴住，宋太宗也因此赢得"尊知重教"的美名。

明代的《永乐大典》、清代的《四库全书》，当属此类。

领导者做人智慧：

消除下属闲言碎语最简单的方法，就是给他们工作干，别让他们闲着。这样，他们就没有工夫去琢磨对你不利的事情了。

339. 礼贤下士

在与部属相处的过程中，领导者若要受到部属的尊重和拥戴，礼贤下士、不摆官架子也是一个重要因素。

早在大革命时期，苏区有一位绰号叫"罗瞎子"的农民担任了乡政府主席。有一次，毛泽东路过这个乡，找到"罗瞎子"等几位乡干部搞调查。当问到乡主席的姓名时，他竟自报家门叫"罗瞎子"。毛委员失声笑着追问他的真名，他说："从小就这么叫惯了，如今在乡政府里当主席，更不能叫官名。要不，人家会说我摆架子哩!"毛委员赞扬说:"说得好，'苟富贵，毋相忘'，就是日后革命成功了，我们也不能像陈胜那样忘了与自己共患难的父老兄弟。""罗瞎子"高兴地摇着毛委员的手说:"要是你以后当了皇帝，不，要是革命成功了，你管理天下，我该怎样称呼你呢?"毛委员紧握着"罗瞎子"的手，用力摇了几下，爽朗地回答说:"那你照样喊我'老毛'就是!""罗瞎子"说:"我记着你的话了。"

新中国成立以后，有一年，"罗瞎子"被选为出席全国劳模大会的代表，光荣地来到北京。

会议期间，毛主席和中央领导同志要在怀仁堂接见全体代表。考虑到中央首长工作繁忙，大会工作人员要求代表们见到毛主席后，最好每人只说一句心里最想说的话。第二天，怀仁堂的接见开始了。当毛主席走近代表们的时候，"罗瞎子"却突然大声说了这么一句话:"老毛，你咯胖呀!"这句话使周围的代表们大为吃惊。毛主席也微微一愣，随即很快地认出来了。他亲热地朝对方肩上打了一拳:"'罗瞎子'是你呀!""罗瞎子"激动得眼泪直往下掉:"老毛，你到底还记得我这个小萝卜头?"毛主席哈哈大笑:"咯还记不得？'苟富贵，毋相忘'嘛!"

德国军事研究中心出版了一本《铁腕将军》，其中阐述一个这样的论点：

作为一位高层军事领导，值得重视的是要把关心士兵放在首位，士兵们才是冲锋陷阵的枪手，要把关心士兵看作是最重要的工作。假如只剩下一块纱布，那就应该先绑好受伤士兵的腿，这比绑好军官一只受轻伤的胳膊重要得多。假如只有一碗米，那么就应该让疲惫不堪、饥肠辘辘的士兵们分享。如果有一副担架，就应该抬那些受了重伤的冲锋陷阵者，而不是留作军官享用。

那么，在企业当中也是如此，你时刻以一个领导者的身份出现，摆领导者的姿态，员工就会对你敬而远之。

领导者做人智慧：

平易近人，自古都是人们崇尚的美德。特别是领导者，在成功的光环下，真做到这一点很不容易。

成功领导者的自我修养

340. 宜将剩勇追穷寇

宋朝人洪迈在他的《容斋随笔》中说，圣人"畏无难"。无难无危时易生骄傲、淫逸和腐败，如此会导致亡国毁身之祸。他在文章中列举了秦始皇统一六国后忘乎所以，残贼天下，屠戮生灵，导致二世而亡；隋炀帝贪婪残暴，奢靡无度，游江都、征高丽，民怨载道，人民纷纷起义，因此炀帝在江都被杀，隋朝瓦解；前秦苻坚平凉取蜀，开燕翦代，统一黄河流域，以为不可一世，终因不审时度势，挟新附之军南攻东晋，以致淝水之战全军覆没。

孟子曰："生于忧患，死于安乐。"只有英明聪慧的国君和人主才时时注意到这一点。居安思危、警钟长鸣才能保持胜利，立于不败之地。

汉高祖刘邦借鉴秦亡教训，采取宽松政策，约法省禁，与民休息；文景时废除肉刑，轻徭薄赋，使天下大治；唐太宗李世民诫炀帝之祸，广开言路，闻过则喜，常怀忧患意识。李世民曾对臣下说："我有两件高兴的事，一件忧惧的事。连年农业丰收，长安城一斗粮不过三四个钱，这是第一件高兴的事；北方敌人长期臣服，边疆地区没有让我忧虑的战事，这是第二件高兴的事。社会太平安定就容易产生骄纵奢侈的风气，骄纵奢侈的风气一产生，国家的危亡也就会马上到来，这就是我担心的一件事。"

1851年，洪秀全领导拜上帝会的团众在广西桂平金田村发动起义，攻占武宣东乡后正式建号太平天国，在永安州分封诸王，初具立国规模。当时形势十分险恶，清军从四面八方团团包围了永安州。但那时太平军能团结奋斗，从领袖到士卒无不争先效死。所以这支队伍自永安突围后长驱北进，所向披靡。下全州，战长沙，入九江，占武汉三镇，于1853年定都南京。从永安突围到定都天京仅用了半年时间，可谓是势如破竹，席卷江南。随后又进行了北伐、西征、东征等重要军事行动。北伐直捣清政府统治中枢，西征控安庆以固天京，东征占浙苏以裕粮饷。1856年夏，太平天国达到了的全盛时期。

就在外部威胁基本解除，形势大有好转之际，太平天国的领袖们有些忘乎所以了。洪秀全、杨秀清大兴土木，营造宫室，广蓄美妾，争功邀名。因东王要"万岁"之呼，与天王造隙，被阴谋家韦昌辉利用，遂有1856年的"天京事变"。杨韦被杀，株连数万人，致使太平天国元气大伤。加之石达开率军出走，造成"朝中无人，国中无将"的危局，最终导致全局失败。

功成纵骄，宴安鸩毒。在数千年的封建社会中经得起胜利考验的帝王将相，其数可谓寥寥。

**领导者做人智慧：**

居安思危、警钟长鸣才能保持胜利，立于不败之地。

341. 在人们厌烦你之前先行引退

频繁的现身虽然会吸引来众人的注目，但是过度的现身反而会造成反效果：你越经常露面、讲话，你的人气就会越低。一旦你成为习以为常的人物，无论多么努力要与众不同，人们只会对你越来越不尊重。在适当的时刻，你必须学会在众人不知不觉把你推开之前先行引退，这是提升人气的常用方法。

在爱情的故事中，最容易领略这条法则的精义。在恋情的萌发阶段，意中人的缺席刺激了你的想像，在她或他周围形成了某种光晕。但是当你了解得太深入时，光晕就会随之黯淡，这时你的想像不再有漫游的空间，意中人变得像平凡人一样，他或她的出现被视为理所当然。

拿破仑曾说过："如果人们经常在剧院见到我，他们就不会再注意我了。"

每当我们看见有人应退位而不肯退位时，我们对此会感到厌烦，也会对

他们失去敬意。我们看他们跟平常人没什么两样,现在看他们已是江河日下,因为我们无可避免地会拿现在的他们和过去比较。知道什么时候退休是一门艺术,如果做得正确,你会重新获得失去的尊敬,同时提升你的人气。

16世纪最伟大的统治者之一、西班牙国王查理五世,同时被推举为神圣罗马帝国皇帝,其统治的帝国曾经一度包括大部分的欧洲以及美洲新大陆。1557年,就在他权力巅峰时,他退位隐居于尤斯塔修道院。当时全欧洲都困惑于他突然的隐退,曾经痛恨、畏惧他的人突然改口赞扬他的伟大,结果他被视为圣徒。又如1941年,电影女明星葛丽泰·嘉宝息影后,反而得到比从影时更多的仰慕。对某些人而言,她的隐退来得太突然了,当时她不过30几岁。其实她很聪明,宁愿以自己选择的方式离开,而不是等到她的观众厌弃她。

领导者做人智慧:

每当我们看见有人应退位而不肯退位时,我们对此会感到厌烦,也会对他们失去敬意。我们看他们跟平常人没什么两样,现在看他们已是江河日下,因为我们无可避免地会拿现在的他们和过去比较。

342. 让试图偷懒的人没有好结局

在韩国,大宇集团总裁金宇中的口头禅是"牺牲精神",他的信条是"勤奋治国,苦干成功"。1990年,金宇中在麻省理工学院演讲时说:"领导者的牺牲精神,对领导力非常重要,这种牺牲精神来自对集体的热爱。"

在某种程度上,周厚健有些类似于金宇中。在海信,周厚健曾多次说:"对于企业管理人员而言,责任心比事业心更重要。"事实上,周厚健自己就是这么干的。自1992年掌权以来,他用近乎自虐的方式放弃了几百个节假日,放弃了大量的休息时间。有时候生病了,打着吊瓶也要办公。

做过周厚健秘书的陈宏，曾经奇怪为什么周厚健每天晚上睡得很晚，早上却能按时上班？后来他发现了周厚健的一个秘密：周厚健只要一挨上枕头，就开始打呼噜——他太疲劳了。

在海信，疲劳的人不只周厚健一个，整个海信高层都是"睁着眼睡觉"，都是任劳任怨。

事实上，那些试图偷懒的人都没有得到好的结局，海信不养懒人。海信集团总裁于淑珉有一次说："当干部就没有休息日，想有休息日就别当干部。"

的确，在海信，所有员工都只有一个目标，为了这个目标，其中一些人不可避免地做出牺牲。认同、理解、支持这种牺牲的人，就是那些具有"牺牲精神"的人。

海信的服务宗旨是"天下事，客户的事是头等大事"。在海信电器股份有限公司，它被修正为"用户永远是对的"。

以此为指导，海信电器售后服务中心创造了鲜活的服务规范——再想想，用户还是对的！

在海信电器售后服务中心工作的年轻姑娘，每天都要接到消费者打来的五花八门的投诉电话。事实上，很多电话属于"电话骚扰"的性质。有的消费者在电话里说了一些不负责任、不理性、甚至是威胁的话，有的则对接听电话者进行谩骂与人身攻击。

有时候，这些姑娘们也十分愤怒，"血直往头上涌"、"恨不得把听筒扔了"，或者"与对方展开对骂"。但是，当她们抬头看看那句"用户永远是对的"，再想想那句"再想想，用户还是对的"后，她们很快便明白：在这里，她们代表的不是个人，而是代表海信。

作为海信的雇员，她们有义务维护集团的利益，通过自身的修养和素质来展示整个海信的修养和素质；通过自己的行为来展示整个海信的行为。

"作为服务人员，就应该时时刻刻为广大消费者着想。"一位女员工说，"哪怕自己受再大的委屈，也不能在电话里与消费者争短长，因为，消费者是上帝，是我们的衣食父母，他们永远是对的。"

在企业中，不要求全部的人，但一定要有，就是在关键时刻有"向我开炮"的勇气。当我们拥有了这样的员工，我们还愁什么事业不成吗？

领导者做人智慧：

在公司里，一定要有一个明确的指示，那就是公司绝不养懒人！

343. 不要一边点头称是，一边东张西望

在日常生活中，我们时常会碰见某人一边听别人讲话、一边颔首称是的情景，这就表示他正很仔细地听别人讲话，而且也很慎重地表示肯定的反应。不过，也有人一面点头称是，一面东张西望，尽管从表面上看来，他好像是在很认真地听别人讲话，但事实上，在他的内心里，根本就没有和讲话者所谈论的内容产生共鸣。因为视线不集中这一小动作，泄露了他不感兴趣的内心。

此外，有些人常常会一面点头，一面另加补述："是呀！""我明白了！"想借此来表示自己是在很热心地倾听对方的谈话。事实上，这种动作并不能够说明听话者已经完全了解了对方的谈话内容，他们只是正在进入谈话者的说话气氛里，在感觉上表示赞同而已。

曾经有位大学教授说过，当他讲课的时候，发现每说完一个段落，就有些学生一定会点头称是。其实，他并不认为那些学生已经听懂了他所讲述的要点。

领导者做人智慧：

一面点头称是，一面东张西望，尽管从表面上看来，他好像是在很认真地听别人讲话，但事实上，在他的内心里，根本就没有和讲话者所谈论的内容产生共鸣。

344. 做公司就是做人

从某种意义上讲，商战即是人才的争夺战。在企业界，如果听说过这10个人的名字，你一定会明白人力资源的重要性。他们是：查尔斯·桑顿、罗伯特·麦克纳玛拉、法兰西斯·利斯、乔治·摩尔、艾荷华·蓝迪、班·米尔斯、阿杰·米勒、詹姆斯·莱特、查尔斯·包士华和威伯·安德森。他们被称为"蓝血十杰"。

古老的西班牙人认为，贵族身上流淌着蓝色的血液，后来西方人用"蓝血"泛指那些高贵、智慧的精英才俊。"蓝血十杰"都出身于名校哈佛，是天才中的天才。他们是二战期间美国空军的后勤英雄，卓有成效地将数字化管理模式用于战争，为盟军节约了10亿美元的费用，大大提高了美国空军的轰炸效率。

战后，他们集体加盟福特汽车公司，把数字管理引入现代企业，拯救了衰退的福特事业，开创了全球现代化企业科学管理的先河，为美国历史上最惊人的经济增长期起到了推波助澜的作用。

他们30岁时即各有建树，并在各自的工作领域出类拔萃。他们之中后来产生了国防部长、世界银行总裁、福特公司总裁、商学院院长和巨商。他们信仰数字、崇拜效率，成为美国现代企业管理之父。

约翰·伯恩在《蓝血十杰》中写道：

他们在美国的黄金时代、在美国主宰世界的世纪里，从默默无名到声名显赫，他们的魔法使其得到世界性的掌声和声望，他们独特的故事成为传奇。不论用什么标准衡量，他们都是罕见和前所未有的一个团体。他们10个人当中，有6个成为福特公司的副总裁，其中两位——麦克纳玛拉和米勒，担任过福特二世的总裁，后来又在政府和学术界卓然有成；10个人当中的3位——桑顿、安德森和莱特——后来成为美国其它大公司的总裁和执行长官，当中的桑顿和摩尔两位创立和培育的公司，其股票在证券交易所公开上市。

成功领导者的自我修养

作为一种"人力资源","蓝血十杰"重新树立起了福特二世的世界性声望。当他们自己成为公司的管理者之后,他们也开始在人力资源管理上做出调整。可以说,没有"蓝血十杰",就没有今天的福特。福特二世所做的,仅仅是偶然的人力资源战略改变了一切,也改变了美国。

在中国,"千军易得,一将难求"也说明了人才是何等的重要。柳传志多次强调人才是利润最高的商品。他认为东西方巨大的文化差异,造成了中国企业特殊的文化积淀,比如:"一山不容二虎"的争山头思想、领导者玩弄权术的习惯等,这些因素会随着时间慢慢渗透到企业中的所有人,从而把企业带到失败的边缘。因此,凡在中国的成功者,都会采取中国人的办法——训练军队的方法来摒除这方面的缺点。再用同样的办法从中选出具有理想性格的人来"接班"。杨元庆和郭为正是在这种挤压式的"炼狱"中得到升华而被选中的。人力资源与企业形象有着密不可分的联系,柳传志对人力资源一向是高度重视的。深知人才作用的柳传志有一个宗旨人人皆知,那就是"做公司就是做人"。联想靠什么创造效益?靠人。否则,20万元创业资本即便点石成金也不能滚成数十亿。

领导者做人智慧:

在深明以人为本的企业界,我们总是感慨于盛田昭夫的那句话:"我们总是能从倾听员工心声中学到许多东西。毕竟,不是只有管理者才有智慧。"

345. 知耻者近乎勇

人知荣辱,是勇于竞争的基础条件之一。但荣辱意识也各有不同。有的人荣辱意识特强,"荣则狂,辱则崩";而有的人荣辱意识极弱,几近消失;有的人甚至不知荣辱,即人们所谓的不知羞耻。因此,在运用竞争管理方法时,强化人们的荣辱意识非常必要。

强化荣辱意识，必先激发人的自尊心。自尊心是人的重要精神支柱，是进取的重要动力，自尊心丧失了则容易使人变得妄自菲薄，情绪低落，甚至郁郁寡欢，从而极大地影响了劳动的积极性。但是，事实上，并不是每个人都具有强烈的自尊心。自尊心有三种表现形式：一是自大型，这是自尊心过强的表现，这种人目空一切，盛气凌人，妄自尊大，抬高自己，打击别人；二是自勉型，这是自尊心的正常表现，这种人不甘落后，能正确地看待自己，也能尊重别人；三是自卑型，这是缺少或者丧失自尊心的表现，这种人常常自暴自弃，甘居下游，凡事从命，没有上进心，有时也毫无原则，朝秦暮楚。

自尊心与荣辱意识关系非常密切，具有"自大型"自尊心者，其荣辱感极强，而且常常只能取荣，而不能受辱；只能"出人一头"，而不能落于人后，并且其荣辱感常常带有强烈的嫉妒色彩。具有"自勉型"的自尊心者，其荣辱意识也较强，但是这种荣辱意识是建立在自身进取的前提下，并不带有任何嫉妒的色彩，因此，这是一种健康的、积极的自尊心理。具有"自卑型"自尊心的人，其荣辱意识微弱，有的甚至不知荣辱，近乎麻木。所以，对这一类人一定要通过教育和启发等各种手段激发其自尊心，尤其是要引导其认识自身的能力，激发其自强不息。

强化荣辱意识，还必须注重事业过程中的荣辱体现，要体现出进者荣，退者辱；先者荣，后者辱；成者荣，败者辱；正者荣，邪者辱。如果这种意识蔚然成风，那么人们的荣辱意识必强，其竭力进取之心也必强。

领导者做人智慧：

人知荣辱，是勇于竞争的基础条件之一。

346. 慎对上访者

如果员工上访不是为了个人问题，而是对领导者提出批评，对工作提出

建议，或反映一些有价值的情况和问题，领导者就应当热情接待，认真听取他们的意见，并对他们勇于负责的精神给予表扬和鼓励。

如果员工上访是为了个人问题，则要首先区分是否应该由自己处理。一般来说，领导者不要代替下属处理这类问题：凡是下一层次或职能部门职权范围内的事，即使员工找上门来，领导者也不应直接处理。

特别是领导层次较多的大单位，上面的领导者更不应直接干预隔层次的员工的个人生活问题。长期以来，在下属和群众中有一种印象，似乎越找高层次领导者，越找主要领导者，就越能解决问题。有些领导者也有意识地在群众中树立这种形象，不管哪个层级，不管是否属于自己的职权，来人就谈，有求必应。这样，就引起更多的职工上访，找你的人就会越来越多，而你并不了解那个层级的实际情况，往往处理不得当，弄得下属领导者不好工作。如果明知道是不该自己处理的，就请来访者到其所在单位和部门去谈；如果事先不知道，谈完之后发现不应由自己直接过问，那么就请他到应去的地方。如果问题比较重要，上级可以提醒和督促下属单位或有关部门及时、正确地予以处理。

有些上访内容虽属个人问题，但在自己职责之内，是自己的直接下属，就不应支吾搪塞，而应认真地听取意见，做出正确处理。比较简单的问题，能立即解决当然最好，如果问题较复杂，工作量较大，则可以责成信访部门、有关职能部门或自己身边的工作人员，搞好调查研究，拿出解决意见，然后再做决定。这样可以减少自己的工作量。

对关系员工切身利益的带有普遍性、倾向性的问题，领导者要多从整体上采取措施，尽量多创造一些条件，积极主动地给予解决。一时解决不了的，应在创造条件的同时做好宣传解释工作，取得群众的理解，从而减少上访。

领导者做人智慧：

不管哪个层级，不管是否属于自己的职权，来人就谈，有求必应。这样，就引起更多的职工上访。

347. 记住下属的姓名

大部分人记不住别人的名字的原因很简单，就是没用心去记。

受固有虚荣心的驱使，我们每个人都希望别人记住自己的名字，特别在乎的是自己的上级或远归的亲属是否知道自己的名字。对于一个老板来说，能够记住自己下属的名字、籍贯，其意义远远不在于表明他记忆力好，而且在一定程度上体现了他对下属的关爱程度。记住了别人的名字，就应该在见面时打招呼，或在分派工作时把别人的名字给叫出来。

如果能记住某个人的名字，并在过后再见面时能不费劲地叫出他的名字，这就是对他的一个小小的恭维。但是，如果忘了或记不准了，产生的效果就不再是恭维了，而是尴尬。

吉姆·法利从来没有上过中学，可到他46岁时却获得了学位，成了美国邮电部部长。

有人问及他成功的秘诀时，吉姆·法利说："我能记住5000人的姓名。"

在吉姆·法利担任石膏康采恩董事长时期，他给自己规定必须记住与之打交道人的名字。非常简单，无论跟谁认识，他都要弄清这人的全名，询问有关他家庭、职业和他的政治观点等状况。法利把所有这些情况都装在脑子里，当下次再遇到这个人时，甚至过了一年，他也能拍着这个人的肩膀，问他家庭和孩子的情况。仅此一点就可以说明，吉姆·法利为什么能取得光辉的成绩。竞选前几个月——当时罗斯福是美国总统候选人，吉姆·法利一天内写了几百封信，发往西部和西北各州。他又在20天时间里，到过20个州，乘马车、搭火车和汽车，一共走了2000英里。每到一个城市他就停下来，在早饭、午饭或晚饭时间会见选民，同他们促膝谈心。

吉姆·法利一回到东部，就给他到过的每个城市写信，要求收信人向他回明所有同他谈过话的客人的名字。然后，他将这些人的名字汇集成册，名册上有数千人的名字，名册上的每一个人都收到吉姆·法利的亲笔信。这些

信的开头全是"亲爱的威尔特"或"亲爱的约翰",末尾的签名也全是"吉姆"。

 领导者做人智慧:

这个世界上所有的人,他们最关心的就是自己的名字。所以说当你们久别相逢时,能直呼出对方的名字,无疑会成为你们良好关系的开始。

348. 成大事者多喜怒不形于色

高明的掌权者一般都不随便表现某些情绪,以免被人窥破弱点,予人以可乘之机。

其实,没有喜怒哀乐的人并不存在,他们只是不把喜怒哀乐表现在脸上罢了。对于领导者来说,在人际交往中,做到这一点是很重要的。

在官场上,不轻易表露自己的观点、见解和喜怒哀乐,被称为"深藏不露",这是古今中外成功的领导者用以控制下属的一种重要方法。历来聪明的当权者一般都喜欢把自己的思想感情隐藏起来,不让别人窥见自己的底细和实力,这样部下就难以钻空子了,就会对领导感到神秘莫测,就会产生畏惧感,也容易暴露他的真实面目。领导在暗处,下属在明处,控制起来就比较容易了。

领导者总是要代表企业与社会接触的,社会上比较能够接受的领导者的形象是:稳定的、有涵养的、虚怀若谷的。只有这样,才有可能把整个企业的情况筹划于心中,而不至于乱套。

一旦你炫耀自己,这种印象马上就给破坏掉了。你显得虚荣、浅薄,像个初出茅庐的娃娃。这样的人怎么管理好企业呢?这种怀疑一经产生,再想建立起企业与社会之间的良好关系就不可能了。

反之,在上司面前自夸,等于在竭力证明你比他强,甚至是在暗示现有状况的不公平,显示出取而代之的野心,这是上司最感恼火的。

假如在特殊情况下,有必要自我介绍自己的工作能力和业已做出的成绩,那自然当仁不让,但也必须实事求是。同时,态度要沉着,语调要平稳,用词要恰当,不要给人留下炫耀的感觉。

领导者做人智慧:

历来聪明的当权者一般都喜欢把自己的思想感情隐藏起来,不让别人窥见自己的底细和实力,这样部下就难以钻空子了,对领导感到神秘莫测,就会产生畏惧感。

349. 不要自己"整"自己

曾经在国内保健品业红极一时的沈阳飞龙,由于一些并不致死的经营问题,1996年7月,总裁姜伟便抛出题为《我的错误》万言检讨,历陈"总裁的20个失误"。此文一出不胫而走,在传媒界、企业界广为流传。这无疑是姜总裁新犯下的第21个失误。

《我的错误》发表后,国内传媒广为转载、评述,一时成为最热门新闻。便是在这样的热炒之中,飞龙丧失了它最后残留的一点市场空间,"飞龙破产了"、"姜伟逃走了"、"延生护宝不行了",种种江湖流言一日传遍天下。

其实,姜伟所自述的20个失误,是从战略的角度进行的一次检讨,其中如决策的浪漫化、模糊性、急躁化以及缺乏长远的人才战略等,都是一些慢性病,是几乎所有当时中国民营企业都有的病症。可是犯了慢性病的姜伟却"了不得,要死了"地叫了起来,医生还没有下诊断,病危通知书还没有开出,病人就自己先吓蒙了。情绪一激动,又做了一些自我了断的过激行动出来,结果呢,真的把自己给弄死了。

在这个意义上,姜伟是在一个不适当的时候、以一种不适当的方式把自

己给"整"了。

在一个企业中，任何时候领导者都处在众人瞩目的位置上，那么就需要领导者是一个特殊材料制成的人，善于自制就是一点。情绪化对于普通人来说是很正常的事，也许对于领导者来说并不适合。

领导者做人智慧：

越是精于权术的人，城府便越深。我们呼唤表里如一的人，我们也敬慕言行一致的人，但在现实生活中，是很难做到这一点的。如果你真的做到了，你就会四处碰壁，直到鼻青脸肿，寸步难行。

350. 不可过分依赖权谋

老子说："人多利器，国家滋昏；人多伎巧，奇物滋起。"意思说：人间的权谋愈多，为政者勾心斗角，国家就愈陷于混乱；在上位者技巧太多，人民起而效尤的结果，智伪丛生，邪恶的事层出不穷。

毛泽东曾说："兵书多坏事，少读为佳，略读可以，多则无益有害。"

张居正作为宰相，十年首辅，锐意改革，力挽狂澜，其在历史上的影响、地位和成就与商鞅、王安石差可比肩，甚至并驾齐驱。

作为一个改革家，张居正具有政治家的远见卓识、改革家舍我其谁的气概和百折不回的精神。尤为难得的是他具备杰出的行政才能以及坚强的毅力，终于使得已经空谈了几百年的兴利除弊的改革成为事实。但是，身处封建王朝，要想推动改革就必须具有绝对的权力，在通往权力的道路上的载体往往就是权谋。张居正也是如此，历史给了他使用权谋的机会。

隆庆六年（1572），明穆宗朱载垕做了6年皇帝病故，只活了36岁，太子即位。遗诏命高拱、张居正、高仪共同辅佐10岁的皇帝。遗诏中曰："东宫幼小，朕今付卿等三臣，同司礼监协心辅佐。"司礼监的首领是老皇帝的红人、掌印太监冯保。高拱首辅，踌躇满志，要有一番作为，而高仪年迈多病，张居正资历尚浅，能与之争权的只有司礼监掌印太监冯保。高拱共想联手张居正拱倒冯保后，再回头收拾张居正。不想张居正阳奉阴违，棋先一招，一面答应高拱共同对付冯保，一面却暗中勾结冯保先下手为强。

《明史纪事本末》就此事做了详细记载：万历元年正月十九，小皇帝一早出乾清宫，发现一无须男子，装扮成宦官，袖中藏有佩刀，遑遑走过。皇帝身边的侍从立即将其拿下，交由冯保审问。那男子回答名叫王大臣，是从总兵戚继光那里来。冯保知道，戚继光是张居正十分倚重的著名将领，便立即将这个消息密报给张居正。张居正对着冯保的耳朵说："戚继光现在手握重兵，千万别将他牵扯进来，倒是可以借机除掉高拱。"

于是，冯保派出自己的心腹陈洪，扮作犯人模样，入狱接近王大臣，令他诬陷高拱，说是受高拱指使而来。并说，如果他能配合，不止可以免罪，还会让他做官，赏他重金。张居正也按这个口径上书皇帝，并指使吏部尚书杨博做成此案。杨博拒绝了，说："高拱那个人虽然跋扈，但天日在上，他怎么会干这种事？"此事立即在朝野掀起轩然大波，大臣们纷纷上书，力保高拱，指斥张居正，甚至警告说："你难道就不怕恶名污青史吗？"张居正四面受敌。

当冯保公开审理此案时，面对大堂上摆放的各种刑具，王大臣精神崩溃了，高呼道："你们答应给我富贵，怎么倒要对我用刑了？"事情彻底暴露，张居正和冯保骑虎难下，竟用生漆水残忍地弄哑了王大臣，草草了结此案。如果这次栽赃陷害成功，高拱将遭灭门大祸，其门生、部属受到牵连的无辜将成百上千！

张居正在因循守旧、积重难返的社会和政治背景下，以"时政苛猛"推进改革，人们还是能够理解，对他的骄横、专断、偏狭，喜奢华，也可以谅解，甚至对他因重用阿谀奉承之人，而加速新政的灭亡也是充满了同情和惋惜。但是，张居正对已经远离政治的旧日同僚，设计无中生有，嫁祸于人，竟然下灭九族的残忍之手，却无法给予宽容，这绝非品德厚重者所为。张居正阴谋败露以后，更使反对改革者同仇敌忾，义无反顾；使观望者人心背向，背道而驰；也使自己阵营的同志心怀畏惧，离心离德；更在自己的品格上打上了耻辱的烙印。

万历十年六月（1582年），张居正病逝，人亡政息的悲剧再次上演。同年十二月，在他自己选定的接班人领头倒戈下，反对派开始疯狂地进行反攻倒算。他们撤销了张居正死后特加的官爵和封号，进而满门查抄，张居正的长子被逼自杀，家属被别有用心地置于空室，十多个亲属在饥饿中凄惨地死去。凡被认为与张居正结党的官员，统统被削职。至于他倾注一腔心血的新政，更是付诸东流。正如《野获编》上所述："身后一败涂地。"

在中国历史上，张居正是个极其特殊的人物，他谋权、固权是为了推行改革，而又因过分依赖权谋而使众叛亲离，最后连承载着无数心血与鲜血的改革成果也人亡政息，付之东流。

曾国藩的心得是：口腹不节，致疾之因；念虑不正，杀身之本。驭将之道，最贵推诚，不贵权术。

"权谋"一词原指"随机应变的计谋"。其形象本无美丑之分，甚至有一些正面的意义，如田忌赛马、传统京剧中的《甘露寺》都表现的是一种随机应变的计谋。只是后来人们更习惯把一些使用阴谋手段的事情加到它们头上，形成了"权谋"，就是阴谋的俗成概念。应该指出，在企业管理竞争中，凡是使用不光明正大的权谋手段就是阴谋。

领导者做人智慧：

"权谋"一词原指"随机应变的计谋"。其形象本无美丑之分，只是后来人们更习惯把一些使用阴谋手段的事情加到它们头上，形成了"权谋"，就是阴谋的俗成概念。

351. 对调走的下属充满惜别之情

调换下属是常常碰到的事情，粗心的领导总认为来去自由，愿来就来，愿走就走。这种思想很不可取。

下属调走，彼此相处已久，疙疙瘩瘩的事肯定不少，此时用语言表达领导的挽留之情如果不到位，就会不恰当。而没走的下属又都在眼睁睁地看着要走的下属，心里不免想着或许自己也有这么一天，领导会怎样评价他呢？此时领导如果高明，不妨做一两件让对方满意的事情以表达惜别之情。

 领导者做人智慧：

醉翁之意不在酒，而在于山水之间。

352. 没有选择的选择，将失去存在的意义

在中国很多古代言情小说里，作者常常描写的富家小姐是大家闺秀，她们生长在高墙大院之中，大门不出，二门不迈，从小没见过外边的花花世界，也没见过除了父兄或男仆以外的其他男人。

在春暖花开的季节里，这位大家闺秀就会在后花园里赏花观景，打发时光。突然看到有位赶考的书生路过，或在那里摇头晃脑，口中念念有词"白日依山尽，黄河入海流……"也就是大家熟悉的公子哥。这种公子哥的身体肯定是很差的，智商也是很低的，用今天的通俗话来说，就是他的素质是很低的。但这位富家小姐从来没见过这样的读书人，所以她的眼睛一亮，立刻被他的容貌、谈吐所吸引，也就是大家常说的一见钟情。结果小姐以身相许，而结局却是很惨的。往往是公子哥两年不到就把这位佳人抛弃了，落得富家小姐在那里独守空房，暗自悲怜。怪谁呢？

通常我们都责怪这位公子哥是负心汉，品德不好，但是却从没有想过这位大家闺秀是否也应为这种结局负责呢？富家小姐与公子哥的结合既不是父母之命，也不是媒妁之言，更不是组织或上级的安排，而是她自主选择、自由决定的结果，那么这么一个低质量的决策，原因是什么呢？就在于大家闺秀选择的范围、空间很小，她是在家门口、后花园里进行思维的。

英国剑桥有一个专门做马匹生意的商人名叫霍布森，他很会做广告，在卖马时就承诺："买或是租我的马，只要给一个低廉的价格，可以随意选。"但他又附加了一个条件：只允许挑选能牵出马厩门的那匹马。其实这是一个圈套。他在马厩上只留一个小门，大马、肥马、好马根本就出不去，能出去的都是些小马、瘦马、病马。显然，他的附加条件实际上等于告诉顾客不能挑选。大家挑来挑去，自以为完成了满意的选择，其实选择的结果可想而知。这种没有选择余地的所谓选择，被人们讥讽为"霍布森选择"。

管理上有一条至理格言："当看上去只有一条路可走时，这条路往往是错误的。"毫无疑问，只有一种备选方案就无所谓择优，没有了择优，决策也就失去了意义。

领导者做人智慧：

当看上去只有一条路可走时，这条路往往是错误的。

353. 温和的指责

理发师在刮脸前，先在客人脸上涂上肥皂沫。好的领导者便深谙此道，就是他在批评或指责他人时，必先表扬他人。

1863年4月26日，是美国南北战争最黯淡的日子。一连18个月，林肯的将领们带领北军作一次又一次的悲剧性撤退。除了无益、愚蠢的人类屠杀之外，什么都没有。全国震惊起来，数千名士兵自军中开小差逃亡；甚至共和党的参议院议员也起来反叛，希望能迫使林肯离开白宫。"我们现在处于崩溃边缘，"林肯说，"对我来说，似乎连万能的主也跟我们过不去。我看不到一丝希望。"

作为主要责任者，胡克少将有着不可推卸的责任。是的，那些过失是很严重，但林肯并不那么说出来。林肯较为保守，他的指责自然也较为温和。

林肯写道："在有些事情上，我对你不太满意。"多机智的说法！

以下就是他写给胡克少将的信：

"我已任命你为波托马克的陆军首长。当然，我之所以这么做，对我来说，有很充足的理由。不过，我认为最好还是让你知道，在有些事情上，我对你不太满意。

"我相信你是一名勇敢而战技纯熟的军人，当然，我十分欣赏你。我同时相信，你不会把政治和你的职业混为一谈，你这样做是对的。你对自己很有信心，如果这不是一种不可或缺的个性，也必定是极有价值的美德。

"有野心，在适当范围之内，好处多于害处。但我认为，在伯恩塞将军指挥军队期间，你曾表现出你的野心，而尽可能反对他。你那样做，对国家和一位功劳最大的友军荣誉军官来说，是极大的错误。

"我曾听说——由于言之凿凿使我不得不相信，你最近曾说，军队和政府两者都需要一位独裁者。当然，并不是为了这个，而是由于我不予理会，我才赋予你指挥权。

"只有那些有成就的将领，才可以被尊为独裁者。我现在所要求你的是军事上的胜利，我甘冒独裁的危险。

"政府将尽一切力量来支持你，政府在过去和将来对所有指挥官都是如此支持。我十分害怕你以前带到军中来的那些精神：批评长官，不信任长官，现在可能就会报应到你头上。我将帮助你，尽我一切的力量将之扑灭。

"当这种精神盛行于军队中的时候，不管是你或拿破仑——如果他又再度复活的话，都无法指挥军队。现在你要注意，不可轻率从事。注意，不可轻率，但要以充沛的精力和不眠不休的警觉精神向前推进，把胜利带回来给我们。"

领导者做人智慧：

理发师在刮脸前，先在客人脸上涂上肥皂沫。好的领导者便深谙此道，就是他在批评或指责他人时，必先表扬他人。

354. 痒要自己抓，好要别人夸

俗语云："痒要自己抓，好要别人夸。"对领导形象的最好宣传莫过于借他人之口，收己之惠。这要比领导自吹自擂要有效得多，更有说服力和真实感。而且，下级广泛的人际关系网还会把这些好名声传送到一个很广泛的范围内。

良好的上下级关系和社会名誉，会给领导带来意想不到的收获。声名远扬会使领导受到更上一级领导的重视，从而为其"加速"发展提供了一种契机，在我们的周围不乏其例。

相反，如果上下级关系恶化，臭名远扬，即使领导的"后台"再硬，终究难平众怒，逃脱不了狼狈下台的命运，哪里还谈得上事业的发展呢？

领导者做人智慧：

对领导形象的最好宣传莫过于借他人之口，收己之惠。这要比领导自吹自擂要有效得多，更有说服力和真实感。

355. 了解下属的痛处，然后机智地避开它

任何一个人，他的心里面都有一块最敏感的地带，对他们而言，这块最敏感的地带，是不允许别人随意触及的，这是他们的痛处，是他们的弱点或者自卑点。在管理过程中，触及对方痛处只能给对方带来不愉快。即使我们清楚他们的痛处，也不要去提及，这是待人应有的礼仪，也是管人最应该注

意的一点。

你不要以为你点到了他的痛处，他就会轻易服从你。

人们对于自己的忌讳，犹如小偷对于自己的罪行一样讳莫如深，极为敏感。由于心虚，往往把别人无意涉及到他痛处的言谈当成有意，把无关的事主动与自己相联系。有时，你随口谈一点什么事情，也很有可能被视为对别人的挖苦和讽刺，正所谓"说者无意，听者有心"。在任何有人群的地方，都存在这种情况，所以是你必须面对的。就如你自己，是不是也有不为人知、不想人知的秘密？

对于下属的痛处，最好的办法就是：了解它，然后避开它。

不了解，让你口无遮拦而被人讨厌；了解而不知回避，使你为人所切齿地憎恨。

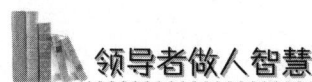**领导者做人智慧：**

对于下属的痛处，最好的办法就是：了解它，然后避开它。

356. 要适当地有些"官架子"

无论是在政府部门还是企业内，管理者的"摆谱"都是普遍现象。

尽管管理风格有所不同，但"官架子"却是共通的。通过居高临下的语调、各种汇报程序、独立的办公室、分级掌握的信息以及对权力的高调行使等多种方式，管理者把自己和下属区别开来，树立自己的权威感。

有的管理者愿意和下属保持更多的接触与沟通，但管理者毕竟是管理者，与下属的距离和差异是难以抹平的。在人们口头上赞扬某人"平易近人"、"和群众打成一片"之时，"有魄力"、"霸气"、"雷厉风行"的管理者似乎更受到推崇。

有分析认为，所谓的"官架子"在管理实践中有多方面的功能：

首先是让下属产生心理压力,担心自己工作完成得不好而被斥责;

其次是使管理者免于经常被小事打扰,下属遇到困难首先想办法自己解决;

第三是掩饰管理者某方面能力的不足,与人接触得越多,缺点也暴露得越多。

领导者做人智慧:

在人们口头上赞扬某人"平易近人"、"和群众打成一片"之时,"有魄力"、"霸气"、"雷厉风行"的管理者似乎更受到推崇。

357. 适当保护你的下属

当老鹰盘旋在天空时,我们看到草地上觅食的老母鸡总是急忙招来小鸡,将它们藏匿在自己温暖的翅膀下。

其实,上司对其下属也应如此。

俗话说:"大树底下好乘凉。"倘若你能给你的下属提供一个好乘凉的地方,那么你的下属将会由于你的施恩而"报效"于你。

在领导者眼中,你既是"头头",你的下属犯错,即等于是你的错,起码你是犯了监督不力或用人不当的错误。

下属闯祸,请你冷静检讨一下自己,如果完全是因为下属自己的疏忽,可把他叫到跟前来,冷静地向他分析事件经过,告诉他错在什么地方,最后重申你的宗旨——要每一个下属做事全力以赴,并冷静地处理事情,你永远是他们的后卫。

如果下属犯错,你也有间接责任,就请你与下属单独会面时,将事情弄清楚,不是叫你认错,而是一起去研讨犯错的前因后果,并鼓励下属以后多多与你磋商。

无论成因是哪一种，请切忌向下属大发雷霆，尤其是在大庭广众之下。你尊重对方，下属才会更内疚，更敢于正视问题，避免了日后跟你闹情绪。

还有，在你的上司面前，只顾推卸责任，这只会令上司反感。你应该有领导者的风度——与下属一起承认过错。另一方面，即使有其他诸多是非，你仍应站在下属一边，替他挡驾。

**领导者做人智慧：**

如果下属犯错，你也有间接责任，就请你与下属单独会面时，将事情弄清楚，不是叫你认错，而是一起去研讨犯错的前因后果，并鼓励下属以后多多与你磋商。

358. 要对人"狠"一点

中日两国的教育有一个明显的区别之处，就是日本的学校，每年都要组织些野外活动，父母也很支持。但是中国的父母普遍反对孩子探险，一旦发生了意外伤害，则往往把学校告上法庭，许多学校因此而不敢组织孩子参加一些探险活动。于是青少年的生存能力越来越差，从而形成了恶性循环——自我窒息。日本的父母则普遍支持孩子探险，发生意外自己负责，对起诉学校的中国现象不可理解。

他们甚至认为，一旦发生意外，是自己给集体添了麻烦，应当个人负责，严重伤害要靠保险来解决，而不是追究组织者的责任。

日本在教育上的严厉，的确值得我们中国的家长反省。一个让孩子置之死地而后生，一个让孩子置于蜜罐而后苦，或许这两种态度之间的差异，正是两个民族的真正差异，也是两个民族之间的真正较量。

鹰在鸡群里待久了，便会变得和鸡没有两样，只有让它回到自己的世界里，它才能找回到本真的自己。

在生活中，我们很多的爱大多停留在浅表层：只是给予对方需要的。可是人归根到底是要靠自己的。中国有句话：置之死地而后生。有多少人能够为帮助对方"后生"而想办法"置之死地"呢？这是需要非凡的勇气的，要准备背一世的骂名。

比较起来，在管理过程中，"对人好"要比"对人狠"容易得多。

领导者做人智慧：

鹰在鸡群里待久了，便会变得和鸡没有两样，只有让它回到自己的世界里，它才能找回到本真的自己。

359. 性格决定成败

领导者：的性格时常影响领导者才能的发挥。有才能的领导者，性格如有缺陷，实现自己的领导目标就不太容易。反之，就会顺利得多。刘邦的豁达大度，拿破仑的果敢刚毅，对他们事业的成功，具有不可估量的作用。楚霸王虽力拔山兮气盖世，但由于骄矜轻狂，刚愎自用，终落得"四面楚歌，自刎乌江"的下场。司马懿足智多谋，才智过人，但因其多疑的性格，却中了诸葛亮布设的"空城计"。可见，完善的性格是充分发挥领导艺术的基础。就性格而言，领导者的性格有如下六忌。

一忌：性格懦弱，缺乏自信。事业常和失败相连，而失败乃是成功之母。性格懦弱，缺乏自信者，常常经不起失败的打击和考验，其创造力会在压力面前失去，妥协性会在厄运面前出现，动摇性会在困难面前产生。

二忌：抱残守缺，拘谨多虑。决策是领导者的一项主要职责，抱残守缺、拘谨多虑者往往坐失良机，因为他常常在决断时失去勇气。

三忌：心胸狭窄，固执偏见。领导者成就事业的关键在于选贤任能，"大肚集群朋"。而心胸狭窄者无容人之量，固执偏见者常执井蛙之见，必然会影响人才的起用，其影响力、凝聚力必然大大削弱。他害怕别人超过自己危及自身的地位、名誉，对功高震主者持妒忌之心，诋毁、讽刺甚至不惜以权压制，以表现自身。

四忌：办事拖沓，懒惰疲软。领导者讲究效能，而效能是和目标、效率相联系的。高效来自科学管理。

五忌：情绪无常，一曝十寒。这种人自制力差，情绪忽高忽低，俗称三分钟热度的便是。兴之所至，忘乎所以，稍遇挫折，即委靡不振。

六忌：感情容易冲动。这种人因感情容易冲动，好评点世事以表现个性，有热情，急于改变现状以显示其魄力。但往往抱负超越现实，期望忽视可能，对复杂多变的国情知之不多，对扑朔迷离的人性缺乏观察，因而大话、空话多，能办成的实事极少。

固然，大千世界，芸芸众生，性格完善，十全十美的人没有，但是作为一个领导者，为了事业的胜利，还必须尽可能发现自己的弱点，有的放矢地设法克服，陶冶自己的性格，使之逐步趋于完善。

领导者做人智慧：

完善的性格是充分发挥领导艺术的基础。

360. 不要指望感恩

你如果送你亲戚 100 万美元，他应该会感谢你吧？安德鲁·卡内基就资助过他的亲戚。不过，如果安德鲁·卡内基能重新活过来，一定会很震惊地发现：这位亲戚正在诅咒他呢！为什么呢？因为卡内基遗留了 3 亿美元的慈善基金——但他只继承了 100 万。

人间之事就是这样。人性就是人性——你也不用指望会有所改变。何不干脆接受呢？

我们天天抱怨别人不会知恩图报，到底该怪谁？这是人性——还是我们忽略了人性？不要再指望别人感恩了。如果我们偶尔得到别人的感激，就会是一个惊喜。如果没有，也不至于难过。

忘记感谢乃是人的天性。如果我们一直期望别人的感恩，多半是自寻烦恼。

对于你的下属而言，你的工资与奖金并不能让他们感恩戴德。所以，你没有必要怨恨任何一个人。

领导者做人智慧：

忘记感谢乃是人类的天性。如果我们一直期望别人的感恩，多半是自寻烦恼。

361. 同下属共享荣誉

著名的美国橄榄球教练保罗·贝尔，在谈到他的队伍如何能够取得一个又一个的胜利时说道："如果有什么事办糟了，那一定是我做的；如果有什么不尽人意的事，那是我们一起做的；如果有什么事做得很好，那么一定是球员做的。这就是使球员为你赢得比赛的所有秘诀。"

在企业中，领导者也需要有这种与员工共享荣誉的精神和敢于为下属承担责任的勇气。领导者被授权经营管理，无论是出现差错，还是遭到失败，都负有不可推卸的责任。即使员工失误了，领导者也有失职、指挥不当、培训不够的责任。荣誉对你当之无愧，但是通向荣誉的路途是离不开团队的协作、配合的。所以，与下属共享荣誉是一个成功的领导者所应该做的。

共享荣誉，也就是说，领导者在获得各种荣誉之后，如果不"贪污"，以各种形式让下属分享荣誉及荣誉带来的喜悦，会使下属得到实现自身价值和受到领导器重的满足，这种满足在以后的工作中会释放出更多的能量，也在无形之中冲淡了人们普遍存在的对受表彰者的嫉妒心理。

例如，不少主管在拿到上级的奖金后，请做出贡献的中层干部、骨干员工到饭店去"撮"一顿，实际上就是在共享荣誉，这是物质的，更是精神的。

领导者做人智慧：

一个贪官贪污的不仅是指金钱，有时是荣誉——本该是集体的荣誉。比较而言，荣誉上的贪污，往往后果更加严重。

362. 当错误无法隐藏时，唯一的明智做法就是爽快地承认

话说得很满，一但结果不是那个样子，就会在嘘声一片中面红耳赤地狡辩，或者找各种借口，其实这个时候这样做是最不明智的了，因为傻子也会知道你在做什么，大家也许都不说，但你的形象在人们心中会一落千丈。

在这个时候，勇于认错，是最好的选择。这似乎会让更多的人知道你的过失，会把你的污点扩大，降低你的威信。其实不然，所谓"小疵不掩大德"就是这个道理。勇敢认错，实际上正是在显示你的"大德"，显示出你作为领导的风范。下属们会这样想："领导都有犯错的时候，但他能够勇于承认，那么我们犯错的时候，只要我们敢承认，领导肯定会宽容处理，比那些死要面子的强多了。"

当然，勇于认错之后必然要改过，这是自不待言的。

领导者做人智慧：

隐藏错误是人的本性，没有一个想把自己的失误暴露于众人面前。但是对于一个众人皆知的错误，只有愚蠢的人才会花精力为它狡辩。

363. 事成于密，败于疏

李白有一句耐人寻味的诗："大贤虎变愚不测，当年颇似寻常人。"则揭示了另一种意义上的韬光养晦的做人法。这是指在一些特殊的场合中，人要有猛虎伏林、蛟龙沉潭那样的伸屈变化之胸怀，让人难以预测，而自己则可在此其间从容行事。

元末的朱元璋在攻占了南京后，因为群雄并峙，为了避免因崭露头角而为众矢之的，他采用朱升的建议，以"高筑墙，广积粮，缓称王"的策略赢得了各个击破的时间与力量，在众人的眼皮底下暗渡陈仓，最后吞并群雄当上了大明皇帝。

事成于密，败于疏，做到在众人眼皮底下暗渡陈仓，乃是做人的上乘功夫。

领导者做人智慧：

事成于密，败于疏，做到在众人眼皮底下暗渡陈仓，乃是做人的上乘功夫。

364. 只提供看法，不做出结论

如果你的意见确实正确，事实终会证明这一点；如果你的意见不对，你非强加于人不可，你的意见不就成了一种罪过了吗？所以我们何不这样做：只向他人提供自己的看法，而由他最后得出结论！

老子曾说过一些话，也许对今日的许多读者仍有益处：江海之所以能为百川之王，是因为懂得身处低下；圣人若想领导人民，必须谦卑服务。因此，圣人虽在上，而人民不觉其压力；虽在前，而人民不觉面子上有什么伤害。

 领导者做人智慧：

如果你的意见确实正确，事实终会证明这一点；如果你的意见不对，你非强加于人不可，你的意见不就成了一种罪过了吗？

365. 既不能权力旁落，也不可大权独揽

汉朝建立后，汉高祖刘邦分析自己得天下的原因时说："运筹于帷幄之中，决胜于千里之外，我不如张良；治理国家，安抚百姓，调集军饷，使运输军粮的道路畅通无阻，我不如萧何；联络百万大军，战必胜，攻必取，我不如韩信。此三者皆人杰也，我能用之，这就是我能得天下的原因。而项羽只有一个谋士范增，却不能信任他，不能重用他，把他气跑了，这就是项羽失天下的原因。"

可见，领导者只有发现人才，对其进行权力的分配，使他们各司其职，各尽其责，才能成就成功的事业。相反，不能识才任能，不信任、不重用人才并对其束手束脚，势必严重影响事业的成败，可见权力分配是事业成功的关键。

成功的权力分配，要求领导者既不能大权旁落，无所用心，又不能全权独揽，事必躬亲。那么如何才能不走这两个极端呢？那就是走集权与分权的"中庸之道"。当然领导者在进行权力分配时，一定不能拘泥于定规，僵化固守传统，要善于灵活运用各种原则，善于创造性地运用各种分配方法与技巧。

这就要求领导者有狮子般的威力与狐狸样的智慧,大处着眼雄心万丈,小处落脚心如毫发。让下属不敢欺、不忍欺、不能欺,如此,才是成就大事的根本。

领导者做人智慧:

领导者:要有狮子般的威力与狐狸样的智慧,大处着眼雄心万丈,小处落脚心如毫发。

366. 你怎么样对人,人就怎么样对你

如果你在盛怒之下,对人发了一通脾气,对你来讲,这固然发泄了心头的气愤,可是你有没有想过,那个人又会如何呢?他能分享你的轻松和快乐?你那挑战的口气,仇视的态度,他受得了吗?

威尔逊总统这样说过:"如果你握紧了两个拳头来找我,我可以告诉你,我的拳头会握得更紧。"

如果有这样一个人,他心里已对你有成见、抱着一种厌恶感,那你就是找出所有的逻辑、理由来,也不能使他接受你的意见。如果你用强迫的手段,将更加难以让他接受你的意见、向你屈服。但是我们如果用诚挚的友谊、温和的言语,却可引发他不同的一面。

大约在100年前,林肯曾说过这样一句话:"一滴蜂蜜,比一加仑的胆汁,可以吸引更多的苍蝇。"我们对人也是如此,如果要人们同意你的见解,先让他相信你是他忠实的朋友,那就会如同是用一滴蜂蜜,黏住了他的心。而你也就能走向宽敞、理智的大路了。

对商人来说,要知道如何运用和善的态度来对待罢工者,这是很重要的。福特汽车公司的2500名工人,为了增加工资,组织工人罢工的时候,那家公司的经理并没有斥责、恫吓,甚至于直指这种行为是一种暴行。他反而

夸奖、称赞那些罢工的工人们。他在克里弗雷报上登了一则广告，称颂他们的行为是"放下工具的和平方法"。

他看到罢工的纠察人员，闲着没有事做，就去买了几套棒球，请他们在空地上打球。考虑到其他的人更喜欢玩保龄球，他就为他们租了一间房子，以便他们可以专门用此来游戏。

那位经理和善的态度，使他获得了最好的结果。那些罢工的工人，找来很多的扫把、铁铲、垃圾车，自动打扫工厂四周的纸屑、火柴、烟蒂。试想，那些罢工的工人，正在要求加薪和承认工会的合法性之时，居然还会整理工厂四周的环境，这是不是前所未闻？这种情形，在美国的劳资纠纷中，实在是罕见的。那次的罢工，在一个星期内，就以和解结束，且并未引起任何的纠纷与怨恨。

领导者做人智慧：

如果你握紧了两个拳头来找我，我可以告诉你，我的拳头会握得更紧。

367. 笼络人心不在钱

人不单单需要物质，有时还需要精神，这就是人与动物的区别。所以从古到今，凡大政治家或事业上的成功者无不把精神奖励当做激励属下的重要手段，相应的也就产生了奖牌、奖状之类的有别于物质的东西，如蒋介石的"中正剑"，其价值并不在其剑本身，而是其剑给人带来的荣誉。于是乎，有多少将官为了那把不值钱的剑无辜地丧失了生命。

唐肃宗曾问功臣李泌："将来天下平定，你打算要什么封赏？"

李泌说："只要能枕在陛下的大腿上睡一觉就心满意足了。"肃宗听后大笑。后来，肃宗驾临保定，李泌像往常一样，为肃宗打点好行宫，因久等肃宗不到，就先躺在自己的床上睡着了，等他醒来睁眼一看，自己居然枕在肃

宗的大腿上。李泌大吃一惊，连忙跪地谢罪，肃宗搂住李泌笑问道："现在爱卿的愿望已经实现了，天下何时才得平定？"原来，肃宗到来时，见李泌正在酣睡，就悄悄爬上床，把李泌的头轻轻放在自己的大腿上。

肃宗以一条大腿付出片刻之劳，令功臣感激涕零，效生死之劳，那简直太值得了。

领导者做人智慧：

金钱只能解决最根本的生存问题，要想真正地笼络人心，就要以情感人。

368. 奖赏不能搞一步到位

封官是奖赏有功之人的一项常用的手段，但是封官不能一次封得太大。封官不只不能一步到位，而且最好永远不要到位。官做大了，立功进取的意志便懈怠了；一旦官做到了头，不但立功进取的意志消失了，而且还可能滋生野心。从历史上看，那些官职到了头的人，如王莽、曹操、司马昭等人，最后都变成了篡权者。

所以，要给人好处，就要给得"恰到好处"，也就是说：不轻给、不滥给、不吝给！

所谓"不轻给"就是不轻易给对方，总是要让对方为这"好处"吃一些苦头，花一些心力，让他在"付出"之后才"得到"，这样子他才会珍惜这"得来不易"的好处。

如果你因为身上有太多"好处"而随便给人，或想以"好处"来讨别人喜欢，那么不但他不会珍惜这些"好处"，对你也不会有任何感激之心，反而还会嫌少、嫌不够好，甚至一再向你要好处。如果你不给或给得不如前次好、不如前次多，对方便要怪你、恨你，比你不给他好处还要怨得深、恨得厉害哩!

 领导者做人智慧：

官做大了，立功进取的意志便懈怠了；一旦官做到了头，不但立功进取的意志消失了，而且还可能滋生野心。

369. 不可过分仰仗权力

领导者：负有达到企业生产目标的任务，为了完成任务，他被赋予一种强制别人的力量，这个力量就是权力。它可以用作指示、指导，也可用以纠正过失。

"仰仗"这个词带有贬义，意为依靠或凭借什么东西来干不好的事。领导者若想树立权威，就万万不可过分仰仗权力，因为越想得到、越夸耀的东西就往往离人们越远。如果太仰仗权力，不管什么事都采取强硬手段来压制员工，口口声声说"我说这么做就这么做"，不厌其烦地一再向人们显示自己的权力，就不能使员工信服。

领导者：应该认清，指责下属应该根据事实，就事论事，要具有充分的指责理由。而不应因为被赋予了权力、赋予了使人服从的权势而滥用指责。把强制使人服从的力量深藏不露，才是最聪明的办法。

最好的办法是改变指责方式，从权力的宝座上走下来，以一种交换意见的态度，和气地解决问题，这才是上策。

 领导者做人智慧：

把强制使人服从的力量深藏不露，才是最聪明的办法。

370. 越经常露面，身价就越低

时而的现身会引人注目，但是过度的现身也会造成相反的效果：你越经常露面、讲话，你的身价就越低。一旦你成为习以为常的人物，无论多么努力要与众不同，人们只会对你越来越不尊重。在适当的时刻，你必须学会在众人不知不觉把你推开之前先行引退。权力就是一场捉迷藏的游戏。

在许多爱情与诱惑的故事中，最容易领略这条法则的精义。在恋情的萌芽阶段，意中人的缺席刺激了你的想象，在她或他的周围形成了某种光晕。但是当你了解得太深入时，光晕就会随之暗淡，这时你的想象不再有漫游的空间，意中人变得像平凡人一样，他的出现被视为理所当然。这就是为什么17世纪法国著名的交际花朗克洛狄妮娜，建议要经常伪装离开意中人的原因。

"爱情从来不会因为饥渴死亡，"她说道，"但是往往死于消化不良。"

拿破仑也懂得缺席与现身的法则，他曾说过："如果人们经常在剧院见到我，他们就不会再注意我了。"今天的世界已经被如潮水般涌来的各种形象层层淹没，引退的把戏就更加有力了。我们几乎不再懂得什么时刻应该引退，似乎也没有任何隐私可言，因此如果有人能够自己选择消失，必然会令人敬畏。

领导者做人智慧：

在适当的时刻，你必须学会在众人不知不觉把你推开之前先行引退。权力就是一场捉迷藏的游戏。

371. 不要在情绪低落时做任何决定

当你遇到问题，一时难以决定该怎么做时，不要盲目行动，而应细细地考虑斟酌一番。你应该做的第一件事，就是多搜集一些可以帮助你做决定的实际材料，多参考一些先例。

等到你对那个问题有了充分的了解，对于解决方法也有了一定的把握之后，那你的决定就有说服力了。

决定事情的成败，往往取决于对实际情况的掌握程度，千万不要在准备还不充分时，便急躁不安、草率行事。在许多情况下，如果你能多加考虑，你会发现自己一些过去的做法和见解不适应现在的事情。尤其是当你受到某些打击或是你一时冲动的时候，这种情况下所做的决定往往是错误的。

当一个人在精神上受到刺激、情绪低落或身体有种种不适时，千万不要做草率决定，因为那时你的判断力已不再准确。你应该调整自己的情绪，在充分考虑的前提下，综合各方面的实际情况再做决定，否则事后你一定会觉得悔不当初。

如果你觉得确实有些身心不安，最好先去好好地放松放松，比如到郊外去散散步，去花园呼吸新鲜空气或美美地睡上一觉。如果你身体不适，则要抓紧治疗，使自己的身心早日恢复到健康的状态。

当你精神饱满，身体健康时，眼光就能变得锐利，头脑也会清醒，这时在面对问题时，你就能理智地做事，收到理想的效果了。

领导者做人智慧：

决定事情的成败，往往取决于对实际情况的掌握程度，千万不要在准备还不充分时，便急躁不安、草率行事。

372. 有儒商风范

文化和经济有相通之处，比如中国儒家的思想学说、道德观念对于现代的经济管理和社会经济发展也有积极影响。如今很多成功的海外华商都信奉儒学教义，具有儒商风范。他们的高明之处在于，深知做生意和做人一样，都要讲德行，高贵不淫，生活节俭；在商务交际中重信誉，守信用，以诚待人；在经商经营中，他们重视天时、地利、人和的关系，能以仁爱之心对待同事员工，使企业内部团结一致，充满祥和的瑞气。

商人多一点书卷气，不仅能够在交际中多一些谈话趣味，容易给人以信任感，更重要的是本人也多几分自信和选择，在交际中善进善退，应付自如。在现代社会中，商界也颇讲究知识、修养和格调。生意做得越大，对此要求就越高，慕名慕才而来的生意就越多。而知名度也更明显体现出一种商业价值，在这种情况下，生意人本身的文化修养在商务交际中的意义就越来越大，成为一种看不见的财富。

具有学者风范又精通经商之道的人在中国古已有之，像子贡、范蠡、司马相如等，都可以说是中国古代的儒商。到了明、清之际，中国手工业发达，商品经济开始萌芽，儒与商的结合就更加密切了，很多儒士经商取得很大成功，名声大振。而在商界，做生意不忘"雅好诗书"，互相诗文酬唱，形成了中国文化中独特的儒商传统。

可见，儒商风范在商务交际中很具有优势。就是根据常理来说，谁都不怎么喜欢毫无趣味、满身都散发出铜臭的人。

 领导者做人智慧：

谁都不怎么喜欢毫无趣味、满身都散发出铜臭的人。

373. 小心过分尊重你的人

日常生活中，有的人总是毕恭毕敬的模样，这种人与人交往时，总是低声下气，并且始终运用赞美的语气。初识这种人，我们还觉得他们是低调、谦卑，是种美德。但是，交往日久，就会察觉这种人随时阿谀的态度，而致厌恶。

据观察了解，这种类型的人在幼年时期，多数受到双亲严厉且不当的管教，而致心理扭曲。总是怀着不安与罪恶感，心中有所欲求时就受到内在自我的苛责。久而久之，这些积压的情绪经过自律转化，就现形于表面。这样的表象是他们所自知的，却是难以修正的，因为借着毕恭毕敬的态度，他们才能平衡内在的不安与罪恶感，并且压抑益深，态度益甚。也就是说，他们外表的恭敬并非内在的反映。

这种人常常过分使用不自然的敬语，常是敌意、轻视、具有警戒心的表示。因为常识告诉我们，双方关系好时是用不着过多恭敬语的，比如：贵府的千金真可爱！你丈夫又那么健康，实在令人羡慕……类似口头的礼貌，并不表示对你的尊重，而是表示一种戒心、敌意或不信任。

中国历代的宦官虽不能位列三卿，没有实在的官职，但也充分利用皇帝对他的宠信而日益骄奢淫逸，他们在皇帝面前总是显出一副柔弱受气的小媳妇神态，不露一点锋芒，以博得皇帝的同情和信赖，借此却胡作非为。严嵩是一代奸相，可他在皇帝面前往往是以忠臣的面孔出现的，总是显得比谁都忠于皇上忠于朝廷；而在皇帝背后却欺凌百姓，玩弄权术，正是这种人才善于耍手腕，以他的所谓柔来战胜他的敌人，达到他不可告人的目的。

柔被奸邪者利用，这就是天下之大不幸。他们往往在强者面前奴颜婢膝、阿谀奉承，在弱者面前却盛气凌人、横行霸道，他们以柔来掩盖真实的丑恶嘴脸，让人看不到他的阴险毒辣，然后趁你不注意狠狠地戳你一刀。这才是最可怕的。

成功领导者的自我修养

领导者做人智慧：

口头的礼貌，有时并不表示对你的尊重，而是表示一种戒心、敌意或不信任。

374. 远离因为你的地位而与你结交的人

在利益面前，各种人的灵魂都会赤裸裸地暴露出来。有的人在对自己有利或利益无损时，可以称兄道弟，显得亲密无间。可是一旦有损于他们的利益时，他们就像变了个人似的，见利忘义，唯利是图，什么友谊，什么感情统统抛到脑后。比如，在一起工作的同事，平日里大家说笑逗闹，关系融洽。可是到了晋级时，名额有限，"僧多粥少"，有的人真面目就露出来了。他们再不认什么同事、朋友，在会上直言摆自己之长，揭别人之短，背后造谣中伤，四处活动，千方百计把别人拉下去，自己挤上来。这种人的内心世界，在利益面前暴露无遗。

春秋末年，晋国中行文子被迫流亡在外，有一次经过一座界城时，他的随从提醒他道："主公，这里的官吏是您的老友，为什么不在这里休息一下，等候着后面的车子呢？"中行文子答道："不错，从前此人待我很好，我有段时间喜欢音乐，他就送给我一把鸣琴；后来我又喜欢佩饰，他又送给我一些玉环。这是投我所好，以求我能够接纳他，而现在我担心他要出卖我去讨好敌人了。"于是他很快就离去。果然不久，这个官吏就派人扣押了中行文子后面的两辆车子，献给了晋王。

在普通人当中，有中行文子这般洞明世事的人并不多见。

中行文子在落难之时能够推断出"老友"的出卖，避免了被其落井下石的灾难，这可以让我们得到启示：当某位朋友对你，尤其是你正处高位时，刻意投其所好，那他多半是因为你的地位而结交，而不是看中你这个人本身。这类朋友很难在你危难之中施以援手。

领导者做人智慧：

在利益面前，各种人的灵魂都会赤裸裸地暴露出来。有的人在对自己有利或利益无损时，可以称兄道弟、亲密无间。可是一旦有损于他们的利益时，他们会见利忘义。

375. 不能有"离不开的人"

法国前总统戴高乐有一个座右铭："保持一定的距离！"这也体现在他和顾问、智囊和参谋们的关系上。在他十多年的总统岁月里，他的秘书处、办公厅和私人参谋部等顾问和智囊机构，没有什么人的工作年限能超过两年以上。

他对新上任的办公厅主任总是这样说："我任用你两年，正如人们不能以参谋部的工作作为自己的终生职业一样，你也不能以办公厅主任作为自己的职业。"这就是戴高乐的规定。这一规定出于两方面原因：一是在他看来，调动是正常的，而固定是不正常的。这是受部队做法的影响，因为军队是流动的，没有始终固定在一个地方的军队。二是他不想让"这些人"变成他"离不开的人"。这表明戴高乐是个主要靠自己的思维和决断生存的领袖，他不容许身边有永远离不开的人。只有调动，才能保持一定的距离，而惟有保持一定的距离，才能保证顾问和参谋的思维和决断具有新鲜感和充满朝气，也就可以杜绝年长日久的顾问和参谋们利用总统和政府的名义营私舞弊。

戴高乐的做法是令人深思和敬佩的。没有距离感，领导决策过分依赖秘书或某几个人，容易使智囊人员干政，进而使这些人假借领导名义，谋一己之私利，最后拉领导干部下水，后果是很危险的。

领导者做人智慧:

调动是正常的,而固定是不正常的。只有调动,才能保持一定的距离,而惟有保持一定的距离,才能保证顾问和参谋的思维和决断具有新鲜感和充满朝气。

376. 在争吵和战斗中前进

一些卓越公司的领导人,非常懂得利用那些与经理以及雇员们在一起的非正式的会议,没有议题、没有预先就规定好了的活动安排。他们可以以这样的问题开场:"那么,你是怎么想的?""你能告诉我那儿的情况吗?""你能解释这件事吗?""当前我们有什么问题要解决?"这些没有固定议题的会议,就成了论坛,当前的热门问题一个个浮出水面。

在1965年,你不能找到任何一家比美国的纳科尔更糟的公司了。它只有一个部门还在赢利,而其他地方都在花钱,没有什么值得一提的公司文化,也没有一个明确的前进方向,已到了濒临破产的边缘。但是30年后,纳科尔公司却成为世界四大钢铁厂之一,到了1999年,公司的收入更是超过了美国所有钢铁公司。那么纳科尔公司是如何实现由糟糕的"美国核能公司"到"最好的钢铁公司"的转变的呢?首先,公司得益于领导人肯·艾弗森的出现。

艾弗森也梦想着建立一家卓越的公司,他扮演了一个苏格拉底式的调停者角色。"我们举行了许多总经理会议,我更像是一个负责调停的中间人。"艾弗森评论道,"会场乱糟糟的,我们会一连数小时待在那儿讨论问题,直到事情有所眉目……有的时候,会议变得如此暴力,人们几乎要动手……大家叫喊着,在桌子旁边挥舞着手臂,脸涨得通红,青筋暴出。"

在纳科尔公司里,这种情形持续了好几年,同事们会挤进艾弗森的办公室,相互叫嚷,但最后会达成共识。事实上,"在争吵和战斗中前进"已成为公司的发展策略。

 领导者做人智慧：

明智的决断总是在民主的气氛中得来，要拒绝"一言堂"。

377. 与志向远大者为伍

胸怀宽阔、志向远大的人，一定会有惊人的成就，因为一个人的胸怀与他的成就是成正比的。

具备了如此品性的人，也就具备了对自己的信心、勇气和力量，因而也有了成功的可能，成功就是他奋斗航程上看得见的航标。有了坚定、明确的目标，也就有了人生的动力。

管理者在识别、选择人才时，有必要在考察人才的学识、能力的前提下，再掂量掂量他的人生理想和目标。因为有坚定目标的人，其动力一定会高过其他人，工作学习起来会更投入更卖命，也会使他的学识能力不断地提高。日积月累、水滴石穿，最终会表现出非凡的才能。由于这个进步过程的周期较长，在选用这类人才时要考虑到本单位或本公司的实际需要。

陈胜当初为佃农时，虽然和其他佃农一样脸朝黄土背朝天，但他有不同于一般佃农的远大理想和抱负。他说"苟富贵，勿相忘"时，也许并没有想到今后揭竿而起，去造秦始皇儿子的反。面对同伴的嘲笑，他只能长叹一声"燕雀安知鸿鹄之志哉"。他后来的举事尽管有其历史的偶然性，但是如果没有远大的抱负，这重任肯定也不会落在他的肩上。

 领导者做人智慧：

胸怀宽阔、志向远大的人，一定会有惊人的成就。

378. 看似精明的人，却不易成功

在《红楼梦》中，有这么几句话说薛宝钗：唇不点而红，眉不画而翠，脸若银盆，眼如水杏。罕言寡语，人谓安分随时，自云藏愚守拙。前几句是说她面相极好，大方、老实、美貌。后几句说她处世娴静、端庄，所以贾府上上下下都喜欢她。她待人接物极有讲究，且善于从小事做起：元春省亲与众人共叙同乐之时，制一灯谜，令宝玉及众裙钗粉黛们去猜。黛玉、湘云一干人等一猜就中，眉宇之间甚为不屑，而宝钗对这些"并无甚新奇"、"一见就猜着"的谜语，却"口中少不得称赞，只说难猜，故意寻思"。有专家对此一语道破：此谓之"装愚守拙"，因其颇合贾府当权者"女子无才便是德"之训，实为"好风凭借力，送我上青云"之高招。

如果你觉得薛宝钗这个人有些做作，那么就看看金庸笔下那个人见人爱的郭靖吧。想想看，他四肢发达，头脑简单，所有的聪明人都把他当成弱者，忙不迭地为他出谋划策，江南七怪为他贡献了下半辈子，全真派老道守着内功心法不肯指点梅超风和那个身份高贵又天资聪颖的杨康，却不远千里到他身边手把手地教他；九阴真经、降龙十八掌是人人都想要的，却无一例外地落到他的手上。

人们常说"傻人有傻福"，为什么？因为任何人都喜欢关照弱者。

看似精明的人成功起来却要难一些，因为你还未开口，别人已经把你当成了假想敌——和防备着你的人合作总会有些困难。或者周围的人觉得你有不错的资质，对你的期望过高也是一种阻力，因此你让他们失望的概率会更高。

孔子年轻的时候，曾经受教于老子。当时老子对他讲："良贾深藏若虚，君子盛德若愚。"即善于做生意的商人，总是隐藏其宝货，不令人轻易见之；君子之人，品德高尚，而外表却显得愚笨。其深意是告诫人们，过分炫耀自己的能力，将欲望或精力不加节制地滥用，是毫无益处的。

中国旧时的店铺里，在店面上是不陈列贵重货物的，店主总是把它们收藏起来，只有遇到有钱又识货的人，才告诉他们好东西在里面。倘若随便将上等商品摆在明面上，岂有贼不惦记之理？不仅是商品，人的才能也是如此。俗话说"满招损，谦受益"，才华出众而又喜欢自我炫耀的人，必然会招致别人的反感、吃大亏而不自知。所以，无论才能有多高，都要善于隐匿，即表面上看似没有，实则满腹经纶。

 领导者做人智慧：

俗话说"满招损，谦受益"，才华出众而又喜欢自我炫耀的人，必然会招致别人的反感、吃大亏而不自知。

379. 错误的奖励

一位专门进行警察研究的管理顾问注意到，在一个社区内，警察在整个上班过程中，都开着警车在马路上来回穿梭。很明显，这种做法对做好警察工作没有什么作用。但这种行为对警察有相当大的意义：这个社区的议会用警车行驶的里程数来评估警察的绩效。

管理者常常奖励了他们不支持的行为，却没有奖励他们期望的行为。

比如：管理层宣称要建立团队，实际上却奖励个人的成绩，接着还疑惑为什么员工彼此竞争，事事为自己着想；

管理层强调质量的重要性，但对那些生产次品的员工不采取措施，反而惩罚那些专心提高质量而未能完成生产目标的员工；

高层管理者大声疾呼管理中伦理的重要性，却提拔一位道德明显有问题的管理者……

一个有钱的人告诉她儿子说："别担心钱的问题，我去世之后你会有很多钱。"这个有钱人很长寿，她一直无法理解儿子为什么盼望她去世。显然，

如果她让遗产建立在她长寿的基础上,她儿子的表现就完全不同了。如果她这样说:"只要我活着,每年我都会给你5万美元。但我去世之后,所有的遗产都归慈善机构。"她儿子肯定会支持她多活些年头。

领导者做人智慧:

管理者常常奖励了他们不支持的行为,却没有奖励他们期望的行为。

380. 做个手不释卷的读书人

历史上伟大的人物在其辉煌成就的背后,都有一个共同的身份——读者,一辈子手不释卷的读书人。读书能充实知识储备,优化知识结构,更新观念,提高自己的思想品质。

台湾知识分子倡导的"新读书主义"提出:"自己再累也要读书,工作再忙也要读书,收入再少也要读书,住处再挤也要藏书,交情再浅也要送书。"古人讲:"善学者如闹市求前,摩肩重足,得一步便紧一步。"其中强调一个"挤"字,这正是由知入智的读书精神。

读书是一种清高的心灵活动,读书一向被称为雅事乐事,"万般皆下品,唯有读书高"。新加坡的企业家也特别重视读书活动,他们经常聚会在茶馆讨论读书心得,认为"茶也醉人不须酒,书能香我何必花"。领导者应以此自勉。

领导者做人智慧:

读书能充实知识储备,优化知识结构,更新观念,提高自己的思想品质。

381. 物以类聚，人以群分

大约10年前，美国有一位著名的演说家，当时他还没有成名，他发明了一种自我暗示法。每天晚上，在他入睡之前，他会闭上眼睛，幻想自己看到了一张长长的会议桌，他（在想像中）安排了一些著名的人物坐在桌旁，而这些人物的个性和优点，正是他极力想要模仿的。

一连好几个月，每天晚上，他都不断地看到这些人物坐在那张想像中的会议桌两边，到最后，他终于把他们的突出优点十分清晰地深印在他自己的潜意识中。因此，他开始培养出一种由这些人物个性组成的一种属于他自己的个性。

物以类聚，在每一片草叶以及每一棵树木身上，你都可以看到这项原则的证据。橡树的种子从泥土及空气中汲取必要的物质，使它得以长成一棵大橡树。它绝不会长成一棵一半是橡树，一半是白杨的怪树。

你可以走入任何城市的廉价房屋出租区，你将会发现，同样思想的人聚居在一起。相对的，如果走入任何繁华的社区，你也会发现，具有另外一种思想的人聚居在一起。成功的人总是会寻找其他成功的人作伴，生活落魄的人也会找相同境况的人为伍。物以类聚，人以群分，人们必然寻求与自己的财务及精神状态相当接近的人做朋友。一名耶鲁大学的教授和一位文盲的流浪汉没有任何相同之处。如果把他们两人丢在一起过一段时间，那将是一件很悲哀的事。

 领导者做人智慧：

成功的人总是会寻找其他成功的人作伴，生活落魄的人也会找相同境况的人为伍。物以类聚，人以群分，人们必然寻求与自己的财务及精神状态相当接近的人做朋友。

382. 用人不疑已不合时宜

中国自古以来，关于人性，就存在性善与性恶两说之争。纵观历史，我们不难看出：相信人性本善的儒家从始祖孔子到孟子，都主张对人才充分信任，用人不疑，但结果都没有把国家治理好。倒是信奉严刑峻法的商鞅、诸葛亮等人，在防范中起用人才、在"赛马"中"相马"，反而把国家治理得井井有条。更何况，现代的企业确实面临着一个信用危机的现实环境。

而中国管理界在管理人才方面一直存在一种惯性和盲区。"用人不疑，疑人不用"这种陈旧的观点，实际上是一种很封建的、与现代经济社会相脱节的用人观。我国企业界在用人问题上吃尽了这种观念的苦头，一些企业所出现的人才流失、粗放经营、信用危机，很多情况是在当初大家公认的"有能力、有理想、品德好"等最优秀的人员出了问题。尤其是在一些私营企业中，老板们"疑人不用"，一味看中自己所选的"心腹"之人，比如自己的亲属、朋友或子女，可最终这些人也往往违背老板意愿或做出有损老板利益和企业利益的事来。

这些企业管理不好的原因，都是因为只靠人与人之间的感情信任而造成的，并没有建立起理性的、健全的对人才的考察监督制度。对于人才，我们要采取疑人要用，用人也要疑的态度。正如许多世界500强企业考核干部一样，觉得值得信赖而又有培养前途的干部，人力资源部门才去了解、调查、监督与考核。如果不去了解你、调查你、考核你，那么，你被提拔的可能性就很小。

 领导者做人智慧：

"用人不疑，疑人不用"这种陈旧的观点，实际上是一种很封建的、与现代经济社会相脱节的用人观。

383. 尽量不欠人情债

你答应为别人做的事不要过多，因为你不可能一一兑现，一旦有一件事情落空，你就会不好交待代如果这样的事情发生两三次，你的形象就会在别人的心目中被人为地降低，认为你这个人做事不讲信誉。久而久之你的威信将会一扫而光，谁还会来尊重你，谁还会来帮助你呢？

自己能办的事，不要让人帮忙，免得让人说你无能；答应别人办的事，也一定要尽力去完成，否则别人非但会认为你能力不够，还会觉得你没信用。别人愿意帮助你是一回事，你请求别人帮助你则又是另一回事。另外，你也不要非让别人做不愿意的事情。即使他们按照你的意图做了，别人心里也一定很不痛快，当然也不会尊重你了。

但是，即使你不愿欠别人的人情债，在现实生活中你仍会不知不觉地接受别人的好处。人生就是这样，所以，没有人情味的人往往会被别人说成是冷血动物，会遭到别人的冷遇和抛弃。

所以，有人有这种见解：至少，不要随便接受他人的好意帮助。以这种观点与他人交往，你的心里才能坦荡，才会毫无牵绊。

当然，最好还是将你欠的人情债还给他人，尽管要做到这一点会很不容易。不过，将来也许有一天，你会获得大大的回报。

同样，不是所有人都会积极去偿还欠你的人情债。不过，总是有人会还的。因此，有机会的话，你还是应该试着让别人欠你人情债，终有一天，你会连本带利收回来的。

领导者做人智慧：

自己能办的事，不要让人帮忙，免得让人说你无能；答应别人办的事，也一定要尽力去完成，否则别人非但会认为你能力不够，还会觉得你没信用。

成功领导者的自我修养

384. 不知自重，将一事无成

公共场合是一个讲究礼仪、分寸的地方，大家更应该按照社会交往的习俗处理人与人之间的关系。中层领导要考虑自己的公众形象。而那些根本不注意在公共场合与领导保持适当距离的女性，其行为是不自重、不明智的。同样，在公众场合与女下属眉目传情、亲亲热热的男领导，迟早会乐极生悲的。

有一位女士，一心想讨好领导，并且很爱向别人炫耀自己与领导的关系如何如何之好，企图以此来提高自己在单位中的地位。

一次，单位组织集体春游。一上车，这位女士就捷足先登，坐在男经理的身边。一路上，她与领导谈笑风生，显得亲密无间，根本不在乎周围同事的看法。到达目的地后，她更是与领导形影相随。经理走到哪里，她就跟到哪里，还时不时地对经理大献殷勤。于是，春游之后，大家都不无讽刺地称她为经理的"小蜜"。

这位女士的做法，实在没有任何高明之处。如果说她也有所收获的话，那就是获得了一个坏名声。而这位男领导，也在下属心目中留下爱吃"豆腐"的形象，给自己的长远发展留下了隐患。

领导者做人智慧：

不注意在公共场合与领导保持适当距离的女性，其行为是不自重、不明智的。同样，在公众场合与女下属眉目传情、亲亲热热的男领导，迟早会乐极生悲的。

385. 仅仅有钱不够，还要让人知道你有钱

美国经济学家凡伯伦在他的成名作《有闲阶级论》中指出："光是拥有财富，并不能获得人们的尊敬和景仰，还必须通过某种方式展现其财力。"无论中外，新富阶层在收入提高后，大多急切地通过某种方式向社会显示自己的经济地位的变化。

显示"我有钱"或许看起来非常原始和"庸俗"，但在实际效果上，它却是对他人最有吸引力的信息。在所有的稀缺性资源中，金钱是流通性最强的硬头货，也是人与人之间发生关系的主要纽带。

一位白手起家的亿万富翁说："财富不会使人改变，它改变的是别人对你的态度。"让别人相信你有钱，除了获得尊重之外，还将给当事人带来诸多的实际利益。

首先，你可能获得更多的信任。"有钱"是信用的第一保证，这一点在借款中最为明显。不管是银行还是私人，大都只愿意借钱给有钱的人。中国自古就有所谓"有恒产者有恒心"的说法，对无恒产者的怀疑直接明了。人们倾向地认为，有钱人将少一些"贪不利"、"溜号"、"耍赖"之类的风险。

其次，你有可能获得更多的机会。你有钱说明你有实力，也更有能力，事情交给你更容易办成。在这方面，每个人、每个企业甚至政府都是"势利眼"。

第三，你将获得一定的谈判优势。在人际交往与商业交易中，人们倾向于给有钱人提供更好的价码。这中间隐含的逻辑是："他的日子过得很好，不会急于与别人合作，除非达到他的条件。"相反，如果别人知道你处境艰难，将使你失去了要价的筹码。

出于财产安全的担心，中国人也有"财不外露"、"闷声发财"的传统。但在竞争日益激烈、法制日益健全的今天，显示"有钱"成为一种必要。如果你有钱，你就可能更有钱，这就是财富的"马太效应"。

对一个商人而言，拥有的财富是他的最大资本。没有商人不希望别人认为他"有钱"，他们最怕的是别人认为他"其实没什么钱"。每年的福布斯富豪榜和胡润百富榜推出之后，大多数富人表现出一种复杂的心态：口头上强烈反对，声称自己从不关心，但又对自己是否上榜以及在榜单上的位置耿耿于怀。

领导者做人智慧：

财富不会使人改变，它改变的是别人对你的态度。让别人相信你有钱，除了获得尊重之外，还将给当事人带来诸多的实际利益。

386. 一个坑一个萝卜，而不是一个萝卜一个坑

在工作中，有些表面上看顺理成章的事，其实不全是合理的。可是，我们有时候在习惯势力的影响下，很少有人去质疑它。

二战时，英国的一位炮兵将军去视察炮兵组的演习，发现一组7个人当中有6个人都有明确的职责，唯独一个士兵从头到尾一动不动。诧异的将军问他是干吗的，他说自己也不知道，再问他的上级，上级的上级，谁都不知道，只知道一个组从来就是7个人。最后将军找到50年前的史料才发现原因：当年的大炮是用马拉的，开炮的时候需要一个人牵着马防止马惊。后来虽然有了汽车，但是这个岗位依然留着。

企业职务岗位的设置原则是：一个坑一个萝卜，而不是一个萝卜一个坑。职位岗位设立的第一条原则是：每个职位岗位必须有存在的理由和目标；不能因为有了萝卜就必须得找个坑。

也就是说每一个岗位职务都有它明确的职能职责，公司给您高额薪水和高的地位、待遇的原因，不是根据你现在所处的地位，而是根据您越来越好的业绩贡献。系统是为了提高业绩的一种手段，不是为了给您地位与待遇才

设置的。

各企业的经营者们,你们仔细想一下,自己的企业当中是否有几个还在"牵马的炮兵"呢?

 领导者做人智慧:

每个职位岗位必须有存在的理由和目标;不能因为有了萝卜就必须得找个坑。

387. 不要给人以"坏脾气"的形象

很多领导者都会把愤怒当做一种管理技巧,认为这样可以刺激那些无精打采的员工,可以提高大家的士气,让所有人在一瞬间变得精神抖擞。毫无疑问,你的员工们有时的确需要这样的刺激。可你需要付出什么代价呢?

当你生气的时候,你很容易会失去控制。而当一个人失去控制的时候,便很难去管理自己的下属。你可能会觉得你能够控制好自己的情绪,你可以通过偶尔发发脾气来激励自己的下属。可事实上,你很难预测人们会对你的愤怒做出怎样的反应。没错,有时上司发火的确可以激发下属的斗志,可在很多时候,上司的这种情绪波动同样会让他们陷入迷茫。

最为糟糕的是,愤怒会在下属的心目中形成很难改变的印象。一旦下属把你看成是一个喜怒无常的人,你可能一辈子都无法改变这种形象。打个比方,篮球教练鲍勃·奈特被认为是美国大学生篮球比赛史上的传奇教练,有"将军"之称,在执教41年里创下了71.3%的胜率。而且,他还是大学篮球比赛史上获得过800场以上胜利的两位教练之一。无论从哪个角度来说,他都可以被认为是美国最伟大的篮球教练之一。可他还是一个喜欢跟裁判大动干戈,甚至会在赛场上摔椅子的家伙。他的坏脾气甚至比他所获得的所有记录都要出名,以至于每当提到鲍勃·奈特的时候,人们首先想到的就是他的

坏脾气,而不是他的比赛记录。

在工作中也是如此,人们总是特别留意那些经常发火的同事。虽然他们也有很多其他优点,可我们总是把他们看成"喜欢发脾气的家伙"。每次提到这些人的时候,人们的第一反应往往是:"我听说他脾气不太好。"

这种坏脾气的形象一旦确定下来,就很难得到改变。而且由于你需要改变的是自己在别人心目中的形象,所以往往可能需要很多年的努力才能彻底让别人对你"刮目相看"。

领导者做人智慧:

人们总是特别留意那些经常发火的同事。虽然他们也有很多其他优点,可我们总是把他们看成"喜欢发脾气的家伙"。这种坏脾气的形象一旦确定下来,就很难得到改变。

388. 成大事者不谋于众

真理往往掌握在少数人的手里,真正能够先知先觉的是少数。而在这少数人行动之初,因为大多数人还停留在昨天,他们也必然处在曲高和寡的位置上。这时,他们只能运用手中的权力,先行动作。在人们跟着行动之后,看到了改革带来的好处,这才有所谓的拥护。一位领导人曾说过:"任何一个大的社会变革,思想的真正统一,常常不是在变革之前,而是在变革之中、变革之后。如果片面强调不统一思想就不能行动,实际上就是取消了行动。同时也就否认了纪律的必要性。"

这里,我们不是主张领导者个人的独断专行。任何人的改革主张,都是要取得支持的,也需要得到相关人们的认可。这主要是说,只要主要领导思想一致,或者领导成员意见一致,就可以行动。不必发动群众,开展一个大的宣传、教育运动。甚至,也不必非要统一全体领导的认识。

所以说"成大事者不谋于众",还因为,改革是一项艰难的事情,讨论、议论,就会出现不同的声音。在困难面前,是一定有人后退的。说白了,多数人并不想干大事,那太困难。这样,如果与其谋划,他们就成了必然的障碍。与其如此,不如绕过他们。

说得不好听,改革家往往是孤独的思考者和独裁的领袖。

领导者做人智慧:

如果片面强调不统一思想就不能行动,实际上就是取消了行动,说白了,多数人并不想干大事,那太困难。这样,如果与其谋划,他们就成了必然的障碍。与其如此,不如绕过他们。

389. 等距离交往,是与女下属相处的唯一准则

在我们国家的现阶段,性别歧视主要表现在对女性歧视。认为女性不仅在"三期"(指经期、产期、哺乳期)里生理状况不宜担任繁重工作,即使在"三期"前后,精神也大受影响。

性别歧视是没有道理的。且不说古今中外,多少杰出的女性使须眉男子望尘莫及,就是在日常工作中,女性的工作能力与工作态度也是不比男性差。"三期"固然可能耽误一点工作,但是,假若领导者能在此期间给予真诚的关心和周到的照顾,女性工作者一定会感谢在心,以后必定会加倍努力地工作。

女性其实也有许多优点令众男性无法企及,她们心细,有耐力,做事有恒心,没有男性那么好动。女性有时还具有极强的公关能力,适于搞外联工作。

领导者:要用好女性,首先要从心理上克服"男尊女卑"思想的影响,还要多给她们机会让她们发挥自己的长处。

另外，与她们之间的距离，也是一个问题，不能太近，也不能太远。

你和她们的关系最好像以你为中心的一个球体，和她们保持等距离交往，绝对不能和其中任何一个人过分接近。

女人之间其实是最爱吃醋的。你作为领导，千万不要掺和进去。

领导者做人智慧：

女人是敏感的动物，她们会温情脉脉，同时也会大发雷霆。对于她们，一定要小心谨慎。

390. 注意那些口碑极好的普通人

善识才者，应时刻保持清醒头脑，有自己的独立见解，不受"语浪言潮"所左右。对于已成名的显赫人才，不跟在吹奏赞扬声的后面唱赞歌，而应多听一听反对意见；对于未成名的潜在人才所受到的赞誉，则应留心在意。人们对他吹捧没有好处可得，所以，人们对潜人才的称赞是发自内心的，是心口一致的。

用人者如果听到大家对一位普通人进行赞扬时，一定要引起注意。古往今来许多人才都是用人者听到别人的赞誉而得知的。刘备就是听到人们对诸葛亮的赞誉而"三顾茅庐"请得贤才的；周文王也是在百姓的赞誉声中得知渭水边的贤才姜太公的。潜在人才多出身卑微，而出身卑微的人一旦受到人们的赞誉，就是其价值得到了"民间"的承认，用人者就要大胆启用。

有良好口碑的员工，肯定有他的过人之处。

领导者做人智慧：

好的名声是你一生的财富。

391. 要知难而退，见好就收

中国古代兵法提出"见可而进，知难而退"的观点，就是指当认识到继续前进，有可能导致对自己不利的结局，或可能战局发生逆转时，应当机立断，停止进攻，迅速撤退。这正是辩证法上讲的"度"，也就是在事物发展变化中保持自己质的临界线。

刘备为报关羽被杀之仇，亲自率兵75万大举伐吴，势如破竹，深入吴国腹地500余里。江东朝野震惊，人人胆裂。东吴被迫再次提出议和，并作出退让。倘若此时刘备头脑清醒，乘机停止进攻，同东吴谈判，完全可以借助军事威慑，就能达到不战而屈人之兵的有利态势。但刘备被初战胜利冲昏了头，被国恨家仇蒙住了心，他执意坚持进攻，长驱直入，加上诸多决策失误，非但没能灭吴，反被东吴的年轻将领陆逊一把火烧了个丢盔弃甲，大败而归，最后含恨死于白帝城。陆逊大胜刘备后，乘胜反攻，追击蜀军，但是当他在白帝城外遇到诸葛亮布下的八阵图时，便就手罢兵不追了。因他料到曹丕可能乘其追蜀军之机后方空虚，而背后偷袭。果然，撤兵不到两天，魏军三路人马已到吴城了。

越"度"则过，过则必错。如果不从战略上、宏观上考虑问题，在超出自己力量限度的情况下继续用兵，主动权就会移于敌手，有利的态势就会演变为不利的局面。因此，知难而退，见好就收，是一个领导者应该注意的问题。

领导者做人智慧：

如果一味地追求更好，那么，锦上添花和一鼓作气的另一个结果，就是前功尽弃。

392. 狭路相逢勇者胜

胆量是促使人们积极寻求新奇事物的一种心理倾向，是引起、推进乃至完成创造性活动的心理动力因素。第一个吃螃蟹的人所获得的最有价值的东西不是螃蟹的营养，而是胆量，是核心素质的提高。逆境中的压力可以成就有胆量的人，但也可能摧毁过度自卑的人。自卑的人最怕风险，最怕失败，最经受不住挫折和打击，但是没有风险，没有失败，没有挫折，就无法成就伟大的事业。

有一句至理名言："现实中的恐怖，远比不上想像中的恐怖那么可怕。"如果你的胆量元素展开活动，内心的恐怖元素自然就会偃旗息鼓。跌倒以后，立刻站立起来，向失败夺取胜利，这是自古以来伟大人物的成功秘诀。人生所缺少的不是才干，而是胆量；成功者不是比别人会干，而是比别人敢干。狭路相逢勇者胜，向常规发出挑战，特别是在事业发展的抉择关头，胆识比见识更重要。

领导者做人智慧：

人生所缺者不是才干，而是胆量；成功者不是比别人会干，而是比别人敢干。

393. 时刻保持"领袖姿势"

如果你的孩子已经年满九岁，那么从此刻起，你就应该注意时刻提醒他抬高头、挺直背。经常保持这种"领袖姿势",将会大大改善他的声音及精神状态。

当你阅读时,你是否弯腰驼背,上脊椎骨抵靠着椅背?如果是这样,表明你的身心起码在此刻是松弛慵懒的。这种姿势最不利于声音的表达。

这里所说的"领袖姿势",并不是鼓励你成为一位真正的领袖——如果你有那样的造化也未尝不可,只是要求你做到前面提出的正确姿势罢了。在日常生活和工作中,人们所表现出来的不良姿态,有的是由于长期的习惯而形成的,有的则是由于生活或工作中突然遭受到了某种意外。

有一位公司副总裁,他在召开会议或组织讨论时,语言表达效果总是不佳,缺少一种权威与征服他人的力量。他刚一跨进会议室,问题就来了:他的双肩下垂,这种姿势实际上是向人表明了他内心的胆怯。后来,他遵照专家的指点,注意采取"领袖姿势",不久竟完全改头换面:他的肩膀似乎变宽了,整个人都显得泰然自若,声音深沉且更加悦耳,自然也更富权威。

看来,仅仅是把肩膀扳平,挺直坐正,便可以完全摆脱自己的不佳形象。

领导者做人智慧:

经常保持这种"领袖姿势",将会大大改善你的声音及精神状态。

394. 培养下属服从命令的习惯

在新兵入伍时,往往采取"斯巴达式"的各种训练。这种做法的优点在于:下属的身体既已疲惫不堪,没有了思考其他反对问题的时间,从而形成了无条件服从上司指令的基础。此种行为如果长期累积下来,便可维持绝对服从的团体规则。

在企业上班的员工,也同样是由一种命令系统所组成的。例如在一个团

队中，若下属不能无条件地服从上司的命令，那么在达成共同目标时，则可能产生障碍。反之，如能完全发挥命令系统的机能，此团队在企业中凡事必可胜人一筹。

由于新进员工在初期对公司的确完全陌生，因此可能对上司的教导产生反感和疑问。不妨先让他们遵守唯一一条不成文的规定。例如"新进员工必须在上班前30分钟到达"，或"新进员工在进入公司1年之内，必须身着蓝色制服"。如此一举，即可使下属形成接受上司命令的风气。

前几年有一本书名字叫《别找借口》，被炒得火热，一时间，街头巷尾都在传诵"别找借口"的管理理论。更有的企业成百上千地买来，发给员工，做为员工励志的教材。其实，这绝不是一个偶然现象，它向人们证实了一点，那就是现代企业需要什么样的员工。

在一个企业中，我们常见的现象是，当一个任务摆在人们面前时，人们想得更多的是对于这个任务的疑问和与任务无关的问题，而不是马上去想解决问题的办法。我们的解放军是一个伟大的团队，它对于任务的下达有一个响亮的回答，那就是"保证完成任务"，是这句话让解放军成为所向无敌的铁军。在企业中，也只有像解放军一样能保证完成任务的员工，才是真正的好员工。

领导者做人智慧：

习惯的力量是伟大的，它能让滴水穿石，也能使千里之堤毁于蚁穴。

395. 莫为小恩小惠

小善，就是常说的"妇人之仁"，其表现是："繁礼多仪，而换却自然；外宽内忌，用人旋疑；怜饥寒而不恤所不见。"

《三国演义》中的曹操是个大恶人，他的理念是"宁可我负天下人，不可天下人负我"，但历史上的曹操却完全不是这样，反而是一个雄才大略、文武双全、接济苍生的英雄。历史上著名的官渡之战，以曹操的胜利和袁绍的败北而告终。当时，袁绍据有四州之地数十万大军，帐下谋士如云，战将林立，是北方势力最大的军阀集团。但战争的结果却是使四世三公、名门望族之后的袁绍一天天走上败亡的下坡路，其原因就是谋士郭嘉对袁绍分析的十败。这其中之一便是曹操在"仁"方面的胜利。郭嘉是这样说的："绍见人饥寒，恤念之情形于颜色，其所不见，虑或不及，所谓妇人之仁也；公于目前小事，时有所忽，至于大事，与四海相接，恩之所加，皆过其望，虽所不见，虑之所周，无不济也，此仁胜也。"袁绍的小善就是只顾及眼前所见，而不怜天下，他的善并不是从普天下所有的人出发，没有博爱天下的气魄，所以成不了事。这也正是曹操与刘备煮酒论英雄时，说袁绍"见小利而忘命，干大事而惜身"的由来。

无独有偶，项羽与袁绍一样，有着小善。项羽对人很有礼貌，很慈善，总是好言好语，遇到有人病了，还要哭哭啼啼，把自己吃喝的东西分给他。可是，当遇到该封赏有功者时，他却把爵印抓在手中，都玩出了缺口，也舍不得封赏。韩信对此是这样评论的："项王见人恭敬慈爱，人有疾病，泣涕分食饮。致使人有功当爵封者，印玩赏，忍不能予，此所谓妇人之仁也。"

领导者做人智慧：

小善就是只顾及眼前所见，而不怜天下，他的善并不是从普天下所有的人出发，没有博爱天下的气魄，所以成不了事。

396. 不要试图让所有人都喜欢你

把事情做好的方法有很多，但首要的一条就是"不要试图把所有的事情都做好"；处理人际关系的准则也有很多，但最重要的一条是"不要试图让

所有人都喜欢你"。因为这不可能，也没必要。

不要做滥好人，不要试图去赢得所有人的欣赏。

美国前任国务卿鲍威尔，这样总结他自己的为人处世之道："你不可能同时得到所有人的喜欢。"如果你希望和每一个人都搞好关系，最后你付出了很多时间去给别人帮忙，不欣赏你的人仍旧不欣赏你。一个人只要做到"有几个很好的朋友，很少有人讨厌你"，你的为人处世就算是很成功了。

有这样一些人，你帮了他10次，只有一次没帮好，他就记你这一次，最后还是得罪了他。世界上确实有不少这样的人，你越是努力和他结交，努力给他帮忙，他越是不把你放在眼里。反之，如果你认真学习工作，在学习上在工作上做出成绩了，又不狂妄自大，自然能赢得别人的敬重。

你做任何事情，来自外界的评价都是两方面的，所以不要只看到杯子有一半是空的，还应该看到它还有一半是满的。对于看不惯你的人，也没有必要因为他而影响到自己的心情。

领导者做人智慧：

你没有必要为改变某一个人对你的看法而去浪费太多的时间，你也没有必要因为别人不欣赏你而耗费太多的精力。你要做的，只是不断地提升自己。

397. 不要情迷双眼

是人就有感情，有感情就有爱恨，该爱则爱，该恨则恨，爱恨分明者才为刚正。但偏爱偏恨，对其所爱恨就可能出现偏激之处。过分强调或只看到识别对象的长处，而忽视或看不到他的短处，就会把坏人看成好人，反之，就会把好人误认为是坏人。奸佞之人正是抓住人性这一弱点，以假乱真。领导者若不细察其实质，迟早会因此受害。

如果识人用人时带有个人的感情色彩，再精明的人也会犯错误。刘备在临死前，叮嘱诸葛亮说："马谡言过其实，不可大用，君其察之！"但诸葛亮不以为然，任命马谡为参军，常常是从白天到晚上都与马谡谈论军事策略，很是欣赏马谡。诸葛亮所选的接班人蒋琬、姜维等都是德才兼备之士，为何惟独对马谡的认识会出现如此大的偏差呢？与刘备相比，二人对马谡的看法为什么会截然相反呢？这就是因为刘备务实，而诸葛亮务虚（即被马谡的表面现象所迷惑）。刘备大半生都在沙场征战，几乎直接或间接地参与了东汉末年以来的所有大的战役，所以很有战争经验。对于马谡的"喜论军计"，刘备一听就知是纸上谈兵，这就是马谡的取败之由。而诸葛亮与马谡有很多"共同语言"，两人都是典型的士人，都很有才华，都熟读兵书，又都来自荆州，所以不论在学识还是感情上，彼此都很投机。诸葛亮也因此"情迷双眼"而留下终生的遗憾，对于后人来说则是千古的遗憾。

人之所以是万物之灵，就在于有感情。没有亲情、友情、爱情地活着，只能是生存，而不是生活。人在一切活动中，无不受感情的影响。感情能成就好事，比如以诚待才；也能引来祸事，比如放纵亲信胡作非为。在用人方面，如果感情用事就会任人唯亲。古代不少英雄将天下之大业看作是开私人企业，委以七大姑八大姨重任，由于选才范围窄，最终导致了失败。有鉴于此，现代管理者应以事业为第一，只要有利于事业的发展，虽仇也用，反之，虽亲也不用。只要如此，何愁事业不成？

领导者做人智慧：

如果识人用人时带有个人的感情色彩，再精明的人也会犯错误。

398. 当心熟面孔

国外一家公司主管，在介绍他挑选人才的经验时说："如果说在聘用员

工方面有什么教训的话，那就是要当心熟悉的面孔。千万不要仅仅因为某人在他们的行业里卓有声誉就去聘用他，最后你可能会感到他熟悉的是他自己的行当，而不是你的业务。这种情形就像你如果要推销一种新牌子的肥皂，是聘请发明肥皂的化学家来推销呢，还是聘请一个神通广大的推销专家？"

对我们公司来说，在聘用员工时还要考虑客户的想法。聘请一个高尔夫球手在公司的高尔夫部门工作，你很难将一个人从巡回比赛的旅途中拉出来，绑到办公桌后面，并且指望其他的高尔夫球员们接受他、承认他是管理自己的带来事业与收入的专家。客户们会不可避免地说："他不过是一个高尔夫球员，他懂什么？"

领导者做人智慧：

千万不要仅仅因为某人在他们的行业里卓有声誉就去聘用他，最后你可能会感到他熟悉的是他自己的行当，而不是你的业务。

399. 不要刻意模仿别人的领导方式

不同的管理者应该运用不同的管理方法，来表现其领导才能。但有些管理者，他们通常借由模仿以前或现任主管的管理方法，来作为自己的领导模式，有时，整个组织会显露出相同模式的领导风格。而能适合管理者的个性、工作状况及员工需要的领导方式，往往会更具有成效。

不同的单位，不同类型的部门应该有不同的管理模式，根本就不可以相互套用。领导者应该有学习的榜样，这是无可非议的，但学习主要是学别人管理的精髓，而不是学别人管理的具体动作。有的领导者看见别人提出什么口号，自己就提出这个口号，结果发现收效并不大。殊不知自己组织的构成与别人不同，组织成员的思维的兴奋点不一样。人家可以用喊口号的形式来鼓舞士气，而你最好采用组织活动或物质奖励的形式来达到这个目的。

领导者做人智慧：

刻意模仿就如同邯郸学步，连自己应有的也会失去。

400. 不搞"秋后算账"

《三国演义》第三十回提到，官渡之战结束后，曹军打扫战场时，从袁绍的图书案卷中，发现了曹营中的人暗地里写给袁绍的投降书。当时有人向曹操建议，要严肃追查这件事，凡是写了黑信的人统统抓起来杀掉。然而曹操却说："当绍之强，孤亦不能自保，况他人乎？"于是下令把这些密信付之一炬，一概不去追查，从而稳定了军心。

具有大度量，才能聚拢人心，愿为其用。无论是战场上还是商场上的胜利，都是与加强内部团结密不可分的。

就拿曹操来讲，其当时虽然取得了官渡之战的胜利，但是袁绍还占据着冀、幽、青、并四州的大片土地，曹操只有集结更大的力量，乘胜前进，才能平定河北，统一北方。同时，从整体战略的大棋盘上看，曹操的正面有袁绍，背后和侧后有刘表、刘备以及江东实力雄厚的孙权，仍处于内线作战并未完全摆脱困境的状况下，此形势正是急需用人之际。因此，只有从长远和全局的利益出发，转消极因素为积极因素，巩固内部团结，才能继续胜利进军。

还要看到，当时秘密写投降书给袁绍的并不是少数人，而是一批人。试想，若是严加追究，必然牵扯面广，会造成人才大量的流失，也会对整个事业带来极大的影响。例如一些企业或部门，由于主管领导的人事变动，新领导一上任就是"三把火"，其中最重要的一把火往往就是先把"逆我者"打入另册，或干脆让其滚蛋，不管是否人才概无幸免。这种做法正好是曹操当年的反证，其结果也就不难猜测了。

领导者做人智慧：

具有大度量，才能聚拢人心，愿为其用。无论是战场上还是商场上的胜利，都是与加强内部团结密不可分的。

401. 不轻易将朋友委以重任

领导者重用自己的朋友是很自然的事情。

问题在于人们往往不像自以为的那样子真正了解朋友，朋友通常会避免争执而不发表不同的意见，他们会避免彼此冒犯，而掩饰令人不快的个性。朋友会说他们喜爱你的诗，崇拜你的音乐，羡慕你的服装品味，然而却是口是心非。

往往到了关键时刻，你才会逐渐发现朋友隐藏起来的个性和品质。给朋友委以重任免不了有施恩的意味，但他们却常常视之为理所当然，不仅不会有更多的感激，而且常常嫌之不足。

"忘恩负义"有长远的历史。自古以来忘恩负义不断展现其强大威力，而人们依然继续掉以轻心，真是令人吃惊！

许多经验教训告诫人们，朋友很少是最能够帮助你的人，技能和才干远比友谊重要得多。

友谊归友谊，做事还是应该选择能干、胜任的人。

领导者做人智慧：

给朋友委以重任免不了有施恩的意味，但他们却常常视之为理所当然，不仅不会有更多的感激，而且常常嫌之不足。

402. 不要把决定权交给他人

遇到事情时，不要把决定的权利交给他人，多听听别人的意见是好的，最终为决定负责的还是你自己。

对长期的问题提出短期的解决之道，通常是不佳的决定。做出不佳决定的人，可能没有意识到长期目标，或者只因为短期目标看起来较容易达到，就选择了它。

花些时间来做决定是个好主意，你可以想清楚：如果你不等待你会得到什么？如果你等待会失去什么？这对你做出正确决定是有帮助的。

领导者做人智慧：

对长期的问题提出短期的解决之道，通常是不佳的决定。

403. 不要助长告密的风气

管理者在处理冲突的时候，一定要注意爱打小报告的员工，来说是非者，必是是非人。管理者在进行管理的过程中需要注意，不要让打小报告成为一种文化。

"打小报告"在道德上是难以被人接受的，因为它使人与人之间失去信任；"打小报告"的人或告密者之所以遭人唾弃和孤立，是因为他们使周围的人感到不安全。如果企业里总有人"打小报告"，企业气氛一定是紧张不安的，员工关系、上下级关系也一定是疏远的、戒备的。这样容易根植一种

成功领导者的自我修养

不信任在每一个员工的内心深处，使他们很难坦诚、轻松地面对他人。为了处理好人际关系，他们不仅会损耗大量的心理能量，而且还会因此影响他们在工作中的情绪。

因此，对于管理者来说，千万不要助长告密的风气，这种风气一旦形成，会是影响整个团队的士气。管理者要保证整个团队的有效运转，使每个员工都能发挥自己的能力，并迅速成为企业的骨干。纪律和约束是不可或缺的，优秀的管理者要有能力在企业里创造一种氛围：鼓励员工相互帮助团结协作，而不是通过"打小报告"来明争暗斗相互拆台。

领导者做人智慧：

千万不要助长告密的风气，这种风气一旦形成，会影响整个团队的士气。

404. "跟我冲"而不是"给我冲"

有一个古老的领导格言："你应该愿意做你要求下属去做的事情。"

然而，在危机时刻，仅仅愿意去做是不够的。这时，你必须亲自做你要求下属去做的事情。领导者的良好形象，也正是在这种身先士卒的行动中充分体现出来的。

作为一名中校，杜利特尔指挥的第一次轰炸，是第二次世界大战初期美军对日本的轰炸，然后他就被提升为将军并且被派遣到欧洲。通常，高级空军指挥官并不参加其部队所从事的飞行任务，他有自己的责任。但杜利特尔将军说："了解你的士兵和他们所从事的工作是很重要的。但如果你坐在装有空调的办公室里或是只关心一些无关紧要的细节，是达不到这一目的的。要真正了解士兵，要让下属接受你，被你的魅力所吸引，只有成为他们的一部分。你只是从事一些简单的飞行，那你只了解了工作的一部分，你必须担当艰难任务中你所应分担的部分。士兵们对这些观察得很仔细,他们知道谁是袖手旁观的领导,谁是亲临现场的领导,他们对你的印象也会相应地有所不同。"

那个时候,他的士兵所使用的一种飞机是"掠夺者"B—26型飞机,这种飞机存在很多缺陷。在佛罗里达训练的时候很多飞机都坠毁了。飞行员中流传着"塔帕湾一日游"的说法,这种飞机被称为"飞行员的杀手"。

战争中,这种飞机很勉强地使用着。但是,没有人愿意去飞。杜利特尔将军面临着危急形势。他检阅了一个B—26空军大队,同情地倾听士兵们对飞机的抱怨,然后问道,他是否可以驾驶其中的一架。

起初,他顺利地进行操作。突然,其中的一个螺旋桨飞快地旋转起来——本来B—26有两个发动机,而这意味着飞机的起飞只用了一个发动机。于是,他用一个发动机着陆,然后又重新起飞,只用一个发动机来重复刚才的操作,最后顺利着陆。

"唔,"他对飞行员说,"这不是美国能够制造的最好的飞机,但我想它们还是可以完成任务的。"

二战期间,B—26型飞机继续在战争中使用,并且取得了很多战役的胜利。杜利特尔将军是由预备役军官晋升为四星级将军的第一人。

领导者做人智慧:

身先士卒是一种无言的号召力,下属没有理由不跟他一起冲锋陷阵。

405. 不求有功,但求无过

对敌人,让他占点"小便宜",是为了解除他的防备心理,为自己赢得发展的足够时间。你表现得越谦恭越低调,就越能满足他的虚荣心,让他以为你无意与他为敌,并且还软弱可欺。即使那些自以为很精明的敌人,也会

因此而放松警惕。慷慨大度是让人分心的最有效的方法，选择性的给予往往可以击溃最顽固的敌手。

西晋时期的杜预，在中国历史上是一个十分有名的人，他文才武略，懂天文，知地理，在当时知识领域和社会生活各方面都有杰出的贡献。结束汉末三国近百年分裂局面的伐吴之战，便是在他的建议和指挥之下进行的；他所撰写的《春秋左氏经传集解》是我国早期研究《左传》的最为重要的著作。由于他多方面的才能和贡献，当时人称他"杜武库"，称赞他无所不知，无所不能，晋武帝司马炎对他也格外器重。

就是这样一个杰出的人物，当他任荆州刺史时，却经常向京师洛阳的一些权贵馈赠各种礼品。有人不解，觉得他无求于这些人，为什么还要这样。他说："我自然没有什么要求于他们的，我只怕他们加害于我。"

由于他对封建官场有清醒的认识，预防在前，那些权贵倒也没有对他进行过什么诬陷，他得以平安度过一生。

 领导者做人智慧：

慷慨大度是让人分心的最有效的方法，选择性的给予往往可以击溃最顽固的敌手。

406. 给对方以特殊的声誉

17世纪初，欧洲很多科学家都面临资金短缺、生活困顿的处境，伽利略也不例外。所以，他经常把自己的发现和发明当作礼物送给那些赞助者，希望从他们那里得到资助，以继续从事研究。

1610年，他又有了一个重大的发现——发现了木星周围的卫星。这一次，他把这个发现呈献给了麦迪西家族。他在寇西默二世登基的同时，宣布从望远镜中看见一颗明亮的星星（木星），木星有四颗卫星，代表了寇西默与其三个兄弟。而卫星环绕木星运行，就如同这 4 个儿子围绕着他们的父亲——王朝的创建者寇西默一世一样。之后，伽利略还委托别人制造了一枚徽章，徽章上刻着这样的图案：天神朱比特坐在云端上，四颗星星围绕着他。他把这颗徽章献给寇西默二世，象征着他和天上所有星星的关系。

寇西默二世得到了荣耀，非常高兴，于是任命伽利略为其宫廷哲学家和数学家，并给予全薪。对于一个科学家而言，这是伽利略人生中最辉煌的岁月。他四处乞求赞助的日子结束了，从此可以全身心投入到他的科学研究中去。

那些居于高位的贵族其实并不关心科学研究，他们更关心的是自己的声誉和荣耀，他们比平常人更希望自己看起来显赫出众。伽利略把他们的名字和宇宙中的星星联系起来，极大地满足了他们的虚荣心，用让他们占了个"小便宜"这样一个策略，为自己赢得了更多的支持。

 领导者做人智慧：

知道对方最关心的是什么，然后想办法提供给他，我们便顺其自然地得到了自己想要的东西。

407. 警惕自信心的膨胀

很多企业都有一个愿望：把企业做大。至于为什么要做大，做大与做强的关系是什么？很多经营者没有思考过，或者根本就不知道应该认真地思考一下。

尤其是那些靠程咬金三板斧式的功夫取得一点成功的经营者，成功让他们失去了理智，让他们过于高估了自己的能力，总以为自己什么事情都可以干成功。郭鹤年说得好："当一个人获得成功之后，很容易因自满并失去方向，逐渐产生出许多不切实际的扩张想法。"

事实上，的确有不少企业家过去成功了，成功让他们失去了自知之明，总以为没有干不成的事，于是大举扩张，结果最终失利。他们不是失利于对手的强大，而是失利于自己不具备驾驭大企业的能力。在作坊时代，管理简单而又粗放，甚至事事亲力亲为都是可以的，因为员工就那么一点，生产过程也就那么三五个环节，市场也就那么屈指可数的几小片。但企业扩张后，要亲力亲为已经不可能了，问题总是此起彼伏，按住这里那里又起来了，而老总还是原来的老总，并没有进步多少。

更为可怕的是，很多企业家提出的"争当行业领袖"、"做某某行业全国第一品牌"等口号的背后，不是企业利润的增长需要，也不是企业实力增长的需要，而是企业家本人满足虚荣和野心的需要。

在国际上，汽车、钢铁等曾经以规模取胜的制造业的规模动态已发生了逆转，效益最好的企业并不一定是规模最大、市场占有率最高的企业，同时兼并、重组的主要目的是通过产业的结构调整来增强公司的竞争力而不是盲目地求"大"。在很多公司收购案例中，受益的主要是被收购公司的股东而不是表面取得胜利的公司的股东。

科学管理追求的是内在的质量，而不是外在的规模，小到一个操作行为，大到一个产业的投入，科学管理都以"是否科学"来衡量，也就是以是否能够给企业带来利益、能够节约支出来考虑。

领导者做人智慧：

当一个人获得成功之后，很容易因自满并失去方向，逐渐产生出许多不切实际的扩张想法。

408. 骨干是"折腾"出来的

由于长期执行一套制度，人们会逐渐倦怠，于是疏忽、不专心等现象就自觉不自觉地出现，从而导致产品质量问题。换句话说，管理方法可能没有问题，但长期使用会由于人们的心理变化而得不到好的收效。这种现象其实非常普遍，大部分人都有求新、求变的心理倾向，一样好东西长期使用若无变化就会变得无味或失去原先那种新鲜的感觉。若从管理上思考，我们可以将这种现象称作"管理疲倦"，意即许多管理制度、政策、过程、方法、口号、做法，如果长期不变，人们对此就可能出现疲劳现象。一旦疲劳现象出现，这些制度、方法、政策、过程、口号就不会得到好的执行，就不能获取应有的效果。

　　制度、政策、管理过程和方法也有一个生命周期问题，需要视情况更新或改进，即使这些方法、政策和制度从理论上看还是正确的。通用前总裁杰克·韦尔奇曾经说过："一时成功的制度可能成为彼时发展的障碍，要敢于创新性地毁灭，主动'破旧立新'"。

　　用俗话讲，想要有活力，就要过一段时间有所"折腾"，当然是理性地折腾，而不是瞎折腾。用管理术语讲，就是要学会不断学习和创新。

领导者做人智慧：

　　用俗话讲，想要有活力，就要过一段时间有所"折腾"，当然是理性地折腾，而不是瞎折腾。

409. 先"齐家"，后"治国"

　　大凡为官者，都是以自身优于其他人的素质登上领导岗位的，这种素质既包括领导他人的能力，也包括德与才以及"齐家"的能力。任何一个方面的欠缺，都不能构成人们所期待的完整的权威形象。

　　应当看到，与领导相处是个非常复杂的人际互动过程。下级是否乐意接受领导的管理，接受到多大程度，不仅与领导的地位权力有关，也与领导的

综合素质能否产生良好的威望有关。如果领导的家庭成员的行为，以及家庭的稳定程度达不到社会对他的期待，那么人们便会认为这主要是领导的责任——连自己的家人都管不好，怎么能领导别人？其御人的能力在下级心目中便会大打折扣。

西方人一般不打听别人的私生活，但他们对政府高官的家庭情况却毫不客气地予以曝光。他们认为各级官员的一切生活琐事都应是透明的，只有这样，民众才能放心地把权力交给他。

《大学》中有句话说："其家不可教，而能教人者，无之。"意思是说，不善治家的人是做不好领导工作的，这话同样适用于公司和企业中的老板、经理们。因为，家庭生活是否安定直接影响到他的身心健康、工作情绪以及他在下属心目中的形象。

领导者做人智慧：

连自己的家人都管不好，怎么能领导别人？

410. 别轻易被人激怒

当我们情绪极度不好时，就容易说错话、做错事，甚至会做出一些令自己终生后悔的事情。任何人都会有情绪不好的时候，问题的关键不在于不让坏情绪出现，而在于能够快速摆脱坏情绪，不要让自己长时间置身于恶劣的情绪之中。

迪克·托福勒是个传奇的人物，他有明确清晰的目标，白手起家创办了一家工业软片公司，有10名雇员。员工都钦佩他的聪明才智，却又都讨厌他的个性和脾气。当工业软片业务不好时，托福勒开始与电视台合作制作电视片。当双方在任用一名导演的问题上发生分歧时，托福勒不善于与电视台主管相处和沟通的缺点就充分暴露出来。他对自己的情绪不予控制，当众斥责导演，用对立的口气与电视台的领导人说话，结果，电视台在这件事情的10天之后，结束了与他的合作，并且表示永远不再与托福勒这种人做生意。

由于公司创业初期的前5年，是由他一个人在管理，也没有什么对外合作，所以，他的这种缺点对公司还不是很致命的因素，但是当对外合作项目成为公司生存的关键业务时，不懂与人合作，不善于沟通，不会控制自己的情绪，就成了葬送托福勒前程的关键因素。托福勒的公司最终在创业的第6年倒闭了。

成功者总是善于控制自己的情绪，也不会轻易被人激怒。即使是被他人激怒，他们也会想出各种方式快速调整自己的情绪，平息自己的怒气，从而不使自己的事业或生活受到损害。

领导者做人智慧：

成功者总是善于控制自己的情绪，也不会轻易被人激怒。

411. 多听多看，少言慢语

多一点含蓄，则增加一些神秘感。神秘感可以产生好奇心和敬重。戴高乐曾说过："没有神秘感就不可能有威信，因为对一个人太熟悉了就会产生轻蔑之感。一切宗教都有神龛，而任何人在他贴身仆人眼中都不是英雄。"

神秘感离不开冷静，冷静离不开寡言，神秘感要求领导者不要故作姿态，且一举一动都讲究风度。神秘感的沉默蕴藏着意志、决心、智慧和力量。因此，领导者不要参加东拉西扯的研讨会，不进行无原则的争论，不要向下级坦露个人感情。一旦做出经过缜密思考的决定，就要技高一筹，无人敢于、能以反驳。如果领导人该表态时不表态，那不是沉默而是庸碌无能。神秘感是领导素质长期锤炼的结果，我们可以认识它，并一步步接近它。

多听多看，少言慢语，是增强神秘感的上策。一个口若悬河的领导人，

被人一览无余,是无神秘感可言的。"遇事虚怀观一是,与人和气察群言。"左顾右盼,权衡利害,内心有主见。别人对你了解越少越好,而你对别人了解越多越好。因而领导人应善于聚精会神地倾听和提问,而尽可能少透露自己的情况和意见,以防被人抓住把柄。

领导者做人智慧:

一个口若悬河的领导人,被人一览无余,是无神秘感可言的。

412. 喜怒不形于色

第二次世界大战就要结束之时,反法西斯同盟的巨头美国总统杜鲁门、英国首相丘吉尔、苏联主席斯大林齐聚波茨坦进行会谈。

会议进行期间,杜鲁门别有用心地对斯大林说,美国已经研制成功一种新式杀伤性武器,其威力比最先进的导弹还要大许多。他暗示说这种新武器就是原子弹,并且反反复复地重复着原子弹的杀伤威力问题。说完之后,杜鲁门双眼一动不动地盯着斯大林的面部表情,希望从那张沉着如同一潭静水的脸上看出一些变化。但是,杜鲁门失望了。坐在远处的英国首相丘吉尔也在和杜鲁门做着同样的事情,他从另一个角度对斯大林的神态进行了仔细的观察。但结果和杜鲁门完全一样。事后,丘吉尔对杜鲁门说:"自始至终我都盯着他的一举一动,但他没有丝毫的变化,好像一直在倾听着你的谈话,仿佛对你们的新型武器早有所知。"本来杜鲁门和丘吉尔打算以此来要挟恐吓斯大林,想在战争结束时多捞取点利益,但见斯大林对此无动于衷,只得作罢。

其实,斯大林当时的神情全是装出来的。对于杜鲁门的暗示他听得明明白白,但他努力控制住自己的情绪。会议结束之后,他马上离开,命令自己的科研人员加紧研制原子弹。不久,苏联也研制成功了自己的原子弹。

领导者做人智慧：

关键时刻，要努力控制住自己的情绪。

413. 精神状况不佳时，判断力便会减弱

1944年，二战已进入尾声，反法西斯同盟在各个战线上都取得了重大的战果。为了妥善地处理战后遗留的问题，尤其是如何处置战后的德国问题，反法西斯同盟的领袖决定举行最高首脑会议。

问题的关键是，会议要在哪里召开，时间定在什么时候。各国为了自己的利益，都希望可以按照本国的意志选择时间和地点。美国总统罗斯福当时的身体状况非常糟糕，所以他建议将会议的时间定在第二年的春天，会议地点不要太远，这样的话，他的身体才能吃得消。

老谋深算的斯大林早已猜到了罗斯福的用意，因为他知道罗斯福的身体状况，他也知道罗斯福现在的身体状况是不可能精神抖擞地坚持完整个会议的。时间一长，罗斯福肯定会感到焦虑、虚弱、不耐烦，所以他会更容易让步。于是斯大林一再坚持，会议的时间不能太晚，因为形式太紧急，很多问题都迫在眉睫，最迟只能推到第二年的二月份。

万般无奈之下，罗斯福只能同意斯大林的提议。随后斯大林又将会议的地点定在了克里米亚半岛的雅尔塔，这样一来斯大林就可以以逸待劳，而罗斯福却不得不拖着病体，硬着头皮前往冰天雪地的雅尔塔。

罗斯福刚到，无休止的会议安排就开始了，光首脑会议就有20余次，而罗斯福每次都要参加，会议之后的宴会、酒会、舞会，他更是一个都不能落下，这使得本就疲惫不堪的罗斯福一直处于精神萎靡的状态之中。

在谈判中，罗斯福强打精神与斯大林讨价还价，但是精神总是不能集中，很多细节的东西都没有注意到，所以最终还是被斯大林占了上风。协议

签订之后,美国人愤慨了,他们觉得罗斯福向苏联做了太多的妥协,是对自己祖国的背叛。

斯大林为什么能够在谈判中占上风呢?他靠的就是心理战术。要知道当人的身体状况或是精神状况不佳时,精神就很难集中,思路自然就不够清晰,从而致使判断力减退。斯大林让本来就身体不好的罗斯福经历了长途的跋涉之后,又立即投入到繁忙的工作中,罗斯福的判断力就被削弱了,再加上体力不支,妥协也就是理所当然的了。

人的精力和体力是有限的,如果在谈判中耐心和对方周旋,让对方焦头烂额,消耗他的体力和精力,让他的判断力和思维能力都降低,自觉地做出让步,那么我们在谈判中就可以为自己争取到更多有利的条件。

领导者做人智慧:

人的精力和体力是有限的,如果在谈判中耐心和对方周旋,让对方焦头烂额,消耗他的体力和精力,让他的判断力和思维能力都降低,自觉地做出让步。

414. 你可以批评,但不要贬损

人在犯错时,最受不了的是大家对他的群起而攻之,因为这会伤害他的感情。他也许会承认错误,但无法接受这种批评的方式,这将使他对上司、对同事充满敌意,一旦有机会,就可能以牙还牙。

如果你希望自己的批评取得好的效果,就要在攻心上下功夫。一定要记住,你要做的事实际上是一种说服的工作,即打动对方的心,使对方回到正确的航向上,而不是贬低他。即使你的动机是高尚的,是真心诚意的,也要注意场合问题,并要记住,对方的自我感觉也在起作用。当有其他人在场时,哪怕是最温和的方式也很可能引起被批评者的怨恨,因为他已感到他在同事或朋友面前丢了面子。

所以,对于一些过失,最好采取单独面谈的方式,只要他认识到错误,就没有必要当着全办公室的人要他做公开的检讨。只要在你的办公室里,面对面地跟他谈,就足以使他反省了。任何具有上进心的人都不愿犯错,从他个人的角度看也是这样,何况你的目的只是让他改进,而不是贬损他的人格。被批评者也会认识到你完全是为他好,且顾全他的面子,必会对你心存感激,你的批评,他也就能够听得进去了。

领导者做人智慧:

你要做的事实际上是一种说服的工作,即打动对方的心,使对方回到正确的航向上,而不是贬低他。

415. 切忌打击报复而不择手段

一匹马多年来独享一块肥沃的草地,后来有一只鹿也发现了这块草地。

本来按这匹马的食量,就是活一万年,也吃不完这块地上的草,但它却对鹿的闯入心存不快。

于是,它想借助人的力量征服可恨的鹿。但狡猾的人却说:"我抓不到鹿,除非你让我骑着追上它。"马同意了,结果人骑着马追上了鹿。

本来马和鹿的奔跑速度是人远不能及的,但为了报复鹿,马甘受其缚,结果它们都成了人的俘虏。

直到这一刻,马才感到悔恨,但一切已无法改变,最终的赢家,不是跑得最快的马,也不是跑来分一杯羹的鹿,而是有智慧的人。

直到今天,马依然被人带上辔头,为其劳作,马是否反思过自己的错误呢?

明朝末年,李自成率起义军攻入北京,俘虏了吴三桂的女人陈圆圆。吴

三桂冲冠一怒为红颜,遂引清兵入关,结果是把李自成赶跑了,同时自己也失去了自由,成了清人的鹰犬。虽然日后有所反复,但也没有洗去千古罪人的骂名。所以说,逞一时之快,为了打击报复而不择手段,终会让自己付出沉重的代价。

记住,遇到麻烦的时候,你要保证解决问题的方法不比问题本身更糟。

领导者做人智慧:

遇到麻烦的时候,你要保证解决问题的方法不比问题本身更糟。

416. 不能大搞"扶上马,不撒缰"

《吕氏春秋》记载,孔子的弟子子齐,奉鲁国君主之命到父去做地方官。但是,子齐担心鲁君听信小人谗言,从上面干预,使自己难以放开手脚工作,不能充分行使职权,发挥才干。于是在临行前,主动要求鲁君派两个身边近臣随他一起去上任。

到任后,子齐命令那两个近臣写报告,他自己却在旁边不时去摇动二人的胳膊肘,捣他们的乱,使得整个奏章写得很不工整。于是,子齐就对他们发火,二人又恼又怕,请求回去。

二人回去之后,向鲁君抱怨无法为子齐做事。鲁君问为什么。二人说:"他叫我们写字,又不停地摇晃我们的胳膊。字写坏了,他却怪罪我们,还大发雷霆。我们没法再干下去了,只好回来了。"

鲁君听后长叹道:"这是子齐劝诫我不要扰乱他的正常工作,使他无法施展聪明才干呀!"于是,便派他最信任的人到父向子齐传达旨意:"从今以后,凡是有利于父的事,你就自决自为吧。五年以后,再向我报告要点。"子齐郑重受命,从此得以正常行使职权,发挥才干,父得到了良好的治理。这就是著名的"掣肘"典故。后来,孔子听说了此事,赞许道:"此鲁君之贤也。"

古今同理,领导者在用人时,要做到既然给下属职务,就应该同时赋予与其职务相称的权力,不能大搞"扶上马,不撒缰",处处干预,只给职位不给权力。

领导者用人只给职不给权,事无巨细都由自己定调、拍板,实际上是对下属的不尊重、不信任。这样,不仅使下属失去独立负责的责任心,还会严重挫伤他们的积极性,难以使其尽职尽力,到头来工作搞不好的责任还得由领导者来承担。

所以,放手让你的下属去施展才华吧,只有当他确实违背了工作的主旨时,你再出来干预,将他引上正轨。只有将下属的积极性全部调动起来,你的事业才能获得成功。

**领导者做人智慧:**

领导者在用人时,要做到既然给下属职务,就应该同时赋予与其职务相称的权力,不能大搞"扶上马,不撒缰",处处干预,只给职位不给权力。

417. 可以看破,不能说破

曹操与刘备青梅煮酒论英雄,此时的刘备羽翼未丰,寄人篱下,他绕了一大圈,就是不说自己和曹操是英雄。说自己是英雄,必将暴露与曹争天下的雄心,曹必杀之;说曹操是英雄,又怕戳穿曹操的篡汉之心,曹定不会放过。

对于一个有高远目标的人,如果脸上露出来,嘴上说出来,则是愚蠢的。换言之,你可以想着它,但不能说出它。在"潜龙勿用"阶段,积蓄力量,隐忍不发;在"见龙在田"、"或跃于渊"阶段,则可小试牛刀;而在"飞龙在天"阶段,则应大展才华。如果在不该出头时强出头,是莽汉,必然事败受辱。

对于一个有高远目标的人，如果脸上露出来，嘴上说出来，则是愚蠢的。

418. 不批评多数人

当领导的常常会遇到这种情况，就是大多数人犯错误，比如单位开会，大多数人都迟到了。

面对这种错误，你不提出要求，不做批评，就会使这种风气日盛一日，从而影响单位纪律的严肃性；提出批评会得罪多数人。中国有句古话叫"法不责众"。挨批评的人多了，大家都会无动于衷；点谁的名进行批评，谁就会心中不服。"大家都是这样，又不是我一个，凭什么单挑我的刺？"大多数人有着共同的心理，会觉得你的批评是故意找茬儿，挑人毛病，与人过不去，说不定还要"触犯众怒"！

那么，这个时候应该怎么办呢？聪明的领导会采取表扬少数的办法来服众，以达到教育多数人的目的。

比如说，总经理召开工作会议，只有财务部主任准时到达会场，其他人全部迟到。总经理大为恼火，但他没有批评任何人，只是表扬了财务部主任，高度赞扬了他的守时作风。结果其他人都面带愧色。

因为迟到的人当中很可能有人有正当理由，如果不分青红皂白，将他们批评一通，那么有正当理由者必然心中不服，觉得冤枉要申辩。他们一申辩，其他人也会纷纷申辩，结果不但达不到目的，还把大多数人都给得罪了。

其实在场的人谁也不怕批评，因为有这么多人陪着，又不丢脸，一旦有

人申辩，何不跟着起哄？若将"有正当理由的"和"没有正当理由的"区别对待又不可能。就算你能区分，后者也会恼怒。

所以，表扬少数者是最佳的做法，既扬了正，又压了邪。受表扬者当然高兴，对大多数人来说，虽然你含蓄地批评了他们，但并没有得罪他们，他们一方面感到羞愧，一方面还觉得你给他们留了面子，会对你更加感激和服气。

领导行使批评的手段时不可触犯众怒，不能把所有的人都得罪了。

419. 物不得其平则鸣

为官公正，办事公平，这是一个作为领导者的基本素质。《新书道术》中说："无私谓之公，不公为私。"宋代大文学家韩愈说："物不得其平则鸣。"可见，公平之说，古已有之。公平之人，公平之事，在史籍典册中，更是不计其数。

唐代的大理寺少卿戴胄，堪称公平的典范。一次，唐太宗李世民的大舅子长孙皇后之兄长孙无忌带刀进入皇宫，在宫门口站岗的监门校尉未发现，按照唐律，长孙无忌和监门校尉都违犯了法律。可是，当朝宰相封德彝却说，无忌是一时疏忽，不能作为犯法，校尉麻痹大意，应该杀头。唐太宗居然点头同意这么办。这时，戴胄挺身而出，明确表示：这样量刑不公平。他说。无忌带刀入宫，校尉没有发现，这都是由于一时疏忽，如果量刑，应一视同仁，怎么能重此轻彼呢？戴胄说得理直气壮，有根有据，唐太宗只好答应重新商议。而再次商议时，封德彝仍是力主原判，戴胄便据理辩驳，寸步不让，指出：无忌和校尉，论其过误，情况相同，而校尉是由无忌带刀入宫的缘故而致罪的，"于法当轻"。现在，轻罪反而重判，重罪反而轻判，"生

死顿殊",很不合理,坚决要求据法重新判决。唐太宗觉得戴胄说得有理,最终接受了他的意见,把无忌和校尉都免罪了。

可见,自古以来,公平一直是领导者处理与部下关系的原则,下属最忌领导偏心。如果不能公平对待每个人的成绩,或不能公平地处理每个人的错误,这实际上起到的是一种离间的作用,孤立了被你偏袒的那一部分下属。因此会导致下属之间相互猜忌,矛盾重重,群体的凝聚力也就会大大降低,这显然会给你的工作设下重重障碍。

历览古今多少事,公平之心不可缺,这不仅是处世、做人的起码道德,更是一个领导者搞好上下级关系、做好工作的一个重要前提条件。

领导者做人智慧:

自古以来,公平一直是领导者处理与部下关系的原则,下属最忌领导偏心。

420. 只有认真倾听,对方才会向你坦露心迹

英国维多利亚女王时期,政治家迪斯雷利在文学方面才华横溢,著有多部小说,得到各界女性的青睐。关于他的魅力流传着这样一个笑话:

有几个女人聚在一起议论当下的政治家。其中一个问道:"如果迪斯雷利和他的政敌格拉德斯通同时向你求婚,你会作何选择?"

在座的人都毫不犹豫地表示会选择迪斯雷利,而只有一个人表示要选择格拉德斯通。

"为什么?"

她回答:"与格拉德斯通结婚,然后让迪斯雷利做我的情人。"

迪斯雷利很清楚自己对女性的魅力,并在自己的政治生涯中充分利用了这一优势。他之所以能够成为出色的政治家并稳坐宰相之位,就是因为有了

上流富层遗孀们的鼎力相助及维多利亚女王的充分信任。而迪斯雷利征服女人的秘诀就是：认真倾听。

如果你能做到认真倾听，对方便会向你坦露心迹。

掌握别人内心世界的第一步就是认真倾听。在陈述自己的主张和说服对方之前，先让对方畅所欲言并认真聆听是解决问题的捷径。

《语言的突破》的作者戴尔·卡耐基曾从另一个角度说过："当对方尚未言尽时，你说什么都无济于事。"这就是说在对方尚未达到畅所欲言的状态时，对任何劝说都不会作出反应。

领导者做人智慧：

掌握别人内心世界的第一步就是认真倾听。在陈述自己的主张和说服对方之前，先让对方畅所欲言并认真聆听是解决问题的捷径。

421. 要高瞻远瞩，又要明察秋毫

有些人整天忙忙碌碌却出不了什么成绩，而有的人并不怎么忙碌，却轻轻松松生活得有滋有味。同样是一天24小时，却有着不同的效率和质量，这其中做事能否抓住重点是决定办事成绩差异的一个重要因素。

抓住重点就是找准处理事情的关键点，把握用力的作用点，把复杂的事情简单化。做事情不能独断，而要多谋，但多谋还要善断，没有抓住要点，言不及义，这都不好。在听了别人的意见之后，要一下子抓住问题的要害。曹操批评袁绍，说他志大智少，色厉而内荏，就是说没有头脑。办事也要多谋善断，要一眼看准，立即抓住、抓紧。只有这样做事才能抓住重点。坚持这样做事，会使我们的工作生活学习卓有成效。

要找到做事情的关键点，首先，要有高瞻远瞩的目光，又要有明察秋毫的眼力。"百智之首，知人为上；百谋之尊，知时为先；预知成败，功业可

立。"也就是说做事,能一把抓住问题的要害,这是成大事的必要条件。

在中国历史上还有许多著名的政治家,他们往往有如神算,似乎上知千年。实际上,他们也是平凡普通的,只不过他们善于根据社会形势、人事去分析得失成败,以及各种力量的对比发展罢了。所以,高瞻远瞩就成了统治者必不可少的素质,所谓"人无远虑,必有近忧",说的就是这个意思。

做事情我们要看清事情的本质,不然就会浪费许多精力。因此最成功的成事之道在于——抓住要害再动手!

领导者做人智慧:

能一把抓住问题的要害,是成大事的必要条件。

422. 不可追求过分完美

聪明的下属,常常不露痕迹故意在明显的地方留一点儿瑕疵,让人一眼就看出他"连这么简单的问题都搞错了"。这样一来,尽管你出人头地木秀于林,上司也不会对你敬而远之,他的风也不会"摧"你,因为当上司一旦发现"原来你也有错"的时候,反而会失去对你的戒心,更加相信你不会背叛他。

其实,与上司打交道时适当地把自己安置得低一些,就等于把上司抬高了许多。当被人抬举的时候,谁还有放不下的敌意呢?须知,只有当他对别人谆谆教导的时候,他的自尊与威信才能很恰当地表现出来,这个时候,他的虚荣心才能得到满足。

上司交代一件事,你办得无可挑剔,这似乎显得比上司还高明。你的上司可能就会感到自身的地位岌岌可危,大有担心别人取而代之的念头。为了保证位置稳固不受威胁,任何一位领导者都会毫不犹豫地打击出头之鸟。

才高者必遭众忌,功高者最易震主。屈原贞而自沉汨罗江,岳飞"精忠报国"而死。这些历史经验告诉我们，处理事情不可过分追求完美，伟大的人一般都会喜欢比自己稍微愚钝的人。

领导者做人智慧：

才高者必遭众忌，功高者最易震主。

123. 成功的领导者绝无捷径可行

在影视中，我们经常看到这样的情形：大象群经过一番艰苦的跋涉，好不容易到达每年固定的饮水地的时候，因为天气的干旱，很可能原来的水源已经干涸了。望着龟裂的河谷，大象们没有怨言，也没有停下来休息，而是继续前进，去寻找新的水源。在一年当中大象寻找水源的时间最长可以达到10个月之久。可以说大象的一生，有大半时间是靠着坚强的毅力进行跋涉来维持生存的。

人们在谈论那些功成名就的领导者的时候，总是把他们的成功归于他们有好的机遇，来为自己没有成就开脱："如果我也有那么好的机会，我也能成功。"

事实真的如此吗？

难道说机遇总会在适当的时候毫不吝啬地光顾成功者吗？不！是这些人懂得用毅力去忍耐、去等待，就像一个果农，在果子还青涩时，他绝不会动手去摘的。

而那些领导者的成功，无疑是毅力和忍耐的延续，而不是完全靠运气。

成为领导者绝不是一朝一夕的事情，急躁对成功不会带来任何好的影响。尽管成功是辉煌的，可是成功的道路却是孤独、痛苦和充满荆棘的，急功近利的结果往往适得其反。而机会却只愿眷顾那些像大象那样有毅力、能忍耐的人。

领导者做人智慧：

成为领导者绝不是一朝一夕的事情，急躁对成功不会带来任何好的影响。尽管成功是辉煌的，可是成功的道路却是孤独、痛苦和充满荆棘的。

424. 不让部下背黑锅

对于成功的领袖人物来说，人格的魅力是他们区别于普通人的特殊品质，他们将这些品质适时地展现出来，就会使他们赢得人心。

1960年5月1日，美国中央情报局的弗朗西斯·鲍尔驾驶一架U-2间谍飞机飞入苏联领空，被苏军发现击落，并活捉了飞行员。这驾飞机在此之前也曾多次侵入苏联领空，但一直未被发现。

这时美国总统艾森豪威尔所面临的选择是：要么承担责任，公开宣布自己是U-2飞机事件的主谋；要么以一个局外人的身份出现，把此事推到别人头上。但若选择前者，他就成了有史以来第一位承认其政府搞了间谍活动的总统。如果选择后者，只要中央情报局局长引咎辞职也就万事大吉了。

这位曾是第二次世界大战盟国欧洲战区总司令的总统，他从来不会为自己的行为寻找替罪羊，更不愿解除部下职务来舍车保帅。

因为总统一旦这样做，就表明总统已对他的政府失去了控制，世人将会担心一位美国低级军官就有能力发动第三次世界大战，美国政府将会因为此事在全世界名誉扫地。权衡之下，艾森豪威尔对世界宣布：承认4年来U-2飞机一直在根据总统的一项特殊命令飞行，以保卫美国不受苏联的突然袭击，从而保卫世界和平。

赫鲁晓夫对此咆哮如雷，发出战争的叫嚣。6月15日，美苏在巴黎举行的旨在缓解"冷战"局势的会谈也不欢而散。6月20日，艾森豪威尔从巴黎回到美国，受到了20万美国人民的夹道欢迎，很多标语上写着："感谢您，

总统先生!"中央情报局的官员们对他更是感激涕零。

对于突然发生的不光彩事情,艾森豪威尔宁愿自己承当,也不让部下代替受过,他宁愿牺牲自己的威信去换取国家的尊严,他以自己宽广的胸怀和坚毅的个性取信于民,赢得了美国公民的支持,这正是艾森豪威尔的人格魅力所在。

孙子兵法有言:"将者,智、信、仁、勇、严也。"将帅率三军之众,组织士卒,拼杀疆场,重要的条件是将帅平时以信带兵,信而不欺,因而能在紧要关头做到有令则行,无令则止,无往而不胜。

领导者做人智慧:

将帅率三军之众,组织士卒,拼杀疆场,重要的条件是将帅平时以信带兵,信而不欺,因而能在紧要关头做到有令则行,无令则止,无往而不胜。

425. 不要显得比上司更聪明

通常伟大的人都喜欢愚钝的人。任何上司都有获得威信、满足自己虚荣心的需要,不希望部属超过并取代自己。因此,在人事调动时,如果某个特别优秀,而且颇有实力的人被指派到自己手下,上司总会忧心忡忡,因为他担心某一天对方会抢了自己的权位。相反,若是派一位平庸无奇的人到自己手下,反倒使他高枕无忧了。

聪明的部属在与上司相处时,就必须想方设法掩饰自己的实力,以假装的愚笨来反衬上司的高明,力图以此获得上司的青睐与赏识。比如,当上司阐述某种观点后,他会装出恍然大悟的样子,并且带头叫好;当他对某项工作有了好的可行的办法后,不是直接阐发意见,而是在私下里或用暗示等办法及时告诉上司。同时,再抛出与之相左的甚至很"愚蠢"的意见,好主意一定要从上司嘴里说出来。

虽然人们口头总是在说"人尽其才",但在很多情况下,上司往往提拔那些忠诚可靠但表现可能并不是那么出众的下属,因为他认为这更有利于他的事业。可是,在现实生活中,许多人就是不明白这一道理。当你陪上司打乒乓球、玩电子游戏、扑克牌、下棋时,巧妙地"心慈手软"一点,不要拼尽全力把上司"杀"得一败涂地,"打"得落花流水,丢盔卸甲。不妨多赞扬上司水平提高很快,暗中手下留情,这岂不两全其美,皆大欢喜!

领导者做人智慧:

聪明的部属在与上司相处时,就必须想方设法掩饰自己的实力,以假装的愚笨来反衬上司的高明,力图以此获得上司的青睐与赏识。

426. 告诉受罚下属,没有人故意难为他

下属如果犯了不可原谅的错误,理应受到惩罚。下属对这样的处罚,思想难免一时转不过弯来,需要领导私下里与他谈一谈,交换一下意见。

所谓交换意见,并非是让你对受处罚的下属唠唠叨叨一大堆,一个劲儿地对他进行教育和说服,而是让对方参与到谈话中去,进行交流。否则,你说了大半天,却没有说到点子上,起不到实际作用,对方也会对你产生反感。

在谈话中,你要让下属逐渐认识到自己受处罚的合理性,并非是有意为难他。这一点很重要。如果对方确有委屈或难言之隐,你应该表示体谅,说一些劝慰的话。

要让员工明白,处罚决定的作出,绝不是专门对人的,只是就事而言。请他不要过于激动,引起不必要的误会。许多雇员认为,他们受到了处罚,他们的人格同时也受到了侮辱。你需要通过交流思想让他们明白,所有的处罚都是为了部门的利益和发展,不是故意去损害某人的感情。

在肯定处罚对象的工作成绩时，你要坦诚善意地提出对方违反了什么纪律，这会给部门工作造成什么样的不良影响，做到循循善诱，切勿简单粗暴。

 领导者做人智慧：

要让员工明白，处罚决定的作出，绝不是专门对人的，只是就事而言的，请他不要过于激动，引起不必要的误会。

427. 急躁之火会烧毁一切有价值的东西

有很多领导者都是火爆型性格，急躁易怒，犹如鞭炮一样见火就着，随时都有可能"爆炸"。具有这种性格的领导者，难以成功地自我控制，在不想发火的时候发火，不该发火的时候发火。有的时候，因发怒而破坏了自己愉快的心境；有的时候，因发怒而损害了下属和职工的感情及工作的积极性；有的时候，则因发怒而把事情办得更糟，甚至造成难以挽回的后果。

英国著名的政治家、历史学家帕金森和知名的管理学家拉斯托姆吉，在合著的《知人善任》一书中谈道："如果发生了争吵，切记：免开尊口。先听听别人的，让别人把话说完。要尽量做到虚心诚恳，通情达理。靠争吵绝对难以赢得人心，立竿见影的办法是彼此交心，这在吵架中绝对得不到。"

就像电线短路会将整个电器烧毁一样，任何直接的冲突和斗争都会让参与的双方付出代价。不仅没有人能够真正赢得胜利，而且还要承受仇恨带来的后遗症。

 领导者做人智慧：

就像电线短路会将整个电器烧毁一样，任何直接的冲突和斗争，都会让参与的双方付出惨重的代价。

428. "又想马儿跑,又想马儿不吃草"很危险

许多企业管理者认为员工要拿工资就应不停地多干活。所以在实际管理过程中,他们毫不顾忌员工的劳动强度,在固定的时间增加尽可能多的工作量,或者一定的工作量本该几天完成而压缩到一两天完成,不能给予员工充分的休息时间,弃他们身体健康于不顾。同时却又不因为工作强度的增加,进行薪酬的调整,让员工真正感受到了快马加鞭之痛。

管理者追求高利润无可厚非,但员工是人不是机器,况且机器还需要休息与保养呢?员工更加需要管理者对他们人身健康及劳动成果所体现的价值予以充分尊重。

许多企业无法认识到这一点,变换方法,给马加鞭,而不是给马添草。这种"又想马儿跑,又想马儿不吃草"的做法是错误的也是危险的。

领导者做人智慧:

成功学大师卡耐基有一句名言:站在对方的角度思考。然而很多聪明人在金钱面前,却变成了连常识都不懂的傻瓜。

429. 给别人面子,也是给自己面子

古时候有位侠客,他的属下有近千人。一次,朋友问他:"有那么多的弟子仰慕你,跟随你,你有什么秘诀吗?"

他回答说:"我的秘诀是:当我要责备某位犯错误的弟子时,一定叫他

到我的房间里，在没有旁人的场合才提醒他，就是如此。"

设想一下，假若员工因为被你当众责骂而觉得下不了台，抱着横竖都挨责备的心理，一反常态地和你争吵起来，甚至把单位一些不该为外人知道的东西也抖露出来。当领导的本为保全自己的"面子"，如此一来，岂不是连"里子"都保不住了吗？

人人都爱惜自己的面子。聪明人在与同事交往过程中，从不会把话说死、说绝，说得自己毫无退路。例如某领导毫不顾及别人的自尊，当着员工们的面就批评下属："看你做的那些蠢事。""谁像你那么不开窍，要我几分钟就做完了。""你跟某某一样缺心眼儿，看他那巴结相。"这些话无论是谁听了都不会痛快，显然是大大损伤了别人的面子。

《圣经·马太福音》中说："你希望别人怎样对待你，你就应该怎样对待别人。"真正有远见的人不仅与同事在日常交往中为自己一点一滴地积累最大限度的"人缘儿"，同时也会给对方留有相当大的回旋余地。给别人留点面子，实际也就是给自己挣足了面子。

领导者做人智慧：

人人都爱惜自己的面子。聪明人在与人交往过程中，从不会把话说死、说绝，说得自己毫无退路。